Norbert M. Samuelson

Moderne
jüdische Philosophie

Eine Einführung

Deutsch von Martin Suhr

rowohlts enzyklopädie

rowohlts enzyklopädie
Herausgegeben von Burghard König

*Meinen Studenten an der Temple University (1975–1987) für
ihre Begeisterung, konstruktive Kritik und Hingabe bei dem Studium
früherer Fassungen dieses Textes.*

The Translation of this book is made by permission of State
University of New York Press,
the Publisher of the English Edition.

Deutsche Erstausgabe
Veröffentlicht im Rowohlt Taschenbuch Verlag GmbH,
Reinbek bei Hamburg, November 1995
Copyright © by Rowohlt Taschenbuch Verlag GmbH,
Reinbek bei Hamburg
Die Originalausgabe erschien 1989 unter dem Titel
«An Introduction to Modern Jewish Philosophy»
in der State University of New York Press, Albany
Umschlaggestaltung Jens Kreitmeyer
Satz Aldus (Linotronic 500)
Gesamtherstellung Clausen & Bosse, Leck
Printed in Germany
2690-ISBN 3 499 55558 1

Inhalt

Vorwort 7

Teil I Historischer Hintergrund 15

1 Die Wanderungen aus Spanien und die Popularisierung der Kabbala 17
2 Die Emanzipation und ihre Folgen 35
3 Niederlassung in Amerika 44
4 Der Holocaust und der Staat Israel 65

Teil II Populäre Ausdrucksformen des modernen Judentums 77

Einführung 79
5 Die jüdische Religion 81
6 Weltliches Judentum 109

Teil III Moderne jüdische Philosophie 129

Einführung 131
7 Baruch Spinoza 134
8 Mendelssohn und das moderne jüdische Denken 164
9 Hermann Cohen 184
10 Martin Buber 204
11 Franz Rosenzweig 236

12 Mordechai Kaplan   305
13 Emil Fackenheim und die zeitgenössische jüdische
    Philosophie   327

Literatur   341

Namenregister   362

Sachregister   366

Vorwort

Gewiß wird sich mancher Leser fragen: «Was ist jüdische Philosophie, und warum muß es darüber ein besonderes Buch geben?» Die Fragesteller fallen in zwei Gruppen – Leser, die primär an Philosophie, und Leser, die eher am Judentum interessiert sind. Beide stellen dieselben Fragen, aber aus verschiedenen Gründen, die insofern auch verschiedene Antworten erfordern.

Für Leser, die eher am Judentum interessiert sind, verbinden sich mit dieser Frage gewöhnlich folgende Vorstellungen: Das Judentum kann entweder als eine Religion oder als eine Zivilisation untersucht werden. Was die Religion betrifft, so gibt es zweifellos Bücher über das religiöse Denken der Juden, die der Form nach philosophisch sind. Die hervorragendsten Beispiele solcher Werke sind Saadias *Sefer Emunot Vedeot* (Buch des Glaubens und der Ansichten), Judah Halevis *Chusari* und Maimonides' *Sefer Moreh Nevuchim* (Buch des Führers der Unschlüssigen). Gewiß waren diese Rabbiner Kenner der Philosophie und verwendeten sie, um ihren religiösen Glauben zu rechtfertigen. Aber diese Bücher sind keine primär philosophischen Bücher. Sie sind (im besten Fall) eher Übungen in Theologie und (im schlechtesten Fall) Apologetik. Mit anderen Worten, sie sind überhaupt keine wirklichen Werke der Philosophie, denn ihr Interesse besteht nicht darin, die Wahrheit zu erforschen; es besteht vielmehr darin, das zu rechtfertigen, was sie unabhängig von der Philosophie ohnehin schon als wahr akzeptieren, nämlich das Judentum. In Wirklichkeit hat also Philosophie als solche keinen wirklichen Platz in der jüdischen Religion; jüdische Religion ist der Glaube, daß das, was Gott der Menschheit offenbart hat, primär ein Gesetzestext ist, der das individuelle und gemeinschaftliche Leben regelt: also eher ein Moralkodex und nicht primär ein Lehrgebäude, das den Glauben der Menschen regelt. Mit anderen Worten, die Dogmen des Judentums haben mit praktischen Fragen zu tun, etwa wie man den Sabbat einhält, unter welchen Bedingungen es erlaubt oder verboten ist, bestimmte Speisen zu sich zu nehmen usf., aber nicht mit theoretischen Fragen nach der Natur Gottes, des Menschen und der Welt.

Aber auch, wenn sich das Interesse auf die gesamte jüdische Zivilisation und nicht nur auf ihre Religion richtet, spielt die philosophische Literatur eine nur untergeordnete Rolle. Die vormoderne jüdische Literatur besteht primär aus Rechtsvorschriften und Kommentaren zur Bibel, während die moderne jüdische Literatur vorrangig politische Essays, Dichtung und Romane umfaßt. Natürlich hat es Perioden gegeben, in denen Juden Philosophie geschrieben haben, namentlich im Mittelalter, als die Juden vom Islam, und im modernen Deutschland, als sie vom Christentum bedroht waren. Aber diese Bücher haben niemals eine zentrale Rolle im Leben des jüdischen Volkes gespielt. Ihre Denkkategorien beruhen weitgehend auf nichtjüdischer Literatur, im Mittelalter auf der griechischen und in der Neuzeit auf der deutschen Philosophie, und insofern sind sie kein wirklich ‹authentischer› Ausdruck der jüdischen Zivilisation. Zudem sind sie ausschließlich zu Zeiten entstanden, als sich das jüdische Volk von äußeren Gewalten bedroht fühlte. Mit anderen Worten, das jüdische Volk hat die Philosophie nur als Werkzeug benutzt, um auf seine äußeren Feinde zu reagieren, aber im Unterschied zu anderen Formen der Literatur, namentlich Gesetzesliteratur, ist Philosophie niemals ein authentischer Teil des Lebens des jüdischen Volkes selbst gewesen.

Die Antwort auf diese Gruppe von Fragen, die in Wahrheit Einwände sind, lautet, daß sie auf einer zwar weithin akzeptierten, aber gründlich verzerrten allgemeinen Vorstellung von der jüdischen Geschichte beruhen. Ich will diese Antwort hier nicht im einzelnen darstellen, hauptsächlich deshalb, weil ich an anderer Stelle darüber geschrieben habe, namentlich in der Einleitung zu meinem *Judaism and the Doctrine of Creation*[1]. Aber im Umriß lautet die Antwort folgendermaßen: Im Rah-

---

1 Cambridge 1994. Vielleicht interessieren den Leser auch drei andere Essays, die ich zu dieser Frage veröffentlicht habe. Es sind folgende: (1) «Is Jewish Philosophy either Philosophy or Jewish?», in: Irene Kajon (Hrsg.): *La Storia della filosofia ebraica*,

men der jüdischen Zivilisation ist Philosophie (wegen ihrer inneren Schwierigkeit) notwendig immer nur von einer Minderheit und nicht von der Masse gelesen worden. Aber oft gehörten diese ‹wenigen› zu den einflußreichsten Mitgliedern der Gesellschaft, deren philosophisches Denken das Denken der meinungsbildenden Schicht der Gesellschaft beeinflußt hat (z. B. Autoren von Romanen und Gedichten, Lehrer und Sozialreformer ebenso wie Politiker und andere Menschen der Praxis, deren Handeln für die Überzeugungen und Handlungen der vielen, die die Zivilisation ausmachen, von besonderer Bedeutung ist). Um ein amerikanisches Beispiel zu nehmen, so haben nur sehr wenige C. S. Peirces Werk über die Bedeutung der Bedeutung gelesen, aber dieses Werk hat die Schriften religiöser Denker und Psychologen wie William James und die Schriften politischer Denker und Erzieher wie John Dewey tief beeinflußt, in denen das rein philosophische Denken von Peirce eine praktische Anwendung gefunden hat; diese Bücher wiederum haben Geistliche, Politiker, Therapeuten, Sozialarbeiter und Erzieher beeinflußt, und deren Einfluß auf Leute, die niemals etwas von Peirce gehört haben, bestimmt einen großen Teil der amerikanischen Ansichten und Lebensformen im 20. Jahrhundert. Im mittelalterlichen Judentum ist die Philosophie von religiösen Denkern wie Maimonides und Halevi deutlicher erkennbar. Weniger offensichtlich, aber gleichermaßen einflußreich waren die religionsphilosophischen Werke von Autoren wie Abraham Ibn Daud, Gersonides und Chasdai Crescas. Dasselbe kann von den Werken der modernen jüdischen Philosophie wie Spinozas *Ethik*, Bubers *Ich und Du* und selbst von dem meinem Urteil nach besten Buch von allen, von Franz Rosenzweigs *Der Stern der Erlösung*, gesagt werden. Das deutlichste Beispiel eines Buchs, das auf die Entwicklung des jüdischen Volkes in meiner eigenen Generation einen bestimmenden Einfluß ausgeübt hat, ist Mordechai Kaplans *Judaism as a Civilisation*. Diese Werke wurden

Bibliotheca di Filosofia Padova, 1993, S. 463–485. (2) «Issues for Jewish Philosophy», in: Dan Cohn-Sherbok (Hrsg.): *Problems in Contemporary Jewish Theology*, Lewiston/Queenston/Lampeter 1991, S. 93–108. (3) «*Issues for Jewish Philosophy: Jewish Philosophy in the 1980's*», in: Norbert M. Samuelson (Hrsg.): Studies in Jewish Philosophy: Collected Essays of the Academy for Jewish Philosophy, 1980–1985, Lanham 1987, S. 43–59.

von den besten, d. h. den gescheitesten und / oder einflußreichsten Rabbinern gelesen, die überall auf der Welt die Leitung jüdischer Gemeinden
übernahmen, wie auch von den Gelehrten, die sich seit Mitte des Jahrhunderts darum bemüht haben, in den Universitäten in ganz Nordamerika, Westeuropa und Israel Judentum und jüdische Zivilisation zu lehren.

Was das Judentum, die Religion des jüdischen Volkes, betrifft, so ist
die Bedeutung jüdischer Philosophie noch klarer. Bis ins letzte Jahrhundert hinein gab es unter jüdischen Theologen keinen Zweifel, daß das
Judentum, wie alle andere größeren Religionen, zwei primäre Anliegen
hatte – die Förderung des Guten durch die Lehre des richtigen Verhaltens
und die Förderung des Wahren durch die Lehre des rechten Glaubens.
Das rechte Verhalten beruht auf Gesetzen, die das individuelle und das
gemeinschaftliche Verhalten regeln. Die wichtigsten Texte, die bestimmten, was das Judentum über das Verhalten zu sagen hat, sind die
Mischnah und die talmudischen Schriften, die die rabbinischen Urteile
über Verhalten und Glauben etwa vom 2. bis zum 5. Jahrhundert enthalten. Aber diese beiden Sammlungen erschöpfen keineswegs das, was das
Judentum über Ethik zu sagen hat. Es gibt weitere Werke – namentlich
Gesetzestexte und Kommentare zum Alten Testament wie auch zur
Mischna und den Talmudim –, und die Arbeit daran hört niemals auf, sie
setzt sich heutzutage in den Veröffentlichungen moderner rabbinischer
Bestimmungen der jüdischen Praxis im Licht dieser frühen, für den Ursprung des Judentums ausschlaggebenden Schriften fort. Ähnlich verhält es sich mit den wichtigsten Texten, die bestimmen, was das Judentum über den Glauben zu sagen hat, eine Reihe von Werken, die mit
Saadia im 10. Jahrhundert beginnen und bis zu den Schriften von Crescas
im 14. Jahrhundert reichen. Aber auch hier machen diese Schriften, die
zusammen als «die jüdische Philosophie des Mittelalters» gelten, nicht
die Summe dessen aus, was das Judentum über Philosophie zu sagen hat,
d. h. was wahr ist von Gott, Mensch und Welt. Es gibt weitere Werke,
namentlich eben dieselben Kommentare, die oben angeführt worden
sind, wie auch die theoretischen Studien der jüdischen Mystiker (Kabbalisten); denn diese handeln ebensosehr vom Glauben wie von der Praxis.
Und auch hier, wie im Fall des jüdischen Rechts, findet die Arbeit rabbinischer und anderer jüdischer Denker niemals ein Ende; sie setzt sich heute

in den Werken jüdischer Philosophen, namentlich (aber nicht ausschließlich) derjenigen fort, die in diesem Buch diskutiert werden.

Freilich muß noch die Frage der Philosophen beantwortet werden, selbst wenn der Leser bereit ist zuzugeben, daß sie im Fall der am Judentum Interessierten beantwortet ist: Was macht diese jüdischen Denker zu «Philosophen» und nicht einfach zu «religiösen Denkern»? Dahinter steht oft die unausgesprochene Vorstellung, daß Philosophen als Philosophen wie Wissenschaftler als Wissenschaftler nur *ein* Interesse haben, und zwar, nach besten Kräften die Wahrheit zu erforschen. Wahrheit kennt keine Unterschiede zwischen Religionen und / oder Nationen. Was wahr ist, ist ohne jede Einschränkung wahr. Zudem, welches auch immer die angemessene Art sein mag, um zu entscheiden, was wahr ist, sie kennt keine religiösen oder nationalen Einschränkungen. Wenn ein Argument «richtig» und seine Prämissen «wahr» sind, dann muß die Schlußfolgerung ebenfalls wahr sein. Es macht keinen Unterschied, ob die Person, die Forschung betrieben und Schlüsse gezogen hat, Jude, Christ, Buddhist usf. oder Amerikaner, Engländer, Franzose, Deutscher usf. ist. Was zählt, sind einzig die Argumente, die Prämissen und die Schlußfolgerung. Die Identität und der kulturelle oder religiöse Kontext des Sprechers sind irrelevant. Infolgedessen können sich Philosophien wie Wissenschaften nur durch ihren Gegenstandsbereich unterscheiden, für den die charakteristischen Merkmale des Denkers bedeutungslos sind.[2]

Selbst wenn man dieses Argument so annimmt, wäre es immer noch nicht schwierig zu erklären, warum es eine jüdische Philosophie gibt und geben muß. Der obige Opponent würde zugeben, daß Philosophie in einzelne Gebiete einteilbar ist, die allein auf dem Gegenstandsbereich beruhen. Infolgedessen sind Ontologie (die sich mit der Natur dessen befaßt, was ist), Ethik (die sich mit der Natur dessen befaßt, was sein soll) und

---

2 Ich will hier nicht das vor allem in Deutschland in der ersten Hälfte dieses Jahrhunderts von Pseudo-Gelehrten ausgesprochene *Anathema* über die damals sogenannte «jüdische Wissenschaft», z. B. über die Psychoanalyse Freuds und die theoretische Physik Einsteins, kommentieren. Ein ernsthafter Leser wird in dem, was ich in diesem Buch sage, keinerlei Rechtfertigung für den Glauben finden, die Legitimität einer eigenen Disziplin namens «jüdische Philosophie» rechtfertige den Unsinn dieser Leute.

Erkenntnistheorie (die sich damit befaßt, wie wir wissen können, was ist oder sein sollte) legitime Gebiete der Philosophie. Aber dasselbe gilt für politische Philosophie (die sich mit den grundlegenden Voraussetzungen des politischen Handelns befaßt) und Sozialphilosophie (die sich mit den grundlegenden Voraussetzungen der kollektiven menschlichen Wohlfahrt befaßt) und selbst Religionsphilosophie (die sich mit den grundlegenden Voraussetzungen religiöser Erfahrungen befaßt). Und der Bereich religiöser Untersuchungen läßt wiederum Unterabteilungen zu, einschließlich religiöser Ethik (was Religionen und religiöse Menschen über Moral sagen) und Theologie (was Religionen und religiöse Menschen über Gott sagen). In diesem Sinn kann auch die Philosophie weiter unterteilt werden in bestimmte religiöse Philosophien – christliche, muslimische, buddhistische, chinesische, japanische, indische usf. – einschließlich der jüdischen, denn wenn es hier auch zu bezeichnenden Überschneidungen im Gegenstand kommt, so gibt es doch auch bezeichnende Unterschiede. Mindestens in diesem Sinn ist die jüdische Philosophie, auch ohne die Frage des Philosophen nach der Wahrheit der Argumente aufzuwerfen, als religiöse Philosophie eine legitime Sparte der Philosophie der Religion.

Aber warum sie für sich allein studieren? Sollte nicht die jüdische Religionsphilosophie einfach ein Teil der allgemeinen Philosophie der Religion sein? Ja, wenn eine solche Philosophie ihrem Gegenstand angemessen wäre. Aber im allgemeinen ist sie das nicht. Genauer gesagt, was oft «Philosophie der Religion» genannt wird oder auch nur «religiöse Untersuchungen», ist in Wirklichkeit zumeist die Philosophie des Christentums oder christliche Philosophie.[3] Jede bedeutende religiöse Tradition reagiert auf ihre eigene charakteristische Auswahl religiöser Texte, die sie mit den Augen ihrer eigenen charakteristischen religiösen Vergangenheit liest. Diese Vergangenheit, wenn nichts sonst, beeinflußt nicht nur, was ihre Angehörigen glauben, sondern auch die Art und Weise, wie

---

3 Das ist ganz gewiß der Fall im *Religion Department* wie im *Philosophy Department* an der Universität, an der ich lehre, die im allgemeinen weniger christlich orientiert ist als die meisten amerikanischen Universitäten, welche wiederum im allgemeinen weniger christlich orientiert sind als die meisten europäischen.

sie das tun. Das Problem der meisten (wahrscheinlich aller) allgemeinen Werke in der Philosophie, besonders der Religionsphilosophie, besteht darin, daß den Autoren im allgemeinen (vielleicht prinzipiell) das nötige Hintergrundwissen in jeder anderen Tradition außer ihrer eigenen fehlt, mit der Folge, daß sie allzu leicht das, was ‹andre› sagen, an ihre eigenen Gedankenmuster angleichen und dadurch genau das verfehlen, was am Denken jener weniger vertrauten Autoren am wichtigsten ist.

Dieses Problem wird auf anderen Gebieten der Forschung immer deutlicher erkannt, selbst innerhalb der Philosophie, in der etwa Menschen afrikanischer Herkunft die inhärenten Beschränkungen des Denkens, das einzig in einer europäischen Perspektive wurzelt, korrigieren, und Wissenschaftlerinnen, auch Philosophinnen, darum kämpfen, die historisch ausschließlich männliche Perspektive zu korrigieren. Was zeitgenössischen Wissenschaftlern viel schwerer fällt, ist die Einsicht, daß ebenso wie die Wissenschaft der westlichen Zivilisation ausschließlich (zu ihrem eigenen Schaden) das Werk weißer Männer ist, sie ebenso ausschließlich (in Religion und / oder Kultur) christlich ist und daß diese Kurzsichtigkeit einer guten Wissenschaft nicht weniger schadet als die beiden anderen. Infolgedessen ist die jüdische Philosophie in diesem Sinn – nämlich als Philosophie von Philosophen, die einen spezifisch jüdischen kulturellen und / oder religiösen Hintergrund haben – ein notwendiges Korrektiv für die Philosophie im allgemeinen, die in ihrem Bemühen, das zu formulieren, was für das menschliche Denken insgesamt wahr ist, in Wirklichkeit nur formuliert hat (richtig oder nicht), was für das Denken weißer, männlicher, europäischer Christen wahr ist.

Alles Obige setzt voraus, daß das Argument, das der Philosoph vorgetragen hat, korrekt ist. Aber das Argument ist nicht korrekt. Wenn alles, was in der Philosophie zählt, Logik und Prämissen außerhalb jedes spezifischen räumlich-zeitlichen Kontextes wäre, dann müßten alle Philosophen in jedem Augenblick der Geschichte dieselben Fragen stellen und zu denselben Antworten kommen. Aber das ist nicht der Fall, und oft sind diese Unterschiede mit spezifischen Nationalitäten und Religionen verknüpft. Japanische, chinesische, deutsche, französische, britische und amerikanische Philosophen zeigen als Japaner, Chinesen, Deutsche... und Amerikaner signifikante Unterschiede. Und aufgrund dieser Unterschiede ist es gerechtfertigt, von japanischer, chinesischer, deutscher...

und amerikanischer Philosophie zu sprechen. Im Minimalfall gehören Philosophen und Wissenschaftler, abgesehen von Argumenten über die politische und kulturelle Relativität alles wissenschaftlichen Denkens (ganz zu schweigen von philosophischer Spekulation), in intellektuelle Traditionen, die die Bücher und Abhandlungen bestimmen, welche sie lesen; und diese Bücher und Abhandlungen bestimmen nicht nur ihrerseits, über welche Fragen sie nachdenken, sondern auch die Art und Weise, wie sie darüber nachdenken.

Die Leser dieses Buchs werden sehen, daß es viele Themen gibt, über die jüdische Philosophen als Philosophen anders nachgedacht haben als Philosophen, die religiös und / oder kulturell europäische Christen oder christliche Europäer sind, und daß diese Juden über diese Fragen auf eine signifikant andere Art und Weise nachgedacht haben als ihre christlich-europäischen, europäisch-christlichen philosophischen Kollegen. Im Mindestfall besteht der Gewinn für nichtjüdische Philosophen, wenn sie jüdische Philosophie lesen, in der Entdeckung, daß das, was sie in der Philosophie immer als universal angesehen haben, nicht universal ist, und daß sie in der Erkenntnis dieses Unterschieds ihre Vorstellungswelt erweitern, daß sie als Europäer und / oder Christen lernen, auf neue Weise zu denken. Im besten Fall werden alle Leser in der jüdischen Philosophie einen verlorenen Schatz entdecken – einen «Schatz», weil die meisten der hier betrachteten Texte philosophische Edelsteine sind, «verloren», weil ihre Autoren in ihrem philosophischen Denken uneingeschränkt ihre jüdische Identität bewahrt haben.

Teil I
Historischer Hintergrund

1
Die Wanderungen aus Spanien und die Popularisierung der Kabbala

Die jüdische Mystik vor dem 17. Jahrhundert

Das Jahr 1492 war in der spanischen und der jüdischen Geschichte von größter Bedeutung. Christoph Kolumbus landete in Westindien und beanspruchte die «Neue Welt» für Spanien. Zu Beginn dieses Jahres hatten christliche Truppen das Königreich von Granada, die letzte Spur islamischer Herrschaft in Spanien, besiegt, und Ferdinand von Aragon und Isabella von Kastilien vertrieben die Juden aus dem jetzt vereinigten römisch-katholischen Königreich. Fünf Jahre später vertrieb Emanuel I. die Juden aus Portugal. Aus dieser bedeutendsten Siedlung jüdischen Lebens und jüdischer Kultur westlich der Pyrenäen wanderten einige Juden westwärts in die Neue Welt, die meisten dagegen verlagerten ihre Gemeinden in den Osten.

Im 16. Jahrhundert entstanden in Holland Zentren jüdischen Lebens. Im 17. Jahrhundert bewogen niederländische Juden Oliver Cromwell, ihrem Volk wieder Zutritt nach England zu gewähren. Die größte Wanderung von spanischen Juden im 16. Jahrhundert im christlichen Europa war freilich die Rückkehr in die deutschen Länder und weiter östlich in ein Territorium, das später als das «Siedlungsgebiet» bekannt werden sollte, welches östliche Gebiete im Preußen des 19. Jahrhunderts, Österreich, Polen und westliche Territorien in Rußland umfaßte. Außerdem bewegten sich im 16. Jahrhundert viele Juden von Spanien nach Italien und von Italien in das türkische Reich. Jüdische Gemeinden entstanden

dort im türkisch-osmanisch beherrschten Ägypten und in Palästina. Die
für die Ausbreitung des religiösen Denkens der Juden bedeutsamste Siedlung war die Stadt Safed in Palästina.

Diejenigen Juden, die Gemeinden in Italien, Griechenland, der Türkei,
Palästina, Ägypten und an anderen Orten am Mittelmeer gründeten,
wurden als die sefardischen Juden bekannt – der hebräische Ausdruck
Sefardi bedeutet «spanisch». Diejenigen Juden, die sich in Mittel- und
Osteuropa weiter nach Norden ansiedelten, wurden als aschkenasische
Juden bekannt – der hebräische Ausdruck *Aschkenasi* bedeutet «deutsch».
Sefardische und aschkenasische jüdische Gemeinden unterschieden sich
deutlich und entwickelten unterschiedliche kulturell-religiöse Strukturen. Gleichwohl sollte man nicht übersehen, daß ihr gemeinsames
Erbe aus dem 15. Jahrhundert und ihre bleibende Bindung an das rabbinische Judentum, mindestens bis zur Mitte des 19. Jahrhunderts, ein Band
bildete, das weit stärker war als ihre Unterschiede. Außerdem gab es eine
beträchtliche Wanderbewegung zwischen sefardischen und aschkenasischen Gemeinden, und die kulturell-religiösen Bindungen zwischen den
beiden jüdischen Sub-Zivilisationen blieben eng. Und so blieben trotz aller
Unterschiede zwischen den aschkenasischen Gemeinden in Mitteleuropa
und denen in Osteuropa (die sich besonders während der vergangenen
100 Jahre zeigten) die ökonomischen, kulturellen und religiösen Bindungen zwischen diesen Regionen eng.

Die Geburt des 16. Jahrhunderts bezeichnete auch das Ende der
600 Jahre währenden Tradition der muslimisch beeinflußten jüdischen
Philosophie. Aber obwohl die jüdische Philosophie über die nächsten
350 Jahre relativ brachlag, hörten die Juden nicht auf, sich mit neuen
Formen kreativen Nachdenkens über religiöse Fragen zu befassen. Die
Formen, in denen die Juden versuchten, Gott und Gottes Beziehung zum
jüdischen Volk zu verstehen, waren zwar nicht mehr philosophischer
Art, aber das Suchen selbst dauerte an. Die nächsten 300 Jahre über war
die primäre Form, in der diese Suche erfolgte, die Tradition der *Kabbala*
oder der jüdischen Mystik. Tatsächlich steht diese Tradition der Tradition des rabbinischen Judentums sehr nahe und ist beinahe gleich alt.
Außerdem lehrten viele der mittelalterlichen jüdischen Philosophen eine
Lebensauffassung, die, wenn sie auch nicht selbst notwendig kabbalistisch war, so doch zumindest einen gedanklichen Rahmen bildete, der

mit den «mystischen» Lebensformen von Gemeinden und einzelnen übereinstimmte.

Die wichtigsten Einflüsse, die zu einer mystischen Deutung des Judentums tendierten, bildeten der Neuplatonismus und der Sufismus.* Freilich waren nach der einen Deutung von Maimonides' *Führer der Unschlüssigen* die «Geheimnisse *(Sodot)* der Thora», die er denen mitzuteilen suchte, die willens waren, sie aufzunehmen, kabbalistisch. Ob dies nun eine korrekte Deutung von Maimonides' Absichten ist oder nicht, so stimmte eine solche Deutung doch mit vielem überein, was Maimonides im *Führer der Unschlüssigen* darlegte. Diese Deutung wird durch die Tatsache bestätigt, daß die jüdische Philosophie des Mittelalters im allgemeinen und Maimonides' religiöses Denken im besonderen nicht mit einer Bindung an die *Kabbala* im Widerspruch zu stehen braucht. Tatsächlich wurde Maimonides' Sohn Kabbalist, und die folgenden Generationen von jüdischen Mystikern im christlichen Europa und im Osmanischen Reich behandelten den *Führer der Unschlüssigen* als wichtigen theoretischen Text der jüdischen Mystik.

Was in diesem Kontext mit «Mystik» gemeint ist, kann am besten auf folgende Weise erklärt werden. Das gewöhnliche rabbinische Judentum behauptete, daß der einzelne Jude, der die rabbinische Tradition übernimmt und befolgt, die wahren Ansichten Gottes erkennt; und daß er in einer Beziehung zu Gott steht, indem er tut, was Gott will. Im Hinblick auf Erkenntnis war das Beste, was diese oder jede andere gewöhnliche religiöse Tradition des Westens anbieten konnte, daß durch die Annahme der theoretischen Lehren der Tradition der «Gläubige» wahre Ansichten haben würde. Aber diese wahren Überzeugungen konnten nicht Erkenntnis genannt werden. Im griechischen und im mittelalterlichen Sinn dieser Ausdrücke konnte der gewöhnliche Gläubige eine «wahre Meinung» beanspruchen, aber er konnte nicht als jemand gelten, der «wisse», was er – mochte es auch zutreffend sein – behaupte. Einfach zu behaupten, daß etwas der Fall ist, ist keine Erkenntnis. Erkenntnis besteht darin, das zu behaupten, was der Fall ist und die Gründe zu kennen, warum das, was behauptet wird, der Fall ist (den *logos*).

---

* Neuplatonismus: die Tradition der christlichen Mystik, die in den Schriften Platons wurzelte; Sufismus: die Tradition der muslimischen Mystik.

Dem gewöhnlichen Gläubigen genügte die wahre Meinung über Gott und Gottes Willen oder der Glaube, den seine religiöse Tradition ihm vermittelte. Aber einigen Gläubigen war dies nicht genug. Sie waren mit einem lediglich zutreffenden Glauben nicht zufrieden. Sie wollten auch wissen, warum das, was sie für wahr hielten, tatsächlich wahr war. Solche Leute wurden Religionsphilosophen. Den Unterschied zwischen gewöhnlichen Juden und jüdischen Philosophen kann man vielleicht so illustrieren: Man denke sich ein Buch mit mathematischen Problemen, das am Schluß die Antworten auf die Probleme enthält. Die meisten Studenten wären zufrieden, die Antworten in dem Buch zu akzeptieren, ohne selber die Probleme durchzuarbeiten. Bessere Studenten wären nicht zufrieden, ehe sie nicht selbst die Probleme gelöst hätten, selbst wenn sie keinerlei Zweifel hätten, daß die gegebenen Antworten korrekt sind. In dieser Metapher sind die Antworten in dem Buch die rabbinische Tradition, und die Studenten, welche die Probleme selbst durcharbeiten müssen, die Religionsphilosophen.

Ähnlich war im Hinblick auf die Praxis das Beste, was diese oder jede andere gewöhnliche religiöse Tradition bieten konnte, daß der Gläubige durch die Anerkennung der Praxis oder der konkreten Disziplin, welche die Tradition diktierte, tun würde, was Gott ihm befahl; und daß er, wenn er den göttlichen Willen erfüllte, in einer Beziehung zu Gott stehen würde. Diese Beziehung zu Gott ist indirekt und fern. Gott hat eine direkte Beziehung zu den religiösen Genies, mit denen er kommuniziert, also den Propheten und Lehrern der Tradition des Gläubigen; aber die Gläubigen selbst haben keinerlei solche direkte Beziehung. Statt dessen haben sie nur eine sekundäre Beziehung zu Gott – durch die Gemeinde, welche die Tradition der direkten Beziehung zum Herrn verkörpert.

Den gewöhnlichen Gläubigen reichte eine solche indirekte Beziehung durch Vermittlung der religiösen Tradition aus. Einige Gläubige begnügten sich freilich nicht damit, göttliche Direktiven lediglich in Empfang zu nehmen, ohne auch in einer persönlichen, direkten Beziehung zu Gott zu stehen. Solche Leute wurden religiöse Mystiker. Der Unterschied zwischen gewöhnlichen Juden und jüdischen Mystikern kann auf folgende Weise erläutert werden. Man stelle sich ein großes Büro vor, das an einem Ende ein getrenntes Büro für den Manager enthält, hinter dem ein weiteres Büro liegt, in dem der Präsident sitzt. In regelmäßigen

Abständen betritt der Manager das Präsidentenbüro, wo er Instruktionen für die Angestellten entgegennimmt. Der Manager zieht sich dann aus dem Büro des Präsidenten zurück, geht durch sein eigenes Büro zu dem großen Hauptraum, wo die Angestellten ihre Tische haben, und berichtet ihnen, was der Präsident von ihnen verlangt. Die meisten Angestellten wären damit zufrieden, die Instruktionen von dem Manager zu erhalten, ohne jemals den Präsidenten der Gesellschaft zu treffen. Die ehrgeizigeren Angestellten wären nicht eher zufrieden, als bis sie den Präsidenten persönlich getroffen hätten, selbst wenn sie keinerlei Zweifel hegten, daß die Instruktionen des Managers korrekt sind. In diesem Bild ist Gott der Präsident, die Propheten und die Rabbis sind der Manager, das Volk Israel ist die Gesellschaft, und die jüdischen Mystiker sind diejenigen Angestellten, die dem Präsidenten persönlich zu begegnen suchen.

Wenn auch einige jüdische Philosophen Mystiker waren und einige jüdische Mystiker Philosophen, so ist es doch keineswegs der Fall, daß alle jüdischen Philosophen Mystiker und alle jüdischen Mystiker Philosophen sind. Bahya Ibn Pakuda zum Beispiel war sowohl Mystiker wie Philosoph; Gersonides war Philosoph, aber nicht Mystiker; und Isaak Luria war Mystiker, aber kein Philosoph. Freilich war allen dreien gemeinsam, daß sie zwar nicht die Wahrheit der theoretischen und praktischen Lehren des rabbinischen Judentums in Frage stellten, diese Lehren aber in mancher Hinsicht für sie persönlich nicht befriedigend waren. Im Fall der Philosophen waren diese gläubigen Juden nicht damit zufrieden, das traditionelle Geschenk des wahren Glaubens anzunehmen. Im Fall der Mystiker waren diese ebenfalls gläubigen Juden nicht damit zufrieden, das traditionelle Geschenk der wahren Praxis anzunehmen. Beide Gruppen von Juden wünschten eine persönliche Bestätigung der Wahrheiten der Tradition – erstere dadurch, daß sie rationale Gründe oder Rechtfertigungen ihres Glaubens suchten, die letzteren, indem sie eine direkte, persönliche Beziehung zum Gott Israels suchten.

Das letzte Anliegen aller jüdischen Mystik war praktisch; sie sollte den einzelnen Juden, der den richtigen Charakter entwickelt hatte, dazu befähigen, eine direkte, persönliche Beziehung zu Gott einzugehen. Trotzdem können die mystischen Traditionen der Juden im allgemeinen als entweder theoretische oder praktische Mystik unterschieden werden. Was «theoretische Mystik» genannt wird, sind jene Lehren in mystischen Gemeinschaften, die sich mit Themen befassen, die im allgemeinen Gegenstand der Religionsphilosophie sind – die Natur des Menschen, des Universums, Gottes und die Beziehung zwischen diesen dreien. Was «praktische Mystik» genannt wird, sind jene Lehren in mystischen Gemeinschaften, die von konkreten Mitteln oder der Ausbildung handeln, durch die der Neuling der mystischen Gemeinschaft über die rabbinische Gemeinschaft hinausgehen und zu einer direkten Beziehung zu Gott gelangen kann. Die meisten mystischen Gemeinschaften der Juden neigten dazu, pantheistisch zu sein, und deshalb wurde die gesuchte direkte Beziehung zu Gott im Sinn einer Vereinigung mit oder einem Aufgehen im Wesen Gottes beschrieben. «Pantheismus» bezieht sich auf jene Ansicht, die behauptet, daß alles, was existiert, letztlich als Teil Gottes existiert. Infolgedessen bestand die direkte Beziehung zu Gott darin, jenen geistigen Zustand zu erreichen, in dem die einzelnen ihr Bewußtsein von der scheinbaren Differenz oder Trennung von Gott überwinden und die Wirklichkeit ihrer Teilhabe an oder Einheit in Gott spüren würden. Dieses ersehnte Bewußtsein ist oft «Ekstase» genannt worden. Der Ausdruck für diesen Zustand, der von den jüdischen Mystikern verwendet wurde, lautete *Devekut*, was wörtlich den abstrakten Zustand des Haftens-an bedeutet. Mit *Devekut* meinten die Kabbalisten einen Zustand des Einsseins mit Gott.

Merkaba-Mystik

Es gibt vier größere Gemeinschaften oder Traditionen der (im folgenden einfach Kabbala genannten) jüdischen Mystik, die schon vor dem 17. Jahrhundert nachweisbar sind. Die erste Tradition, die als Merkaba-Mystik bekannt ist, entstand im 1. Jahrhundert v. u. Z. unter dem Einfluß der Gnostik und dauerte im islamischen Reich bis zum Ende des 10. Jahrhunderts. Der Name *Merkaba* bedeutet wörtlich «der Wagen» und bezieht sich auf die angebliche ekstatische Vision, die im ersten Kapitel des Buchs Hesekiel geschildert wird. In der Terminologie der mittelalterlichen jüdischen Philosophen bezieht sich der Ausdruck *Ma'ase Merkaba*, die Ereignisse des Wagens, auf das Studium der Metaphysik, Kosmologie und Kosmogonie, während der Ausdruck *Ma'ase Bereschit*, die Ereignisse der Schöpfung, sich auf das Studium der Naturwissenschaften bezieht. So, wie die Mystiker diese Worte benutzten, beziehen sich sowohl *Ma'ase Merkaba* wie auch *Ma'ase Bereschit* auf die theoretischen mystischen Traditionen der Kosmologie und Kosmogonie sowie Darstellungen des Wesens und Ursprungs des Universums, in dem kausale Kategorien verdinglicht, d. h. als selbständig existierende Entitäten dargestellt sind.

Diese theoretischen Strukturen werden oft Mythologien genannt. Der Ausdruck *Mythologie* ist insofern problematisch, als er häufig den Eindruck erweckt, als seien die gegebenen Erklärungen Geschichten, die weniger wahr sind als andere Arten von Erklärungen. Wenn dies unter dem Ausdruck *Mythologie* verstanden wird, dann ist es wohl nicht angemessen, die mystischen Erklärungen, welche die Juden von der Beziehung zwischen Gott und dem von ihm geschaffenen Universum geben, Mythologien zu nennen.

Auf der einen Seite sprachen die frühesten Mystiker über ein Universum jenseits unserer materiellen Welt, das aus sieben Hallen oder Palästen *(Hechalot)* bestand, die von Engeln bewohnt wurden (die *Chajot* oder Tiere genannt wurden, in Anlehnung an die Terminologie von Hesekiels Vision des Wagens), welche in einer Hierarchie unterhalb des achten, vollkommensten Palastes angeordnet waren, in dem der «Thron Gottes» stand oder Gott, wie er an sich selbst ist, wohnte. Auf der anderen Seite sprachen sie von den Maßen von Gottes Leib *(Schi' ur Koma)*. Wie die Beschreibung dieses angeblich göttlichen Leibes oder der sieben Himmel verstanden werden sollte, ist nicht leicht zu bestimmen. Beide Darstellungen galten als wahr, konnten aber unmöglich in demselben Sinn verstanden werden wie eine Beschreibung der Farbe und Form von physischen Objekten etwa von Tischen oder Bäumen. Es ist allerdings äußerst schwierig zu sagen, in welchem Sinn diese verschiedenen Arten von Darstellungen als verschieden angesehen wurden und in welchem Sinn sie, wenn überhaupt, miteinander verwandt waren. Es ist nicht einmal klar, ob die Erklärungen des göttlichen Leibes und der sieben Himmel selber Erklärungen in demselben oder einem verschiedenen Sinn waren.

Ähnlich beschrieben diese selben Merkaba-Mystiker das, was sie *Sephirot* nannten, was «Sphären» bedeutet (wie der Ausdruck von den mittelalterlichen jüdischen Philosophen verwendet wurde) oder «Regionen», oder die zweiundzwanzig Buchstaben des hebräischen Alphabets. In welcher Beziehung die *Sephirot* zu den *Hechalot* stehen, ist nicht immer klar, und das Verhältnis der Kategorien zueinander ist nicht notwendig im Denken jedes jüdischen Mystikers dasselbe. Nach einigen Mystikern sind die *Sephirot* unabhängig von den *Hechalot*, insofern sie 32 Pfade zur Weisheit sind. Nach anderen Mystikern sind die *Sephirot* identisch mit der Anzahl der Gottheiten der Pythagoreer. Als solche sind die *Sephirot* lebendige Zahlwesen, die mit den *Chajot* oder Engeln, welche die sieben himmlischen Paläste bewohnen, identisch sind. Im allgemeinen bezog sich der Terminus *Sephirot* auf zehn Ausflüsse oder Emanationen Gottes, die als Glieder zwischen dem vollkommenen, einen Gott, der das «Unendliche» *(En-Soph)* genannt wurde, und der materiellen Welt dienen. Mit anderen Worten, die *Sephirot* gleichen den Intelligenzen der mittelalterlichen jüdischen Philosophie. Die Beziehung zwischen den mystischen *Sephirot* und den philosophischen Intelligenzen ist freilich nur eine Ähnlichkeit und keine Identität. Beide Gruppen von angeblichen Entitäten sind Emanationen Gottes, aber sie werden auf jeweils verschiedene Art und Weise charakterisiert. Im allgemeinen wurden die zehn *Sephirot* aus Gott schließlich folgendermaßen bestimmt: (1) Die erste Emanation Gottes wird die höchste Krone *(Kether Eljon)* Gottes genannt. Dies ist Gott, aber auf weniger vollkommene Weise als Gott, als der *En-Soph*, an sich. Jede nachfolgende Emanation ist ebenfalls Gott, in entsprechend weniger vollkommener Weise. Die neun verbleibenden *Sephirot* heißen (2) Weisheit *(Chochma)* oder die uranfängliche Idee Gottes; (3) die Intelligenz *(Bina)* Gottes; (4) die Liebe oder Gnade *(Chessed)* Gottes; (5) die Macht *(Gebura* oder *Din)* Gottes, gewöhnlich mit Bezug auf die göttliche Bestrafung und strenge Verurteilung; (6) das Mitleid *(Rachamin)* Gottes, das zwischen seiner Gnade und seiner Macht vermittelt; (7) die Ewigkeit *(Nezach)* Gottes; (8) die Majestät *(Hod)* Gottes; (9) der Grund *(Jessod)* Gottes; und (10) das Königreich *(Malchut)* Gottes. Im Sohar* wird diese zehnte Emanation Gottes «die Gemeinschaft Israels» genannt, womit eher der mystische Archetyp der Gemeinschaft Israels

---

* Das Buch des Glanzes. Es erschien in Kastilien im späten 13. Jahrhundert.

gemeint ist als das jüdische Volk, wie es sich in der materiellen Welt vorfindet. Als Gottes zehnte Sphäre ist die Gemeinschaft Israels identisch mit Gottes Präsenz oder der *Schechina* in der rabbinischen Tradition.

Der spanische Chassidismus im 13. Jahrhundert

Im Anschluß an die klassische *Merkaba*-Mystik entstand Anfang des 13. Jahrhunderts in Spanien und Südfrankreich eine neue theoretische Mystik. Diese alten spanischen Mystiker nannten sich selbst Chassidim, was Heilige oder fromme Männer bedeutet. Die Chassidim verwarfen nicht so sehr all das, was in der *Merkaba*-Mystik gelehrt wurde, vielmehr gingen sie über ihre Beschreibung der *Merkaba* oder der Welt der sieben Himmel und des göttlichen Throns hinaus zu dem, was diese Chassidim die *innere Merkaba* nannten, die Welt des *En-Soph* selbst. Während die *Merkaba*-Mystiker sich damit befaßten, die Emanationen oder primären Mittel der Selbstoffenbarung Gottes zu beschreiben, konzentrierten sich die alten spanischen Mystiker auf die Theorie der Erlangung einer direkten Beziehung zu Gott jenseits der *Sephirot*.

Dieser spanische Chassidismus hatte sechs Generationen lang (etwa von 1200 bis 1350) sein Zentrum in Gerona in Katalanien. Seine führenden Theoretiker waren Abraham Abulafia und der anonyme Autor des *Sohar*.

Abulafia wurde 1240 in Saragossa geboren. Er zog von Saragossa nach Tudela in Navarra; von dort brach er im Jahr 1274 auf, um seine Lehren in Italien und Griechenland zu verbreiten. Nach dem Jahr 1291 ist nichts mehr von ihm bekannt. Obgleich er verschiedene Werke schrieb, hat einzig sein *Buch der Zeichen (Sefer Ha-Ot)* überlebt. Er lehrte eine Art Mystik, die als «ekstatische Kabbala» bekannt ist. Diese Art System wird allgemein «Theosophie» genannt: Es ist der Versuch, göttliche Mysterien wahrzunehmen wie auch zu beschreiben, im Glauben, daß es möglich sei, durch diese Kontemplation ganz in Gott aufzugehen. Der Gegenstand der Kontemplation war Gottes Einheit *(Jihud)* mit seiner *Schechina*, die den Differenzen der vielfältigen *Sephirot* der *Merkaba*-Mystiker zugrunde liegt. Mittels dieser Kontemplation suchte der Kabbalist sowohl «die Knoten» seiner Seele «zu lösen», wodurch er höhere Formen der Wahrnehmung erlangen konnte, wie die Vollkommenheit *(Tikkun)* der Welt herbeizuführen. Diese Vorstellung hat griechische Quellen.

Der Chassid verband Aristoteles' Begriff der *Aporia* mit Platos «Höhlengleichnis» im *Staat*. Aporien sind Knoten, die das Denken daran hindern, frei zu fließen. Diese Knoten der rationalen Spekulation in der aristotelischen Philosophie wurden zu Knoten, die einen daran hindern, über die physische Welt der Sinneswahrnehmung hinaus auf die höheren Ordnungen des Universums zu blicken. Wenn man diese Knoten der mystischen Wahrnehmung löste, gelangte man in eine höhere Ordnung der Realität, während man sein physisches Universum in eine engere und höhere Beziehung zu Gott brachte.

Unter den Produkten der spanischen Chassidim auf dem Gebiet der ekstatischen Kabbala war das im Sinn der Geschichte der jüdischen Mystik einflußreichste Werk der *Sohar*. Dieses Werk wurde ursprünglich Simeon Ben Jochai (2. Jahrhundert u. Z.) zugeschrieben. Es erschien zuerst in Kastilien nach dem Jahr 1268 und wurde von Moses Ben Shemtob de Leon aus Guadalajara in Kastilien (gest. 1305) in den beiden letzten Jahrzehnten des 13. Jahrhunderts in Umlauf gebracht. Ob Moses Ben Shemtob oder ein anderer Zeitgenosse der wirkliche Autor des Buches war, ist umstritten. [1]

Deutscher Chassidismus im 13. Jahrhundert

Beinahe gleichzeitig mit der alten spanischen Kabbala bestand eine mystische Tradition in den deutschen Ländern. Im Unterschied zu der theoretischen Ausrichtung der spanischen Chassidim war der Chassidismus in Deutschland praktischer Natur. Mit anderen Worten, man beschäftigte sich dort mit der konkreten Ausbildung der Kabbalisten, die dazu diente, die mystische Einheit mit Gott *(Devekut)* zu erreichen. Die füh-

---

[1] Siehe Gershom Scholem, *Die jüdische Mystik in ihren Hauptströmungen*, Zürich 1960, Vorlesung 5.

renden Gestalten im deutschen Chassidismus waren alle Mitglieder der Familie Kalonymos. Es waren Samuel, der Sohn von Kalonymos aus Speyer, der Ende des 12. Jahrhunderts lebte; sein Sohn Jehuda aus Worms, der 1217 starb; und Jehudas Schüler, Elieser Ben Jehuda aus Worms, der zwischen 1223 und 1232 starb. Ihre gemeinsamen Lehren sind im *Sefer Chassidim* aufbewahrt.

Die Kabbala von Safed

Schließlich entstand gegen 1532 unter spanischen Emigranten in Safed eine neue kabbalistische Tradition. Der beherrschende Einfluß der Safed-Schule der Kabbala ging von dem theoretischen Mystiker Moses Ben Jakob Cordovera und von dem praktischen Mystiker Isaak Luria (1534–1574) aus. Die größte Wirkung erlangte Lurias praktische Kabbala, als sie gegen Ende des 16. Jahrhunderts von Israel Sarug und Chayim Vital Calabrese (1543–1620), der *Die Pforten der Heiligkeit (Sha'are Keduscha)* schrieb, nach Italien und über ganz Europa verbreitet wurde.

Soweit diese Kabbala theoretisch war, bestand ihr einzigartiger Beitrag zur Darstellung des Universums in der Erklärung, wie in Gottes Universum das Übel entstand. Zuerst existierte einzig Gott als der *En-Soph* oder das Unendliche. Aber er existierte nur als Geist oder Gedanke. Aus Liebe zur Vollkommenheit – d. h. aus Liebe zu sich selbst – suchte Gott sich zu vergegenständlichen. Der Prozeß, durch den Gott sich zu einem Gegenstand der Kontemplation machte, wird *Zimzum* genannt, was wörtlich «Konzentration» oder «Kontraktion» bedeutet. Mit anderen Worten, das Unendliche zog sich zusammen und setzte sich dadurch in den Stand, begrenzt oder vergegenständlicht zu werden. Auf diese Weise brachte es die Weltschöpfung hervor, die seine Selbstobjektivation ist. Diese Objektivation manifestierte sich als Licht. Das erste göttliche Licht ist als der ursprüngliche Mensch *(Adam Kadmon)* bekannt. In diesem Zusammenhang bezieht sich *Adam* nicht auf den Menschen, der in den ersten Kapiteln der Genesis erwähnt wird, sondern auf das ursprüngliche göttliche Licht. Dieses Licht ergoß sich in *Kelim* oder Gefäße, die Werkzeuge, mit denen Gott seine Taten verrichtet. Dieses

Licht war für die Gefäße freilich zu mächtig. Sie zerbrachen und verschütteten das göttliche, reine Licht in eine reine Dunkelheit. In unserer Welt gibt es weder reine Dunkelheit noch reines Licht. Unser Universum ist vielmehr eine Mischung aus Dunkelheit und Fragmenten göttlichen Lichts, genannt «Funken». Diese Dunkelheit ist das Böse, das hier durch diese Lehre des Zerbrechens der Gefäße *(Schevirat Ha-Kelim)* erklärt wird. Infolge dieser Erklärung strebt der Kabbalist danach, aus dieser Mischung die göttlichen Funken, die *Kelipot*, zu entfernen. Diese *Kelipot* mußten aus der Mischung herausgelöst werden, damit die Gefäße das reine göttliche Licht enthalten. Mit Hilfe dieser Reinigung werden die Gefäße und das eine Licht, Gott, wiederhergestellt. Nach dem Kabbalisten wird diese Wiederherstellung zum Zeitpunkt der Ankunft des Messias vollendet sein. Dadurch versucht der Kabbalist, den Messias und das messianische Zeitalter herbeizuführen.

Jüdische Mystik im 17. Jahrhundert

Europäische Rabbiner warfen den Exponenten des aristotelischen Ansatzes in der jüdischen Philosophie Häresie vor. Obgleich es möglich ist, daß einige dieser Philosophen ernsthafte Probleme mit bestimmten Aspekten des rabbinischen Judentums hatten, gibt es gleichwohl keinen Grund zu der Annahme, daß irgendeiner der bedeutenderen mittelalterlichen jüdischen Philosophen mit dem rabbinischen Judentum unzufrieden war. Obgleich die rationalistischsten unter ihnen zu erkennen suchten, warum die traditionellen Dogmen des rabbinischen Judentums wahr waren, bezweifelten sie deren Wahrheitsgehalt doch nicht tatsächlich. Viele gewöhnliche Rabbiner betrachteten den Kabbalismus mit Mißtrauen. Möglicherweise waren einige jüdische Mystiker geneigt, mutwillig einige Gesetze und Praktiken der rabbinischen Tradition zu verletzen. Trotzdem gibt es keinen Grund zu der Annahme, daß irgendeiner der bedeutenderen Kabbalisten vor dem 17. Jahrhundert Disziplinen befürwortet oder gar praktiziert hätte, die vom jüdischen Gesetz verboten waren. Mit anderen Worten, die Philosophen wie die Mystiker waren engagierte rabbinische Juden.

Gleichzeitig ist es keineswegs unbegründet zu glauben, daß die rabbinischen Gemeindevorsteher in Europa sowohl die jüdischen Philosophen wie die Mystiker mit Mißtrauen beobachteten. Es ist schon darauf hingewiesen worden, daß ein Jude, insofern er entweder ein Philosoph des Judentums oder ein Kabbalist wurde, damit tatsächlich zum Ausdruck brachte, daß die gewöhnliche Tradition ihm nicht genügte. In dem Maß, wie ihn diese Tradition nicht befriedigte, kritisierte dieser Jude implizit, wenn nicht gar explizit, die bestehende jüdische Lebensform.

Das jüdische Establishment hatte gute Gründe, seine Philosophen und Mystiker mit Mißtrauen zu betrachten. Solange die Struktur des traditionellen rabbinischen Judentums es den meisten Juden ermöglichte, in ihren Beziehungen zueinander, zu ihren Nachbarn und zu Gott ein erfülltes und befriedigendes Leben zu führen, gab es keinen wirklichen Grund für die Furcht vor impliziter Kritik in Philosophie oder Mystik. Solange die klassische Struktur des rabbinischen Judentums den Bedürfnissen der Welt, in welcher das jüdische Volk lebte, entsprach, blieben Philosophie wie Mystik die Betätigung einer kleinen Elite, die, wenn überhaupt, nur einen minimalen Einfluß auf das Denken der jüdischen Massen ausübte. Die meisten Gebete, die dem täglichen Gebetbuch des Rabbiners hinzugefügt wurden, waren das Werk mittelalterlicher Philosophen und/oder Mystiker. Gleichwohl ist es höchst fraglich, ob der durchschnittliche Jude, der diese traditionellen Gebete rezitierte, in ihrem Inhalt irgend etwas sah, das über die populäre Theologie der frühen Rabbiner in Judäa und dem Sassanidenreich hinausging. [2]

Nach der Vertreibung aus Spanien wurde es für einzelne Juden und die jüdische Gemeinschaft insgesamt immer schwieriger, im mittelalterlichen Europa in Frieden zu leben. Die Perioden des Wohlstands und Friedens wurden immer kürzer. Das jüdische Leben wurde immer stärker von Armut und physischer Gewalt beherrscht. Die jüdische Gemeinde blieb im allgemeinen der Autorität ihrer Rabbis weiterhin treu und hielt an dem rabbinischen Ideal des gewaltlosen Widerstands fest. [3] Besonders

---

2 Die Sassaniden waren das zoroastrische Herrscherhaus von Persien von 225–641 u. Z.

3 Gewöhnlich betete die jüdische Gemeinschaft angesichts der Angriffe, die auf sie verübt wurden, oder sie floh vor ihren Feinden.

in Osteuropa erwiesen sich diese Überlebenstechniken angesichts der feindseligen Angriffe oder *Pogrome* als zunehmend wirkungslos. Man kann aber nicht sagen, daß vor der zweiten Hälfte des 17. Jahrhunderts viele Juden vom rabbinischen Judentum enttäuscht gewesen wären. Ihre Gedanken und Hoffnungen wandten sich von der Gültigkeit von Gottes Gesetz für die Juden in dieser Welt ab und einer Sehnsucht nach der Ankunft des Messias und des messianischen Zeitalters zu, die diese Welt des Schmerzes und Übels beenden würde.

Die Sehnsucht nach dem Messias ist selbst eine rabbinische theologische Lehre, die die Erfüllung der Hoffnungen des jüdischen Volkes unter der Thora darstellt. Als «Erfüllung» bedeutet sie auch praktisch das Ende des rabbinischen Judentums. Das Gesetz, wie es in der Tradition der *Halacha* verstanden wird, soll ausdrücklich für diese Welt gelten. In der zukünftigen Welt wird dieses Gesetz zumindest stark modifiziert werden und im besten Falle aufhören, überhaupt Gültigkeit zu haben. In der stärkeren Konzentration der rabbinischen jüdischen Gemeinde auf das Kommen des Messias war implizit das unbewußte Urteil vieler Juden enthalten, daß die klassische Struktur des rabbinischen Judentums das jüdische Volk nicht länger befähigen konnte, in der bestehenden Welt adäquat seine Aufgabe zu erfüllen. Sie verwarfen die bestehende Welt und hofften auf eine nicht allzu ferne bessere Welt. Diese Verwerfung brachte ebenso eine Verneinung des klassischen rabbinischen Judentums mit sich. Was sonst nur implizit war, wurde explizit, als sich die Masse des jüdischen Volkes dem Mystiker Sabbatai Zwi (1626–1676) zuwandte, der den Anspruch erhob, der Messias zu sein.

Sabbatai Zwi

In kabbalistischen Kreisen war das Jahr 1648 schon lange als das Jahr vorhergesagt worden, in dem der Messias erscheinen würde. In jenem Jahr sprach Sabbatai Zwi in der rabbinischen Schule von Joseph Escapa in Smyrna (in der heutigen Türkei) den Namen Gottes *(Jahwe)* aus, wodurch er sich selbst implizit als den Messias ankündigte. Daraufhin ging dieser junge Kabbalist nach Saloniki[4] und wurde dort mit der Thora verheiratet, womit angeblich die erwartete Heirat des Messias mit der personifizierten «Tochter des Himmels» erfüllt wurde. Das Rabbinat von Smyrna exkommunizierte ihn, und das Rabbinat von Saloniki verbannte ihn aus seiner Stadt. Trotzdem verbreitete sich die lang erwartete und bereitwillig aufgenommene Neuigkeit von der Ankunft des Messias durch die jüdische Welt des Osmanischen Reichs. In Kairo fand Sabbatai Zwi mit Hilfe und finanzieller Unterstützung von Raphael Joseph Chelebi, dem ägyptischen Obermünzmeister und Steuerpächter, seine erste Aufnahme durch eine Gemeinde. In Gaza gewann Sabbatai die Unterstützung von Nathan Benjamin Levi (1644–1680), dem Sohn eines Immigranten aus den deutschen Ländern. Von Gaza aus reiste der vorgebliche Messias mit seinem Propheten Nathan nach Jerusalem, wo er im Jahr 1655 zum Messias erklärt wurde. Nach seiner «Krönung» verbreitete sich die Unterstützung für Sabbatai im Volk durch das ganze Osmanische Reich wie auch in Mittel- und Osteuropa. Gemeinden von Anhängern des neuen Messias fanden sich in so unterschiedlichen Städten wie Venedig, Amsterdam, Hamburg, London und Avignon. Endlich schiffte sich Sabbatai nach Konstantinopel ein, wo er erwartete, von Muhammed IV. mit den Ehren empfangen zu werden, an die er mittlerweile gewöhnt war. Statt dessen wurde er festgenommen, da er als eine Bedrohung der Souveränität des Reiches empfunden wurde. Am 16. September 1666 wurde er vor die Wahl gestellt, entweder zum Islam zu konvertieren oder zu sterben; er wählte die Konversion. Der bekehrte Messias verbrachte den Rest seines Lebens in bequemem Hausarrest und soll an Jom Kippur im Jahre 1676 in Dulcigno (im ehemaligen Jugoslawien) gestorben sein.

Vor seiner Bekehrung hatte eine große Masse, wenn nicht die Mehrheit der Juden in der europäischen und osmanischen Welt die Authentizität dieses einen Mannes akzeptiert, der den Anspruch erhob, der Messias zu sein. Es gibt Geschichten von Tausenden von Familien, die ihr Eigentum verkauften und sich bereit machten, ins Heilige Land zurückzukehren. Nach seiner Bekehrung verloren die Gruppen der Sabbatianer den größten Teil ihres Anhangs. Gleichwohl wurde von den Gläubigen wei-

---

4 Saloniki liegt heute in Griechenland, war zu jener Zeit aber Teil des Osmanischen Reichs.

terhin behauptet, daß Sabbatai tatsächlich der Messias sei. Seine Konversion wurde in sehr verschiedener Weise erklärt. Einige behaupteten, der Mann, der konvertiert sei, sei nicht wirklich Sabbatai Zwi gewesen. Andere räumten ein, daß Sabbatai «den Turban genommen habe», daß seine Konversion aber ein notwendiger Schritt gewesen sei, um die Erfüllung des messianischen Zeitalters herbeizuführen. Nach einigen Sabbatianern war der Akt der Konversion einfach ein Mysterium, das die treuen und wahren Diener Gottes bereit waren zu akzeptieren. Noch andere sagten, daß der Messias, um sein Volk zu reinigen, um es für das messianische Zeitalter bereit zu machen, eine Degradierung auf sich genommen habe, die schlimmer als der Tod sei. Im folgenden Jahrhundert traten verschiedene Kabbalisten auf, die behaupteten, Reinkarnationen von Sabbatai zu sein. Unter den Vertretern dieses Anspruchs waren Abraham Michael Cardoso (gest. 1706) in einer Stadt nahe Smyrna; Jakob Querido (gest. gegen 1700) in Saloniki; Nehemiah Chiya Chayun (gest. nach 1726) in Sarajevo; und, am bemerkenswertesten, Jakob Leibowitz aus Podolia (gest. 1791), der im türkischen Reich als Jakob Frank bekannt war. («Frank» war der Name, der im Osten für alle Europäer benutzt wurde.)

Alle diese Postkonversions-Sabbataigruppen glaubten fest, daß sie am Ende dieser und am Anfang der zukünftigen Welt lebten. Sie weihten ihr Leben der Aufgabe, diesen Übergang möglicher Welten herbeizuführen. Freilich stimmten weder die Gemeinden untereinander noch die Angehörigen einer gegebenen Gemeinde darin überein, was sie tun sollten, um den Übergang zu beschleunigen. Ihrer Meinungsverschiedenheit lag die Mehrdeutigkeit des akzeptierten Prinzips der Nachfolge Gottes *(imitatio dei)* zugrunde, die in diesem Fall das Prinzip der Nachfolge des Messias meinte. Alle stimmten darin überein, daß es ihre Pflicht sei, die Frömmigkeit (die *Chasidut*) des Messias nachzuahmen, aber wie sollten sie ihn nachahmen? Einige behaupteten, daß sie seine traditionellen religiösen Tugenden nachahmen sollten, und diese Kabbalisten blieben öffentlich streng praktizierende halachische Juden. Andere behaupteten, daß die Erfüllung des messianischen Ideals nicht nur durch das «fromme Sammeln der Funken» erreicht werden konnte – von mystischen Genies durch vollkommene Tugend –, sondern auch durch vollkommenes Laster; und Sabbatai selbst, wie seine Konversion bezeugt, hatte diese letztere Alternative gewählt. In der Nachfolge von Sabbatai suchten sie vollkommene Verworfenheit um der Rettung der Welt willen. Diese Tendenz bedeutete bemerkenswerterweise, daß man über die einfachen Verletzungen der *Halacha* und selbst über Grausamkeit und sexuelle Verworfenheit hinausging zu dem, was als die größte aller Sünden in dieser Welt galt, zur Konversion, entweder zum Islam oder zum Christentum. Die bemerkenswertesten Sabbatai-Gruppen, die diesen Pfad der höchsten Verworfenheit nehmen sollten, waren die Frankisten oder die Anhänger von Jakob Frank.

Was es diesen Anhängern des messianischen Ideals begrifflich ermöglichte, etwas tun zu wollen, was sie für abscheulich hielten, war die Ansicht, daß das, was diese Welt gut und schlecht nennt, wie es am vollkommensten in der Thora spezifiziert ist, nur auf diese Welt anwendbar ist. In der zukünftigen Welt könnten gut und schlecht sehr wohl das Gegenteil von dem sein, was Tugend und Laster hier sind. Dieses ethische Urteil über den Geltungsbereich moralischer Werte, ein Urteil, das die gewöhnlichen Rabbiner selbst auch anzunehmen neigten, machte sie besonders mißtrauisch gegen alle jüdischen Gruppen, die behaupteten, daß der Messias gekommen sei oder im Begriff stehe zu kommen. Da in den meisten Fällen die Kabbala aufs engste an messianische Erwartungen geknüpft war, wurde selbst die Kabbala von einigen Rabbinern mit Mißtrauen angesehen. Wenn der Messias erscheint, wird die Thora in Erfüllung gehen. Wenn sich die Juden einem Pseudo-Erlöser zuwenden, der gar nicht wirklich der Messias ist, dann wird die Thora zerstört und nicht erfüllt, wie es bei den Sabbatianern der Fall war. Obgleich es der Kabbala immer mit Mißtrauen gegenüberstand, hatte das rabbinische Establishment deren Anhänger nicht sehr energisch angegriffen, da die jüdische Mystik nur von wenigen ausgeübt wurde. Nach Sabbatai Zwi freilich, als der Kabbalismus die Phantasie der Massen ergriffen hatte, übten die rabbinischen Autoritäten starken Druck auf die Kabbalisten aus, um diese jetzt für das Überleben des rabbinischen Judentums weitaus stärkere Bedrohung zu unterdrücken.

Osteuropäischer Chassidismus

Diese Furcht, daß die Kabbala aufs engste an einen Messianismus gebunden ist, der eben das Überleben eines Thora-zentrierten Judentums bedrohte, lag hinter dem Angriff des jüdischen Establishments in Osteuropa auf eine neue kabbalistische Gemeinschaft, die sich um Israel Baal Schem Tov (genannt «der Bescht») herum bildete, der im Jahre 1760 seinen Chassidismus in Polen gründete. Dieser neue Chassidismus war einzigartig. Anders als die Sabbatianer war er nicht primär eine messianische Bewegung. Im Unterschied zum frühen Chassidismus war er in erster Linie eine praktische Massenbewegung, die keinen großen Wert auf theoretische Überzeugungen innerhalb einer kleinen Gruppe einer geistlichen Elite legte. Im allgemeinen bestand das Ziel des osteuropäischen Chassidismus darin, den durchschnittlichen Juden in den Stand zu setzen, die Beachtung der Thora als Freude und nicht als Last zu empfinden. Auf diese Weise versuchte der Chassidismus, das rabbinische Judentum für die Massen der osteuropäischen Juden wiederzubegründen, so daß es weiterhin als eine lebendige, befriedigende Kraft in einer ansonsten trüben Welt dienen konnte. Mit der Zeit erkannte das jüdische religiöse Establishment, daß dieser Chassidismus eine Kraft im Volk war, die eher der Stärkung als der Schwächung des rabbinischen Judentums diente. Im 19. Jahrhundert wurden die Ausdrücke «fromme», «traditionelle» oder «orthodoxe» Juden und «Chassidim» im Vokabular der aschkenasischen Juden gleichbedeutend.

2
Die Emanzipation und ihre Folgen

Die Frage «Was ist ein Jude?» ist in der Geschichte des jüdischen Denkens nicht von Anfang an gestellt worden. Mit der Bezeichnung Jude verband sich keinerlei Problem. Einfach ausgedrückt war ein Jude jeder, der Teil eines bestimmten Volkes oder einer bestimmten Nation war, die zu einer Zeit «Israel», zu einer anderen «Judäa» und dann wieder «Israel» hieß. Diese Nation war durch ihren Vertrag mit einer Gottheit namens «Jahwe» definiert, die zu einem bestimmten Zeitpunkt der jüdischen Geschichte als der Gott der Welt charakterisiert worden war. Historisch gesehen gab es zwar Dispute über die Frage, was aus dieser Definition folgte: welche spezifische Gesetzgebung Gott von seinem Volk verlangte, wie dieser religiöse Staat verwaltet werden sollte und wer die Autorität hatte, diese Fragen zu entscheiden. Aber es gab keine Dispute über die Definition selbst. Veränderungen der äußeren und fremden Umgebung, in der das jüdische Volk zu verschiedenen Zeiten lebte, brachten zwar Veränderungen der Struktur des Judentums mit sich. Die Herrschaft von Monarchen wurde durch die Priesterherrschaft und diese durch die Rabbinerdynastie ersetzt. Aber durch alle diese äußeren Zwänge hindurch gelang es den Kindern Israels, ihre kommunale, nationale und religiöse Identität zu bewahren. Erst das 17. Jahrhundert brachte, besonders in Mitteleuropa, Veränderungen mit sich, die das jüdische Volk zwangen, seine Vorstellung von dem, was es bedeutete, ein Jude zu sein, von neuem zu bedenken und sogar neu zu formen. Dieser neue historische Faktor war die Entstehung des säkularen Nationalstaats, der zur politischen Emanzipation der Juden führte.

Zugleich mit der Entstehung der protestantischen Religionen in Westeuropa entstand ein neues ökonomisches und politisches Regierungssystem, das sich allmählich von dem feudalen und römisch-katholischen Heiligen Römischen Reich löste. Begrifflich lag der neuen Ökonomie des Kapitalismus und der neuen Politik, die «Republikanismus» oder «Demokratie» genannt wurde, eine Unterscheidung zwischen zwei Kategorien von individuellen und kommunalen Angelegenheiten zugrunde, von denen die eine als «säkular» und die andere als «religiös» bezeichnet wurde. In Europa entstand eine neue politisch-religiöse Ideologie, nach welcher der Staat oder die Nation über weltliche Angelegenheiten, die Religion hingegen über religiöse Fragen entscheiden sollte; der Staat sollte keinerlei Befugnisse in Fragen der Religion und die Religion ihrerseits keinerlei Befugnisse in Fragen des Staates haben. Religiöse Angelegenheiten betrafen die Beziehungen zwischen dem Menschen und Gott, während säkulare Angelegenheiten die Beziehungen zwischen den Menschen betrafen. Obwohl diese Unterscheidung selten völlig konsequent durchgeführt wurde – eine Unmöglichkeit, da es einen weiten Bereich von Fragen gibt, der die Beziehungen zwischen Menschen wie die Beziehungen zwischen Menschen und Gott betrifft –, diente die Lehre der Trennung von Religion und Staat nach dem 16. Jahrhundert den modernen westlichen Nationen als Ideal. In dem Maß, wie ein Staat «modern» wurde, trennte sie, wenigstens prinzipiell, die Zugehörigkeit zu einer religiösen Gemeinschaft von der Zugehörigkeit zur Nation und sorgte dafür, daß dem Staat kein Recht zustand, die Religionsfreiheit innerhalb der Nation einzuschränken.

Die ersten europäischen Staaten, die dieses Prinzip auf die Juden ausdehnten, waren Frankreich und Holland. Frankreich gewährte den Juden das volle Bürgerrecht im Jahre 1791, und Holland folgte im Jahr 1796. Mit Beginn des 19. Jahrhunderts emanzipierte jeder europäische Staat, den Frankreich unter Napoleon erobert hatte, die Juden. Im Jahre 1813 hinderten die verbündeten Monarchien Europas Napoleon zwar erfolgreich daran, ihren gesamten Kontinent zu einem Teil der französischen Republik zu machen, aber sie konnten die Ausbreitung der neuen Art Staat, den die französische Republik verkörperte, nicht verhindern. Im Verlauf der nächsten 100 Jahre wurde beinahe jeder europäische Staat zu einer weltlichen Nation, die politisch von der zu ihr gehörigen Kirche unabhängig war, während ihre Monarchen entweder überhaupt abgeschafft wurden oder doch ihre Macht so eingeschränkt wurde, daß sie aufhörten, politisch bedeutungsvoll zu sein. In diesem Zusammenhang wurden auch die Juden, sobald eine Nation mehr oder weniger säkular wurde, zu einem größeren oder geringeren Ausmaß emanzipiert. Selbst in denjenigen Staaten, die Napoleon vergeblich zu erobern versucht hatte – namentlich den Staaten, die das «Siedlungsgebiet» in Osteuropa umfaßten, wo es nur zu einer vergleichsweise geringen Modernisierung kam –, beherrschte das Ideal der Emanzipation das stark französisch beeinflußte Denken sowohl der christlichen wie der jüdischen Intellektuellen.

Der Übergang der Kinder Israels von einem nomadischen zu einem landbesitzenden, agrarischen Volk in Kanaan hatte das Judentum gezwungen, seine politische und rechtliche Struktur zu ändern. Die Niederlage Judäas in seinen Unabhängigkeitskriegen gegen Rom und die nachfolgende Zerstreuung der Judäer im Mittleren Osten, wo Juden wieder zu Kaufleuten wurden, verlangte eine Rekonstruktion der politischen Struktur des Judentums. Der Einfluß des griechischen Denkens auf das jüdische Geistesleben des westlichen islamischen Reichs zwang die intellektuelle Elite des jüdischen Volkes, ihre Ansichten über Gott und das Universum neu zu durchdenken. Mit der Massenvertreibung aus Spanien begann diese lang gewachsene interne Struktur des jüdischen Lebens, das sogenannte «rabbinische Judentum», Zeichen der Anspannung zu zeigen. Die Massenbewegung des messianischen Kabbalismus war symptomatisch für diesen Druck. Und nun sah sich das jüdische Volk einer neuen Bedrohung aus seiner äußeren Umgebung gegenüber – der Emanzipation. Die Emanzipation drohte zu einem totalen Identitätsverlust jedes einzelnen Juden als Teil des Gesamtjudentums zu führen. Wenn der Jude jetzt aufgefordert war, ein Bürger Frankreichs oder Hollands oder Englands oder Deutschlands und Untertan der Regierung dieser Staaten zu werden, dann war der Jude nicht mehr ein Bürger eines territorial verstreuten jüdischen Staates unter der Herrschaft der Rabbiner. Tatsächlich führte die Anerkennung des Modernisierungsideals durch die Juden zur Verwerfung des rabbinischen Judentums, wie es, mit relativ geringen Veränderungen, seit mindestens dem ersten Jahrhundert u. Z. bestanden hatte.

Die Emanzipation in Westeuropa, namentlich in Deutschland, brachte dreierlei Arten von Juden hervor. Die meisten Juden blieben einfach in der jüdischen Welt und wurden durch die christliche Welt öffentlich überhaupt nicht beeinflußt. Zweitens gab es Juden, die das Judentum bereitwillig aufgaben, um in die allgemeine Gesellschaft überzuwechseln, weil sie in der Teilnahme an jener Gesellschaft eine Verbesserung gegenüber dem Leben in der jüdischen Welt sahen. Das waren keine von Selbsthaß erfüllten Juden. Es waren eher Menschen, die angesichts einer Option das wählten, was sie als die bessere Alternative ansahen. Sie gaben nicht primär das Judentum auf; sie zogen es in erster Linie vor, westlich zu werden, und kehrten aus diesem Grund dem Judentum den Rükken. Der deutsche Dichter Heinrich Heine war ein solcher Jude. Heine konvertierte zum Christentum, um eine akademische Laufbahn an der Universität zu beginnen. Er hatte keine besondere Neigung zum Christentum und keine besondere Abneigung gegen das Judentum. Beide waren für ihn nicht wichtig; und aufgrund dieser Tatsache konnte er übertreten, um etwas zu gewinnen, was für ihn wichtig war, nämlich den Zugang zur juristischen Fakultät. Diese Juden konvertierten also wirklich, oder wenn sie es nicht taten, bedeutete ihr Nichtkonvertieren wenig, wie ihnen auch ihr Judentum wenig bedeutete. Die meisten Juden, die sich der westlichen Zivilisation anschlossen, konvertierten nicht. Sie verleugneten ihre jüdische Identität nicht, aber dieses Erbe spielte in ihrem Leben keine aktive Rolle. Ihr Judesein war für Antisemiten sehr wichtig, und Antisemiten waren für diese Juden sehr wichtig, aber daß sie Juden waren, war für diese Juden nicht wichtig. Infolgedessen war die Bekämpfung des Antisemitismus oft der wichtigste Ausdruck ihrer jüdischen Identität.

Drittens gab es eine kleine Gruppe von Juden, die sich dafür entschieden, in die westliche Zivilisation einzutreten und jüdisch zu bleiben. Diese letzte Gruppe versuchte, einen Sinn damit zu verbinden, daß sie sowohl westlich wurden als auch Juden blieben. Sie stellten die kleinste Gruppe dar, aber für unsere Zwecke sind sie die einzigen Juden, die von Bedeutung sind.

Die versuchte Versöhnung wurde oft im Namen des rabbinischen Judentums durchgeführt, besonders in Deutschland und unter deutschen Juden, die sich in den Vereinigten Staaten niederließen. Gleichwohl waren alle diese Juden gezwungen, das Judentum zu restrukturieren, um es ihrer neuen Welt anzupassen. Wo die Juden emanzipiert waren, überlebte das rabbinische Judentum nur in der Form, wie in einigen modernen Staaten die Monarchie weiter bestand; die früheren Herrscher wurden mit weitgehend zeremonieller, aber nicht länger realer politischer Macht erhalten. In Wirklichkeit hatten sich alle diese Dynastien der Vergangenheit überlebt. Es blieb gerade noch genug von ihrer physischen Gegenwart übrig, daß diejenigen, denen daran gelegen war, eine gewisse Kontinuität mit ihrer religiösen, kulturellen und politischen Vergangenheit wahren konnten.

Der Grund, weswegen das rabbinische Judentum den Übergang in die moderne Welt nicht schadlos überleben konnte, hat mit der inhärenten begrifflichen Trennung des Religiösen und Weltlichen in der sogenannten aufgeklärten Welt zu tun. Das klassische rabbinische Judentum stand, wie alle anderen vorreformatorischen Religionen in der westlichen und mediterranen Welt, seiner ganzen Begrifflichkeit nach zu einer solchen Trennung in vollkommenem Widerspruch. Insofern es ein von Gesetzen regiertes Volk war, war das jüdische Volk eine Nation; aber es war nicht einfach ein Staat. Es war eine Nation, die ihr Leben und Gesetz von Gott herleitete. Insofern es ein Volk war, das der Herrschaft eines bestimmten Gottes unterworfen war, befürwortete das jüdische Volk eine bestimmte Religion. Es gab in Wirklichkeit keine Möglichkeit zu unterscheiden, was im Gemeinde- und im Privatleben des jüdischen Volkes religiös und was national war.

Der Rabbi lenkte sein Volk in allen Angelegenheiten durch einen Prozeß des Gewohnheitsrechts, dessen letzte Autorität Gottes Offenbarung auf dem Sinai war. Deshalb waren Gesetze, die mit Hygiene zu tun hatten, ebensosehr religiös – d. h. Antworten auf Gottes Willen – wie säkular; und Gesetze, die mit dem Zeitpunkt zu tun hatten, wann der Sabbat beginnen sollte, waren ebensosehr weltlich – d. h. kommunale, zivile Gesetzgebung – wie religiös. Dasselbe gilt übrigens vom Kirchenrecht im Heiligen Römischen Reich und den Gesetzen der Kalifen im islamischen Reich.

Vor Ende des 17. Jahrhunderts war es undenkbar, daß Juden Bürger des nicht-jüdischen Staates wurden, in dem sie wohnten. Bürger des islamischen Reichs zu sein hieß, Muslim zu werden. Ähnlich hieß Bürger des Heiligen Römischen Reiches zu werden, ein römischer Katholik zu sein. Im besten Fall erwarteten Juden von ihren Nachbarn, mit ihnen in Frieden zu leben, Handel zu treiben und einigen sozio-kulturellen Verkehr zu pflegen; aber es konnte keine Rede von einer gemeinsamen Staatsbürgerschaft sein. Juden unterschieden sich von ihren Nachbarn in Sprache und/oder Kleidung und/oder Kultur und/oder der politischen Identität und Religion. Während Juden erwarteten, daß ihre Nachbarn die Unterschiede tolerierten, verspürten sie selber nicht den Wunsch, sie einzuebnen. Aber gegen Ende des 19. Jahrhunderts kämpften viele Juden darum, diese Unterschiede aufzuheben, und die meisten Juden, die sowohl ihre Modernität wie ihr Judentum bejahten, wünschten das Verschwinden der meisten dieser Unterschiede. Um die Frage, welche Unterschiede erhalten bleiben sollten, drehte sich der moderne Streit, was ein Jude ist. Im allgemeinen suchten jüdische Intellektuelle aus Osteuropa, die kulturelle und/oder politische und/oder sprachliche Trennung zu bewahren, während die mitteleuropäischen jüdischen Intellektuellen die religiösen Unterschiede zu bewahren suchten. Mit anderen Worten: Der Zugang zur modernen Welt hatte zur Folge, daß sich die Juden als Juden in einer Weise neu definieren mußten, die mit dem Prinzip der Trennung des Weltlichen und des Religiösen übereinstimmte. Während osteuropäische Juden dazu neigten, sich unter säkularen oder kulturell-politischen Aspekten als Angehörige eines anderen Volkes zu definieren, sahen sich die westlicheren Juden häufiger als Fürsprecher einer unterschiedlichen Religion. Die osteuropäische Tendenz führte zum Zionismus, während die mitteleuropäische Tendenz das Reformjudentum hervorbrachte.

Zu diesen Unterschieden in Teilbereichen der Neudefinition trugen verschiedene Faktoren innerhalb der aschkenasischen Gemeinden bei. Zunächst einmal lebten die Juden in Osteuropa unter der territorialen Herrschaft verschiedener Nationen, namentlich Rußland, Litauen, Polen und Rumänien. All diese Juden lebten in einem einzigen zusammenhängenden geographischen Territorium, und vom 16. bis zum 20. Jahrhundert bewahrten sie eine Art einheitlicher Selbstregierung. Im Unterschied dazu waren die jüdischen Gemeinden in Mitteleuropa weitgehend autonom, jüdische Inselstaaten, die inmitten größerer Städte in Gettos lagen und voneinander durch eine See nicht-jüdischer Staaten getrennt waren, namentlich Deutschland, Österreich und Ungarn. Daher trugen genau diese Territorien, die von Juden vor ihrer Emanzipation bewohnt waren, zu der Tatsache bei, daß osteuropäische Juden eine nationalistische Identität behaupteten und mitteleuropäische Juden nicht.

Zweitens entwickelte sich in den deutschen Ländern eine moderne Geistlichkeit, die den Übergang vom Feudalismus zum Republikanismus förderte. Dazu gab es in keiner der orthodoxen Kirchen des Ostens eine Entsprechung, da diese religiösen Gemeinschaften ihr Wohlergehen mit der Erhaltung des Feudalismus identifizierten. Der Modernist aus Mitteleuropa konnte für seinen Fortschrittsglauben religiöse Unterstützung finden, aber der Modernist aus Osteuropa nicht. Diese Tendenz, daß die herrschende religiöse Autorität mit der alten Welt, die die Modernen abzuschaffen suchten, identifiziert wurde, wurde durch den kulturellen Einfluß der französischen Enzyklopädisten und anderer literarischer Gestalten (namentlich Molière, Voltaire und Flaubert) der neuen französischen Kultur verstärkt, die ihre Feindseligkeit gegenüber der katholischen Kirche auf die Religion im allgemeinen ausdehnten. Zum größten Teil fürchtete und in der Regel bekämpfte das gewöhnliche, etablierte Rabbinat in ganz Europa die neue Politik. Daß die osteuropäische jüdische Intelligentsia angesichts ihres intellektuellen Erbes diesen Gegensatz als repräsentativ für die Religion im allgemeinen ansah, war nur zu verständlich; und sie wünschten in keiner Weise ihre neue moderne Identität als Juden aus religiösen Gründen zu finden. Dagegen befähigte die kulturelle Erfahrung insbesondere Deutschlands die emanzipierten Juden im Westen, zwischen einer «revolutionären» Geistlichkeit und einer «alten Garde» unter den Geistlichen, ebensowohl jüdischen wie christlichen, zu unterscheiden.

Drittens mußten in beiden aschkenasischen Subkulturen die Juden, die sowohl modern als auch jüdisch sein wollten, einen Weg finden, einerseits wie ihre nicht-jüdischen Nachbarn zu sein, andererseits sich von ihnen zu unterscheiden. Osteuropäer, namentlich Russen, neigten dazu, in verschiedenen Territorien ihre gemeinsame Religion als Grundlage neuer politischer Einheiten zu wählen, wenngleich sie aus gänzlich verschiedenen ethnischen oder kulturellen Milieus kamen. Umgekehrt hatten die Christen Mitteleuropas schwerwiegende religiöse Differenzen und fanden ihre Einheit in einer gemeinsamen Kultur und Sprache. Deshalb war es vernünftig, daß die deutschen Juden ihre Einheit mit ihren nichtjüdischen Mitbürgern auf dem Boden einer gemeinsamen deutschen Kultur und Sprache fanden, während sie ihre Einzigartigkeit als Juden unter religiösen Gesichtspunkten betonten. Und es war ebenso verständlich, daß russische Juden ihre Einheit mit aufgeklärten nichtjüdischen Mitbürgern in einer gemeinsamen Begeisterung für irgendeine Version der französischen Aufklärung suchten, während für sie ihre jüdische Einzigartigkeit ethnische, nationalistische Gründe hatte.

Dieses Bild muß in zweierlei Hinsicht qualifiziert werden. Zunächst waren die verschiedenen Entscheidungen zwischen dem Judentum als einer Nation und dem Judentum als einer Religion nur selten sehr streng. Die meisten Juden, die dazu neigten, das Judentum auf religiöser Basis zu definieren, legten auf das nationalistisch-kulturelle Erbe ihres Volkes weniger Wert, verneinten es aber nicht vollständig. Mit Ausnahme lediglich des radikalsten Randes der Reformbewegung räumten die Reformer in ihren religiösen Anschauungen der hebräischen Sprache und dem Land Israel weiterhin einen besonderen Platz ein. Ähnlich bejahten die Zionisten, mit Ausnahme des allerradikalsten Randes der zionistischen Bewegung, weiterhin ihre Identität mit allen Juden, ob sie nun in den Staat Israel einwanderten oder nicht. In ihren Augen nahm das Judentum weiterhin einen besonderen Platz bei der Bildung eines säkularen jüdischen Staates ein.

Überblickt man zweitens den Übergang des jüdischen Volkes in die moderne Welt, dann kann man sagen, daß sich das Gefühl vieler Juden in der rabbinischen Welt des 17. Jahrhunderts, die neue Welt des *Messias* stehe bevor, im 18., 19. und frühen 20. Jahrhundert in das Gefühl verwandelte, die neue Welt des *Messianischen* stehe bevor. Aber diese neue messianische Konzeption, die unter dem Einfluß des europäischen Humanismus entstand, enthielt keinerlei Vision eines übernatürlichen oder übermenschlichen Messias, der persönlich das neue Zeitalter herbeiführen würde. Eher würden die Menschen selbst die neue Welt schaffen, die überall an die Stelle der alten treten würde. Was die feudalen Juden *Ha'olam Haba* nannten, die zukünftige Welt, war für die modernen Juden das «Zeitalter der Aufklärung».

Die Form, die diese Aufklärung nehmen sollte, hing für den einzelnen modernen Juden von der Analyse der Frage ab, was es bedeutete, ein Jude zu sein, und was mit dieser Welt verkehrt war. Zionisten identifizierten das messianische Zeitalter mit der Schaffung eines autonomen, säkularen jüdischen Staates. Deutsche Reformjuden des 19. Jahrhunderts identifizierten es mit einem Zeitalter eines allgemeingültigen ethischen Monotheismus, in dem sich Religionen nur noch in ihren äußerlichen Praktiken unterschieden, nicht aber im Inhalt, den diese Praktiken verkörpern sollten. Juden wie Freud, Marx und Trotzki prophezeiten, daß die neue Wissenschaft ihrer Zeit rationale Menschen befähigen würde, die Art psychologischer oder gesellschaftlicher und ökonomischer Therapie für einzelne und Gemeinschaften durchzuführen, die alle Menschen, Juden wie Nicht-Juden gleichermaßen, in den Stand setzen würde, ohne Unterschiede als Brüder in einer inhärent guten Gesellschaft zu leben. Weitaus mehr Juden identifizierten die «Welt, die da kommt», mit der neuen Welt der Vereinigten Staaten. Dort würden alle Übel, die alle vergangenen menschlichen Gesellschaften heimgesucht hatten, ein Ende finden, weil die Amerikaner nicht von den Traditionen der Vergangenheit behindert wurden.

Obwohl alle diese Visionäre ganz unterschiedliche Programme unterstützten und vertraten, war ihnen die Hoffnung auf die unmittelbar bevorstehende Zukunft weitgehend gemeinsam. Wie die Messianisten vor ihnen glaubten sie, daß die Menschen inhärent gut seien; daß sie sich selbst von den aufgehäuften Übeln der Vergangenheit befreien können, die an alte Traditionen geknüpft sind und durch neue Einrichtungen und Überzeugungen gereinigt werden können; daß die Zeit für diese Veränderung vor der Tür stehe; und daß die Welt stetig besser werde. In diesem Sinn waren die meisten Juden sogar noch nach der Konversion von Sabbatai Zwi messianistisch.

Dieser zweite, nachmittelalterliche messianische Traum, genannt «Aufklärung», sollte länger dauern als die erste messianische Bewegung des Sabbatai Zwi. Und hier sollte es keine allgemeine Erkenntnis geben, daß die Juden nicht von dieser Welt in die zukünftige Welt übergegangen waren, bis Hitler sie in der Mitte des 20. Jahrhunderts weckte.

3
Niederlassung in Amerika

Die Geschichte des jüdischen Volkes in den Vereinigten Staaten ist durch drei verschiedene Perioden jüdischer Emigration aus verschiedenen jüdischen subkulturellen Zentren definiert. Die erste Einwanderungswelle von Juden, zwischen 1654 und 1825, gelangte ursprünglich infolge ihrer Vertreibung aus Spanien in die Neue Welt. Die Familien vieler dieser spanischen Juden siedelten ursprünglich in spanischen und portugiesischen Territorien der Karibik und in Südamerika, wo sie sich einen großen Teil ihres früheren europäischen Kulturlebens ohne Bedrohung durch die römisch-katholische Kirche bewahren konnten. Schließlich wurde die Inquisition freilich auch in den spanischen Kolonien heimisch, und das Leben in der Neuen Welt wurde beinahe ebenso gefährlich, wie es in Spanien und Portugal gewesen war. Als die Holländer im Jahre 1630 die Ostküste Brasiliens eroberten, wurde ihre Hauptstadt Recife zum bedeutendsten Zentrum des jüdischen Lebens in den beiden Amerika. Allerdings eroberten die Portugiesen Recife im Jahre 1654 wieder zurück, und die Juden waren gezwungen, diese Stadt zu verlassen. Unter diesen Juden war eine Gruppe, die beabsichtigte, nach Amsterdam zu segeln, statt dessen aber in Neu Amsterdam landete, das den Holländern 1664 von den Engländern weggenommen und in New York umbenannt wurde. Und so wurde New York die erste Siedlung von Juden in den Vereinigten Staaten. Während der folgenden 250 Jahre entstanden in allen amerikanischen Hafenstädten Gemeinden von sefardischen Juden. Charleston, mit einer Gemeinde von 500 Juden, war die größte jüdische Siedlung. Die nächstgrößeren jüdischen Gemeinden waren New York, Newport, Philadelphia, Savannah und Richmond.

Die Berufe der sefardischen Juden in New York, die vom Juwelen- bis zum Sklavenhandel und Bankwesen reichten, bezogen sich in der Hauptsache auf die Schiffahrt, und das ist der Hauptgrund, warum die größeren Siedlungen dieser Juden in den östlichen Hafenstädten lagen. Die Anfänge dieser Art von Beruf für die spanischen Juden reicht zurück bis auf die islamische Eroberung der syrischen christlichen Welt in der Mitte des 7. Jahrhunderts. Zu jener Zeit waren dort die Christen im Handel und die Juden als Bauern tätig. Da die Muslime vor allem an landwirtschaftlicher Tätigkeit interessiert waren, sahen sich die Juden schließlich durch Sondersteuern, die gegen Nicht-Muslime in der Landwirtschaft erhoben wurden, aus ihrer damals traditionellen Beschäftigung vertrieben. Gleichzeitig wurden die Juden von den Muslimen dazu veranlaßt, die syrischen Christen im Handel zu ersetzen. Die neuen Herrscher erkannten die Macht und Wichtigkeit des Seehandels, und ihnen waren Juden in dieser Position angenehmer als syrische Christen.[1] Deshalb wurden der Handel und das damit verwandte Bankgewerbe zu den jüdischen Beschäftigungen, an denen die Juden selbst nach dem Zusammenbruch des islamischen Reichs noch festhielten.

Auch heute noch gibt es einige sefardische Synagogen und Gemeinden in den Vereinigten Staaten. Sie haben freilich auf die Entwicklung des jüdischen Lebens in Amerika seit der Mitte des 19. Jahrhunderts wenig Einfluß ausgeübt. Weitaus wichtiger war, daß sich in der Folge 1500000 aschkenasische Juden in den Vereinigten Staaten niederließen. Zum Vergleich: Die Gemeinschaft der sefardischen Juden bestand nur aus 15000 Juden. Außerdem wurde ihre Zahl durch eine niedrige Geburtenrate und die schließliche Assimilation an das nicht-jüdische amerikanische Leben dezimiert.

Von größerer Wichtigkeit war das sefardische Judentum in Amerika durch den Beginn eines Kampfes um volle bürgerliche Gleichheit in den Vereinigten Staaten. Der erste einer langen Reihe von solchen Kämpfen begann, kurz nachdem die erste Schiffsladung von Juden aus Recife in

---

[1] Der Grund, weswegen die islamischen Eroberer so dachten, war vermutlich, daß sie glaubten, die Christen, die früher selbständig gewesen waren, würden ihren neuen Herren gegenüber nicht loyal sein. Es gab keinen Grund für die Annahme, daß die Juden den Muslimen gegenüber weniger loyal sein würden, als sie es den Christen gegenüber gewesen waren.

New Amsterdam landete. Der Gouverneur dieser holländischen Kolonie setzte der Ansiedlung von Juden in seinem Gebiet Widerstand entgegen. Seine Arbeitgeber freilich, die West India Company in Amsterdam, zu deren Vorstand eine Anzahl von Juden gehörte, zwangen ihn, toleranter zu sein. Trotzdem wollte Peter Stuyvesandt die Juden nicht mit der Aufgabe betrauen, auf den Mauern der Stadt Wache zu stehen, eine Verantwortung, die gleichmäßig von allen Bürgern der Stadt übernommen wurde. Statt dessen wurde den Juden eine Sondersteuer abverlangt, um Nicht-Juden anzuheuern, die diese Aufgabe an ihrer Stelle übernehmen sollten. Die erste Schlacht um «Bürgerrechte», die Juden in der Neuen Welt ausfochten, war eine Schlacht um das Recht, bei der Erfüllung militärischer Pflichten gleichbehandelt zu werden.

Im allgemeinen war die Gleichheit der Pflichten und Rechte im Militärdienst einer der wichtigsten Bürgerrechtsstreitpunkte für Juden in den Vereinigten Staaten. Andere Kämpfe bezogen sich auf das Stimmrecht und das Recht, ein öffentliches Amt zu besetzen. Das größte Hindernis bestand darin, daß gewöhnlich der Amtseid irgendeine Art christlicher Verpflichtung beinhaltete. Wenn kein alternativer Eid vorgesehen war, gab es für einen Juden keine Möglichkeit, ein Amt anzutreten, ohne einen Meineid zu schwören. Hinsichtlich des jüdischen Denkens lag diesem Kampf um bürgerliche Gleichheit der Wunsch zugrunde, in der nicht-jüdischen Welt normal und gleich zu leben. Dieses Thema der Suche nach Normalität wurde für die aschkenasischen jüdischen Siedler, die ihnen folgten, zu einem bleibenden Problem.

Die zweite größere Einwanderung von Juden in die Neue Welt bestand primär aus deutschen Juden, die zusammen mit anderen Deutschen der wirtschaftlichen Depression ihres früheren Heimatlandes zu entfliehen suchten. Zwischen 1825 und 1880 emigrierten 250000 Juden in die Neue Welt und gründeten 270 Synagogen und Gemeinden in allen Städten der Ostküste und Städten des Mittleren Westens der Vereinigten Staaten. Ihre sefardischen Vorgänger waren vor allem Kaufleute aus den oberen Klassen mit internationalen Schiffahrtsverbindungen gewesen. Die erste Welle der aschkenasischen Siedler bestand vor allem aus Kaufleuten aus der unteren Mittelklasse, aus Händlern oder Krämern mit wenigen Verbindungen und wenig Eigentum außer Gegenständen aus zweiter Hand, vor allem Kleidung, die sie von drüben mitbrachten.

Und so sieht eine paradigmatische jüdisch-deutsche Erfolgsgeschichte in Amerika im 19. Jahrhundert aus: Herr Morgenstern (ein mythischer Jude in dieser mythischen Erzählung) kommt im Hafen von New York an mit nichts als einem Sack gebrauchter Kleider. Er erwirbt eine Schubkarre und geht daran, sein einziges Besitztum in die Wildnis westlich der Appalachian Mountains zu bewegen, um sein Glück zu machen. Viele Jahre lang reist er von einer Pionierstadt zur anderen und handelt seinen ursprünglichen Besitz für viele andere Arten von Gegenständen ein. Nach einiger Zeit hat er eine genügende Anzahl von Gütern erworben, um sich in irgendeiner der westlichen Städte niederzulassen und einen Kramladen zu eröffnen. Das Städtchen wächst zu einer großen Stadt heran, wo Herrn Morgensterns Unternehmen zu einer großen und wirtschaftlich starken Warenhauskette wird. Mehr oder weniger auf diese Art sind Warenhausketten wie Marshall Fields oder die Mandel Brothers in neuen mittelwestlichen Städten wie Cincinnati, Detroit oder Chicago entstanden.

Während dieser Zeit des wirtschaftlichen Wachstums zieht Morgenstern seine Familie auf und holt einen Neffen seiner Frau aus der «alten Heimat», der für ihn arbeiten soll. Da Mr. Morganstern jetzt eher neue statt gebrauchte Gegenstände verkauft und sein Haupthandel der mit Kleidern bleibt, beschließt unser mythischer Held, es sei wünschenswert, seinen Verwandten in einer größeren Stadt im Osten wie New York oder Boston oder Baltimore anzusiedeln. Dort würde er leichten Zugang zu Stoffen haben und könnte Kleider herstellen, und Mr. Morganstern würde Geschäfte mit jemandem machen können, zu dem er mehr Vertrauen hätte als zu einem Fremden. Er könnte die Kleider wahrscheinlich billiger kaufen als anderswo. Er hätte einem Mitglied seiner Familie geholfen, selbständiger Geschäftsmann zu werden. Schließlich und möglicherweise am besten würde er tausend Meilen Wildnis zwischen sich und einen Verwandten seiner Frau legen. Mit der Zeit würde Mr. Morgansterns Neffe, dem der Bonus eines garantierten Absatzmarktes für sein Produkt zugute kommen würde, zum Chef einer großen Fabrik oder Reihe von Fabriken, die Kleider herstellen. Mehr oder weniger auf diese Weise entstanden Gesellschaften wie Hart Shaffner und Marx.

Über den persönlichen Reichtum und die ökonomische Macht hinaus, die das Bekleidungsgeschäft, das jüdischen Ursprungs war, den deutschen Juden in Amerika brachte, leistete diese neue Industrie einen wichtigen Beitrag zur sich entwickelnden amerikanischen Gesellschaft. Die europäischen Staaten bestanden aus jahrhundertealten, starren Klassensystemen. Diese Klassen unterschieden sich nicht nur durch Reichtum und Sprache voneinander, sondern auch durch ihre Kleidung. Die Kleider der Reichen waren von guter Qualität und teuer; wogegen die Kleider der weniger Begünstigten von geringem Wert und geringer Qualität waren, mit der Folge, daß man anhand der Kleider, die jemand trug, sagen konnte, zu welcher Klasse er gehörte. In Amerika bestand die Hoffnung, solche traditionellen Klassenunterschiede zu eliminieren. In dieser neuen kapitalistischen Welt herrschte die Vorstellung, daß alle Menschen zur Mittelklasse gehören würden. Tatsächlich glaubten die meisten Amerikaner bis zum 20. Jahrhundert, gleichgültig, wie reich oder wie arm sie waren, daß sie selbst Angehörige der Mittelklasse seien. Obgleich die Vision einer Einklassengesellschaft niemals real war, so diente doch zumindest diese Mythologie dazu, der amerikanischen Klassenstruktur ein großes Maß an Flexibilität zu verleihen. Hier war es für die Kinder einer beliebigen Familie, gleichgültig wie arm sie waren, nicht unmöglich, zu einer höheren sozialen und wirtschaftlichen Stufe emporzusteigen. Durch die Produktion von Kleidern, die nach europäischen Maßstäben relativ billig und von relativ guter Qualität waren, leistete die deutsch-jüdische Gemeinde einen wichtigen Beitrag zur Klassengleichheit in den Vereinigten Staaten. Obgleich etwa ein amerikanischer Handwerker vielleicht nur einen einzigen Anzug besaß und Andrew Carnegie viele, und obgleich der Anzug des Handwerkers in weniger als einem Jahr abgetragen sein würde und Carnegies Anzüge ewig halten konnten, ließ sich gleichwohl die sozial-ökonomische Klasse eines Stahlmagnaten von der eines fähigen Handwerkers in Amerika nicht so leicht unterscheiden wie in Europa. Im allgemeinen entwickelten jüdische Händler in den Vereinigten Staaten mittelteure Güter von mittlerer Qualität. Diese Produkte trugen zur Vermischung der amerikanischen Klassen in einer Weise bei, die in Europa im 19. Jahrhundert nicht möglich war, wo die meisten Produkte entweder besser oder schlechter waren als ihre amerikanischen Gegenstücke. Die meisten Juden blieben eher Eigentümer von kleinen Kleiderläden als von großen Kaufhausketten, oder sie hatten eher kleine Läden als große Fabrikzentren, und beides

trug zu den frühen Anstrengungen Amerikas bei, seinem «messianischen» Ideal der Gleichheit nahezukommen.

Wie es dazu kam, daß diese deutschen Juden zu Kleiderhändlern wurden, ist entfernt mit den Bankaktivitäten ihrer sefardischen Brüder verbunden. Mit dem Niedergang des islamischen Reiches und seiner Flotte
wurden Juden, die über Kapital verfügten, in die deutschen Länder einge-
laden, den gesellschaftlichen und politischen Eliten dieser Feudalstaaten
Geld auf Zinsen zu verkaufen, die als Sicherung auf diese Anleihen Land
gaben. Mit anderen Worten, die Juden wurden zu Bankiers. Wenn diese
Herren und Bischöfe ihre Schulden nicht bezahlen konnten und Christen
(vor allem Italiener) finden konnten, von denen sie durch Verhandlungen neue Anleihen erreichen konnten, schlossen sie die Juden aus dem
Bankgeschäft aus. Da aber die Bedingungen, unter denen die Juden in den
deutschen Ländern zugelassen wurden, derart waren, daß ihnen keine
andere Betätigung offenstand, fuhren die deutschen Juden in ihren Bank-
geschäften fort; nur waren ihre Kunden jetzt ärmere Leute, die als Sicherung für ihr Darlehen nur wenig mehr als ihre Kleider besaßen. Kurz, die
Juden wurden zu Pfandleihern für die Armen. Als die wirtschaftliche
Lage in Deutschland besonders schlecht wurde und Anleihen nicht länger
zurückgezahlt werden konnten, konnten sich diese Juden damit nicht
länger ihren Lebensunterhalt verdienen. Viele von ihnen nahmen ihre
Sicherheiten, nämlich gebrauchte Kleider, und emigrierten in die Vereinigten Staaten.

Es muß hier eine Anmerkung darüber gemacht werden, warum es in
der Neuen Welt keine rabbinische Führung gab. Die meisten Menschen
ziehen nicht so sehr in ein neues Land; eher verlassen sie ihr altes. Die
positive Anziehungskraft einer neuen Gesellschaft überwiegt die ungeheuren Nachteile, die mit dem Verlust der angestammten Heimat verbunden sind, nur dann, wenn die Nachteile, die sich aus einem weiteren
Verbleiben ergeben, überwältigend sind. Es ist keineswegs leicht, sich an
einen Ort zu begeben, wo Sprache und Sitten, die in der alten Heimat
selbstverständlich waren, vollkommen neu gelernt werden müssen. Nur
selten zogen Menschen, die in der Alten Welt eine prominente Position
innehatten, in die Neue. Daß Rabbiner, die in Europa die politischen
Führer ihrer jüdischen Gemeinden gewesen waren, sich entschließen
würden, ein neues Leben in einer unbekannten Welt zu beginnen, war un-

wahrscheinlich. Außerdem, wie schon angemerkt worden ist (s. Kap. 2), versprach Amerika, eine neue Welt zu sein, was in ihren Augen eine Bedrohung ihrer alten Welt des rabbinischen Judentums darstellte. Deshalb kamen nur wenige sefardische Juden in die Vereinigten Staaten. Im Jahre 1773 zum Beispiel gab es in der gesamten Neuen Welt nur drei Rabbiner: in Jamaika, Curaçao und Surinam.[2] Aber mit den deutschen Einwanderern kamen viele Rabbiner. Sie waren vornehmlich Reformer, die gesonnen waren, ein aufgeklärtes Judentum zu schaffen, das die deutschen Regierungen und das gewöhnliche Rabbinat in der Alten Welt unterdrückt hatten. Unter diesen frühen amerikanischen reformerischen Rabbinern waren Leo Marzbacher, Max Lilienthal, Samuel Adler, Isaac Mayer Wise und David Einhorn. Unter ihren ersten Kongregationen oder Tempeln waren Har Sinai in Baltimore (gegründet 1842), Emanuel in New York (gegründet 1845) und Sinai in Chicago (gegründet 1848). Gegen 1881 gab es annähernd 270 Synagogen in den Vereinigten Staaten, deren überwältigende Mehrheit reformistisch war. Während die deutschbürtige Reformbewegung in dem Land ihrer Geburt kaum überleben konnte, wurde das Reformjudentum im Amerika des 19. Jahrhunderts zur gewöhnlichen Form des Judentums.

Die dritte größere Einwanderung von Juden in die Neue Welt bestand vor allem aus Osteuropäern aus dem Siedlungsgebiet. Zwischen 1880 und 1924 siedelten sich 1750000 dieser Juden in den Vereinigten Staaten an, während weitere nach Kanada, Mexiko und in verschiedene andere Länder in Südamerika auswanderten. Um 1916 gab es in den Vereinigten Staaten 1901 Synagogen. Um 1938 gehörten 72 Prozent aller Juden in amerikanischen Synagogen den orthodoxen *Schuls* an, deren Angehörige beinahe sämtlich osteuropäischer Herkunft waren. Nur 18 Prozent zählten zu den deutsch-jüdischen Reformtempeln.

Eine dritte rabbinisch-orientierte Form des amerikanischen religiösen Judentums, nämlich das konservative Judentum, entwickelte sich aus dieser Einwanderung osteuropäischer Juden in die Vereinigten Staaten. Tatsächlich war die konservative Bewegung von amerikanisch-deutschen

2 Siehe David und Tamar de Sola Pool, *An old Faith in the New World*, New York 1955, S. 227.

Juden begründet worden. Innerhalb des amerikanischen Reformjudentums bestand im 19. Jahrhundert ein heftiger ideologischer Konflikt zwischen den sogenannten «radikalen» und den «konservativen» Reformern. Auf der einen Seite standen die Reformjuden, die hauptsächlich in den westlichen oder mittelwestlichen Staaten wohnten, die den Wunsch hatten, die Reformbewegung möge sich zu einer repräsentativen Körperschaft für alle Spielarten der amerikanisch-jüdischen Religion entwikkeln. Einer ihrer Wortführer war Isaac Mayer Wise. Er stand den neuen Formen der Bibelkritik, die sich in der deutschen Wissenschaft entwickelt und Zweifel an der Echtheit der von den Juden beanspruchten Offenbarung der Thora auf dem Sinai geäußert hatte, feindselig gegenüber. Wie sehr sich Wise für einen umfassenden kommunalen Ausdruck des Judentums im Gegensatz zu der regional beschränkten Reformbewegung einsetzte, zeigt sich in den Namen der Institutionen, die er gründete. Er nannte seine Organisation von Rabbinern *Central Conference of American Rabbis*, sein Rabbinerseminar in Cincinnati, Ohio, *Hebrew Union College* und betitelte seine Organisation amerikanischer Synagogen als *Union of American Hebrew Congregations*. Das Wort *Reform* erscheint in keiner dieser Bezeichnungen, während der Ausdruck «amerikanisch» in zweien von ihnen gebraucht wird. Ihm gegenüber standen Reformjuden wie David Einhorn, die hauptsächlich an der Ostküste wohnten. Sie fühlten sich primär der Reformideologie verpflichtet. Sie waren keineswegs bereit, auf diese Aufklärungsideologie um einer Vereinigung aller Juden willen zu verzichten.

Zwischen diesen beiden Parteien wurde ein Kompromiß erzielt. Den konservativeren Reformern aus dem Mittleren Westen wurden die institutionellen Strukturen der Bewegung zugestanden. Isaac Mayer Wises Seminar, Rabbinerorganisation und Synagogenkörperschaft wurden zu den offiziellen Organisationen der Reform, und Wise war der Präsident von allen dreien. Die offizielle Reformideologie, die im Gebetbuch wie in der Formulierung ihrer Prinzipien, der Pittsburgher Grundsatzerklärung von 1885, Ausdruck fand, war die radikale Ideologie von Einhorn. Obwohl sich das Reformjudentum klar auf die Bewahrung des Judentums festlegte, war die ideologische Betonung der «Reform» gleichermaßen stark. Zu den extremeren unter den Radikalen gehörten einige, die sich mehr für die Reform, d. h. die Aufklärungsreligion einsetzten als für das

Judentum, was zur Folge hatte, daß Felix Adler (1851–1933) – der Sohn von Samuel Adler, dem Rabbiner von New Yorks Temple Emanuel – im Jahre 1876 die *Ethical Cultural Society* gründete. Umgekehrt gab es unter den eher traditionellen Konservativen einige, die sich mehr dem Judentum als der Reform verpflichtet fühlten. Diese Reformer – namentlich Sabato Morais (1823–1897), Rabbiner der alten sefardischen Synagoge Mikveh Israel in Philadelphia; Henry Pereira Mendes (1852–1937), Rabbiner der Congregation Shearith Israel in New York; und Markus Jastrow (1829–1903) – gründeten die Konservative Bewegung.

Ein einziges symptomatisches Ereignis beschleunigte die Trennung der Konservativen von der Reformbewegung: Die Versammlung der *Union of American Hebrew Congregations* im Jahre 1883 in Highland House, einer Erholungsstätte in Cincinnati, sollte eigentlich koscher sein; aber gleich das erste Fischgericht, das beim Hauptbankett gereicht wurde, bestand aus Krabben, und die allertraditionellsten Rabbis verließen die Konferenz und gründeten schließlich den *Conservative Judaism*. Wie freilich oben schon angemerkt, ohne die Anziehungskraft dieser Bewegung auf viele osteuropäische Juden wäre die Bewegung sehr wahrscheinlich gestorben oder hätte im besten Fall keine größere Attraktivität unter der vorherrschend deutsch-jüdischen amerikanischen Gemeinde besessen als Adlers ethische Kulturelle Gesellschaft.

Um 1938 gehörten 27 000 oder zehn Prozent aller Juden, die zu einer Synagoge Verbindung hatten, konservativen Synagogen an. Die große Mehrheit der Juden in Amerika, zum größten Teil osteuropäische Juden, gehörten keinerlei religiöser Institution an. Nur 32 Prozent der amerikanischen jüdischen Gemeinde konnten zu jener Zeit als Mitglieder irgendeiner Art von Gruppierung bezeichnet werden. Nur 1 000 000 bis 1 500 000 von insgesamt 4 600 000 Juden in den Vereinigten Staaten waren Synagogenmitglieder. In Wirklichkeit beruhte die jüdische Identität der Osteuropäer auf einer ganz neuen Art nicht-religiöser jüdischer Institutionen, die diese dritte Welle jüdischer Einwanderung förderte.

Wenn man um etwa 1910 herum ein Exemplar einer amerikanisch-jüdischen Zeitung wie die *Baltimore Jewish Chronicle* zur Hand genommen hätte, dann hätte man folgende Information erhalten: Der Leitartikel auf der ersten Seite hätte einen Bericht über einen Streik in einer örtlichen Kleiderfabrik zum Gegenstand gehabt, wobei Mr. Stern zugunsten des Managements und Mr. Levinsky für die Gewerkschaften Stellung genommen hätte. Im Teil über gesellschaftliche Neuigkeiten hätte man entdecken können, daß unser fiktiver Mr. Stern auch Präsident des größten Reformtempels in Baltimore gewesen wäre, während Mr. Levinsky der Präsident der *Landsmannschaft* Vilna war. Die *Landsmannschaften* waren Organisationen von Juden aus denselben Gegenden in der Alten Welt. Amerikanische Juden bildeten diese Organisationen aus einer Vielzahl weltlicher Gründe: Juden trugen primär Verantwortung für «Leute ihresgleichen»; es war am besten, sich an die «eigenen» Leute zu halten, und Juden waren eben eher «die eigenen Leute» als andere. Im geringsten Fall fungierten die *Landsmannschaften* als gesellschaftliche Klubs, in denen Juden aus einer bestimmten Stadt oder Gegend private Nachrichten aus der alten Heimat erhalten konnten. Über diese Funktionen hinaus wurden die *Landsmannschaften* zu Organen der sozialen Wohlfahrt, die Immigranten halfen, Stellungen zu finden und sich in der Neuen Welt niederzulassen. Außerdem knüpften sie an die Pflichten der Synagogenmitglieder der Alten Welt an, die Kranken zu besuchen und die Verstorbenen zu begraben. Was einzigartig an der *Landsmannschaft* war: Sie war die erste wichtige Institution des jüdischen Gemeindelebens seit 2000 Jahren, die nicht von Rabbinern beherrscht wurde. Im Verlauf der Zeit gingen diese Funktionen von den *Landsmannschaften* auf andere nicht-rabbinische jüdische Wohlfahrtsorganisationen wie B'nai B'rith, das Amerikanisch-Jüdische Komitee und die jüdischen *Welfare Federations* über. Bis in die 50er Jahre waren sie die entscheidenden Machtorganisationen in der amerikanisch-jüdischen Gemeinde.

Die meisten osteuropäischen Juden blieben entweder an der Ost- oder der Westküste. Wo sie sich niederließen, hing davon ab, in welcher Form sie Osteuropa verlassen hatten. Wer ostwärts gereist war, landete schließlich auf pazifischen Schiffen, die sie zur Westküste brachten. Die meisten reisten westwärts; sie nahmen Schiffe über den Atlantik und gingen in Ostküstenstädten von Bord, namentlich in New York. Bei ihrer Ankunft fanden die meisten Arbeit als Arbeiter in den Fabriken ihrer deutsch-jüdischen Vettern der Oberklasse. Ihre Arbeitsbedingungen waren nicht schlimmer und möglicherweise sogar besser als die von Nicht-Juden in nicht-jüdischen Fabriken. Die Lage aller amerikanischen Arbeiter um die Jahrhundertwende war verzweifelt. Die *Landsmannschaften* boten die Art innerer Organisation, die nötig war, um wirksame Gewerkschaften zu gründen wie die *International Ladies' Garment Workers Union* in New York. Aus diesen weltlichen jüdischen Gesellschaften gingen tatkräftige Gewerkschaftsführer wie Samuel Gompers von der *Cigar Makers Union* hervor, der die *American Federation of Labor* gründete. Die Gewerkschaftsbewegung in Amerika war nicht die Schöpfung der osteuropäischen Juden. Trotzdem verwandelten diese Juden, mit ihrer gemäßigten sozialistischen Politik und ihrer traditionellen Bindung an gewaltlose Strategien, die früheren Gewerkschaften in eine wirksame Kraft zum Nutzen und zur Wohlfahrt der amerikanischen Arbeiterklasse.

Einen ganz anderen, aber gleichermaßen wichtigen Beitrag der osteuropäischen Juden zur Kultur der Vereinigten Staaten leistete die Entwicklung des jiddischen Theaters und die Filmindustrie. Unter den deutschen Juden in Amerika, die unter dem kulturellen Einfluß Deutschlands standen, befand sich eine Anzahl aufgeklärter Theologen, namentlich Kaufmann Kohler (1843–1926). Aus den oben genannten Gründen (s. Kap. 2) war Theologie nicht das Medium, in dem osteuropäische Juden ihre schöpferischen Fähigkeiten als Juden zum Ausdruck brachten. Das aufgeklärte Rußland war nicht für seine Philosophen und Theologen nach deutschem Vorbild, sondern für seine Romanschriftsteller, Dichter und Dramatiker bekannt. Das osteuropäische Judentum im 19. Jahrhundert hatte Dichter wie Chaim Nachman Bialik und Romanciers wie Mendele Mocher Sforim (Sholom Abramowitsch) und Sholom Aleichem (Sholom Rabinowitz) hervorgebracht. Unter dem Einfluß dieser Schriftsteller wurde das erste bedeutende original-amerikanische Theater gegründet. In den 30er Jahren arbeiteten diese Künstler – weitgehend, um während der Wirtschaftskrise die Unterstützung der Bundesregierung zu erhalten und um ein größeres Publikum zu erreichen (die meisten ihrer Kinder konnten nicht mehr jiddisch sprechen) – auf englisch und leisteten dabei einen wichtigen Beitrag zur Geburt eines erstklassigen amerikanischen Dramas. Bekannte amerikanische jüdische Dramatiker wie Clifford Odets und Arthur Miller sind im Jiddischen Theater als Künstler ausgebildet worden. Auch Nicht-Juden wie Eugene O'Neill nutzten ihre Erfahrung mit dem amerikanisch-jüdischen Theater, um ein amerikanisch-irisches Theater zu entwickeln.

Die deutsch-jüdischen Fähigkeiten auf dem kommerziellen Sektor und die osteuropäischen Talente auf dem Gebiet des Dramas verbanden sich, um die amerikanische Filmindustrie zu schaffen. Bis zum Ende des Zweiten Weltkriegs war Film synonym mit neun Studios, von denen acht jüdische Familienbetriebe waren. Diese jüdischen Studios waren Paramount (Barney Balaban, Jesse Lasky, B. P. Schulberg und Adolph Zukor); M. G. M. (Marcus Loew, Louis Mayer und Irving Thalberg); Warner Brothers; Selznick International; Goldwyn Pictures; Harry Cohns Columbia Pictures; Carl Laemmles Universal Studios; und Fox Pictures. Die einzige nicht-jüdische Gesellschaft war Darryl Zanucks 20th Century Fox. Alle Produzenten waren Immigranten, die kaum englisch sprachen. [3] Sie hatten ebenso keinerlei Kenntnisse im Theaterwesen. Jesse Lasky war Zeitungsjunge; Adolph Zukor, Marcus Loew und Carl Laemmle waren Kürschner; Louis Mayer war Schrotthändler; Samuel Goldwyn war Handschuhhändler; und William Fox war Damenschneider. Der einzige, der etwas ähnliches wie Schauspielerfahrung hatte, war Harry Cohn, der Billardspieler und Liedansager gewesen war. Keiner von ihnen begann als Filmproduzent. Alle waren zunächst Filmtheaterbesitzer. Dann machten sie den Schritt vom Filmtheaterbesitzer zum Filmproduzenten, aus demselben Grund, aus dem ihre Pendants, die damit begannen, Kleider zu verkaufen, sich dazu entschlossen, sie herzustellen. Wenn man das Produkt, das man verkauft, selbst herstellt, gehört einem der gesamte Gewinn selbst, und es gibt eine Person weniger, die einen betrügen kann.

Die Gründer der amerikanischen Filmindustrie waren einfach Geschäftsleute, die an Gewinn interessiert waren. Sie waren keine Künstler, und sie waren ungebildet. In keinem Fall waren sie Idealisten. Vielleicht wäre es genauer zu sagen, daß sie im Hinblick auf politische und gesellschaftliche Ethik Primitive waren. Soweit sie überhaupt jemals über Werte nachdachten (und es ist sehr zweifelhaft, ob sie es jemals taten), dann, um eine Welt zu wünschen, in der jeder frei wäre, ihr Produkt zu kaufen – Unterhaltung.

---

3 Man sehe sich nur Aussprüche von Samuel Goldwyn an wie: «I can answer you in two words: im possible»; «You can include me out»; und «I read part of it all the way through».

Auch waren die Produzenten keineswegs an den Werten der Leute interessiert, die für sie arbeiteten. An den Angestellten zählte nur, daß sie geschickte Handwerker waren. Deshalb stellten die Produzenten der Unterhaltungsindustrie die besten Künstler in Amerika ein, ohne jedes Interesse an irgend etwas anderem als ihrer technischen Geschicklichkeit: und das bedeutete die Schriftsteller, Direktoren und Schauspieler des Jiddischen Theaters in New York. [4] Auch diese Leute waren Einwanderer, aber sie waren Intellektuelle mit gesellschaftlichen Anliegen. Sie waren Juden, aber sie waren säkulare Juden, die alle Religion (und besonders das Judentum) ablehnten. Als «moderne Menschen»[5] befürworteten sie eine Menge von Werten, die, je nachdem, von wem wir gerade sprechen, von den universalistischen humanitären, säkularen Werten der liberalen französischen Aufklärung auf der Rechten bis zu den sozialistischen Werten Tolstois auf der Linken reichten. In den meisten Fällen freilich gewährten die Studios, die die jüdischen Künstler praktisch in ihrem Besitz hatten[6], ihnen nicht die Freiheit, ihre Kunst dazu zu benutzen, um ihre eigenen Werte auszudrücken.

Im übrigen waren die Studiomogule weder daran interessiert, die Aspirationen ihrer Angestellten zu fördern, noch sie zu vereiteln; sie waren lediglich daran interessiert, Geld zu verdienen. Wenn Propagandafilme Geld brachten, machten sie auch solche Filme. Wenn sie nicht profitabel waren, dann waren sie gegen solche Filme. Nichtsdestoweniger, trotz dieser Arbeitgeber, lassen sich die Werte der künstlerischen Angestellten von Hollywood in ihren Filmen wiederfinden.

Das Judentum spricht von *Ha'olam Hazeh* (diese gewöhnliche Welt, für welche die Thora gilt) und *Ha'olam Haba* (die zukünftige Welt des Messias, in der die Thora überschritten sein wird). Amerikaner sprachen über «die alte Welt» (die nicht-demokratische, nicht-fortschrittliche, tra-

4 Diejenigen, die Englisch konnten, wurden zu Filmstars; die anderen mußten Indianer spielen.
5 D. h. als univerale Menschen, also als Intellektuelle, die den ihrer Meinung nach engen Aberglauben der organisierten traditionellen jüdischen Religion überschritten hatten.
6 Harry Cohn sagte: «Ich küsse dem Talent die Füße», aber er sagte auch: «Wer mein Brot ißt, singt mein Lied.»

ditionelle Welt Europas) und «die neue Welt» (das Universum des demokratischen, progressiven, von den Vorurteilen und dem Antisemitismus
der alten Welt freien Amerika). Für die meisten jüdischen Einwanderer
war «die alte Welt» die Übersetzung von *Ha'olam Hazeh* und «die neue
Welt» der messianische *Ha'olam Haba*. Die meisten jüdischen Einwanderer glaubten, daß Amerika das messianische Reich sei. Ihre erste Aufgabe nach der Ankunft bestand darin, sich und ihre Kinder von den profa-
nen, gewöhnlichen Ideen und Manierismen des traditionellen Judentums
und Europas zu befreien, um würdig zu werden, die Welt der Engel
(«Yenkees») zu betreten.

Symbolisch für ihren Erfolg und ihr Scheitern waren die neuen Namen, die sie sich zulegten. Aus Moishe (Moses) wurde Milton, aus Yitzchak (Isaak) wurde Irving, und Shloimi (Salomon) wurde zu Sheldon.
Nun sind Milton, Irving und Sheldon gute angelsächsische Namen, die in
der jüdischen Tradition völlig unbekannt sind; und insofern sollten sie
gute «Yenkee»-Namen sein. Aber zum größten Teil waren die einzigen
«Amerikaner», die diese Namen als Vornamen hatten, Juden. Die Annahme dieser Namen war der Versuch, «allgemein amerikanisch» zu
werden und nicht länger spezifisch jüdisch. Insofern waren diese Namen
Fehlschläge. Während es den Juden gelang, ihre alte Identität zu verlieren, gelang es ihnen nicht, Amerikaner zu werden. Wie diese Namen
anzeigen, wurden sie eher zu einem besonderen Schlag von Amerikaner
und Jude, d. h. zu jemandem, der nur Amerikaner und nicht länger Jude
sein wollte.

Ein wesentlicher Grund für ihr Scheitern war ihre städtische Umgebung. «Yenkees» waren weiße, angelsächsische und liberale Protestanten, die in Häusern in nach Bäumen benannten Straßen in Städten wie
Kokomo, Indiana, wohnten. Aber die Juden lebten mit italienischen oder
polnischen oder anderen Immigranten zusammen. Ironischerweise war
die zweite Generation von Amerikanern, die nach dem Zweiten Weltkrieg ins Land kamen und versuchten, «wirkliche» Amerikaner zu werden, keineswegs erfolgreicher als ihre Eltern. Eine weitere Ironie besteht
darin, daß ihre Flucht aus der Phantasie des Films in die Phantasie der
Vorstädte erfolgreicher ist. Hollywoodfilme spielen in Kokomo und
Bloomsburg wie in Chicago und New York. Wahrscheinlich hatten diese
Filme in großen Städten einen ähnlichen Einfluß wie in kleinen. Die

wirklichen Yankees sahen auf die Leinwand und dachten «Aha, so sind wir also». Die jüdische Phantasievorstellung von dem nicht-jüdischen Amerikaner – die Filmemacher wußten nicht, daß sie Phantasie war – veränderte wahrscheinlich das, was diese «Yankees» selber in Wirklichkeit waren. Während diese Juden versuchten, Juden in Nicht-Juden zu verwandeln, trugen sie unbewußt dazu bei, sowohl die Juden wie die Nicht-Juden in zeitgenössische Amerikaner zu verwandeln.

Die jüdischen Filmemacher vermieden ganz bewußt, Themen des Antisemitismus zu behandeln, und zwar nicht etwa, weil sie eskapistische Juden waren. Sie trafen diese Entscheidung vielmehr deshalb, weil sie davon ausgingen, daß kein Film jemals die Einstellung eines Antisemiten verändern würde. Im Gegenteil, sie glaubten, daß latente Judenhasser in der Folge dessen, was sie auf der Leinwand sahen, zu aktiven Judenhassern werden könnten.[7] Trotzdem ist die Sensibilität gegenüber jüdischen Vorstellungen in den meisten Filmen evident. Zum Beispiel:

1. Während die Armut in den Einwanderergettos ebenso italienische wie jüdische Kriminelle hervorbrachte, sind die Gangster in Hollywood-Filmen Italiener und nicht Juden.

2. Gute Juden sind nicht-religiöse Juden und suchen die Assimilation; nur die schlechten Juden wollen religiös und abgesondert für sich bleiben. Das klassische Beispiel des «schlechten Juden» ist der Zwei-Minuten-Auftritt des «Pharisäers» in W. D. Griffiths «Intolerance» (1916). Diese kurze Szene zusammen mit einer rassistischen Glorifizierung des Ku-Klux-Klan in «Birth of a Nation» garantierten, daß Juden seine späteren Filme boykottierten. Beide Filme wurden von Griffith unabhängig produziert, weil kein Hollywood-Studio sie anfassen wollte; und beide trugen zu seinem finanziellen Ruin bei.

Die acht jüdischen Studios und 20th Century Fox präsentierten nur das, was sie für positive jüdische Typen hielten, das heißt nicht-religiöse, humanistische Juden. In der Welt Hollywoods gab es praktisch keine Rabbiner. Einige waren Kantoren, wie der Vater in «The Jazz Singer» (1927). Diese Charaktere werden ohne jede Sympathie als wohl-

---

7 Zum Beispiel war das einzige Studio, das bereit war, «Gentleman's Agreement» (1947) zu drehen, das nicht-jüdische Studio 20th Century Fox.

meinende, gutherzige Leute porträtiert, denen es nicht gelungen ist, ihre Einwanderermanieren zu überwinden. Sie scheinen unfähig zu sein, die wahren Werte der Liebe und Brüderlichkeit, d. h. der Assimilation zu übernehmen, die den amerikanischen Lebenswandel ausmachen.

Es ist bemerkenswert, daß im Film bis vor kurzem Mischehen zwischen Juden und Christen nahezu uneingeschränkt positiv bewertet und mit dem Wert, ein guter Amerikaner zu sein, verbunden wurden. Der Prototyp aller Geschichten über dieses Thema war das Stück «Abie's Irish Rose». Tatsächlich wurde der Film «The Jazz Singer» ursprünglich von Samuel Raphaelson als Antwort auf «Abie's Irish Rose» geschrieben. In der Originalversion zieht Jakie Rabinowitz/Jack Robins sein Volk und sein Dasein als Kantor Mary Dale und dem Broadway vor. Die Warner Brothers produzierten den Film, weil sie einen Tonfilm mit Al Jolson machen wollten. Der «Jazz Singer» war seine Wahl. Jolson plus Ton garantierten einen finanziellen Erfolg, und schon deshalb wurde den Filmemachern beträchtliche Freiheit zugestanden. Was sie produzierten, ist einer der jüdischsten Filme, den Hollywood je gemacht hat. Nichtsdestoweniger konnten die Produzenten keinen Schluß tolerieren, bei dem der jüdische Held lieber ein Jude bleiben will statt die säkularen Werte Amerikas zu übernehmen. Deshalb enthält der Film zwei einander gänzlich widersprechende Schlüsse. Zuerst singt Rabinowitz (Jolson) Kol Nidre (Raphaelsons Schluß); und dann tritt er auf dem Broadway auf (Hollywoods Schluß).

3. Nach der Machtübernahme Hitlers in Deutschland produzierte Hollywood vorsichtig ein paar Anti-Nazi-Filme. Das Experiment schlug fehl, weil in einigen deutschen Nachbarschaften Filmtheater niedergebrannt wurden und Öl aufs Feuer des antisemitischen Vorwurfs in Europa gegossen wurde, die Medien würden von Juden kontrolliert.

Die Hollywood-Mogule unternahmen wegen des amerikanischen Antisemitismus und der Sensibilität Hollywoods in dieser Frage jede Anstrengung, ihrer Industrie ein nicht-jüdisches Aussehen zu geben. Das ist der Hauptgrund, weshalb einem Entertainer von dem Format Danny Kayes gesagt wurde, daß er in Hollywood keine Zukunft hätte, wenn er sich nicht seine Nase operieren ließe, und daß andere Schauspieler ihre

Namen ändern mußten.[8] Hollywoods Furcht, als «jüdisch» zu erscheinen, wuchs noch an, als Gerald P. Nye aus North Dakota und Bennett C. Clark aus Missouri im Jahr 1941 eine Senatsuntersuchung der angeblichen Methoden einleiteten, wie die jüdisch kontrollierten Medien das amerikanische Volk in einen «jüdischen» Krieg hineinzögen, in dem gute christliche Amerikaner sterben müßten, um jüdisches Leben zu retten.[9]

Eine wichtige Folge dieser antisemitischen Anschuldigungen bestand darin, daß Hollywood Nazideutschland vom Antisemitismus trennte. Die Filmwelt enthüllte in keiner Weise, daß Hitler irgend etwas Besonderes mit den Juden zu tun hatte. Einer der wenigen Filme, die explizit darauf verwiesen, daß die Nazis Antisemiten waren, war Charlie Chaplins «Der große Diktator», den er selbst produzieren mußte, da die Hollywood-Studios ihn als zu kontrovers ansahen. Selbst nach Pearl Harbour, als Hollywood einen steten Strom patriotischer Kriegsfilme produzierte, wurde Nazi-Deutschland lediglich beschuldigt, gegen die Freiheit, Demokratie und die amerikanische Lebensweise zu sein, aber es wurde nicht einmal angedeutet, daß es antisemitisch war.

Eine weitere Folge war, daß in den Kriegsfilmen der 40er Jahre jüdische Soldaten gewöhnlich im Pazifik gegen die Japaner kämpften, damit nicht der Eindruck entstand, daß amerikanische Juden nur kämpften, um Juden zu retten, und nicht, weil sie loyale Amerikaner waren. Ein paradigmatischer Jude der Filme dieser Periode ist Dave Goldmann

8 Einige Beispiele mögen genügen: Julius Garfinkel wurde zu John Garfield, Emmanuel Goldberg zu Edward G. Robinson, Leo Jacobi zu Lee J. Cobb, Muni Weisenfreund zu Paul Muni, Melvyn Hesselberg zu Melvin Douglas und Marion Levy zu Paulette Goddard.
9 Hollywood sollte ein ähnliches Trauma wieder in den 50er Jahren durchmachen, als der Vorwurf erhoben wurde, es sei «kommunistisch». Der hinter dieser Anschuldigung verborgene Antisemitismus wurde wegen der Antipathie, die die Amerikaner zu dieser Zeit gegenüber den Nazi-Idealen hatten, heruntergespielt. Die Reaktion in den 50er Jahren entsprach vollkommen der in den 40er Jahren. Hollywood gab kampflos nach. Und wieder nicht aus ideologischen Gründen, sondern aus Furcht vor dem Kampf an den Kinokassen. Tatsächlich wurde die Schwarze Liste Hollywoods nur deshalb nicht weitergeführt, weil Otto Preminger Dalton Trumbo namentlich als Drehbuchautor für «Exodus» und «Spartacus» (1960) anführte und diese Filme erfolgreich waren.

(John Garfield) in «Gentleman's Agreement». Bei zwei verschiedenen Gelegenheiten erklärt er, daß er nicht wegen der «armen, armen Juden» gegen den Antisemitismus sei (die es vermutlich bis zu einem gewissen Grad verdient haben mußten zu leiden, denn warum würden sie sonst wohl immer zu Opfern gemacht werden?), sondern weil ein solches Vorurteil «allem, wofür Amerika steht», widerspreche. In diesen Fällen ist der Ausdruck von Werten im Film ganz bewußt. Hier greifen Hollywoods Juden den Versuch der Regierung und der amerikanischen Öffentlichkeit an, der Filmindustrie ihre antisemitischen Werte aufzuzwingen. Die Filme wollten lieber nichts mit Werten irgendeiner Art zu tun haben, außer insofern, als sie auf unbestimmte Weise den amerikanischen (und nicht den jüdischen) Lebensstil definieren.

Bis in die späten 40er Jahre hinein waren die Feindseligkeiten zwischen deutschen und osteuropäischen Juden stark ausgeprägt. Oft drückte sich dieser Konflikt als eine Kluft zwischen Reform- und orthodoxem Judentum aus; aber dieser Ausdruck ist irreführend, da die meisten osteuropäischen Juden in allen praktischen Fragen nicht-religiös waren. Der Konflikt hatte weniger mit Religion als vielmehr mit Kultur und Wirtschaft zu tun. Kulturell teilten die deutschen und die osteuropäischen Juden eine wechselseitige Verachtung füreinander. Und wenn sie sich nicht gegen die Nicht-Juden vereinigten, zeigten sie diese gegenseitige Verachtung. Ökonomisch war der Konflikt ein Konflikt zwischen Arbeitgebern und Arbeitnehmern in denselben Fabriken. Da die Reformbewegung eng mit den deutschen Fabrikanten assoziiert wurde, schlug den Reformtempeln von seiten der polnischen und russischen jüdischen Handarbeiter eine heftige Feindseligkeit entgegen. Die meisten religiösen Reformen wurden als «nicht-jüdisch» verurteilt; aber was in diesem Fall als «nicht-jüdisch» erschien, hatte mehr mit deutscher Atmosphäre – zum Beispiel verlieh die Verwendung von deutsch-romantischen Chorälen dem Gottesdienst eine deutsche Art von Wohlanständigkeit – als mit religiösen Reformen als solchen zu tun. Die Veränderungen, die von der osteuropäischen konservativen Bewegung institutionalisiert wurden, beruhten auf derselben Art religiöser Prinzipien, denen sich auch die Reformer verpflichtet fühlten. Diese Veränderungen erfuhren keine der Feindseligkeiten, die den Reformtempeln entgegengebracht wurden. Sie waren nicht nur weniger extrem, sondern diese Revisionen wurden auch von und für amerikanische Juden gemacht, deren kultureller Hintergrund im Siedlungsgebiet lag.

Im Jahr 1956 gehörte nur ein Drittel der amerikanischen jüdischen Gemeinden einer Synagoge an, aber sowohl die Reform- wie die konservative Bewegung waren schnell auf Kosten der orthodoxen gewachsen. Während im Jahre 1938 72 Prozent aller Synagogenmitglieder orthodox waren, waren 1956 nur noch 700 von 1728 Kongregationen in den Vereinigten Staaten orthodox. Die meisten von ihnen hatten beträchtlich weniger Mitglieder als die reformierten oder die konservativen Kongregationen. Zu jener Zeit waren 250000 Familien Mitglieder von rund 520 reformierten Kongregationen, während 200000 Familien zu 508 konservativen Synagogen gehörten. Während die Trennungslinien zwischen reformierten, orthodoxen und konservativen Rabbinern weiterhin auf einer ideologischen Grundlage beruhten, konnte man von der großen Mehrheit ihrer Gemeindemitglieder keineswegs dasselbe sagen. Ebensowenig beruhte ihre Trennung noch auf einem ethnischen Hintergrund. Zu dieser Zeit der dritten Generation vieler osteuropäischer Juden hatten die meisten amerikanischen Juden weitgehend ihre Alte-Welt-Identität verloren. Infolgedessen fanden sich Juden osteuropäischer Herkunft ebenso leicht in neuen Reformtempeln wie in konservativen Synagogen. Wie theologisch unterschiedliche protestantische Kirchen sich durch die sozialen und ökonomischen Klassen ihrer Mitglieder unterschieden, neigten auch die Reformtempel dazu, die jüdischen «Kirchen» der Oberklassejuden zu sein, während konservative Synagogen jüdische Kaufleute der Mittelklasse anzuziehen schienen. So wie die kulturellen Unterschiede zwischen mittel- und osteuropäischen Juden in den Vereinigten Staaten verschwanden, tendierte auch der wirtschaftliche und gesellschaftliche Unterschied zwischen diesen Juden dazu zu verschwinden. Die Späteinwanderer in den Vereinigten Staaten stiegen gesellschaftlich und wirtschaftlich in dem Maß auf, wie ihre Kinder eher zu Akademikern als zu Handarbeitern wurden. Im Einklang mit diesen Veränderungen neigten die konservativen Synagogen dazu, liberaler, und die Reformtempel dazu, traditioneller zu werden. In den 50er Jahren waren beide Arten von Synagogen in den Vorstädten, wo sich die meisten wohlhabenden Juden nach dem Zweiten Weltkrieg niedergelassen hatten, neu gegründet worden, und so gut wie alle Unterschiede mit Ausnahme der institutionellen verschwanden zwischen diesen beiden Bewegungen. Damals wurde es möglich, von beiden als vom liberalen Judentum zu sprechen.

In den 30er Jahren versuchte Mordechai Kaplan (s. Kap. 12), dem amerikanischen Judentum eine einheitliche liberale religiöse Ausdrucksform zu geben, die «Rekonstruktionismus» genannt wurde. Doch obgleich diese Bewegung viele intellektuelle, rationalistische und religiös orientierte amerikanische Juden ansprach, von denen viele reformierte oder konservative Rabbiner wurden, mißlang die versuchte Vereinigung. Die rekonstruktionistische Bewegung wurde selbst zu einem dritten, institutionell eigenständigen Zweig des liberalen Judentums in Amerika. Die rekonstruktionistische Bewegung spielte nach dem Zweiten Weltkrieg eine bedeutende Rolle bei der Bestimmung der Ideologie wie der kommunalen politischen Strukturen des amerikanisch-jüdischen Lebens in den Vorstädten aufgrund des Einflusses, den Kaplans Denken auf junge liberale Rabbiner ausübte, die zu den geistigen Führern der neuen, in den amerikanischen Vorstädten entstandenen Synagogen wurden (s. Kap. 5).

Die Wellen jüdischer Einwanderer nach Amerika änderten nach ihrer Niederlassung nicht nur ihre eigenen Lebensformen, sondern ebenso die Strukturen des rabbinischen Judentums. In Europa spielte die Synagoge als Haus des öffentlichen Gebets und Studiums eine geringere Rolle, während der Rabbiner, der praktisch als Richter, Gesetzgeber und vollziehende Gewalt in der jüdischen Gemeinde wirkte, ungleich wichtiger war. In Amerika weitete sich die Bedeutung der Synagoge aus, während die Rolle des Rabbiners schrumpfte. In einer Nation, in der alle Juden als Bürger akzeptiert werden konnten und die meisten Juden diesen säkularen Status suchten, spielte der liberale Rabbiner im besten Falle eine geringe politische Rolle. Der Rabbiner war weiterhin der Gemeindeexperte in jüdischem Gesetz, aber nur wenige Rechtsfragen außerhalb des *Kaschrut*[10] und Eheschließung fielen weiterhin in seine Befugnis. Mehr und mehr wurde der Rabbiner zu jenem Mitglied der Gemeinde, dessen pri-

---

10 rabbinische Speisevorschriften, nach denen Nahrungsmittel als für den Verzehr zugelassen – koscher – oder nicht zugelassen beurteilt werden. (*A. d. Ü.*)

märe Aufgabe darin bestand zu predigen, den Gottesdienst abzuhalten und seelsorgerische Pflichten zu erfüllen. In dem Maße, wie sich die Synagoge in das jüdische Äquivalent einer amerikanischen protestantischen Kirche verwandelte, verwandelte sich der Rabbiner, der sich in früheren Zeiten in den jüdischen «Kalifen» verwandelt hatte, jetzt in den jüdischen «protestantischen Geistlichen». Viele Rabbiner übten nach wie vor in der amerikanischen jüdischen Gemeinde politische Macht aus, und die meisten ihrer wichtigen Führer waren Rabbiner. Aber jetzt übernahmen die säkularen Wohlfahrtsorganisationen die Führungsrolle in den jüdischen Gemeinden Amerikas. Der Einfluß des Rabbiners beruhte nicht länger auf seiner spirituellen Berufung, sondern eher auf seiner Rolle als aktiver Jude in säkularen jüdischen Fragen.

Durch das ganze 19. und frühe 20. Jahrhundert hindurch hatte es auch in Amerika eine zionistische Bewegung gegeben[11]; aber sie übte auf die meisten Gemeinden amerikanischer Juden nur eine geringe Anziehungskraft aus. In den 20er Jahren änderte sich diese Situation. Bis zu diesem Zeitpunkt konnten alle, die von der Notwendigkeit eines jüdischen Staates überzeugt waren, durch die Tatsache widerlegt werden, daß alle Juden in das «verheißene Land» der Vereinigten Staaten kommen konnten. Die Johnson-Lodge-Einwanderungsgesetze von 1921 und 1924 verboten eine Massenimmigration in die Vereinigten Staaten. Infolgedessen wurde der Zionismus in Amerika zu einer lebendigen Option. Daß sich das amerikanische Judentum als unfähig erwies, mindestens 1 000 000 der 6 000 000 Juden, die später von den Nazis ermordet wurden, die Einwanderung nach Amerika zu ermöglichen, trug dazu bei, daß die meisten amerikanischen Juden, die sich als Juden fühlten, in einem gewissen Sinn des Wortes zu Zionisten wurden.

11 Die zionistische Organisation Hadassah für Frauen wurde zu einer der bedeutendsten jüdischen Institutionen in den Vereinigten Staaten.

4
Der Holocaust und der Staat Israel

Ende des Ersten Weltkriegs dankte der deutsche Kaiser ab. Deutschland gab sich in Weimar eine neue demokratische Verfassung und wandelte sich zu einer liberalen, demokratischen Republik. Im Jahr 1922 geriet die Weimarer Republik in eine Inflationsspirale, die zwischen 1930 und 1932 zu einer Krise führte, die die Wirtschaft zerstörte. Der wirtschaftliche Kollaps verursachte einen politischen Zusammenbruch, der zur Folge hatte, daß im Jahr 1933 Adolf Hitler Reichskanzler wurde.

Der Holocaust

Hitlers Nationalsozialistische Deutsche Arbeiterpartei, die «Nazis», befürwortete die totale Vernichtung aller Juden. Ihre Führer behaupteten, Juden seien Geschöpfe, die Menschen zu sein scheinen, es aber in Wirklichkeit nicht sind. In mancher Hinsicht hätten sie Talente, die denen der meisten anderen Menschen überlegen seien; an Intelligenz und Schläue überträfen sie die übrige Menschheit. Aber an körperlicher Stärke, Tugend und Moral stünden sie unterhalb der menschlichen Ebene. Juden seien ihrem ganzen Wesen nach bösartige Geschöpfe, die ihre Talente nur dazu benutzten, die Menschheit zu zerstören. Sie hätten ihre Intelligenz darauf verwendet, die zivilisierte Welt mit Lehren wie dem Kommunismus und der Rassengleichheit zu indoktrinieren, deren Absicht es sei, die Menschheit zugrunde zu richten. Infolgedessen stellten die Juden eine Bedrohung für das Überleben der Menschheit dar, der man nur durch die Ausrottung aller Juden auf der Welt begegnen könne.

Die Nazis verhehlten niemals ihre Absicht, die Welt von den Juden zu säubern. Trotzdem glaubten die meisten Leute nicht, daß sie versuchen würden, diese Phantasie zu verwirklichen. Zunächst schien Nazideutschland in seiner Behandlung der Juden kaum schlimmer als viele mittelalterliche europäische Staaten. Von 1933 bis 1935 wurden Juden offiziell als «Nicht-Arier» tituliert und von gewissen Berufen ausgeschlossen, in denen sie politischen Einfluß ausüben konnten: vom Staatsdienst, aus den Bereichen Erziehung, Recht und Medizin. Von 1935 bis 1938 nahm eine Reihe von Gesetzen, die mit den Nürnberger Gesetzen begannen, den Juden ihre politische und gesellschaftliche Gleichheit, und Ehen zwischen Nicht-Juden (Ariern) und Juden (Nicht-Ariern oder Semiten) wurden zu strafwürdigen Vergehen erklärt. Mit Beginn des Jahres 1938 wurden Juden der Kontrolle durch die Gestapo unterstellt, der befohlen wurde, zuerst die deutschen Juden und dann die übrigen Juden auf der Welt zu eliminieren. Das erste größere Ereignis, das dieses Programm bezeichnete, war eine systematische Zerstörung jüdischen Eigentums in der Nacht vom 9. zum 10. November, der sogenannten Reichskristallnacht.

Hitler schuf einen Staat im deutschen Staat, die SS (Schutzstaffel). Die SS errichtete Lager, in denen alle Gegner des NS-Staates konzentriert wurden, um sie zu vernichten. Einige, wie die Kommunisten, waren Feinde wegen ihrer Überzeugungen; andere, wie die Homosexuellen, waren Feinde wegen ihres Verhaltens; und noch andere, wie die Juden und die Zigeuner, waren Feinde einfach wegen ihrer Existenz. Alle waren zum Untergang verurteilt. Hätten die Deutschen den Krieg gewonnen, wären sie alle vernichtet worden.

Die wichtigsten Todeslager waren Auschwitz, Belzec, Chelmno, Majdanek, Sohibor und Treblinka, die alle in Polen lagen. In Chelmno wurden von Dezember 1941 bis Anfang 1943 zwischen 150000 und 340000 polnische Juden, Zigeuner und russische Kriegsgefangene mit Hilfe von Lastwagenabgasen umgebracht. In Belzec wurde Kohlenmonoxid verwendet, um von März 1942 bis Frühjahr 1943 600000 Juden zu ermorden. In Sohibor wurden zwischen Mai 1942 und Oktober 1943 viele

Kriegsgefangene und 250 000 Juden getötet. In Majdanek wurden 1942 und 1943 mindestens 125 000 Juden getötet. In Treblinka wurden zwischen Juli 1942 und Oktober 1943 etwa 800 000 Juden vergast. Und schließlich, in Auschwitz, wurden von Januar 1942 bis November 1944 zwischen einer und zwei Millionen Juden mittels Wasserstoffzyanidgas (Zyklon B) vernichtet. Vor dem Zweiten Weltkrieg lebten in Europa 9,2 Millionen Juden. Bei Ende des Krieges waren davon nur noch 3,1 Millionen übriggeblieben.

Es gab viele Widerstandsakte von Juden gegen die Nazis. Der berühmteste war der Aufstand im Warschauer Getto, der am 19. April 1943 begann und sechs Wochen dauerte. Dieser Aufstand wurde zum Symbol für die Entschlossenheit des jüdischen Volkes, sich *niemals wieder* irgendwo zum Opfer machen zu lassen, ohne physischen Widerstand zu leisten. Dieses Motiv trug entscheidend zur Schaffung des neuen weltlichen Staates Israel im Jahre 1948 bei.

Der Staat Israel

Am 29. August 1897 fand in Basel der erste, von Theodor Herzl organisierte Zionistenkongreß statt. Diese Organisation wurde für viele zionistische Weltorganisationen, die sich im späten 19. Jahrhundert bildeten, unter ihnen die *World Zionist Organisation*, der *Jewish Colonial Trust* und die *National Assembly*, zur führenden politischen Körperschaft. Von besonderer Bedeutung waren die *Jewish Agency* und der *Jewish National Fund* (J. N. F.). Die *Jewish Agency* verwandte die finanziellen Mittel, die der J. N. F. bei den Juden in aller Welt einwarb, dafür, jüdische Gemeinden in Palästina anzusiedeln.

Unter Herzls Führung wurden Versuche unternommen, durch diplomatische Kontakte, die er zu Regierungen und/oder Monarchen in Deutschland, England und der Türkei hergestellt hatte, eine nationale jüdische Heimstätte in Palästina zu gründen. Zu jener Zeit stand das Territorium von Palästina unter türkischer Kontrolle. Der osmanische türkische Sultan stand der jüdischen Ansiedlung in Palästina oder in irgendeinem anderen Teil seines Reichs prinzipiell aufgeschlossen gegenüber. Gleichwohl gelang es Herzl nicht, ihn zu überreden, der Schaf-

fung einer eigenständigen jüdischen Politik auf türkischem Gebiet zu-
zustimmen. Im Unterschied dazu boten die Engländer Herzl zunächst
die Möglichkeit an, einen jüdischen Staat in dem von England verwalte-
ten Ägypten zu errichten. Herzl wies dieses Angebot zurück. Er wußte,
daß das jüdische Volk eine jüdische Heimstätte auf dem Territorium ersehnte, das ihnen die Tradition als ihr Eigentum bestimmte. Freilich
konnte nach seiner Vorstellung der Wunsch, ins Land Israel zurückzukehren, von der Hoffnung unterschieden werden, ein unabhängiges politisches Gemeinwesen für Juden zu schaffen. Für ihn hatte dieses politische Gebilde den Vorrang vor der Rückkehr in ein bestimmtes Land.
Als sich die Lage der Juden in Osteuropa verschlechterte, namentlich im
Zusammenhang mit dem Kischinew-Pogrom, beharrte Herzl nicht
mehr so stark auf der Schaffung eines jüdischen Staatswesens nur innerhalb Palästinas. Er gewann die Überzeugung, daß es unmittelbar viel
wichtiger war, den unglücklichen osteuropäischen Brüdern eine politische Zuflucht zu verschaffen, gleichgültig, wo sie lag. Infolgedessen war
Herzl für den Vorschlag des britischen Vertreters Joseph Chamberlain
empfänglich, der das Angebot unterbreitete, die jüdische Nation im bri-
tisch-kontrollierten afrikanischen Territorium Uganda anzusiedeln.
Dieser Vorschlag wurde auf dem sechsten Zionistenkongreß in Basel im
Jahre 1903 von Herzls Freund Max Nordau vorgetragen. Der Uganda-
Plan wurde von einer Mehrheit der Weltdelegierten auf dem Kongreß
akzeptiert, von denen freilich die meisten nicht die Absicht hatten, sich
in dieser «jüdischen Heimat» niederzulassen. Die Repräsentanten eben
des Landes, für dessen Bewohner ein jüdischer Staat geschaffen werden
sollte – die Juden Osteuropas, besonders Rußlands –, wiesen die Entscheidung zurück, verließen geschlossen den Kongreß in Basel und hielten ihre eigene Versammlung in Charkow ab. Dort bekräftigten sie, daß
es einen jüdischen Staat an keinem anderen Ort geben könne als in Palästina.

Die beiden Parteien in dem Ugandakonflikt werden gewöhnlich als die
«Politischen», nämlich Herzl, Nordau und ihre Anhänger, und als die
«Praktiker» bezeichnet, nämlich die osteuropäischen Delegierten, deren
prominenteste Vertreter Chaim Weizmann und Menachem Ussisschkin
waren. Die Bezeichnung «Praktiker» erweckt den Eindruck, als sei Herzls
Vorschlag hauptsächlich deshalb abgelehnt worden, weil er keine realisti-

sche Lösung für das jüdische Problem bot.[1] Dies war freilich nicht der Grund, weshalb der Vorschlag zurückgewiesen wurde. Die Begründung der Praktiker war rein idealistisch. Sie argumentierten, daß im Licht der historischen, kulturellen Traditionen des jüdischen Volkes Palästina und nur Palästina ihr Heimatland sein konnte. Herzl und seinen Anhängern erschien es aus der Perspektive der Jahrhundertwende äußerst unrealistisch zu erwarten, man könne einen jüdischen Staat in Palästina errichten. Palästina hatte seit mehreren Jahrhunderten den Türken gehört. Das osmanische Regime war korrupt, aber es gab keinen Grund zu erwarten, daß es zusammenbrechen oder sein Territorium verlieren würde, und jeder diplomatische Kanal für Verhandlungen mit ihnen war schon ohne Erfolg ausgelotet worden. Aus der Perspektive von 1903 schienen die osteuropäischen Zionisten die zionistische Bewegung zum Untergang verurteilt zu haben, indem sie darauf beharrten, eine jüdische Heimat nur in Palästina zu gründen. Freilich kam es in den folgenden Jahren zu Ereignissen, die 1903 nicht vorausgesagt werden konnten und die die idealistische Haltung der russischen Juden zur allerpraktischsten machten.

1914 brach ein Krieg zwischen den Alliierten (England, Frankreich und dem zaristischen Rußland) und den Achsenmächten (Deutschland und Österreich) aus. Am Ende waren beinahe alle westlichen Nationen in diesen Krieg verwickelt. Die Türkei war nur einer der sekundären Teilnehmer am Ersten Weltkrieg. Das osmanische Interesse bestand lediglich darin, sich mit der Seite zu verbünden, die am wahrscheinlichsten gewinnen würde, um auf diese Weise an der territorialen Beute teilzuhaben, die die Sieger unzweifelhaft den Verlierern abnehmen würden. Unglücklicherweise wählten die Türken die falsche Seite. Statt ihr Imperium auszudehnen, verloren sie ihre Territorien in Nordafrika und im Mittleren Osten, die zwischen den siegreichen Engländern und Franzosen aufgeteilt wurden. Infolgedessen gehörte Palästina nicht länger den Türken,

---

1 In Wirklichkeit war der Vorschlag sehr praktisch. Die Masse der Juden konnte nicht gezwungen werden, sich in Afrika niederzulassen. Auch in England zwang der öffentliche Druck Chamberlain, sein Angebot, den Juden derartig wertvolles britisches Territorium zur Verfügung zu stellen, zurückzuziehen.

die einer politischen Autonomie in ihren Kolonien feindselig gegenüberstanden, sondern den Engländern, die im Prinzip die politische Autonomie für alle Bewohner ihrer neuen Besitzungen befürworteten, einschließlich der Juden. Unter dem Einfluß, den der in Rußland geborene Jude Chaim Weizmann[2] auf die Regierung Lloyd George nahm, verkündete der britische Außenminister Lord Arthur James Balfour am 2. November 1917 eine Erklärung, die im Mai 1921 von dem damaligen Kolonialminister Winston Churchill in einem Weißbuch noch einmal bestätigt wurde. Beide stellten fest, daß die Engländer «mit Wohlwollen die Errichtung einer nationalen Heimstätte für das jüdische Volk in Palästina betrachten». Und so wurde die Position der russischen Idealisten, die nach 1903 die Weltzionisten-Bewegung kontrollierten, politisch praktisch.

Freilich blieb die *World Zionist Organisation* in den Händen von Juden, die in Europa und Amerika zu Hause waren. Während die zionistischen Führer noch ihre jeweiligen Strategien diskutierten, fand die jüdische Einwanderung in Palästina längst statt. Es bildeten sich ideologisch-politische Parteien, die allmählich die zionistische Bewegung übernahmen und, was viel wichtiger war, im Jahr 1948 die Regierung des Staates Israel stellten.

Vor 1948 gab es drei größere Einwanderungswellen europäischer Juden nach Palästina, primär aus Osteuropa. Die erste Einwanderung nach Palästina *(Aliyah)* begann im Jahr 1882. Sie bestand weitgehend aus russischen Juden, die später in Ansiedlungen lebten, welche von reichen europäischen Juden und jüdischen Organisationen geschaffen und bezahlt wurden. Die bemerkenswertesten unter ihnen waren die Siedlungen der *Palestine Colonial Association* (P.I.C.A.), die von Baron Edmund de Rothschild finanziert worden waren, und die Schulen der *Alliance Israelite Universelle*.

Die zweite *Aliyah* begann 1904. Im Jahre 1907 lebten annähernd 70 000 Juden in Israel. Mit Ende dieser Einwanderungswelle hatten sich 15 000 bis 20 000 neue Juden im «Heiligen Land» niedergelassen. Diese

---

2 Weizmann war Dozent für Chemie an der Universität von Manchester. Er half den Briten während des Ersten Weltkriegs, ihre Munition zu verbessern.

Leute waren zum größten Teil ein gänzlich anderer Menschenschlag als die erste Welle von Siedlern. Seit dem 19. Jahrhundert waren die meisten Juden, die sich hier niederließen, religiös traditionelle alte Leute, die gekommen waren, um in geweihter Erde begraben zu werden. Die ansässigen Araber nannte die Juden das «Todesvolk», weil diejenigen, die sie sahen, weder kamen, um zu arbeiten, noch um sich anzusiedeln, sondern nur, um zu sterben. Die meisten Juden der ersten *Aliyah* besaßen weder die Neigung noch die Fähigkeit, sich auf einen Kampf mit den herben Bedingungen einzulassen, die sie in ihrem versprochenen Land vorfanden. Sie zogen es vor, in ärmlichen Siedlungen zu leben, die von arabischen Arbeitern verwaltet, durch arabische Wachen vor Diebstahl geschützt und von europäischen Juden finanziert wurden.

Für die Juden der zweiten *Aliyah* waren diese Bedingungen unannehmbar. Sie waren gekommen, um sich eine eigene Heimstätte zu schaffen. Solange ihre Siedlungen von «Fremden» verwaltet und vom Ausland finanziert wurden, konnte es keinen autonomen jüdischen Staat geben. Unter diesen neuen Immigranten waren Schüler von Aaron David Gordon, der predigte, daß erst dann, wenn die Juden ihre «unnatürlichen» Berufe, die ihnen das Exil *(Galut)* aufgezwungen hatte, aufgäben und zum Ackerbau zurückkehrten, das jüdische Volk wieder «natürlich», frei und unabhängig werden würde. Unter diesen neuen, jungen und radikalen Immigranten befand sich auch David Ben Gurion, der 1906 ankam, und Isaac Ben Zvi. Beide waren, wie andere säkulare Juden, dem Sozialismus verpflichtet und von den Lehren A. D. Gordons beeinflußt und setzten sich mit der Hilfe von Geldern des J. N. F. dafür ein, autarke landwirtschaftliche Kollektive, *kibbutzim*, zu errichten, namentlich Daganiah Aleph und Daganiah Bet. Auf diesen Siedlungen bearbeiteten die Juden selber die Felder. Dort lernten sie, sowohl mit Pferden wie mit Waffen zur Selbstverteidigung umzugehen. Sie wollten sich nicht länger auf die Arbeit und die militärische Tüchtigkeit ihrer nicht-jüdischen, arabischen Nachbarn verlassen. Auf diese Weise verwandelten diese sogenannten jungen Militanten eine typisch europäische Kolonialansiedlung in ein im wesentlichen unabhängiges jüdisches Gemeinwesen, das eine innige Einheit mit dem Land bildete, welches es einnahm. Damit traten die Juden mit den Arabern in direkte Konkurrenz um Arbeitsplätze, was den Beginn offener Feindseligkeit zwischen den aufstrebenden Nationalismen des Mittleren Ostens bedeutete, deren Interessen einander entgegengesetzt waren, eine Feindseligkeit, die bis heute nicht beigelegt werden konnte.

Mit Ausbruch des Ersten Weltkriegs hörte die Einwanderung auf. Im Dezember 1917 nahm die britische Armee unter Viscount Edmund Henry Hynman Allenby Palästina der Türkei weg. Die dritte *Aliyah* begann 1919 und brachte noch mehr junge, militante, osteuropäische, säkulare, sozialistische Zionisten ins Heilige Land. Um 1925 war die jüdische Besiedlung in Palästina auf 429000 Einwohner angewachsen. Die arabischen nationalistischen Führer betrachteten diese großangelegte Einwanderung mit Furcht, weil diese anwachsende Bevölkerung – von Personen, die die meisten Araber unterschiedslos als «fremde Europäer» ansahen – zu bedeuten schien, daß es für eingeborene Araber weniger Arbeitsplätze geben würde. Außerdem bedrohte diese umfassende Anwesenheit die arabischen Hoffnungen auf einen autonomen politischen Status, den die Briten ihnen versprochen hatten. Infolgedessen kam es im Jahre 1921 auf dem Gebiet der neuen jüdischen Stadt Tel Aviv zu Unruhen zwischen Arabern und Juden, bei denen der Schriftsteller Chaim Brenner umkam. Der Konflikt breitete sich durch alle benachbarten Siedlungen von Arabern und Juden in Palästina aus und setzte sich sporadisch bis zum Ausbruch des Zweiten Weltkriegs im Jahr 1939 fort. Dann verbündeten sich die Araber mit den Deutschen aus im wesentlichen denselben Gründen, aus denen sie sich den Briten unter Thomas Edward Lawrence im Ersten Weltkrieg gegen die Türken angeschlossen hatten. Der Feind ihrer Feinde war prinzipiell ihr Freund. Und jeder, der aus ihrem Land eine Kolonie machte, war ein Feind. Infolgedessen waren die Nazis, dank der Tatsache, daß sie die Feinde der Engländer waren, ihre Freunde. Den Juden stand eine solche Wahl nicht offen. Die jüdische Division in Palästina, die im Jahre 1936 von Captain Orde Wingate organisiert worden war, schloß sich den Briten im Nordafrikakrieg an. Aus dieser britisch-jüdischen Brigade, die während des Kriegs um die israelische Unabhängigkeit als die *Haganah* bekannt war, wurde im Jahre 1948 die israelische Armee.

Im kolonialen Palästina bildete sich auf der Basis der zionistischen Ideologie eine Anzahl politischer Parteien, die den Rahmen für die politische Struktur des Staates Israel bildeten. Die wichtigsten dieser Parteien waren die folgenden:

1. Ein Großteil des orthodoxen Judentums blieb dem Zionismus gegenüber feindlich. Sie glaubten, nur der Messias könne einen jüdischen Staat errichten. Für Menschen war es ein Sakrileg, die Arbeit zu tun, die dem Messias bestimmt war, und kein Staat hatte das Recht, sich jüdisch zu nennen, wenn er nicht auf der *Halacha* beruhte. Offensichtlich hatte die vorherrschend säkulare zionistische Führung keinerlei Absicht, ein halachitisches Staatswesen zu gründen. Es gab aber viele orthodoxe Juden, einschließlich Rabbiner, die bereit waren, mit anderen Juden zusammen an der Schaffung eines jüdischen Staatswesens mitzuwirken, obwohl sie die Einrichtung eines halachitischen vom Messias gegründeten Staates befürworteten. Dadurch hofften sie, ein Gemeinwesen zu schaffen, das, wenn es auch nicht kompromißlos rabbinisch war, doch wenigstens «thora-treu» sein würde. Die ursprüngliche zionistische Partei dieser Juden hieß *Mizrachi*, die sich im Anschluß an 1948 mit den gleichfalls orthodoxen *Ha-Poel Ha-Mizrachi* und *Agudat Jisrael* zu einem «religiösen Block» vereinte. In den 50er Jahren repräsentierte dieser Block nicht mehr als zehn Prozent der israelischen Bevölkerung. Gleichwohl konnte man von nicht weniger als einem Drittel der Staatsbevölkerung sagen, daß sie in einem religiösen Sinn orthodox waren. Der religiöse Block hat einen signifikanten Einfluß auf Gebieten gehabt, die sich auf das jüdische Gesetz beziehen, am dramatischsten in Erwägungen der Frage, was es heißt, ein Jude zu sein (s. Kap. 6).

Die meisten der jungen Siedler in Palästina waren säkulare, aufgeklärte Juden, die, wie Ben Gurion und Ben Zvi, stark von den Schriften A. D. Gordons beeinflußt waren und, in verschiedenen Graden, Sozialisten waren.

2. Am äußersten Ende dieses säkularen Spektrums stand *Ha-Poel Ha-Sa'ir*, die von dem Marxisten Ber Borochow gegründet worden war. Im Jahr 1949 wurde aus dieser Partei, die sich einige Zeit lang mit ihrem weniger extremen Gegenstück verband, die kommunistische *Mapam*-Partei gebildet. Die *Mapam* war zwar größer als der religiöse Block und vielleicht einflußreicher im normalen politischen Leben des jüdischen Staates, gewann aber nicht die Unterstützung der meisten israelischen Juden.

Die größte und einflußreichste unter den vielen politischen Parteien war die sozialistische *Mapai*-Partei, die 1930 aus der älteren Labour Zionist Party *(Poaley Zion)*, die von Nachman Syrkin (1867–1924) gegründet worden war, hervorging. Im Jahr 1936 gewann die *Mapai* die Kontrolle über den Zionistenkongreß. In der Folge waren alle israelischen Staatsoberhäupter während der 60er Jahre Führer der *Mapai*.

Von weit geringerer politischer Bedeutung, aber von beträchtlichem intellektuellen Format waren zwei ganz andere Arten politischer Gruppierungen (s. unter 4 und 5). Sie waren keine politischen Parteien in dem Sinn wie *Mizrachi, Mapai* und *Mapam*. Sie hatten einigen Einfluß auf die israelische Politik, aber weder befürworteten sie ein Gesamtprogramm für das Wirken des jüdischen Staates noch nahmen sie jemals aktiv an der offiziellen Regierung des Staates teil. Sie bildeten sich in Reaktion auf die endlich anerkannte Anwesenheit einer großen Anzahl arabischer Nationalisten in Palästina, die dem entstehenden jüdischen Staat feindselig und oft gewalttätig gegenüberstanden.

4. Der *Irgun Zvai Leumi* und die extremere *gang* von Abraham Stern befürworteten den Einsatz von Terror und Gewalt, um ihren Staat vor den arabischen Drohungen zu schützen. Aus dem Irgun und der Stern-Gang entstand eine Anzahl kleiner, vehement anti-arabischer Parteien, die schließlich eine Koalition bildeten – *Gachal*. Während der 60er Jahre bildete sie die wichtigste Minoritätenpartei im Staat Israel. In den 70er Jahren entwickelte sich die *Gachal* zu einer neuen Koalition weiter, die *Likkud* genannt wurde. Unter der Führung von Menachem Begin wurde der *Likkud* zur Mehrheitspartei. Ihre hauptsächliche Unterstützung erhielt sie von der neuen Staatsmajorität der sefardischen Juden, die aus den arabischen Ländern nach Israel einwanderten.

Beiden ursprünglichen Terrorgruppen widersprach die *Haganah*, die jeden illegalen Einsatz physischer Macht oder Gewalt zur Erreichung ihrer politischen, nationalistischen Ziele ablehnte. Freilich stimmten die Terroristen und die *Haganah* in dem Punkt überein, daß es in ihrer politischen Situation keinen jüdischen Staat ohne den Einsatz von physischer Gewalt geben könne.

5. Im Widerspruch zu diesen militärischen Körperschaften stand eine kleine Gruppe jüdischer Intellektueller, die jeden Gebrauch von Gewalt zur Erreichung des ersehnten jüdischen Staates total ablehnten. Ihre berühmtesten Repräsentanten waren der Theologe Martin Buber und der erste Präsident der Hebräischen Universität, Juda Magnes. Wenn Blut-

vergießen der Preis für einen jüdischen Staat wäre, dann sollte nach Meinung dieser Gruppe ein solches jüdisches Gemeinwesen lieber nicht entstehen. Statt dessen schlugen sie die Bildung eines gemeinsamen jüdisch-arabischen Staatswesens in Palästina vor. Zur Erreichung dieses Ziels gründeten sie die *Ichud*-(Einheits-)Bewegung. Die Ereignisse des Krieges um die israelische Unabhängigkeit im Jahr 1948 resultierten in einem jüdischen Territorialstaat, in dem relativ wenige Araber wohnten. Die meisten Araber außerhalb des jüdischen Staates befürworteten in immer stärkerem Maße die Zerstörung jedes jüdischen Gemeinwesens im Mittleren Osten. Infolgedessen blieben die Streitfragen der *Ichud* bis nach dem arabisch-israelischen Krieg von 1967, als eine große Anzahl von Arabern wieder in jüdisch besetztem Gebiet wohnte, weitgehend ungeklärt. Obgleich die *Ichud*-Partei selbst nicht länger besteht, spiegeln eine Anzahl kleinerer israelischer Parteien wie etwa *Scheli* die politische Ideologie der *Ichud* weiterhin wieder.

Teil II
Populäre Ausdrucksformen des modernen Judentums

Einführung

Je mehr man sich in einer Untersuchung des jüdischen Denkens der Gegenwart nähert, desto größer ist die Vielfalt der Arten und Schulen, die in Betracht gezogen werden müssen. Das gilt keineswegs ausschließlich für die Geschichte des jüdischen Denkens. In den meisten Geschichtsepochen bestehen im Leben jeder menschlichen Gemeinschaft eine ganze Anzahl konkurrierender Ideologien nebeneinander. Aus der Perspektive dieser Epoche selbst ist es schwierig zu sagen, welche Ideologie einen signifikanten Beitrag zum zukünftigen Leben dieser Gemeinschaft leisten wird. Im allgemeinen ist es um so leichter, die relative Bedeutsamkeit einer Ideologie zu beurteilen, je mehr Zeit verflossen ist. Blickt man auf das jüdische Denken im 20. Jahrhundert, so ist die Anzahl von Ansätzen viel größer als in irgendeiner früheren Periode. In künftigen Epochen werden freilich die meisten der hier umrissenen Ideologien kaum mehr Beachtung finden, einfach weil es ihnen nicht gelungen ist, in den Augen irgendeiner größeren Gemeinschaft des jüdischen Volkes weiterhin relevant zu sein.

Jede Darstellung der allgemeinen Geschichte des Denkens einer Gemeinschaft stellt die Autoren notwendig vor die Wahl zwischen Tendenzen, die nach zwei sehr verschiedenen, oft unvereinbaren Kriterien ausgewählt werden. Einerseits neigen sie dazu, das Denken auszuwählen, das ein großes Segment der Gemeinschaft beeinflußt hat, besonders Ideen, die politische Konsequenzen gehabt haben. Andererseits ziehen sie das Denken vor, das historisch ursprünglich und/oder intellektuell vernünftig ist. Unglücklicherweise waren die Denker, die am einflußreichsten waren, oft die am wenigsten originellen und gründlichen, während diejenigen, die am originellsten und klarsten waren, den geringsten Einfluß hatten. Es gab viele gründliche jüdische Denker, deren Rang durchaus mit dem der jüdischen Lehrmeister des Mittelalters vergleich-

bar ist. Diese Denker sind nicht unmittelbar an den allgemeinen Veränderungen des jüdischen Lebens beteiligt, die mit der europäischen Emanzipation, dem Entstehen eines liberalen Judentums und der Wiederherstellung des Staates Israel einhergingen. Angesichts dieser Tatsache, daß
das einflußreichste und das tiefste moderne jüdische Denken nicht dasselbe sind, habe ich die Diskussion des modernen jüdischen Denkens in
zwei verschiedene Abschnitte geteilt: Der erste handelt von populären
Ausdrucksformen des zeitgenössischen Judentums (s. Teil II, Kapitel 5
und 6), der zweite von dem eher technischen jüdischen Denken (s. Teil III,
Kap. 7 bis 13).

Die Schulen des populären Denkens, die hier betrachtet werden, können in diejenigen jüdischen Denker eingeteilt werden, die das Judentum
primär unter säkularen, kulturellen (oder ethnischen oder nationalistischen), und denjenigen, die es primär unter religiösen Aspekten sehen.
Die Kategorie des säkularen jüdischen Denkens ist weiterhin unterteilt in
das Denken, das entweder dem Zionismus oder dem Staat Israel eigen-
tümlich ist, und eine Sicht jüdischer Identität innerhalb einer Gesellschaft, in der Juden, mindestens numerisch, eine Minorität darstellen.
Die Kategorie des säkularen jüdischen Denkens kann weiter unterteilt
werden in Tendenzen, die sich für die Entwicklung spezifischer Gemein-
schaftseinrichtungen eigneten, und in Tendenzen, die zwar die Lebens-
qualität in einer jüdischen religiösen Institution berührten, aber an sich
keine Basis für die Entwicklung einer klaren Gemeindeinstitution waren.
Schließlich liegt der Akzent eher auf Richtungen oder Kategorien des
jüdischen Denkens als auf dem Denken einzelner oder Gruppen von einzelnen. Infolgedessen sind einige der hier zu betrachtenden jüdischen
Denker Repräsentanten von mehr als nur einer der umrissenen Gedan-
kenkategorien.

5
Die jüdische Religion

Die erste Kategorie, die zu betrachten ist, ist das Denken, das der Entwicklung verschiedener religiöser Einrichtungen oder Bewegungen eines Großteils der Juden in der Gegenwart zugrunde liegt. Alle Formen institutionellen Denkens haben mindestens folgende Merkmale gemeinsam:

1. Obgleich diese Bewegungen sowohl Einfluß wie auch Exponenten in allen größeren Zentren des jüdischen Lebens im 20. Jahrhundert haben, sind sie primär Ausdruck des jüdischen Lebens in den Vereinigten Staaten.

2. Alle Bewegungen können «rabbinisch» in folgendem Sinn genannt werden:

(a) Sie sehen sich selbst als rabbinisch an und finden ihre Existenzberechtigung großenteils darin, das rabbinische Judentum fortzusetzen.

(b) Sie fördern jüdische Gemeindestrukturen, in denen die Synagoge und der Rabbi eine primäre Rolle spielen.

(c) Sie haben ihre *raison d'être* in einer Theologie, die eine Interpretation der klassischen biblischen und rabbinischen Begriffe «Gott», «Thora» und «Israel» darstellt. Sie sind sich über die Bedeutung der Thora uneins, wogegen das Verständnis Gottes und Israels zum größten Teil eine Konstante unter ihnen ist.

Liberale Religion

Georg Wilhelm Friedrich Hegel und die Schüler Immanuel Kants, die zur deutschen Romantik zählten, glaubten, daß sie zu einer Zeit und an einem Ort lebten, wo Gott als in der christlichen Kirche verkörperter Geist und Gott als sittliches Ideal im Begriff stand, wirklich zu werden, sich in der säkularen, physischen Welt zu erfüllen. Das Werkzeug dieser erwarteten Erfüllung war das «aufgeklärte» Christentum. Diesem neuen rationalen Christentum entsprach ein starker Glaube an die neue sogenannte empirische Wissenschaft, die durch die Physik Newtons exemplifiziert wurde. Diese wissenschaftliche, kritische Methode der Naturwissenschaften wurde auf die Geisteswissenschaften und, was für unsere Zwecke von Bedeutung ist, die Bibelstudien angewendet. Diese Verbindung von religiösem und wissenschaftlichem Glauben teilten mehrere aufgeklärte deutsche Juden, die sich der Entwicklung dessen widmeten, was sie *Wissenschaft des Judentums* nannten, wobei der Akzent primär auf der Bibel und der jüdischen Geschichte lag. Die Pioniere dieser neuen, nicht-traditionellen rabbinischen Studien des Judentums waren Moses Mendelssohn (1729–1786), Leopold Zunz (1794–1886) und Abraham Geiger (1810–1874). Wie die Juden den Optimismus der deutschen Intelligentsia über die neue Wissenschaft teilten, die oft einfach nur *Vernunft* genannt wurde, so teilten sie auch das Urteil, daß die aufgeklärte Religion die Verwirklichung des Geistes in der Materie mit sich bringen würde. Sie befürworteten eine Beteiligung der rationalen jüdischen Religion am Kampf und Sieg des rationalen Christentums. Dieses intellektuelle Klima lag der frühen Theologie des Reformjudentums zugrunde.

Das klassische und das moderne Reformjudentum

Obgleich eine Vielzahl von deutschen nicht-jüdischen Philosophen die frühen klassischen Reformer beeinflußten, so waren die Wurzeln ihres Denkens doch auch jüdisch. Als intellektuelle Ahnen der klassischen Reform können Moses Maimonides (1135–1204) und Baruch Spinoza (1634–1677) gelten. Moses Maimonides lehrte, daß die höchste Stufe eines sittlichen und religiösen Lebens, die ein Mensch erreichen könne, das Leben eines Propheten sei. Er definierte einen Propheten als jemanden, der durch die Vollkommenheit seiner Phantasie und seines Verstandes Gott schauen konnte. [1] Zusammen mit dem cartesischen Rationalismus, der an die Stelle des Aristotelismus trat, und verknüpft mit der Theorie der Kabbala (s. o. Kap. 1) wurde Maimonides' Begriff des vollkommenen Lebens zu Spinozas Ideal der «geistigen Liebe Gottes» (s. u. Kap. 7). Spinoza lehrte, daß die edelste Form menschlicher Tätigkeit ein Leben sei, das sich abstrakter, objektiver und mathematischer Spekulation widme, deren höchste Form Gott zu ihrem Gegenstand habe. Zudem nahm Spinoza an, daß das vollkommene rationale Denken über Gott den Denker befähige, Einheit mit Gott zu erlangen. Infolgedessen hing, ungeachtet, welche Legitimität die Verrichtung traditioneller religiöser Rituale haben mochte, eine vollkommene Beziehung zu Gott davon ab, wie ein Mensch dachte und nicht so sehr davon, wie ein Mensch handelte. Fromme Juden oder Christen, die keinerlei Kenntnis der «wahren» Philosophie oder Wissenschaft hatten, aber getreulich alle Riten ihrer religiösen Gemeinschaft praktizierten, waren dem «wahren» Philosophen oder Wissenschaftler, der keine dieser Praktiken befolgte, geistlich unterlegen. Obwohl diese Konsequenz in Maimonides' Theorie der Prophetie enthalten war, brachte er sie doch niemals explizit zum Ausdruck. Was in diesem Fall implizit im *Führer* enthalten war, wurde erst im klassischen Reformjudentum explizit als zentrales theologisches Problem formuliert.

Spinoza war wahrscheinlich der Ansicht, daß das Ritual nur geringen sittlichen oder religiösen Wert habe, während Maimonides lehrte, daß das jüdische Ritual letztlich rational sei. [2] Auf der Grundlage der Art und Weise, wie Maimonides die Rationalität der jüdischen Praxis erklärte, argumentierten die klassischen Theologen des Reformjudentums, wie Kaufmann Kohler (1843–1926) in seiner *Jüdischen Theologie*, folgendermaßen: Das Judentum ist eine Religion oder geistliche Gemeinschaft, die als erste die Welt die Lehre des ethischen Monotheismus gelehrt hat, also daß es einen vollkommenen Gott der Welt gebe, der von allen Menschen ein richtiges Verhalten verlange. Unter richtigem Verhalten

---

1 Siehe Maimonides, *Führer der Unschlüssigen*, Kap. 29, 32, 33 und 34–47.
2 Siehe *Führer der Unschlüssigen*, III, Kapitel 26–49.

verstanden die Reformer ein tugendhaftes Leben. Aus diesem Imperativ folgte, daß man andere Menschen mit Mitgefühl und nicht mit Grausamkeit behandeln, objektive und kritische intellektuelle Neugier zeigen und nicht blind vergangene Traditionen übernehmen sollte, daß man sich der Gesamtheit der Lebenserscheinungen in einem rationalen, objektiven Geiste nähern und sich mehr mit göttlichen Wahrheiten als mit weltlichen Angelegenheiten abgeben sollte. Obgleich diese Wahrheiten ursprünglich dem jüdischen Volk offenbart worden sind, besäßen sie Gültigkeit für die gesamte Menschheit. Die Absicht jedes Rituals im Judentum bestehe darin, diese universalen Lehren unter Verwendung bestehender, lokaler, zeitgebundener Sitten und Bräuche zu verbreiten. Nur die ewige Wahrheit des ethischen Monotheismus sei für das Judentum wesentlich und mache seinen bleibenden Kern aus. Alles andere sei zufällig und zeitgebunden. Das Judentum dürfe auf keine Weise seine Mission verraten, die Welt den ethischen Monotheismus zu lehren, während alles andere in der jüdischen Tradition dem Wandel unterworfen sei.

Das Prinzip, das den Urteilen über die Veränderung des Rituals zugrunde liegt, ist folgendes: Verkörpert eine Praxis eine unerwünschte moralische und / oder theologische Lehre? Hat eine gegebene Praxis einen positiven Wert (fördert sie ein wünschenwertes Ziel) oder doch keinen negativen (verneint sie weder noch entmutigt sie ein wünschenswertes Ziel)? Wenn die Anwort auf beide Fragen ja lautet, dann sollten die Praktiken entweder fortgesetzt oder eingerichtet werden, je nachdem. Umgekehrt, wenn eine gegebene Praxis einen negativen und keinerlei positiven Wert hat, dann sollte sie beendet werden. Wenn eine gegebene Praxis weder positiven noch negativen Wert hat, dann kann sie von einzelnen Juden praktiziert werden; es gibt aber keinen Grund, ihre Beachtung entweder zu verlangen oder zu ermutigen.

Das verschwommene Gebiet des Urteils im obigen religiösen Modell hatte zur Folge, daß diese Praktiken einen negativen wie einen positiven Wert zu haben schienen. Diese Theologen formulierten keine Wertehierarchie, so daß der einzelne Jude urteilen konnte, welche Werte im Fall eines Konflikts wichtiger waren. Ähnlich war keineswegs klar, was es bedeutete, daß eine Praxis einen Wert besaß. Zum Beispiel konnte eine Praxis dadurch, daß sie nur für Juden galt, bei dem Ausübenden das Gefühl der Identität mit dem jüdischen Volk verstärken, während sie ihn gleichzeitig von der Gemeinschaft mit Nicht-Juden ausschloß. Das deutlichste Beispiel dieser Art von Praxis sind die *Kaschrut*-Gesetze (die rabbinischen Speisevorschriften). Offensichtlich hielten es alle Reformer für unerwünscht, von den Beziehungen zu den Nicht-Juden stärker als notwendig abgeschnitten zu sein. Es ist nicht offensichtlich, daß alle Reformer einer Praxis, die die Identität mit dem jüdischen Volk aus keinem anderen Grund stärkte als der Tatsache, daß sie jüdisch war, überhaupt irgendeinen Wert beimaßen. Selbst wenn man zugestand, daß es für Juden wünschenswert war, sich mit Juden zu verbinden, dann war es alles andere als klar, wie gut diese Verbindung war. Und weiter, einmal angenommen, daß eine Praxis in jeder anderen Hinsicht wertneutral war, hätte man behaupten können, daß sie einen positiven Wert einfach dank der Tatsache hatte, daß dieser Akt traditionell sei. Es ist alles andere als klar, ob die klassischen Reformer mit diesem Urteil übereinstimmen würden oder nicht.

Ihre Unbestimmtheit bei der Festlegung von Kriterien zur Beurteilung der Gemeindepraxis verband sich mit einer Mehrdeutigkeit auf wichtigen theoretischen Gebieten. Unter dem Einfluß des Humanismus wie der neuen Bibelkritik verwarfen die klassischen Reformer jede buchstäbliche Anerkennung des rabbinischen Dogmas des mündlichen und des schriftlichen Gesetzes. Diese religiösen Denker bejahten, daß die Propheten die Göttliche Wahrheit berichtet und schriftlich niedergelegt hatten und daß Moses der größte unter den Propheten sei, aber sie bestritten, daß die Worte der Schrift Moses auf dem Sinai buchstäblich von Gott diktiert worden seien. Vielmehr waren Moses und die anderen Propheten selbst die Verfasser ihrer Lehren, die authentisch den Geist Gottes widerspiegelten. Sie behaupteten nicht, die geschriebene Thora sei einfach das Erzeugnis des menschlichen Geistes, aber sie behaupteten auch nicht, sie sei Gottes Werk. Vielmehr entstand die Thora aus einem Wechselspiel zwischen Gott und den Menschen, das man «göttliche Eingebung» nannte, im Unterschied zur «Offenbarung», in der Gott die Menschen beeinflußte, seine Wahrheiten zu erkennen und zu lehren.

Die geschriebene Thora enthielt nach allgemeiner Ansicht größere religiöse Wahrheit als jedes andere menschliche Erzeugnis. Gleichwohl war nicht klar, was in diesen Texten so wertvoll war und was nicht. Im allgemeinen wurde zwischen den sittlichen und den rituellen Lehren der

Schrift unterschieden. Während die sittlichen Lehren, die in den zehn Geboten verkörpert waren, göttlich inspiriert und wahrhaft prophetisch waren, galten die rituellen Lehren lediglich als menschliche Erzeugnisse einer bestimmten Zeit.

Der Lehre des mündlichen Gesetzes wurde in der klassischen Reformtheologie keine besondere Beachtung geschenkt. Obwohl sie nicht als uninspiriert bezeichnet wurde, besaß die mündliche Tradition nicht denselben Rang wie das geschriebene Gesetz. Sie wurde selten kommentiert. Insbesondere wurde nichts über die relative Stellung des rabbinischen Gesetzes und der rabbinischen Literatur auf einer Skala des göttlichen Wertes im Verhältnis zum nicht-jüdischen Schrifttum gesagt.

Die Frage war: Was lag hinter all diesen Mehrdeutigkeiten? Wie konnte das Reformjudentum Ausdruck des Judentums und nicht einfach Aufklärungsreligion sein? Man muß gerechterweise sagen, daß die klassischen Reformer keine Probleme mit ihrem Judesein hatten. Vielmehr fragten sie, wie sie als Juden leben und gleichzeitig ein integraler Teil der neuen nicht-jüdischen Zivilisation sein konnten, die sie bejahten. Dieses Problem beherrschte ihr Denken. Die Juden in den Vereinigten Staaten um 1940 hatten sich erfolgreich in die nicht-jüdische Gesellschaft integriert. Damals erhob sich die umgekehrte Frage, ob sie als Amerikaner in irgendeinem signifikanten Sinn jüdisch seien. Das Prgramm der klassischen Reform gewährte ihnen bei der Lösung dieser Frage nur wenig Hilfe.

Die modernen Denker des Reformjudentums, deren berühmteste Leo Baeck, Solomon Freehof, Stephen S. Wise und Abba Hillel Silver sind, waren ihren reformierten intellektuellen Vorvätern gegenüber oft sehr kritisch. Gleichwohl hatten sie mit dem klassischen Reformjudentum viel mehr gemeinsam als mit jedem anderen modernen Ausdruck des Judentums. Wie die klassischen Reformer und im Gegensatz zu den Säkularisten argumentierten sie, daß das Judentum primär eine Religion sei, die auf die Mission verpflichtet sei, den ethischen Monotheismus zu lehren. Im Unterschied zu den orthodoxen Juden lehrten sie, die Thora sei das Erzeugnis göttlicher Inspiration und nicht der Offenbarung. Deshalb waren sie viel freier als ihre orthodoxen oder konservativen Gegenüber, den Verzicht auf Traditionen und die Einrichtung neuer Praktiken zu billigen.

Der Unterschied zwischen den Lehren der göttlichen Offenbarung und der göttlichen Eingebung kann auf folgende Weise illustriert werden. Man stelle sich einen Studenten namens Morris vor, der eine Physikvorlesung bei Albert Einstein besucht. Obgleich Morris Physik studiert, ist er kein Physiker. Der Unterschied zwischen dem Text von Einsteins Vorlesung und Morris' Nachschrift der Vorlesung illustriert den Unterschied zwischen göttlicher Offenbarung und göttlicher Eingebung. In dieser Analogie ist Einstein Gott und Morris Moses. Je nachdem, um wessen Urteil es geht, ist die Thora entweder Einsteins Text oder Morris' Nachschrift. Wenn man die Thora mit Morris' Nachschrift vergleicht, behauptet man, die Thora sei göttlich inspiriert, während der Vergleich der Thora mit Einsteins Text die Behauptung beinhaltet, die Thora sei göttlich offenbart. Da Einsteins Text von Einstein geschrieben worden ist, gibt er die Wahrheit, die er bei dieser Gelegenheit verkündete, korrekt wieder. Ebenso wurde, unter der Voraussetzung der göttlichen Offenbarung, die Thora von Gott geschrieben und gibt die Wahrheit, wie sie Gott auf dem Sinai verkündete, korrekt wieder. Im Unterschied dazu wurde, wie Morris' Nachschrift von Morris geschrieben wurde, so, unter Voraussetzung der göttlichen Inspiration, die Thora von Moses geschrieben. Morris schrieb auf, was er von Einstein hörte, und nicht, was er selbst über Physik dachte. Morris konnte nur berichten, was er in irgendeinem Sinn verstehen konnte. Infolgedessen spiegeln seine Nachschriften ein Verständnis von Physik wider, das weit über das hinausgeht, was Morris selbst wissen konnte, aber hinter dem zurückblieb, was Einstein in Wirklichkeit sagte. Genauso formuliert die Thora, die zum Ausdruck bringt, was Moses von Gottes Mitteilungen begriff, Wahrheiten, die über das hinausgehen, was Moses selbst entdecken konnte, aber hinter dem zurückbleibt, was Gott selber denken würde. Ebenso bleibt der intellektuelle Status der Thora durch die Lehre von der göttlichen Eingebung hoch genug, daß sie auf der Skala der Wahrheiten einen höheren Platz einnimmt als jede andere menschliche Schöpfung. Gleichzeitig ist ihre Stellung nicht so hoch, daß alles, was sie behauptet, als wahr zu gelten hat.

Die modernen Reformer unterschieden sich von ihren klassischen Vorvätern darin, daß sie einen größeren Wert auf die Rolle traditioneller Praktiken oder Rituale als wesentlicher Aspekte des Judentums legten als die Klassizisten. Nachdem sie einmal ausgesprochen hatten, daß das Wesen des Judentums der ethische Monotheismus ist, sahen sich die klassischen Reformer mit der Konsequenz konfrontiert, daß es keinen wesentlichen Unterschied mehr zwischen wahrem Judentum, wahrem Christentum und wahrem Islam gab. Die einzige Möglichkeit, deutlich zwischen den drei größeren westlichen Religionen zu unterscheiden, lag jetzt nicht mehr auf abstraktem Gebiet, auf der Ebene der theologischen Lehren, sondern nur noch auf konkretem, dem Gebiet der rituellen Anforderungen jeder Religion. Aber wenn alle Rituale für eine Religion akzidentell und wenn die wirklichen Unterschiede zwischen den westlichen Religionen letztlich nur rituell sind, dann ist es schließlich gleichgültig, ob man der einen oder der anderen aufgeklärten religiösen Gruppe angehört. Wenn der Wert des Rituals einzig in den Idealen liegt, die es verkörpert, und man sich dessen bewußt ist, daß dies der Zweck des Rituals ist, dann sieht man sich bezüglich jeder spezifischen Praxis rational in einer von zwei Situationen. Entweder man akzeptiert ohnehin schon das spezifische verkörperte Ideal, in welchem Fall man das Ritual nicht einhalten muß; oder man verwirft es und hält sich nicht an die Praxis, da man sie als verkehrt ansieht. Es scheint keine Gründe zu geben, die einen einzelnen, der die klassische Reformauffassung des Gottesdienstes akzeptiert hat, rechtfertigen, geschweige denn ermutigen, freiwillig ein Ritual zu praktizieren. Reformjuden und sogar Reformgemeinden erkannten weiterhin an, daß Jude zu sein für das Judentum an sich nicht wesentlich ist und das Ritual einzuhalten keinen vernünftigen Grund hat. Aber die meisten Reformjuden nach 1930 hätten diese Konsequenzen als *reductio ad absurdum* gegen die Reform angesehen, wenn sie nicht irgendeinen Ausweg finden konnten, indem sie ihre theologischen Prinzipien rekonstruierten.

Verschiedene Reformtheologen nach dem Zweiten Weltkrieg haben versucht, eine neue Theologie der Reform zu formulieren, indem sie drei Behauptungen miteinander verbanden. Erstens: Das Reformjudentum ist an das Ritual oder doch dessen halachische Veränderung im Licht des historischen Kontextes gebunden. Zweitens: Die traditionellen Praktiken der Juden bleiben für das Judentum zentral. Drittens: Das Gefühl, daß die primäre Identität darauf beruht, Teil des jüdischen Volkes zu sein, bleibt wesentlich. Der bedeutendste unter diesen Denkern ist Eugene Borowitz (geb. 1924). Freilich hat die Mehrzahl der Reformgemeinden dieser Literatur meist nur geringe Aufmerksamkeit geschenkt. Ihre Mitglieder begnügen sich damit, ohne weitere theologische Erwägungen in ihren Synagogen die Veränderungen einzuführen, die die modernen Reformtheologen befürworten.

Konservatives und rekonstruktionistisches Judentum

Die konservative Bewegung kann im Vergleich zu den anderen religiösen Ansätzen im modernen Judentum als nichttheologisch bezeichnet werden. Sofern ihre Eigenart in theoretischen Begriffen zum Ausdruck gebracht werden kann, übernahm das konservative Judentum das Reformprinzip, daß die jüdische Praxis zu verschiedenen Zeiten und an verschiedenen Orten der Veränderung unterworfen ist. Die konservative Bewegung zeigte aber ein viel größeres Interesse als das Reformjudentum daran, möglichst enge Verbindungen zur Orthodoxie zu bewahren. Die weitverbreitete und beliebte Ansicht, das konservative Judentum sei der Zweig des religiösen Judentums in Amerika, der sich stärker wandle als die Orthodoxie, aber weniger stark als das Reformjudentum, ist nicht ganz unbegründet. Gleichwohl liegt dieser Betonung der Praxis ein gewisses Maß an impliziter wie expliziter Theologie zugrunde.

Soweit eine explizite Theologie des konservativen Judentums formuliert worden ist, war ihr Wortführer Solomon Schechter (1847–1915). Wie seine theologischen Vorgänger in der Reformbewegung engagierte sich auch Schechter für einen Wandel des Judentums, der über den Grad an Flexibilität, der im 20. Jahrhundert möglich war, hinausging. Und wie die modernistischen Reformer wollte Schechter keinen so radikalen Wandel, daß Juden durch diese Veränderung aufhörten, Juden zu sein. So wie Schechter und die modernistischen Reformer diese scheinbar einander widersprechenden Ziele verfolgten, bestand das Problem darin, eine Anzahl von Prinzipien festzulegen, anhand deren bestimmte Züge des historischen rabbinischen Judentums unangetastet bleiben konnten, während andere sorgfältig modifiziert werden würden. Die vorgeschlagene Methode, um diese Unterscheidung zu treffen, lag in der Bestimmung dessen, was klassische Reformer «das Wesen des Judentums» nannten.

Man glaubte, eine Eigenschaft sei dann wesentlich für das Judentum, wenn eine Gruppe aufhören würde, jüdisch zu sein, sobald diese Eigenschaft nicht länger für die Gemeinschaft charakteristisch wäre. Was als Teil des Wesens gilt, wird als unverletzlich angesehen, was dagegen als nichtwesentlich angesehen wird, kann verändert werden, ohne die Identität der Gemeinschaft in Gefahr zu bringen. Das Problem bestand darin, die wesentlichen Eigenschaften des Judentums zu entdecken. Die Methode, diese Frage zu beantworten, bestand in der Erforschung der jüdischen Geschichte, um diejenigen Merkmale zu bestimmen, die ebenso universal wie einzigartig auf das Judentum zutrafen. Dann würde es möglich sein, das zu formulieren, was am Judentum unantastbar oder wesentlich ist. Aus diesem Grund zentrierte sich das religiöse Denken der Juden um die modernen Untersuchungsmethoden der jüdischen Geschichte, wie sie die *Wissenschaft des Judentums* entwickelt hatte. Infolgedessen war die jüdische Geschichtswisssenschaft zu jener Zeit inhärent theologisch, während die jüdische Theologie eher historisch als philosophisch war.

Die klassischen Reformer, die eher theologisch als historisch orientiert gewesen waren, hatten behauptet, das Wesen des Judentums sei der ethische Monotheismus. Den meisten jüdischen Denkern um die Mitte des 20. Jahrhunderts war offensichtlich, daß selbst dann, wenn das Dogma des ethischen Monotheismus für alle historischen Ausdrucksformen des Judentums universal wahr sein sollte, es nicht für das Judentum einzigartig wahr wäre, da sowohl das Christentum wie der Islam im Prinzip dasselbe abstrakte Ideal bejahten.

Schechter bestritt niemals, daß man Dogmen finden könnte, die für die Erfahrung der jüdischen Gemeinschaft universal gültig sind, aber er bestand darauf, daß solche Wahrheiten als solche keine befriedigende Definition des Wesens des Judentums abgäben. Ein solcher Ansatz schloß zu Unrecht ein notwendiges Element des jüdischen Wesens aus, nämlich das jüdische Volk selbst. Schechter forderte, bei der Abwägung, welches Ritual sich ändern könnte und welches erhalten bleiben sollte, sowohl den universalen Idealen des Judentums wie auch der Wahrung der historischen Kontinuität mit dem jüdischen Volk Aufmerksamkeit zu schenken. Wie vernünftig es aus begrifflichen Gründen auch immer scheinen mochte, jede beliebige Revision vorzunehmen: Wenn sie dem jüdischen

Volk selbst als unannehmbar erscheint oder so drastisch ist, daß sie keine Verbindung mit der jüdischen Vergangenheit mehr aufweist, ist der fragliche Wandel unannehmbar.

Um sein Urteil zu legitimieren, daß das, was Juden getan haben und noch immer tun, von zentraler Bedeutung ist, wenn man die vorgeschlagene jüdische Praxis erwägt, verwendete Schechter den klassischen rabbinischen Ausdruck «Kette der Überlieferung» als technischen Ausdruck für seine vorgeschlagenen Kriterien. In klassischem rabbinischem Gebrauch bedeutete «Kette der Überlieferung» das spezifische Verfahren des Gemeinrechts in rabbinischen Gerichten, nach dem halachische Urteile als richtige Interpretationen der Thora, wie sie Moses auf dem Berg Sinai empfangen hatte, gefällt und legitimiert wurden. So, wie Schechter diesen Ausdruck benutzte, bedeutete «Überlieferungskette», daß Rabbiner, die neue Formen des jüdischen Gemeindelebens vorschlugen, eine Verbindung zu vergangenen Lebensformen des jüdischen Volkes aufrechterhalten mußten. Während im klassischen rabbinischen Judentum dieses Verbindungsglied das göttlich verkündete Gesetz war, wurden in Schechters konservativem Judentum die tatsächlichen Praktiken des jüdischen Volkes zu diesem Verbindungsglied. Im Reformjudentum bestand das Wesen des Judentums primär in dem, was als göttliche Wahrheiten angesehen wurden. In Schechters konservativem Judentum bestand das Wesen aus den zugegeben fehlbaren Verhaltensformen einer endlichen, zeitlichen Gemeinschaft in ihrer Beziehung zu ihrer Gottheit.

In dieser starken Akzentuierung des menschlichen Verhaltens im Vergleich zu jeder Form göttlicher Wahrheiten und der eher historischen als theologischen Orientierung des jüdischen Lebens spiegelte Schechters konservative jüdische Theologie das amerikanische Leben und Denken stärker wieder als jeder andere Ausdruck der zeitgenössischen jüdischen Religion. Dank der Tatsache freilich, daß ihre Veränderungsprinzipien letztlich im Verhalten der Massen oder in dem lagen, was man ein demokratisches Beurteilungsprinzip in der Gemeindegesetzgebung der Juden nennen kann, war es für das konservative Judentum in der Theorie wie in der Praxis schwierig, neue Ausdrucksformen des religiösen Lebens der Juden zu schaffen. Im Prinzip war Schechters Judentum an die Quelle der Veränderung gebunden, die im jüdischen Volke lag; aber es schien für die konservativen Führer keine Möglichkeit zu geben, Neuerungen einzuführen, bis die Veränderung tatsächlich schon von einer signifikanten Stichprobe des jüdischen Volkes praktiziert und akzeptiert wurde. Tatsächlich waren die meisten Neuerungen der konservativen Bewegung (wie die gemischte Sitzordnung, die Bar-Mizwah, Konfirmation, die Verwendung von moderner Musik im Gottesdienst und die Ordinierung von Frauen) Anpassungen von Praktiken, die in der Reformbewegung wurzelten und die von den meisten überzeugten, liberalen, religiösen Juden als unanstößig empfunden wurden. Für viele, wenn nicht die meisten konservativen Juden stellte diese Einschränkung der ursprünglichen Gebräuche kein Problem dar. Einige liberale Juden glaubten, die Drohung der Assimilation sei so groß, daß die jüdische Gemeinde ohne Neuerungen in der westlichen Welt nicht bestehen bleiben konnte. Ein solcher liberaler Jude war Mordechai Kaplan (1881–1984) (s. Kap. 12).

In den 30er Jahren schrieb Kaplan zwei Bücher, *The Future of the American Jew* und *Judaism as a Civilization*, die folgendes Problem zu lösen versuchten. Da Kaplan ein liberaler und kein orthodoxer Jude war, bejahte er die Teilnahme an der westeuropäischen und amerikanischen Zivilisation und teilte den modernen weltlichen Optimismus hinsichtlich der empirischen Wissenschaft und des Humanismus. Gleichzeitig war Kaplan nicht bloß ein Liberaler, sondern auch Jude, und infolgedessen bejahte er die Teilnahme an dem, was er, unter dem Einfluß von liberalen Juden wie Schechter, als charakteristisch jüdische Zivilisation ansah. Kaplan verwarf sowohl die extrem säkulare Einstellung der jüdischen Nationalisten (s. Kap. 6) wie auch die extrem religiöse Einstellung der Reformer als naiv. Er erkannte, daß es, im Licht der jüdischen Geschichte, eine allzu grobe Vereinfachung darstellte, das Judentum einfach eine Nation oder eine Religion zu nennen. Kaplan nahm deshalb die Teilwahrheiten der beiden Extreme auf und bestimmte das Judentum als eine «Zivilisation», eine organisierte Gemeinschaft von Menschen mit einer charakteristischen Kultur und Religion.

Nach Kaplans Ansicht war es für Juden, sofern sie Juden waren, von äußerstem Wert, ihre Zivilisation zu bewahren, deren Existenz von der amerikanischen Emanzipation bedroht war. Er erkannte, daß die Staatsangehörigkeit in modernen weltlichen Staaten das Ende der alten rabbinischen jüdischen Gemeinde und das Hinscheiden jener kulturellen und religiösen Aspekte der jüdischen Zivilisation bedeutete, die die charakteristische jüdische Identität förderten. Aus Kaplans Perspektive war das letzte Ziel aller Aspekte des jüdischen Lebens – der politischen und gesellschaftlichen Organisation wie der Kultur, Ideologie und Religion – die Bewahrung des Juden als Juden in einem identifizierbaren Kollektiv. Zu diesem Zweck schlug Kaplan für typische jüdische Gemeinden in Amerika eine organisierte Struktur mit kultureller, religiöser und gesellschaftlicher Autonomie vor, die durch allgemeine Verbindungen zu anderen jüdischen Gemeinden ohne politische Autonomie verstärkt werden sollte. Zusätzlich befürwortete er die Gründung eines autonomen jüdischen Staates in Palästina, der schließlich wegen seiner historischen Stellung und seiner politischen Autonomie zu einem kulturellen, religiösen Zentrum für die ihm locker verbundene jüdische Weltgemeinde werden würde.

Auf diesem Weg versuchte Kaplan, all das in das jüdische Denken einzufügen, was er in einem Jahrhundert der Aufklärung für wertvoll hielt. Vom Reformjudentum übernahm er die Anerkennung der Wichtigkeit intellektueller Interessen im jüdischen Leben, namentlich jüdische Wissenschaft, Kunst, Theologie und Ethik. Vom spirituellen oder kulturellen Zionismus des Achad Ha-Am übernahm er die Wünschbarkeit der Einrichtung eines autonomen politischen Staates, der dem Weltjudentum als kulturelles und spirituelles Zentrum dienen konnte. Von der konservativen Bewegung erbte er das Prinzip, daß bei der Bestimmung dessen, was in der jüdischen Existenz von primärer Bedeutung ist, die Erhaltung des jüdischen Volkes zentraler ist als Fragen der Ideologie. Vom amerikanischen Pragmatismus übernahm er die Haltung, daß der Wert des Denkens darin liegt, konkrete produktive Verhaltensformen vorzuschreiben statt abstrakt wahre Feststellungen zu treffen.

Die Stärke und Bedeutung von Kaplans Theologie lag in ihrer Fähigkeit, zahllose verschiedene Werte des amerikanischen Lebens im frühen 20. Jahrhundert in einer kohärenten Betrachtungsweise des Judentums miteinander zu verbinden und mit weit größerer Genauigkeit als irgendein anderer Denker seiner Zeit den Gang des jüdischen Lebens in Amerika vorauszusehen. Aber genau die Elemente, die Kaplans Schriften ihren Wert gaben, wurden in den 50er und 60er Jahren von konservativ orientierten liberalen religiösen jüdischen Denkern angegriffen.

Unter philosophischem Aspekt wurde Kaplans Rekonstruktionismus als spirituell unaufrichtig verdächtigt, als der Pragmatismus als intellektuell unaufrichtig verdächtigt wurde. Die Feststellung, daß eine Aussage wahr ist, bedeutet, daß diese Aussage einen Sachverhalt behauptet, der tatsächlich der Fall ist. Wahrheit ist keine Frage der Nützlichkeit, in keinem Sinn dieses Ausdrucks. Gleichgültig wie nützlich eine Aussage sein mag, kann sie trotzdem falsch sein. Außerdem gibt es viele wahre Aussagen, die nur von geringem oder gar keinem Nutzen sind. Intellektuell war am Pragmatismus verdächtig, daß er bei der Beurteilung der Wahrheit die Wahrheit selbst gar nicht zu berücksichtigen schien. Ähnlich schienen die Rekonstruktionisten Gott in ihren religiösen Urteilen nicht zu berücksichtigen. Religiöse Praxis oder religiöses Verhalten hatte in der westlichen Welt gewöhnlich mit menschlichem Verhalten in Beziehung zu Gott zu tun und nicht einfach mit menschlichem Verhalten. Religiöse Juden üben ihre Praxis, weil sie glauben, daß diese Art Tätigkeit etwas damit zu tun hat, was Gott von ihnen und ihren Mitjuden erwartet. Sie erfüllen nicht, was sie *Mitzwot* nennen, nur weil sie glauben, daß diese Handlungen auch ohne Rücksicht auf Gottes Erwartungen gut für das jüdische Volk sind. Wenn die Existenz des jüdischen Volkes als solche ein Wert ist, dann könnte man vermutlich im Prinzip von einem gottlosen Judentum sprechen.[3] Für die meisten religiösen Juden wäre eine solche Position unhaltbar. Für sie muß die primäre Absicht des jüdischen Rituals in irgendeinem Sinn auf einen existierenden Gott bezogen sein. In Kaplans Denken hat das Ritual mit einem existierenden jüdischen Volk zu tun. Gott ist auf den Status eines unter vielen Begriffen reduziert, die dabei von Nutzen sind, die jüdische Identität unter jüdischen Intellektuellen zu fördern.

Um Kaplan Gerechtigkeit widerfahren zu lassen, muß man freilich hinzufügen, daß seine Diskussion einer jüdischen Religion eine Bindung an die Werte der westlichen säkularen Zivilisation wie auch einen positiven Glauben an die konstruktive Macht der empirischen Wissenschaft voraussetzte. Die obige Kritik verweist auf eine gewisse Skepsis unter vielen jungen jüdischen Intellektuellen in den 50er Jahren, die ihrer Kri-

---

3 Tatsächlich hat zumindest ein konservativer jüdischer Theologe, nämlich Richard Rubinstein, eine solche Theologie vorgeschlagen.

tik am Rekonstruktionismus zugrunde lag. Die geistigen Väter der neuen Theologie, die sich gegen Kaplans Humanismus wandte, waren die deutsch-jüdischen Existentialisten Martin Buber und Franz Rosenzweig vom Anfang des 20. Jahrhunderts (s. Kap. 10 und 11). Ihre wichtigsten amerikanischen Stimmen waren Abraham Heschel, Professor am *Jewish-Theological Seminary* der konservativen Bewegung, und Eugene Borowitz, Professor am *Hebrew's Union College-Jewish Institute of Religion* der Reformbewegung.

Das orthodoxe Judentum

Orthodoxie ist jene zeitgenössische religiöse Interpretation des Judentums, die behauptet, nicht zeitgenössisch zu sein, weil sie sich selbst als eine Fortsetzung des klassischen rabbinischen Judentums versteht. In verschiedener Hinsicht ist die Orthodoxie tatsächlich das, was sie zu sein behauptet. Theologisch ist ihr Verständnis von Gott, der Thora und des Volkes Israel seit den Hauptthemen des rabbinischen Denkens im klassischen und mittelalterlichen rabbinischen Judentum unverändert geblieben. Die zeitgenössische Orthodoxie verwendet weiterhin klassische rabbinische Methoden, um über die jüdische Praxis zu entscheiden. Sie sind in regionalen rabbinischen Körperschaften verfaßt, die, wie es traditionellerweise der Fall war, *Betey Din* genannt werden. Ihre Gerichtshöfe gründen ihre Urteile auf rabbinische Entscheidungen, die in rabbinisch sanktionierten Rechtssammlungen aufgezeichnet sind, die von den beiden Talmudim über den *Schulchan Aruch* bis hin zu zeitgenössischen Sammlungen von Entscheidungen hervorragender Rabbiner des 19. und sogar 20. Jahrhunderts reichen.

Es gibt eine Anzahl von Aspekten, in denen sich die zeitgenössische Orthodoxie vom vergangenen rabbinischen Judentum unterscheidet. Es ist zum Beispiel nach dem Verfall des Gaonats, das sein Zentrum in Bagdad hatte, nicht möglich, von einer allgemeinen zentralisierten Körperschaft zu sprechen, die befugt ist, Entscheidungen zu treffen; nichtsdestoweniger zeigte das rabbinische Judentum vor der Mitte des 19. Jahrhunderts einen beträchtlichen Grad an einheitlicher Autorität.

Obgleich zwischen den halachischen Urteilen der aschkenasischen und sefardischen Zentren der Judenheit und zu einem geringeren Ausmaß zwischen den mittel- und osteuropäischen aschkenasischen Rabbinern signifikante Unterschiede bestanden, gab es dennoch einzelne rabbinische Autoritäten, die allgemein als letzte Instanzen in Fragen der *Halacha* angesehen wurden. Obgleich kein formales System darüber entschied, daß die Urteile des einen Rabbiners mehr Autorität als die Urteile eines anderen Rabbiners hatten, gab es in jeder Generation bestimmte Rabbiner, die als letztinstanzliche Gerichtshöfe für diese Generation galten.[4]

Selbst im 20. Jahrhundert ist es europäischen und israelischen orthodoxen Gemeinden gelungen, «Chefrabbiner» zu wählen, die innerhalb ihrer jeweiligen Nationen als höchste Autorität in allen die Gemeinde betreffenden Rechtsfragen anerkannt sind. Aber mit Ausnahme einiger chassidischer Gemeinden ist es in den Vereinigten Staaten, wo die größte Anzahl von orthodoxen Juden wohnen, niemals möglich gewesen, einen «Chefrabbiner» zu ernennen. Es sind verschiedene Organisationen gebildet worden wie die *Union of Orthodox Jewish Congregations* oder die *Union of Orthodox Rabbis*, die versucht haben, in halachischen Entscheidungen unter orthodoxen Gemeinden eine gewisse Einheitlichkeit zu wahren. Diesen Körperschaften ist es weit seltener gelungen als selbst den zentralen rabbinischen und kongregationalen Körperschaften der reformierten und konservativen Bewegungen, von ihren Mitgliedern anerkannt zu werden. Während reformierte und konservative Rabbiner in gewissem Sinn die Autorität der *Central Conference of American Rabbis* bzw. der *Assembly of America* anerkennen, können die entsprechenden orthodoxen Kongregationen unter ihren Mitgliedern keinen derartigen Gehorsam erwarten. Zum größten Teil ist der orthodoxe Rabbiner bei der Bestimmung moderner Anwendungen vergangener Präzedenzfälle auf zeitgenössische Fälle ein eigenes Gesetz für sich.

Die Verfahren, die von zeitgenössischen orthodoxen Rabbinern in Rechtsfragen verfolgt werden, sind dieselben wie die der klassischen Rabbiner; aber man kann sagen, daß sie auf diesem Gebiet ein viel größeres Widerstreben zeigen, sich auf neue Gebiete der Entscheidungsfindung zu

---

4 Siehe Solomon Freehof, *The Responsa Literature*, Philadelphia 1955.

begeben, als früher üblich. Sie neigen in ihren Rechtsentscheidungen dazu, weit strenger zu sein als ihre Vorgänger. Aber während sie auf Gebieten, wo sie Entscheidungen treffen, weit strikter sind, sind sie weit bereitwilliger gewesen, nichtrabbinische Autoritäten auf anderen Gebieten anzuerkennen, die das Leben der Juden beeinflussen, als es bei ihren rabbinischen Vorvätern der Fall gewesen wäre. Es ist zum Beispiel höchst fraglich, ob die rabbinischen Führer des Mittelalters ebenso bereitwillig wie die meisten zeitgenössischen orthodoxen Rabbiner die Lage der Juden in dem jüdischen Staate Israel akzeptiert hätten, wo Nicht-Rabbiner aus nichthalachischen Gründen Rechtsentscheidungen für ein jüdisches Gemeinwesen treffen. In dem Sinn, daß selbst israelische orthodoxe Rabbiner, mit Ausnahme der sogenannten *Natura Kartai*[5], darauf beharren, bestimmte Fragen des israelischen Rechts aus halachischen Gründen zu entscheiden, sich aber nicht gezwungen fühlen, diese Forderung auch auf anderen Gebieten des israelischen Rechts zu erheben, hat sogar die zeitgenössische Orthodoxie die Unterscheidung der Aufklärung zwischen dem Religiösen und dem Weltlichen akzeptiert (s. Kap. 2).

Nichtsdestoweniger ist die Orthodoxie theoretisch, wenn auch nicht immer in der Praxis, die Erbin und Bewahrerin des klassischen rabbinischen Judentums. Nach der Theologie der Vergangenheit ist ein Jude eine Person, die von einer jüdischen Mutter geboren ist, und eine solche Person bleibt Jude, gleichgültig, was er oder sie tut. Wenn ein Jude zum Beispiel Christ wird, wird er immer noch als Jude angesehen, wenn auch als Jude in einer schlechten, wenn nicht häretischen Position. Als Jude ist er/sie Mitglied einer internationalen Gemeinschaft, genannt «Israel», die in einer besonderen Beziehung zu Gott steht. Diese Beziehung ist für die Orthodoxie das Wesen des Judentums. Auf dem Sinai offenbarte Gott durch Moses ein geschriebenes und ein mündliches Gesetz. Da Gott der Urheber dieses Gesetzes, der Thora, und ein vollkommenes Wesen ist, ist das Gesetz, richtig verstanden, uneingeschränkt wahr. Die einzige Kör-

---

5 Eine extreme Gruppe von rabbinischen Gemeinden, die hauptsächlich in Jerusalem wohnen, die die Legitimität des Staates Israel als eines jüdischen Staates verwerfen, weil der Staat nicht vom traditionellen jüdischen Recht beherrscht wird und weil der Staat nicht vom Messias begründet worden ist.

perschaft, die das Recht hat, dieses rechte Verständnis zu bestimmen, ist das Rabbinat, das bei seinen Entscheidungen den rabbinischen Präzedenzfällen folgen muß. Die Orthodoxie kann vom liberalen Judentum auf der Basis unterschieden werden, daß das erstere «katholisch», dagegen das letztere «protestantisch» ist. Wenn man sagt, die Orthodoxie sei katholisch, meint man, daß sich Gott nach orthodoxer Ansicht primär auf das kollektive oder katholische Volk Israel bezieht. Individuen in dieser Gemeinschaft haben eine Beziehung zu Gott in einem sekundären Sinn, nämlich dank ihrer Zugehörigkeit zur primären Gemeinschaft. Die höchste menschliche Autorität in religiösen Fragen liegt bei den offiziellen Repräsentanten der religiösen Körperschaft und nicht bei individuellen Israeliten. Umgekehrt, wenn man sagt, daß das liberale Judentum protestantisch ist, meint man, daß nach reformistischer und zu einem geringeren Ausmaß auch nach konservativer oder rekonstruktionistischer Ansicht Gott sich primär auf den einzelnen bezieht. Das kollektive Ganze, Israel, bezieht sich nur in einem sekundären Sinn auf Gott, dank der Beziehung seiner konstitutiven Mitglieder zu ihm. Liberale religiöse Führer mögen also zwar den Mitgliedern Empfehlungen geben, was sie in religiösen Angelegenheiten tun sollten, aber diese Individuen sind nicht verpflichtet, ihre Autorität zu akzeptieren. Es entspricht ihrer Überzeugung als liberale Juden, wenn sie hinsichtlich ihrer religiösen Praktiken ihre eigenen Entscheidungen treffen.

Vor dem Zweiten Weltkrieg hätten aufgeklärte Beobachter des zeitgenössischen Judentums vielleicht vorausgesagt, daß die Tage der Orthodoxie in den Vereinigten Staaten gezählt sind. Sie hätten zwar nicht behauptet, daß die Orthodoxie gänzlich ausstirbt. Aber es wäre vernünftig gewesen vorauszusagen, daß mit der Geburt nachwachsender, zunehmend ins säkulare Leben Amerikas integrierter Generationen von amerikanischen Juden orthodoxe Gemeinden es immer schwieriger finden würden, die Loyalität und Bindung ihrer Kinder zu erhalten. Aufgrund der früheren Erfahrung in Amerika ließ sich vermuten, daß viele Kinder von orthodoxen Eltern zu dem einen oder anderen liberaleren Zweig des Judentums übergehen würden, während praktisch kein weniger strikter Jude sich zur Orthodoxie bekehren würde. Aber in den 50er und 60er Jahren hat die Orthodoxie in der dritten und vierten Generation erfolgreich die religiöse Bindung bewahren können und zugleich viele neue

Anhänger unter Amerikanern gewonnen, deren Eltern entweder säkulare oder liberale Juden waren. Obendrein haben viele Juden neue Arten von Gemeindeverbindungen gebildet, die *Chawurot* genannt werden, deren religiöse Observanz in beinahe jeder Hinsicht orthodox ist außer in Fragen, die die Trennung von Männern und Frauen betreffen.

Gegenwärtig ist es zu früh, eine Vermutung zu wagen, ob dieser neue Trend anhalten wird oder nicht. Welche Zukunft das liberale oder orthodoxe religiöse Judentum in Amerika hat, kann nicht vorausgesagt werden. Zweifellos schwindet der religiöse Unterschied zwischen orthodoxen und den meisten liberalen religiösen Juden, der in der ersten Hälfte des 20. Jahrhunderts so ausgeprägt war, in demselben Maß dahin, wie religiöse Juden sich weiter in die westliche Zivilisation integrieren. Ebenso wie sich das rabbinische Judentum notwendig vom biblischen Judentum unterschied, haben die Veränderungen in der modernen Welt notwendig zur Folge, daß das moderne, neo-rabbinische Judentum nicht dasselbe sein kann wie das klassisch rabbinische. Der Unterschied wird freilich nicht so groß sein, wie die Liberalen des späten 19. und des frühen 20. Jahrhunderts prophezeiten, weitgehend deshalb, weil die moderne Welt sich nicht so stark von der Vergangenheit unterscheidet, wie die Messiasgläubigen der Aufklärung glaubten.

Die neue Theologie

In der ersten Hälfte des 20. Jahrhunderts waren die Vereinigten Staaten das Zentrum der Entwicklung neuer Theologien wie auch neuer Einrichtungen, die emanzipierte Juden in den Stand setzten, ihre religiöse Identität als Juden zu bejahen. Während dieser Periode war das Interesse an jüdischer Theologie eng mit neuen institutionellen Ausdrucksformen der Gemeinde verbunden. Die neuen Institutionen waren die primären Mittel, durch welche sich die neuen Theologien konkretisierten. Diese neuen Theologien dienten dazu, die neuen kommunalen Institutionen zu erklären wie zu rechtfertigen. Ähnlich waren die wichtigen Theologen und die entscheidenden Leiter religiöser Institutionen gewöhnlich dieselben Leute, meistens Rabbiner. Aber mit Beginn der zweiten Hälfte des 20. Jahrhunderts trat eine Veränderung ein. Junge, religiös orientierte, jüdische Intellektuelle begannen, ihre Aufmerksamkeit einer Anzahl von jüdischen Theologen zuzuwenden, die meistens nicht als Rabbiner tätig waren und oft Annäherungen an die jüdische Religion bejahten, die mit keiner etablierten jüdischen religiösen Institution verknüpft waren. Soweit diese neue jüdische Theologie der Nachkriegszeit irgendeinen politischen Einfluß auf die etablierten Institutionen des religösen Judentums in Amerika gehabt hat, ermutigten diese Autoren ihre liberalen jüdischen Leser, einer bestimmten Form von Neo-Orthodoxie gegenüber aufgeschlossener zu sein. Die Popularität der neuen Theologie trug vielleicht mehr als jeder andere Einzelfaktor zu der sogenannten Rückkehr zur Tradition und Orthodoxie in den späten 5oer und 6oer Jahren bei.

Die Strömungen der neuen jüdischen Theologie können in drei verschiedene Kategorien eingeteilt werden. Eine besonders starke Strömung in den späten 5oer Jahren war die «Theologie des Bundes». Ihre bekanntesten Fürsprecher waren die deutschen Theologen Martin Buber und Franz Rosenzweig (s. Kap. 10 und 11). Diese Theologen befürworteten eine Form der Theologie, die eher in der biblischen als der rabbinischen Literatur wurzelte und sie in den philosophischen Kategorien der deutschen Romantik interpretierte. Eine zweite Strömung, die besonders in den späten 6oer Jahren vorherrschte, war die «Radikale Theologie». Die wichtigsten Exponenten dieser Kategorie sind eine Reihe junger amerikanischer Studenten und Universitätslehrer. Einige von ihnen halfen bei der Bildung städtischer jüdischer Kollektive, die *Chawurot* genannt wurden. Diese Schriftsteller befürworteten eine Anpassung der traditionellen jüdischen Werte und Praktiken an die Werte und Praktiken der Gegenkultur der 6oer Jahre, die an den amerikanischen Universitäten herrschte. Vertreter dieser Strömung sind beispielsweise Zalman Schachter, Arthur Green und Arthur Waskow. Schließlich gab es eine dritte Strömung, die ein Thema betonte, das für den allgemeinen Einfluß der ersten beiden Kategorien zentral war, die «Holocaust-Theologie». Die bekanntesten Vertreter dieser Strömung waren Elie Wiesel, Emil Fackenheim, Yitzchak Greenberg und Eliezer Berkovits.

Die folgenden Charakterisierungen sind im allgemeinen jeder Kategorie der neuen nicht-institutionellen Theologie gemeinsam:

1. Die führenden theologischen Schriftsteller sind Individuen, deren primäre intellektuelle Ausbildung auf keinem traditionellen jüdischem

Feld liegt. Die meisten dieser Denker sind gebildete Juden, viele davon Rabbiner, aber sie sind in der Regel nicht mit der Leitung einer Synagoge befaßt. Sie üben keine priesterlichen Aufgaben aus wie die meisten amerikanischen Rabbiner, welche die geistlichen Führer von Gemeinden sind, die zu einer der größeren religiösen Institutionen in der amerikanischen Judenheit gehören.

2. Obwohl die meisten dieser Denker aus einem liberalen religiösen oder in einigen Fällen sogar aus einem säkularen Milieu stammen, neigen sie dazu, in ihren Lehren religiöse Traditionalisten zu sein. Während die religiösen Liberalen, besonders im 19. Jahrhundert, oft das Gefühl hatten, daß die alten Praktiken unerwünscht und neue und / oder innovative erwünscht seien, neigt ein Traditionalist dazu, das entgegengesetzte Urteil zu fällen. Das soll nicht heißen, daß ein Traditionalist eine religiöse Praxis allein deshalb akzeptieren wird, weil sie alt und nicht-innovativ ist. Ganz im Gegenteil, einige ältere jüdische Ausdrucksformen werden aus einer Vielfalt von Gründen weiterhin verworfen. Eher ist für einen Traditionalisten die Tatsache, daß eine gegebene Praxis alt ist, ein gewisser Faktor zu ihren Gunsten, selbst wenn es nicht der einzige Faktor ist, der in Betracht gezogen wird.

3. Während diese Theologen daran interessiert sind, an traditionellen jüdischen Praktiken festzuhalten oder sie wiederzubeleben, sind sie dafür offen, neue aus anderen Kulturen einzuführen. Innovationen werden dann gefördert, wenn sie alte Praktiken aus einer anderen Tradition zum Ausdruck bringen, die als geeignet angesehen werden, die Bindung an die jüdische Religion zu verstärken, oder weil sie Techniken sind, um den Praktizierenden in wichtigere, traditionell jüdische Formen des religiösen Verhaltens einzuführen.

4. Die meisten dieser Denker sind eher in dem oben diskutierten Sinn protestantisch als katholisch. Obwohl für sie die Bildung einer Gemeinde wichtig ist, legen sie großen Wert auf das Recht, sich einen hohen Grad an individueller Unabhängigkeit vom Gruppenverhalten zu bewahren. Obendrein bauen die Gemeinden auf den privaten Überzeugungen von Individuen auf. Mit anderen Worten, die Gemeinde leitet ihren Wert von der Bindung ihrer individuellen Mitglieder und nicht die Mitglieder ihre primäre religiöse Identität von der Gemeinde ab. Der religiöse Glaube der Individuen gilt als der Existenz der Glaubensgemeinschaft vorgeordnet;

und infolgedessen läßt die Gemeinschaft im Prinzip einen hohen Grad an unabhängiger individueller Variation zu.

5. Die meisten dieser Denker verhalten sich gegenüber den Überzeugungen, die der Entstehung der modernen liberalen religiösen Institutionen der Juden zugrunde lagen, im besten Fall skeptisch und im schlechtesten Fall feindselig. Ihre liberalen Vorgänger glaubten, daß die moderne Wissenschaft imstande sei, die Wahrheit zu entdecken und Mittel zur Verbesserung des menschlichen Lebens zu entwickeln. Diese Denker behaupten, daß, soweit sich die moderne Wissenschaft überhaupt mit der Wahrheit befaßt, ihre Wahrheiten relativ unwichtig sind. Soweit die Wissenschaft das Leben der Menschheit verbessern kann, tut sie das in Hinsichten, die relativ trivial sind. Die wichtigsten Gebiete des intellektuellen und ethischen menschlichen Interesses fallen nicht in den Bereich der modernen Wissenschaft. Ihre liberalen Vorgänger glaubten, daß Menschen, die von den sogenannten Fesseln ihrer abergläubischen Vergangenheit befreit werden, wirkungsvoll für die Besserung der gesamten Menschheit arbeiten würden. Diese Denker halten daran fest, daß der neue Mensch ebenso böse und unwissend ist wie der alte. Obendrein befähigt die weltliche Orientierung in Verein mit der modernen Technologie die modernen Menschen, Exzesse des Bösen zu erreichen, die weit über die Möglichkeiten jeder vergangenen Generation hinausgehen. Mit anderen Worten, die neuen Theologen schreiben der Lehre vom fundamentalen menschlichen Bösen einen gewissen Sinn zu, im Unterschied zu dem uneingeschränkten Vertrauen der Humanisten in die inhärente menschliche Güte. Die Humanisten glaubten, daß eine vermehrte menschliche Macht zum Guten im ganzen menschlichen Leben beitragen würde, während die neuen Theologen die unbeschränkte menschliche Macht als Drohung für die Menschheit ansehen.

Das von liberalen Juden am häufigsten verwendete Modell, welches das Übel der vormodernen menschlichen Gesellschaft beweisen sollte, war die Institution der spanischen Inquisition. Sie hielten sie für ein Produkt schlechten gesellschaftlichen oder religiösen Denkens und schlechter politischer Institutionen. Im Gegensatz dazu fixieren die neuen Theologen ihren Blick auf die Konzentrationslager der Nazis. Sie waren die Schöpfung des vielleicht modernsten, weltlichsten Staates in ganz Europa und übertrafen alle Übel der spanischen Inquisition. Beide Perioden extremer menschlicher Grausamkeit werden von den neuen Theologen als Ergebnis der menschlichen Natur und nicht so sehr als Folge einer bestimmten Form politischer und / oder intellektueller Gesellschaft angesehen.

6. Diese neuen Theologen neigen hinsichtlich der wohltätigen Kräfte des menschlichen sogenannten objektiven Intellekts und der Wissenschaft zur Skepsis. Im allgemeinen glauben sie auch, daß die Menschen einen Schlüssel zur Wahrheit wie zur menschlichen moralischen Verbesserung finden würden, wenn sie sich bemühten, ihre Emotionen zu entwickeln. Die Schüler von Spinoza und Maimonides glaubten, daß die Quelle des Guten in den Menschen ihre Vernunft ist und daß, um ihre rationalen Fähigkeiten zu entwickeln, die Menschen ihre inhärent bösen Gefühle beherrschen oder sogar unterdrücken müßten. Aber Sigmund Freud lehrte, daß alles, was an den Gefühlen für schlecht gehalten wird, aus ihrer Unterdrückung rühre und ihnen nicht als solchen inhärent sei. Freud teilte die Überzeugung seiner intellektuellen Vorgänger, daß ein Leben der Vernunft am besten sei. Aber er fügte hinzu, daß die Menschen seelisch nicht gesund sein können, wenn dem Ausdruck der Gefühle nicht eine gewisse Aufmerksamkeit geschenkt wird, und daß jedes rationale Leben seelische Gesundheit voraussetzt. Viele der neuen Theologen benutzten Freuds Schriften, verwarfen aber seine Urteile und behaupteten, daß die Emotionen, wenn sie nur entwickelt würden, als Kräfte für ein menschliches, gesellschaftliches und individuelles Gutes vertrauenswürdiger seien als ein entwickelter Intellekt.

7. Schließlich waren alle größeren Institutionen des westlichen Lebens der Juden eher das Produkt von Individuen, die zumindest theoretisch von dem positiven Wert der modernen Wissenschaft und Technologie, der westlichen säkularen Form politischer Organisation und der objektiven Rationalität überzeugt waren. Im Gegensatz dazu neigen die Anhänger der neuen Theologie dazu, den etablierten Ausdrucksformen des religiösen Lebens in Amerika gegenüber im besten Fall gleichgültig, oft aber geradezu feindselig zu sein. Die meisten von ihnen befürworten ein möglichst geringes Maß an Gesellschaftsstruktur. Einige von ihnen versuchen sogar, zusammen mit Gleichgesinnten neue Formen des Gemeindelebens zu entwickeln.

Der Entstehung dieser neuen Theologie lagen eine ganze Reihe politischer, gesellschaftlicher und intellektueller Ereignisse der Jahrhundertmitte zugrunde. Die wichtigste intellektuelle Entwicklung war das neue Verständnis von wissenschaftlichem Experiment und Wahrheit, das dem Wiener Kreis logischer Positivisten entstammte, von den verschiedenen Schulen der Sprachphilosophie gefördert und von Oxford und Cambridge aus an den amerikanischen Universitäten verbreitet wurde. Kurz gesagt befaßten diese Philosophen sich mit Logik und Wissenschaft als den einzigen Quellen der Wahrheit. Nach ihrer Ansicht ist die Wissenschaft in folgendem Sinne beschränkt: Die einzigen Arten von Gegenständen, die existieren, seien sie makroskopisch oder mikroskopisch, sind Einzeldinge. Allgemeine Ausdrücke haben einen Sinn in Kontexten, die sich in irgendeinem Sinn auf diese Einzeldinge beziehen, aber sie nennen nicht eigene Arten von Gegenständen wie Universalien oder platonische Ideen. Obgleich es Möglichkeiten gibt, über Universalien zu sprechen, und obgleich es möglich sein mag, in gewissem Sinn zu sagen, daß diese allgemeinen Ausdrücke Dinge nennen, gilt der primäre Sinn des Ausdrucks «Existenz» nur für Einzeldinge. Wenn wir sagen, daß A B dazu veranlaßte, etwas zu tun, dann ist das, was existiert, nur A und B. Es gibt keine andere Art von existierendem Gegenstand als A und B, die «Ursache» heißt. Wenn es aber derartige Dinge nicht gibt, dann gibt es auch keine Dinge wie «Essenzen», die irgendeine Relevanz für die moderne atomistische Wissenschaft haben. Die Aussage, daß A's Tun von F die Ursache davon ist, daß B G tut, bedeutet, daß die vergangene Erfahrung ein sehr häufiges Zusammentreffen von A's Tun von F mit B's Tun von G zeigt. Vorausgesetzt, daß alles, was wir jemals erfahren, eine Koinzidenz von zwei Ereignissen ist und Deduktionen von Kategorien wie die «Wirkursachen» bei Aristoteles oder die göttlichen Willensakte wie bei den Mutakallimun[6] (mohammedanische Philosophen des 10. Jh.) in der modernen Wissenschaft Gültigkeit haben, muß der Wissenschaftler annehmen, daß die beobachteten Verknüpfungen in sogenannten kausalen Kontexten zufällige Verbindungen darstellen. Da ein Wissenschaftler logisch kein Recht hat, in irgendeinem buchstäblichen Sinn über Ursachen zu sprechen, sind seine kausalen Aussagen lediglich statistische Verallgemeinerungen zufälliger Ereignisse, die in keiner Weise geschehen müs-

6 A. d. Ü.

sen. Nichts ist notwendig wahr in der Wissenschaft. Obgleich einige Arten von Aussagen notwendig wahr sind, sind Aussagen, die wirklich Information enthalten, nie mehr als Vermutungen, deren Wahrscheinlichkeit nur statistisch ist. Sogenannte gewisse Wahrheit kann in der Linguistik möglich sein, wo uneingeschränkte Aussagen über die operationalen Regeln menschengemachter Sprachen gemacht werden können. Aber die Wissenschaft befaßt sich mit Information über die Welt, und solche Aussagen sind niemals mit Notwendigkeit wahr.

Die religiösen Liberalen glaubten, daß die neue Wissenschaft ewige, notwendige und informative Wahrheiten lehre und lehren könne. Bis zu einem gewissen Grad unterwarfen sie unter dem Diktat der neuen wissenschaftlichen Methode ihre religiöse Tradition der Erforschung durch das, was sie «Vernunft» nannten. Im Unterschied dazu bestanden orthodoxe Juden darauf, daß Gewißheit eher in der religiösen Tradition als in der von Menschen gemachten Methodologie liegt. Die neuen Theologen leugneten zwar nicht die Fehlbarkeit der religiösen Tradition; aber sie hielten auch die Wissenschaft für fehlbar, selbst in ihrer Methodologie. Außerdem hielten sie tendenziell daran fest, daß die sogenannte wissenschaftliche Methode in einem signifikanten Sinn ihrer religiösen Tradition unterlegen sei. Für sie sind die Arten ethischer und kosmologischer Urteile, die in der Religion, wie fehlbar auch immer, möglich sind, in den Fragestellungen der modernen an Wissenschaft und Wissenschaftslogik orientierten Philosophie nicht einmal erlaubt. Mit anderen Worten, die religiöse Tradition ist fehlbar, aber sie befaßt sich mit Fragen, die wichtig sind; während die moderne Wissenschaft und Philosophie gleichermaßen fehlbar sind und sich mit relativen Trivialitäten abgeben.

Für die neuen Theologen liegt die einzige Bedeutung der Wissenschaft in der Tatsache, daß wissenschaftsorientierte Ingenieure eine Technologie entwickeln können, die enorme Auswirkungen auf das menschliche Leben hat. Der negative Faktor liegt in der Tatsache, daß dieselben Ingenieure keinerlei Fachkenntnis haben, die es ihnen erlaubt, zwischen guten und perversen Verwendungen ihrer Technik zu unterscheiden. Dieses Urteil drängte sich ihnen infolge einer Reihe von Ereignissen während des Zweiten Weltkriegs geradezu dramatisch auf. Von besonderer Wichtigkeit war die Entwicklung von Kernwaffen. Die Atombombe war weitgehend von europäischen Wissenschaftlern für die Vereinigten Staaten entwickelt worden, insbesondere, um als Waffe gegen Nazideutschland benutzt zu werden. Gleichzeitig arbeiteten deutsche Ingenieure daran, diese Waffe für Hitler zu entwickeln. Aber der Krieg endete, bevor die Bombe fertiggestellt war. Zum Schrecken vieler der beteiligten Wissenschaftler wurde die Bombe von den Vereinigten Staaten bei zwei aufeinanderfolgenden Gelegenheiten gegen die Japaner eingesetzt. Einige dieser Wissenschaftler waren überzeugt, daß es bei zumindest einer, wenn nicht beiden Gelegenheiten keine moralischen Gründe für den Abwurf der Atombombe auf eine Stadt gab. Andere Wissenschaftler fanden eine moralische Rechtfertigung für diesen Akt. Kein Wissenschaftler konnte *sicher* sein, daß es gerechtfertigt war, diese Waffe zu verwenden. Selbst wenn sie selber sicher waren, hatten sie nur wenig Einfluß darauf, wie ihre Erfindungen angewendet werden würden. Wissenschaftler konnten Werkzeuge mit bestimmten Wirkungen entwickeln; aber sie hatten keine Möglichkeit, den moralischen Wert zu beurteilen oder den Gebrauch zu beeinflussen. In diesen höchst wichtigen Hinsichten schien die Wissenschaft irrelevant zu sein.

Weitgehend auf der Grundlage eines negativen Urteils über die Fähigkeit des westlichen Menschen, seine Technologie mit einem gewissen Grad an moralischer Zuverlässigkeit zu verwenden, kamen viele der Schüler der neuen Theologen zu dem Schluß, daß es in der westlichen Kultur selbst grundlegend perverse Tendenzen gebe. Sie argumentierten, daß nur eine moralisch schwache Zivilisation Leute in den Stand setzen würde, solche Waffen zu entwickeln, ohne ihnen zu ermöglichen, eine vergleichbare Fähigkeit zu entwickeln, mit ihren Erzeugnissen moralisch umzugehen. Man war immer überzeugt gewesen, daß zumindest die Vereinigten Staaten in ihren inneren und äußeren Beziehungen ein moralisches Verhalten an den Tag legen würden, das dem vergangenen Verhalten der europäischen Staaten überlegen sei. Nach dem Zweiten Weltkrieg waren die Vereinigten Staaten in einer Position der Weltführerschaft; und wenn sie in ihrem kollektiven Verhalten nicht schlimmer waren als ihre politischen Vorgänger, dann waren sie doch auch nicht besser. Die religiösen Liberalen der unmittelbaren Vergangenheit sahen in dem Vorrang der Wissenschaft vor der religiösen Orientierung eine enorme Macht, eine bessere Welt zu errichten. Die neuen Theologen sahen in dieser Dominanz eine enorme Macht, die Menschheit zu zerstören. Weil sie von den Talenten, die die westliche Zivilisation bislang an den Tag gelegt hatte, enttäuscht waren, begannen sie, andere und ältere Traditionen zu überprüfen, die, wenn auch weniger technologisch, vielleicht humaner waren. In diesem Kontext wurde im Westen auf der Suche nach einem adäquaten Ansatz für ein spirituelles Leben den traditionellen östlichen Religionen beträchtliche Aufmerksamkeit zugewendet. Viele Juden waren Teil dieser Suche, und aus denselben Gründen wandten sich noch mehr Juden ihrer eigenen Vergangenheit zu. Zu einem großen Ausmaß liegt diese Suche der gegenwärtigen Wiederbelebung der Orthodoxie durch amerikanische Juden mit einem liberalen Hintergrund zugrunde.

Die oben erwähnten Faktoren gelten gleichermaßen für die fundamentalistischen oder traditionalistischen antirationalistischen Tendenzen im amerikanischen Christentum. Es gibt andere Erwägungen, die ausschließlicher für die amerikanischen Juden gelten. Seit ihrer Emanzipation war ein primäres Ziel des organisierten Lebens der Juden, vollen Zugang zu den Vorteilen zu gewinnen, die eine Staatsbürgerschaft in den Nationen Westeuropas und Amerikas bot. Für alle praktischen Zwecke war dieses Ziel in der englischsprachigen Welt um 1950 erreicht. Nachdem sie ihr Ziel erreicht hatten, konnten die Kinder der zweiten und dritten Generation dieser eingewanderten Juden den wirklichen Wert dessen abschätzen, was für ihre Eltern nur ein Traum gewesen war. Sie fanden ihr elterliches Erbe sicher und bequem, aber auch nur wenig mehr. Nach dem Zweiten Weltkrieg resultierten traditionelle Ausdrucksformen des Judentums aus dem Glauben jüdischer Intellektueller, daß ihre Eltern, um materielle Gewinne in der westlichen Welt zu erlangen, spirituelle und moralische Werte aus ihrer eigenen Tradition aufgegeben hatten und daß die verlorenen Tugenden wertvoller waren als die gewonnenen Profite.

Von weit größerer Wichtigkeit als die erreichten positiven Bequemlichkeiten war der Einfluß des Todes von sechs Millionen jüdischen Brüdern unter den Händen deutscher Faschisten im Zweiten Weltkrieg (s. Kap. 4). Im mindesten Fall sahen die neuen Theologen, daß Juden ihre jüdische Identität nicht für irgendeine Form universalistischer, menschlicher Identität aufgeben konnten. Dieses negative Urteil ist das gemeinsame begriffliche Band zwischen den neuen religiösen Juden und ihren weltlichen Pendants. In diesem Zusammenhang urteilten viele Juden, daß der Holocaust für sie eine religiöse Bedeutung habe, die mit keinem Ereignis in der früheren jüdischen Geschichte oder in irgendeiner anderen religiösen Tradition vergleichbar ist. Obgleich es unter den Holocaust-Theologen nur wenig Übereinstimmung darüber gibt, worin die positive, spirituelle Bedeutung dieses Ereignisses liegt, haben sie doch nur wenig Zweifel an der monumentalen Wichtigkeit des Holocaust für das jüdische Volk in seiner fortdauernden Beziehung zu Gott.

6
Weltliches Judentum

Die größte jüdische Gemeinschaft in der heutigen Welt lebt in den Vereinigten Staaten. Annähernd zwei Drittel von ihr sehen sich eher aus weltlichen denn aus religiösen Gründen als Juden an (s. Kap. 3). Infolgedessen kann keine historische Darstellung des zeitgenössischen jüdischen Denkens vollständig sein, ohne sich mit den Denkformen zu befassen, die für nicht-religiöse Juden repräsentativ sind; das gilt ganz besonders angesichts der zweitgrößten jüdischen Gemeinschaft, des Staates Israel, dessen wichtigste Einrichtungen eher unter nicht-religiösen als nach religiösen Gesichtspunkten geschaffen worden sind. In diesem Kapitel wird dem nicht-religiösen jüdischen Denken sowohl in Nordamerika wie im Staat Israel Aufmerksamkeit geschenkt werden. Ein drittes großes Zentrum besteht weiterhin in der ehemaligen Sowjetunion. Seit den 8oer Jahren bekennen sich die meisten dieser russischen Juden in irgendeinem Sinn deutlich zum Judentum, aber im Westen ist über sie nicht genug bekannt, um eine Charakterisierung ihres religiösen oder nicht-religiösen Denkens versuchen zu können.

Ethische Kulturjuden und ethnisches Judentum

In Nordamerika waren die Wortführer des nicht-religiösen jüdischen Denkens in der Regel Juden osteuropäischer Herkunft, die in amerikanischen Städten wie New York aufgewachsen sind. Ihre Ausdrucksmedien waren Roman, Lyrik oder Drama. Die Gründe für diese gemeinsamen Merkmale sind schon diskutiert worden (s. Kap. 2 und 3). Wegen der geographischen, politischen und religiösen Bedingungen in Osteuropa neigten die meisten jüdischen Intellektuellen von dort dazu, nicht-religiöse Juden zu sein. Infolgedessen neigten auch ihre biologischen und intellektuellen Nachfahren in Nordamerika dazu, nicht-religiös zu sein. Die wichtigsten literarischen Formen, die von den osteuropäischen, primär russischen Intellektuellen verwendet wurden, waren Lyrik und Roman. Infolgedessen fühlten sich ihre literarischen Nachkommen in Nordamerika eher zu den Künsten als zur Philosophie hingezogen. In dieser Hinsicht werden zu den repräsentativsten Schriftstellern, die zu betrachten sind, Lyriker wie Karl Shapiro und Allen Ginsberg, Dramatiker wie Arthur Miller und Romanciers wie Bernard Malamud, Saul Bellow und Philip Roth gehören. Einige englische Schriftsteller wie der Romanautor William Golding und Dramatiker wie Arnold Wesker und Harold Pinter gehören ebenfalls in diese Kategorie. Die meisten, aber nicht alle von ihnen neigen in ihrem moralisch-politischen Denken der einen oder anderen Form des Sozialismus zu, während sie in ihren persönlichen Werten stark individualistisch bleiben. Sie sind tief von Sigmund Freuds psychologischen Kategorien beeinflußt und sind im allgemeinen Absolventen von Universitäten in größeren Städten wie New York, wo sie im Hauptfach englische Literatur studiert haben. Uns geht es darum, diejenigen Aspekte ihrer Schriften zu diskutieren, die spezifisch zu jüdischen Fragen Stellung nehmen, namentlich zu der Frage, wer oder was ein Jude ist. Während es unter ihnen in dieser Frage viele Gemeinsamkeiten gibt, unterscheiden sich diese Schriftsteller sehr stark an künstlerischem Temperament, literarischem Stil und Botschaft.

So, wie diese Autoren das Wort «Jude» verwenden, hat es mehrere verschiedene Bedeutungen. In einem Sinn ist ein Jude jemand, dessen Mutter Jüdin ist, oder der eine religiöse Bekehrung zum rabbinischen Judentum erfahren hat. In einer anderen Hinsicht ist ein Jude jemand, der in dem vorherrschend (im ersteren Sinn des Wortes) jüdischen Teil einer Großstadt wie New York oder Montreal in einem osteuropäischen Arbeiterhaushalt groß geworden ist. Infolgedessen teilen sie eine Reihe ethnischer und kultureller Vorlieben, Interessen und Verbindungen, die für Leute mit dieser Art Hintergrund üblich sind. Obwohl das Wort «jüdisch» in diesen beiden Bedeutungen verwendet wird, scheinen die oben genannten Schriftsteller als Juden daran nicht besonders interessiert zu sein. Eher benutzen sie in ihren Schriften dieses Wort oft, um jemanden zu beschreiben, der aufgrund der Umstände sowie seines emotionalen und moralischen Temperaments den Hauptströmungen des gesellschaftlichen und politischen Lebens der Welt, in der er lebt, als Außenseiter gegenübersteht; infolgedessen ist er jemand, der leidet. Die unmittelbaren Quellen dessen, was es bedeutet, ein Jude zu sein, sind verbreitete Familienmerkmale des jüdischen Volkes als Wanderer und Opfer der Verfolgung, welche die Verfasser mit literarischen Themen verknüpfen, die sie auf den Colleges bei modernen russischen, deutschen und englischen Schriftstellern kennengelernt haben. Die wichtigsten russischen Einflüsse stammen von Leo Tolstoi, Fjodor Michailowitsch Dostojewskij und Isaak Babel. Die einflußreichsten Deutschen waren Arthur Schopenhauer und Friedrich Nietzsche. Der wichtigste englische Autor war Thomas Stearns Eliot. Eine etwas fernere Quelle war die biblische Lehre des leidenden Knechtes.

Zentral für das bibilische Denken war die Ansicht, daß jede unnatürliche oder unmoralische Handlung zu einer «Unreinheit» (im Hebräischen *Tame*) führt, die sich auf die ganze Gemeinschaft erstreckte, in der der physisch oder moralisch falsche Akt begangen worden war. Wenn eine solche Unreinheit die Gemeinde befleckte, erlitt das unreine Kollektiv, sei es eine Familie oder eine Nation, in der Regel von Gott verhängte Katastrophen. Aber die Unreinheit konnte auf etwas übertragen werden, das in jeder anderen Hinsicht rein war. Mit der Tötung dieses «Unschuldigen» wurde dann der schuldigen Partei die Unreinheit genommen. Gewöhnlich war das Unschuldige ein Tier, oft ein Bock. Es gab freilich keinen inhärenten Grund, warum «Sündenböcke» immer nur Böcke sein mußten. Deshalb lehrte der zweite Jesaia, daß der sonst reine Prophet das Leiden übernehmen konnte, um für die Unreinheit seines Volkes zu büßen – d. h. sie zu entfernen. Mit der Zeit entwickelte sich aus diesem Begriff die allgemeine Vorstellung, daß es einzelne geben könne, die dank ihrer Güte als Sündenböcke dienen konnten, d. h. als Mittel für die Vergebung der Sünden der übrigen Menschheit. Die Christen interpretierten ihren Christus als diesen leidenden Knecht. Außerdem lehrten sie, daß auch Christen in der Nachfolge Christi als leidende Knechte dienen würden, durch welche die Menschheit vor der Sünde gerettet werden würde. Diese Lehre wurde besonders während der Christenverfolgungen im Römischen Reich im 3. Jahrhundert, später dann auch in den modernen religiösen Schriften von Dostojewskij und T. S. Eliot betont.

Eliot wie auch Dostojewskij verbanden die Lehre von der rettenden Gnade des christlichen Martyriums mit Lehren der christlich-deutschen Theologie des 19. Jahrhunderts. Schopenhauer hatte gelehrt, daß alles, was besteht, entweder Gegenstand von Vorstellungen oder selbst eine Vorstellung sei. Gott selbst ist reine Vorstellung, die alles, was im Universum existiert, will. Alles übrige außer Gott ist, als Gottes Schöpfung, Gegenstand der Vorstellung. Obendrein ist alles, was von Gott verschieden ist, im Hinblick auf den absolut vollkommenen Gott mehr oder weniger vollkommen, je nach dem Grad, in dem es selbst eher ein Subjekt als ein Objekt der Vorstellung ist. Mit anderen Worten, Schopenhauer entwarf ein Universum, in dem alles unter der Perspektive der moralischen Vollkommenheit in Stufen angeordnet war. Der Maßstab der Vollkommenheit war Gott. Alles war mehr oder weniger vollkommen, je nach dem Grad seiner Ähnlichkeit mit Gott; und Vorstellungen waren die Hinsicht, in der Dinge mit Gott verglichen wurden. Jedes gegebene Ding wurde nach dem Ausmaß, in dem es Vorstellungen hatte, die den Vorstellungen Gottes ähnlich waren, als vollkommen bezeichnet. Menschliche Wesen galten als vollkommener als alle anderen physischen Wesen; und innerhalb dieser Spezies variierten individuelle Menschen in Übereinstimmung mit ihrer Fähigkeit zu geistiger Tätigkeit. Die wichtigste Art geistiger Tätigkeit, die hier betrachtet wurde, war nicht die abstrakte mathematische Vernunft Spinozas (s. Kap. 7). Was bei dieser moralischen Bewertung zählte, war das, was Schopenhauer den «Willen» nannte, der so, wie er diesen Terminus benutzte, ein Mitgefühl oder eine Identität mit den Dingen, die anders waren als man selbst, mit sich führte.

Soweit sich ein Mensch mit einem anderen Menschen identifiziert oder mit ihm Sympathie empfindet, fühlt er, was der andere fühlt. Da bewußte Wesen mehr Schmerz als Freude empfinden, empfindet er Leid, soweit er seine Fähigkeit zum Mitgefühl entwickelt hat. Gott ist das Wesen, das den Schmerz aller Wesen am tiefsten mitempfindet. Deshalb leidet Gott mehr als alles andere, was durch seinen Tod in Gestalt eines Menschen am Kreuz symbolisiert wird. Je vollkommener ein Mensch ist, desto mehr ist er wie Gott. Je stärker also jemand die Gefühle anderer empfindet, desto stärker leidet er. In den Schriften Eliots (am deutlichsten in *Mord im Dom*) wie Dostojewskijs (vor allem in *Der Idiot* und *Die Brüder Karamasow)* ist der religiöse Heilige die Person, die wie Christus durch ihr Mitgefühl ihren Mitmenschen entfremdet ist und am Ende den Tod erleidet.

Als junge amerikanische jüdische Studenten im College die Werke von Eliot und Dostojewskij lasen, verbanden sie mit dieser These, die Leiden, Sensibilität und Heiligkeit miteinander verknüpfte, ganz andere Vorstellungen als deren christliche Urheber. Wie christliche Theologen in den Christen ein Beispiel für Jesajas leidende Knechte gesehen hatten, so exemplifizierten jüdische Theologen der rabbinischen Periode die Sündenböcke des Propheten mit dem jüdischen Volk. Gott erwählte Israel zu seinem Volke. Wegen seiner besonderen Liebe zu Israel haben die Juden mehr gelitten als andere, weil sie von dem von ihm vorgeschriebenen Pfad abgewichen sind. Israel leidet nicht nur für sich selbst; als Gottes heiliges Volk trägt Israel die Sünden der gesamten Menschheit. Diese Beziehung ist der Grund, warum die Kinder Israels die Erde durchzogen haben und ihnen die vollständige Teilhabe an der menschlichen Gemeinschaft vorenthalten worden ist. Auf diese Weise haben eine Reihe jüdischer Schriftsteller das Ideal des leidenden Volkes, das sich in ihrem europäisch-christlichen literarischen Erbe fand, mit dem biologischen, soziologischen und historischen Erbe des jüdischen Volkes identifiziert.

Vor diesem Hintergrund wurde der Jude mit jedem identifiziert, der aufgrund seiner Sensibilität der niedrigeren menschlichen Gesellschaft entfremdet war. Dank dieser Entfremdung litt der Jude unter der Grausamkeit derer, die ihm moralisch unterlegen, aber physisch überlegen waren. Diese Sicht des Juden durch Juden wurde mit einer modernen Volksvorstellung des Juden und des Nicht-Juden verbunden. Der Nicht-Jude wurde mit dem natürlichen, physischen, ackerbauenden oder ländlichen Volk identifiziert und der Jude mit dem unnatürlichen, intellektuellen Stadtbewohner. Kein Autor behandelte dieses Thema expliziter als der sowjetische Schriftsteller Isaak Babel. Babel verband diese Vorstellung mit Einsichten, die sich aus Nietzsches ethischer Interpretation der darwinschen These vom Überleben des Stärkeren und der Entwicklung der biologischen Spezies ergaben.

In Babels Universum war das Natürliche gewalttätig, grausam, unzivilisiert und unmoralisch. Ohne ein bewußtes Eingreifen des Menschen mit dem Ziel, die Natur neu zu strukturieren, ist das Natürliche grausam. In der unbeherrschten Natur überleben nur die Stärksten – die Grausamsten. Menschen können durch den Gebrauch ihres Verstandes Werkzeuge entwickeln, mit denen die natürliche Ordnung der Dinge verändert und moralischer gemacht werden kann. Ein Fluß etwa, der im Naturzustand regelmäßig über die Ufer tritt, spült auf diese Weise alles hinweg, was er seinen Anwohnern an Vorteilen gewährt. Die Menschen können das natürliche Verhalten der Flüsse ändern, indem sie Dämme bauen. Durch dies unnatürliche Mittel bewirken sie, daß Flüsse mehr Gutes tun als Schaden stiften. Je unnatürlicher die Menschen ihre Welt machen, desto moralischer wird sie. In diesem Prozeß gewöhnen sich die Menschen zunehmend an ihre ‹gute› Welt, die sie ihrerseits immer weniger fähig macht, in einer ‹natürlichen› Umwelt zu überleben. Ähnlich gehen Menschen von Natur aus grausam und gewalttätig miteinander um, aber sie haben Gesetze geschaffen, um Zivilisationen zu entwickeln, in denen die menschliche Grausamkeit und Gewalttätigkeit eingeschränkt werden. Je zivilisierter und moralischer die Menschen werden, desto unfähiger werden sie, in einem natürlichen, grausamen Zustand im Wettbewerb mit den natürlicheren und deshalb grausameren Menschen zu überleben. Moralisch sein heißt gut sein, und natürlich sein heißt überleben; aber Moral und Natur sind umgekehrt proportional, mit der Folge, daß moralische Tugend und Überleben umgekehrt proportional sind.

In Babels Denken ist der Prototyp des moralischen, gesetzgebenden, unnatürlichen Geschöpfs der Jude, während der Kosake, den russische Romantiker wie Tolstoi für einen «edlen Wilden» hielten, der Prototyp des unmoralischen, natürlichen Nicht-Juden war. In Babels Schriften ist das Symbol für das Judesein die Brille. Brillen sind eine menschliche Erfindung, die den Menschen befähigt, besser zu sehen. Durch diese Verbesserung der Natur entfernen Brillen ihre Träger vom natürlichen Sehen; und infolgedessen sehen solche Leute ohne Brillen viel schlechter als die, die niemals Brillen getragen haben.

Der bolschewistische Jude Isaak Babel war ein assimilierter Jude. Er wollte sein Judentum aufgeben und Teil des Proletariats werden. Für den nicht-religiösen Babel beinhaltete die Abkehr vom Judentum keinen

Akt religiöser Bekehrung. Er forderte einen Wandel des Charakters, durch den ein Mensch, der moralisch, belesen und physisch schwächlich war, grausam, barbarisch, anti-intellektuell und physisch stark wurde. Babel schrieb oft über den jüdischen Intellektuellen, der seine Brille zerbricht und seine Universitätsausbildung verleugnet. Schließlich gewinnt er durch einen Akt des Blutvergießens gegen jemanden, der freundlich zu ihm war, Anerkennung unter seinen kosakischen Genossen. Ein ähnliches Thema findet sich in Goldings *Herr der Fliegen*, wo die einzigen überlebenden Bindungen an die Zivilisation in einer Gruppe von englischen Kindern, die auf eine Südseeinsel verschlagen werden, durch die Brille eines physisch etwas lächerlichen Jungen namens Piggy symbolisiert werden. Am Ende wird die Brille zerbrochen; und die mittlerweile primitiven Schweinefleischjäger und -esser töten Piggy, eine Tat, die den endgültigen Niedergang ihrer Zivilisation bezeichnet. Goldings Fabel impliziert, daß die Juden die Quelle der christlich-europäischen Kultur sind und die Nicht-Juden durch die Verfolgung der Juden ihre eigene Zivilisation zerstören.

Obgleich die verwendeten Begriffe in den Schriften anderer wichtiger englisch-sprachiger jüdischer Autoren weniger klar sind, erscheinen dieselben Themen. Einige von ihnen, wie Norman Mailer und Karl Shapiro, deren Bindung an das Judentum eher peripher ist, drücken ebenfalls einen Wunsch aus, physischer und gewalttätiger als ihre pazifistischen rabbinischen Vorfahren zu werden. Mailer reflektiert, wie unbeabsichtigt auch immer, dieses jüdische Thema in seiner Identifikation mit dem Lebensstil von Ernest Hemingway und in der Faszination, die ein nichtintellektueller, brutaler Profiboxer wie Sonny Liston auf ihn ausübt. Shapiro drückt es in Gedichten wie «The Dirty World» und «Israel» aus. Im ersten registrierte er sein Gefühl persönlicher Scham beim Anblick des vornüber gebeugten Gelehrten, der von jedem Rohling zum Opfer gemacht und verhöhnt werden kann. Im zweiten enthüllte er seinen persönlichen Stolz über die Verwandlung der Juden, die auf der Gründung des Staates Israel beruht. Hier wurde das alte negative Stereotyp durch ein neues ersetzt, in dem der israelische Jude ein großer, stolzer Mann ist, der mit der einen Hand einen Traktor fährt und mit der anderen ein Gewehr abfeuert. Zum Teil machte diese Veränderung des Stereotyps auch die Anziehungskraft von Leon Uris' *Exodus* (1958) und Otto Premingers danach gedrehtem Film aus. Besonders die Filmindustrie präsentierte die in ihren Augen guten Juden regelmäßig als assimilierte, harte Burschen, die jede Form des jüdischen Partikularismus zugunsten allgemeiner amerikanischer Werte total verwarfen. Ein Beispiel unter vielen ist Dave Goodman (gespielt von John Garfield) in der Filmfassung von Laura Z. Hobsons *Gentleman's Agreement* (1947). Freilich bringen die meisten amerikanischen jüdischen Schriftsteller wie Saul Bellow, Bernard Malamud und Philip Roth den Wunsch zum Ausdruck, moralische und sensible Juden zu bleiben, zusammen mit der Bereitschaft, den Preis an Leiden und Entfremdung dafür zu akzeptieren. [1]

Die religiösen Reformer des 19. Jahrhunderts hatten ihre Bindung an das Judentum auf ihre Bejahung der Existenz Gottes gegründet; aber sie empfanden die Lehre von Israel als Gottes auserwähltem Volk als eine Peinlichkeit, die sie eliminierten. Später hielten die religiösen Liberalen an der Bejahung von Gottes Existenz und Einheit fest. Sie wollten zwar die These von der Auserwähltheit Israels nicht aufgeben, aber sie identifizierten sich auch nicht mit ihr. Im Unterschied dazu gründeten die nicht-religiösen amerikanischen Schriftsteller ihre Bindung an das Jüdischsein auf ihre Bejahung Israels als des auserwählten Volkes, während sie die Existenz Gottes im besten Fall als eine Verlegenheit empfanden. Diese nicht-religiösen Juden befürworteten eine Theologie der göttlichen Erwähltheit, ohne daß ein Gott diese Wahl vorgenommen hätte. Das Problem war nur, daß, wenn erwählt sein leiden hieß, die Annahme der Erwähltheit nur verständlich war, wenn das jüdische Volk von Gott auserwählt war und man daran nichts ändern konnte. Aber wenn es keinen Gott gab, der diese Wahl traf, dann war es masochistisch, sich freiwillig zu den Auserwählten zu zählen. Auf diesen Einwand gab es keine Ant-

---

1 Eine Filmgeschichte, die die Bejahung wie die Verneinung dieses Typs des Jüdischen zuammmenbringt, ist Gerald Greens *The Last Angry Man* (1959). Der Held, Samuel Abelman, M. D., gespielt von Paul Muni, weist die physische Stärke auf, welche die assimilierten Juden charakterisiert, wenn er mit einem schwarzen Teenager Armdrükken macht. Ebenso zeigt Muni die moralischen und sensiblen Merkmale, die für diese säkularen Juden die positive jüdische Identität bezeichnen. Indirekt ist Samuel Abelmann dadurch eine Synthese des natürlichen Nicht-Juden und des zivilisierten Juden: ein rauher (nicht-jüdisch), zäher (nicht-jüdisch), hoch gebildeter (jüdisch) moralischer (jüdisch) Einzelgänger (jüdisch).

wort außer zu behaupten, daß moralisch und sensibel zu sein besser sein müsse als unmoralisch und unsensibel zu sein, wie hoch auch immer der Preis dafür wäre. Diese Streitfrage sollte zu einem der wichtigsten begrifflichen Konflikte im zionistischen Denken werden, besonders nach dem arabisch-israelischen Krieg von 1967.

Der normale und der utopische Zionismus

Hinter der großen Vielfalt verschiedener Ideologien der zionistischen Bewegung lassen sich im zionistischen und israelischem Denken zwei unterscheidbare allgemeine Tendenzen erkennen. Einerseits gibt es Themen derer, die ich hier die ‹Verfechter der Normalität› nennen will; andererseits gibt es die Hoffnungen derer, die ich hier die ‹Utopisten› nennen will. Diese allgemeinen Bezeichnungen werden hier eher benutzt, um Denktendenzen als um individuelle zionistische Theoretiker zu charakterisieren. Obgleich für beide Richtungen einige puristische Wortführer schrieben, wie der Normalitätsverfechter Theodor Herzl und der Utopist Achad Ha-am, finden sich in den Schriften jedes einzelnen zionistischen Theoretikers meistens Elemente beider. Unter die Kategorie des Verfechters der Normalität fallen alle Bekundungen des Wunsches, einen politisch autonomen Judenstaat zu gründen. Dort würden Juden normal leben können, d. h. auf dieselbe Weise leben können wie andere Völker. Neben Herzl waren die wichtigsten Fürsprecher dieser zionistischen Orientierung Leo Pinsker, Max Nordau, Wladimir Jabotinskij, Chaim Weizmann und David Ben Gurion. Die ‹utopische› Kategorie schließt alle Bekundungen des Wunsches ein, einen kulturell-autonomen jüdischen Staat zu schaffen. Dort würden Juden unabhängig von den herrschenden Einflüssen einer Mehrheit nichtjüdischer Kultur ihre eigene Kunst und Philosophie entwickeln. Neben Achad Ha-am (dessen wirklicher Name Ascher Zwi Ginsberg lautete) gehören zu den führenden utopischen Zionisten Nachman Syrkin, Ber Borochov, Juda Leon Magnes und Martin Buber.

Die Verfechter der Normalität verteidigten in ihren Schriften die Schaffung eines jüdischen politischen Staates in Palästina aus folgenden Gründen: Die Geschichte der Juden im christlichen Europa zeigt deutlich, daß es ihnen niemals gelingen wird, alle diejenigen Menschenrechte zu erlangen, die andere Menschen für selbstverständlich halten, solange sie innerhalb eines nicht-jüdischen Staates eine Minderheit ohne politische Macht bleiben. Das gegenwärtige Wohlergehen und die Gleichheit von Juden in den USA ist kein Gegenbeispiel. Im allgemeinen machen alle Nationen Perioden wirtschaftlichen und politischen Wachstums durch, denen ein Niedergang folgt. Wenn eine Nation wächst, behandelt sie ihre Juden gut; aber wenn diese Nation im Niedergang begriffen ist, wenden sich ihre Angehörigen gegen die Juden. Im allgemeinen werden die Juden, je besser sie während des Aufstiegs einer Nation behandelt werden, desto schlechter bei ihrem Niedergang behandelt. Kein mittelalterlicher Staat behandelte die Juden besser als Spanien, trotzdem war Spanien der Sitz der Inquisition und vertrieb seine Juden. Kein moderner europäischer Staat behandelte die Juden mit größerer Gleichheit als Deutschland, besonders während der Zeit der Weimarer Republik; dennoch war eben diese Weimarer Republik Wegbereiter der Nazis.

Die Ursache der Judenverfolgung liegt darin, daß die Juden, solange sie ein eigenes Volk für sich bleiben, das als Minorität politisch machtlos ist, stets als ein Objekt behandelt werden, an dem nicht-jüdische Staaten, die sich im Niedergang befinden, ihre Frustrationen auslassen werden. Einige Juden haben geglaubt, dieses Problem dadurch lösen zu können, daß sie aufhören, anders zu sein, und ihre jüdische Identität aufgeben. Aber die Erfahrung Nazideutschlands zeigte die Vergeblichkeit dieses Unterfangens. Die einzige positive Lektion, die die Juden von Hitler gelernt haben, war die Richtigkeit der Tradition, die behauptete: «Einmal ein Jude, immer ein Jude». Nur wenn das jüdische Volk eine der ihrer nicht-jüdischen Nachbarn vergleichbare politische Macht entwickelt, können die Juden vor der Art Mißhandlung sicher sein, wie sie in der Geschichte aufgetreten ist, und Juden können eine solche Macht in keinem anderen Kontext haben als einem autonomen jüdischen Staat. Zusätzlich würde die Schaffung eines solchen Staates Sicherheit für alle Juden bedeuten, ob sie dort nun wirklich wohnen oder nicht. Franzosen oder Engländer, die im Ausland leben, sind geschützt, weil sie immer nach Frankreich oder England zurückkehren können. Gäste, die ein eigenes Heim haben, in das sie immer zurückkehren können, werden immer besser behandelt werden als die, die nirgendwohin gehen können.

Mehr als 30 Jahre Erfahrung mit der Existenz eines wirklichen politisch-autonomen Judenstaates haben gezeigt, daß diese klassische zionistische These der Verfechter der Normalität eine zu starke Vereinfachung darstellt. Eine Reihe von Fragen hinsichtlich des oben dargelegten Gedankengangs werden jetzt deutlich, die keineswegs offensichtlich waren, als der jüdische Staat eher ein Ideal denn eine Realität war. Es trifft zu, daß Juden die Länder, in denen sie verfolgt werden, verlassen und nach Israel gehen können. Fraglos hätte die Existenz eines solchen Staates in den 30er und 40er Jahren vielen europäischen Juden das Leben gerettet. Niemand kann den ungeheuren Wert der Existenz eines jüdischen Staates für mehr als eine Million Juden aus den arabischen Ländern bestreiten, die seit 1948 die Nöte ihrer früheren Heimat hinter sich gelassen und sich in Israel neu angesiedelt haben. Aber die bloße Existenz dieses Staates kann keine bessere Behandlung von Juden in nicht-jüdischen Ländern garantieren. Diese Tatsache ist durch die Behandlung der Juden in der ehemaligen Sowjetunion selbst nach der Schaffung des Staates Israel exemplifiziert worden.

Kein Aspekt des israelischen Rechts ist für die Verwirklichung dieser Lehre des Zionismus von der Normalität grundlegender als das sogenannte Gesetz der Rückkehr. Trotzdem ist es keineswegs völlig klar, was es für einen jüdischen Staat in der Praxis bedeutet, allen Juden das Recht auf Staatsbürgerschaft zu gewähren. Nach dem Rückkehrgesetz sind alle Juden bei ihrem ersten Besuch des Staates Israel berechtigt, israelische Bürger zu werden. Vermutlich sind sie, sollten sie sich später um die israelische Staatsbürgerschaft bewerben, denselben Restriktionen unterworfen, die jeder Fremde zu gewärtigen haben müßte, der um eine Staatsbürgerschaft in Israel nachsucht. Auch gibt es keinerlei Garantie, daß dieses Gesetz im jüdischen Staat von ewiger Dauer ist. In den frühen 50er Jahren vermehrte sich die Staatsbevölkerung unter dem Rückkehrgesetz, das von Ben Gurion rigoros durchgesetzt wurde, ums Doppelte. Viele Israelis kritisierten die Regierung für diese Einwanderungspolitik. Sie argumentierten, daß kein Staat, der unter den vielfältigen wirtschaftlichen und militärischen Schwierigkeiten leide, die Israel zu jener Zeit hatte, es sich leisten könne, einen so hohen Prozentsatz an armen und kranken Leuten hereinzulassen. Tatsächlich waren viele von ihnen nicht imstande, irgendeinen konstruktiven Beitrag zum Wohlergehen des

Staates zu leisten. In den 50er Jahren herrschte die Ideologie des Zionismus vor. Zu jener Zeit teilten die europäischen und die israelischen Juden eine viel größere kulturelle und historische Gemeinsamkeit, als es in zukünftigen Generationen der Fall sein wird. Heute besteht die Mehrheit der israelischen Juden eher aus sefardischen als aus aschkenasischen Juden. Es gibt Anzeichen, daß die gemeinsamen Ursprünge amerikanischer, europäischer und israelischer Juden im osteuropäischen Judentum in dem Maß zu einem weniger wichtigen Verbindungsglied werden, wie die Juden sich durch ihre generationenlangen verschiedenen kulturellen Erfahrungen in verschiedenen Ländern immer weiter voneinander entfernen. In der Vergangenheit war das Glied, das alle Juden miteinander verbunden hatte, ihre gemeinsame Religion. Heute ist sie in einer Welt, in der die meisten Juden nicht-religiös sind und sich die meisten religiösen Juden nach strengen institutionellen und ideologischen Kriterien unterscheiden, nicht länger bindend.

Es ist keineswegs klar, was der Ausdruck «jüdisch» in dem Rückkehrgesetz bedeutet. Nach rabbinischer Gesetzgebung ist ein Jude jemand, dessen Mutter jüdisch ist, aber es gibt Ausnahmen. In mindestens einem Fall entschied das Gericht, daß ein «halachisch» definierter Jude – d. h. ein Jude, wie er durch das jüdische Gesetz (Halacha) definiert ist –, der Christ wird, nicht länger das Recht auf eine automatische Staatsbürgerschaft unter dem Rückkehrgesetz hat, obgleich er sich um eine Staatsbürgerschaft über die üblichen Kanäle bewerben kann. Weil Israel ein säkularer jüdischer Staat ist, gibt es keinen Grund, warum Termini, einschließlich des Wortes «Jude», genauso wie im traditionellen, rabbinischen Judentum verstanden werden müssen. Es ist alles andere als klar, welchen Einschränkungen Definitionen von Ausdrücken unterliegen, die für die zionistische Ideologie zentral sind, wie etwa «Jude», wenn erst einmal garantiert ist, daß die *Halacha* den Gebrauch in keinem Sinn zwingend festlegt.

Es bleibt eine Anzahl von Problemen hinsichtlich der Frage, was es bedeutet, daß der säkulare, moderne Staat Israel ein jüdischer Staat ist. Entscheidend ist, welche Rolle die jüdische Religion in einem nicht-religiösen jüdischen Staat zu spielen hat. Als aufgeklärte Europäer beabsichtigten die Gründer des Staates Israel, daß ihre Nation eine Demokratie sein sollte, die zwischen dem Religiösen und dem Weltlichen unterscheidet. Das Ideal des modernen Staates trennt vollständig zwischen öffentlichen und religiösen Angelegenheiten. Israel sollte aber eine jüdische Nation sein. Es ist schwer zu sehen, wie in Israel als einem jüdischen Staat die Religion von jeder Art politischen Status ferngehalten werden kann. Selbst wenn dem organisierten Judentum irgendeine politische Rolle zugestanden wird, ist es nicht länger klar, wer dessen offizieller Repräsentant sein soll. Soweit die israelischen Juden überhaupt religiös sind, sind sie in ihrer Mehrzahl orthodox. Bedeutet das, daß die liberalen Juden da, wo die Religion das Staatsgesetz beeinflußt, der Autorität von orthodoxen Rabbinern unterworfen sein müssen? Wenn ja, wie kann das moderne Prinzip der Religionsfreiheit mit den Forderungen traditioneller religiöser Führer vereinbart werden, die jüdische Gesetzgebung nach dem von ihnen verkündeten religiösen Recht zu bestimmen?

Trifft es wirklich zu, daß ein unabhängiger jüdischer Staat ein politisch-autonomer jüdischer Staat ist? In einem gewissen Sinn ist er es ganz offensichtlich, aber die politische Welt ist heute so beschaffen, daß alle kleinen Staaten dem Einfluß, wenn nicht der Kontrolle der großen Weltmächte ausgesetzt sind. Soweit Israel wirtschaftlich und / oder militärisch von einer nicht-jüdischen Großmacht abhängt, ist es politisch nicht autonom. Es bleibt fraglich, ob die Juden durch die Schaffung eines jüdischen Gemeinwesens das Problem überwunden haben, eine Minderheit zu sein. Innerhalb der Grenzen des Staates Israel sind die Juden keine Minorität; aber sie bleiben eine in der Region, in der sie leben. Israel ist Teil des Mittleren Ostens, und als solcher bleibt es eine kleine jüdische Minderheit in einer großen See vorherrschend muslimischer Araber.

In diesem Kontext kann auch gefragt werden, was eigentlich Normalität ausmacht. Die Gründer des Staates Israel waren Europäer, für die Normalität bedeutete, nach dem Vorbild der europäischen Zivilisation zu leben. Jetzt sind die israelischen Bürger in der Mehrzahl Levantiner, und geographisch ist Israel ein levantinischer Staat. Ist es deshalb für einen israelischen Juden normal, als Europäer zu leben oder als Angehöriger des Mittleren Ostens?

Wenn die Religion nicht der unterscheidende Faktor des jüdischen Staates sein soll, so wie der Katholizismus bestimmte andere Staaten als typisch christlich unterscheidet, in welcher Hinsicht ist der Staat Israel jüdisch? Muß Israel, um ein jüdischer Staat zu sein, mehrheitlich von jüdischen Bürgern bewohnt werden? Seit 1967, als Israel die Kontrolle des Territoriums westlich des Jordans übernahm, ist die Mehrheit der Menschen innerhalb des Herrschaftsbereichs des jüdischen Staates nicht jüdisch. Wie also soll der säkulare jüdische Staat jüdisch bleiben? Die unmittelbare und offensichtliche Anwort würde ein System der Apartheid sein oder ein bewußtes Regierungsprogramm zur Vertreibung von Nicht-Juden. Die Bindung der Mehrheit der Israelis und Zionisten an die moralischen Werte der westlichen Zivilisation macht eine solche Alternative unakzeptabel.

Endlich, viele der frühen Zionisten erkannten, daß einige Juden nicht in den jüdischen Staat emigrieren wollten, sich aber weiterhin als Juden verstanden. Trotzdem glaubten sie, daß sich die meisten Juden, wenn sie die Wahl hätten, in Israel niederlassen würden. Auf der Grundlage dieses Glaubens formulierten die Normalitätsverfechter unter den Zionisten keine Ideologie der Beziehung eines jüdischen Staates zur Weltjudenheit, die über die Verpflichtung hinausreichte, deren Immigration nach Israel zu ermutigen und sie vor Angriffen ihrer gastgebenden Nationen zu schützen. Aber die meisten Juden haben, als sie vor der Wahl standen, sich keineswegs dafür entschieden, nach Israel auszuwandern. Diese Juden, besonders in Amerika und Frankreich, haben, wenn sie auch nicht die zentrale Stellung des jüdischen Staates bestritten haben, die Möglichkeit bejaht, sich als Juden zu verstehen, ohne Israelis zu werden. Sie bestehen implizit darauf, daß sich die säkulare zionistisch-israelische Ideologie mit ihren Überzeugungen und der gegenwärtigen Demographie des Weltjudentums verbinden lassen müsse. Mindestens in der Frage der Beziehung zwischen dem Weltjudentum und dem israelischen Judentum hatten die utopischen Zionisten mehr zu sagen.

Die Utopisten verteidigten die Schaffung einer autonomen jüdischen Zivilisation in Palästina aus folgendem Grund: Die größte literarische, philosophische, ethische und religiöse Errungenschaft des jüdischen Volkes waren die verschiedenen Bücher der Bibel. Während das jüdische Volk mit der Zeit andere künstlerische, intellektuelle Ausdrucksformen von Wert hervorgebracht hat, kann sich nichts mit der Bibel vergleichen. Kein jüdisches Werk ist so total und einzigartig jüdisch wie die Bibel. Die

Mischna[2] und der Midrasch[3] sind stark von der römischen Kultur beeinflußt, der babylonische Talmud von der sassanidischen Kultur und die jüdische Philosophie des Mittelalters von der griechisch-muslimischen Kultur. Im allgemeinen wurde das jüdische Volk, je weiter es sich von seinen autonomen Wurzeln in Palästina entfernte, um so stärker von der Kultur beeinflußt, in der es lebte, und um so weniger eigenständiger künstlerischer oder intellektueller Wert konnte in seinen Schriften gefunden werden. In der modernen Zeit haben die Juden Werke hervorgebracht, die mehr das Produkt der herrschenden Kultur waren, in der sie lebten, als Produkte ihres eigenen nationalen Erbes. Als solche sind diese Werke den Schriften ihrer Vergangenheit wie auch den Schöpfungen der nicht-jüdischen Zeitgenossen unterlegen. Die Werke deutscher, russischer oder französischer Juden sind den Schriften der Deutschen, Russen und Franzosen unterlegen, weil die Juden eine Kultur ausdrückten, die nicht wirklich ihre eigene war. Erst wenn Juden wieder in ihrem eigenen Land leben, werden sie ihre frühere Größe wiedererlangen, die von keinem anderen Volk auf der Erde erreicht wird. Dort werden sie eine eigenständige wertvolle, natürliche Zivilisation entwickeln, deren Rang einen Maßstab darstellen wird, an dem sich die übrige Welt messen lassen muß.

Politische Utopisten wie Syrkin und Borochov sahen Israel zu einem vorbildhaften sozialistischen Staat werden, dessen moralische, revolutionäre Regierungsform allen anderen zivilisierten Nationen ein Beispiel geben würde (s. Kap. 4). Individualistische moralische Utopisten wie Buber und Magnes schrieben über einen Staat, dessen politische Struktur ein Höchstmaß an individuellem Ausdruck und mitmenschlicher Entwicklung ermöglichen würde (s. Kap. 5 und 10). Kulturelle Utopisten wie Achad Ha-am prophezeiten, daß ein jüdischer Staat zu einem Zentrum für jüdische Gelehrsamkeit, Musik, Kunst und Poesie werden würde, für

2 Die Mischna ist eine Sammlung von rabbinischen Gesetzen aus der Zeit zwischen 200 v. u. Z. und 200 n. u. Z., die von Juda I. herausgegeben wurde, dem Oberhaupt («Nasi») des Sanhedrin in Judäa von etwa 170 bis 217 n. u. Z. Sie ist der Kerntext des rabbinischen Rechts.
3 Die Sammlung von Zeilenkommentaren der Schrift von den ersten Rabbinern, die vor der Zusammenstellung des Talmuds im sechsten Jahrhundert u. Z. lebten.

das es weder in der jüdischen noch der nicht-jüdischen Vergangenheit ein Beispiel gäbe. Nach Ascher Ginsbergs Vorstellung von der Zukunft würde ein jüdischer Staat kein Ort sein, wohin die meisten Juden emigrieren. Er würde eher ein Zentrum sein, zu dem sich die kreativsten und künstlerisch innovativsten und geschicktesten Juden begeben, deren Produkte von jüdischen Gemeinden überall auf der Welt unterstützt und geteilt werden würden. All diesen sehr unterschiedlichen Visionen einer jüdischen Heimstätte war gemeinsam, daß die Visionäre nicht bloß an der Schaffung eines Gemeinwesens interessiert waren, in dem die Juden so werden konnten wie andere Völker auch. Sie glaubten, daß die Juden derartige moralische und/oder intellektuelle und/oder künstlerische Talente besäßen, daß sie, wenn man sie nur ließe, eher eine exemplarische als eine gewöhnliche menschliche Gesellschaft schaffen würden.

Fast 50 Jahre Erfahrung mit einer wirklichen und nicht mehr nur hypothetischen jüdischen Heimstätte haben sich als ebenso ernüchternd für die Ideologie der Utopisten wie für das Denken der Normalitätsverfechter erwiesen. Der Staat Israel ist gewiß nicht weniger moralisch als andere Staaten in der modernen Welt gewesen. Zweifellos hat der gegenwärtige Staat Israel in seiner politischen Praxis eine Vielzahl der idealistischen Lehren der Sozialisten des frühen 20. Jahrhunderts übernommen. Es kann auch nicht bestritten werden, daß es im Staate Israel Gelegenheiten für eine jüdische Erziehung und Gelehrsamkeit gibt, zu denen sich in einer anderen Nation keine Parallele findet. In einer israelischen Universität ist es möglich, die Art von Spezialisierung auf allen Gebieten jüdischer Gelehrsamkeit zu verwirklichen, die alle anderen nationalen Universitäten für ihre eigene, aber auch nur für ihre eigene Kultur vorsehen. In Nordamerika, England und Frankreich gibt es Lehrstühle und sogar ganze Abteilungen für Judaistik in den Universitäten, aber diese Departments bestehen nur aus einer Handvoll Leute, die zwar Spezialgebiete haben, aber in ihrer Lehre notwendig als jüdische Universalgelehrte fungieren müssen. Hingegen bestehen in Israel, wo die jüdische Kultur die Nationalkultur ist, statt einzelner Departments für Judaistik oft ganze Colleges für Judaistik, mit Abteilungen für jüdische Geschichte, jüdische Philosophie, jüdische Religion, jüdische Soziologie usf. Es kann keinen Zweifel geben, daß diese Situation schließlich dazu führen wird, daß der Staat Israel zum Zentrum aller akademischen Studien des Judentums werden wird, genauso, wie die Hauptzentren für amerikanische Studien notwendig in den Vereinigten Staaten und die Hauptzentren für französische Studien in Frankreich liegen. Aber es kann nicht geleugnet werden, daß der wirkliche Staat Israel nicht alles erfüllt hat und erfüllen kann, was von den Utopisten politisch, ethisch und moralisch vorausgesagt worden ist. Israel ist in großem Ausmaß ein sozialistischer Staat; aber es ist keineswegs ein ideales politisches Paradigma. Die Israelis verfügen im Vergleich zu größeren und älteren westlichen Staaten, deren Bevölkerungen weniger homogen und deren politische Institutionen rigider sind, über einen beträchtlichen Grad an individuellem politischen Selbstausdruck. Die politische und bürokratische Struktur des Staates Israel hat aber bis heute gezeigt, daß er für die Bedürfnisse der Bevölkerung ebenso unempfänglich sein kann wie jedes andere politische System. Außerdem ist Israel ein Staat, der vorherrschend von osteuropäischen Juden beherrscht wird, obgleich die Mehrheit seiner Bürger Levantiner sind. Diese Situation hat Probleme und Enttäuschungen hervorgerufen, die es schwierig machen, vom Staat Israel als einem indivualistischen und demokratischen Idealstaat zu sprechen. Gewiß ist es richtig, daß Israel auch nicht schlimmer ist als jeder andere Staat, aber für die Utopisten ist das irrelevant. Ihr primäres Interesse an der Gründung eines jüdischen Staates war die Schaffung einer Zivilisation, die jeder anderen, die die Welt bislang gekannt hat, überlegen sein sollte.

Während es in dem jungen jüdischen Staat eine beträchtliche künstlerische Produktion gegeben hat, kann man darüber streiten, in welchem Sinn diese Kreativität genuin jüdisch ist. Gewiß, insoweit diese Künstler die hebräische Sprache benutzen, ist ihr Werk einzigartig, aber für Theoretiker wie Achad Ha-am wäre dies nicht genug gewesen. Die meisten früheren schöpferischen Leistungen von Juden, die Ascher Ginsberg als nicht-jüdisch verwarf, weil sie unter nicht-jüdischem Einfluß standen, sind auf hebräisch geschrieben worden. In der ersten Dekade des neuen Staates war mindestens der Inhalt vieler Stücke, Romane und Filme insofern einzigartig, als er sich mit Ereignissen wie dem Unabhängigkeitskrieg von 1948 und dem Leben der Kibbutzim befaßte. Aber die jüdischen Romanciers, Kurzgeschichtenverfasser, Dramatiker und Filmemacher in Israel wurden der Beschränktheit dieser Themen müde. Als sie sich neuen Gegenständen zuwandten und mit neuen literarischen

Techniken experimentierten, erschien ihr Werk zunehmend als das Produkt amerikanischer, englischer und/oder französischer Kultur – wenn auch auf hebräisch. Gilt dies für die Literatur der Israelis, dann noch mehr für Musik, Malerei und Skulptur. Die spezifisch jüdischen Künstler waren Leute wie Shmuel Yosef Agnon, dessen Stil rabbinisch war und dessen Inhalte dem osteuropäischen jüdischen *schtetl* entstammten, d. h. dem jüdischen Dorf in Osteuropa. Diese Tendenz mag aus der Jugend des Staates Israel herrühren; aber die Ursachen der kulturellen Erfahrung des Staates Israel könnten sich für den utopischen Zionismus viel drastischer auswirken.

Technologie und Verkehrswesen haben einen solchen Fortschritt erreicht, daß es vielleicht nicht länger möglich ist, in irgendeinem signifikanten Sinn von einer modernen unabhängigen Nationalkultur in technologischen Gesellschaften zu sprechen. Frühere Kulturen mit individuellen Unterschieden entstanden hauptsächlich deshalb, weil die Nationen voneinander isoliert waren. Dies ist nicht länger der Fall. Neue künstlerische Darstellungen, von der Musik bis zur Architektur, sind den meisten Künstlern leicht zugänglich. Infolgedessen ist die moderne Kultur, abgesehen von geringfügigem Beiwerk, zunehmend international. Und solange sich die größten Kunstmärkte in den größten Städten der großen Weltmächte befinden, werden neue Produktionen jüdischer Kunst weiterhin eher von Orten wie New York, London und Paris als von Tel Aviv und Jerusalem ausgehen.

In Wirklichkeit ist Achad Ha-ams Sicht des Kontexts früherer jüdischer Literatur und künstlerischer Tätigkeit eine gewaltige Übervereinfachung. Selbst wenn wir einräumten, daß die Bibel, im Unterschied zu den späteren Klassikern der jüdischen Literatur, die Schöpfung einer autonomen jüdischen Zivilisation war, ist es alles andere als selbstverständlich, daß die Bibel spezifischer jüdisch und künstlerisch oder intellektuell hervorragender ist als spätere Produkte des jüdischen Volkes. Mehr noch, die These von der Autonomie selbst ist nicht wahr. Die Bibel ist nicht in einem jüdischen Vakuum geschaffen worden. Sie war vielmehr das Produkt des jüdischen Lebens in der Zivilisation des alten Nahen Ostens, einer weitgehend gemeinsamen Kultur, in der die biblischen Juden keineswegs die Mehrheit stellten. Und es ist keineswegs klar, daß – wenn alle anderen Faktoren gleich sind – jüdische Kunst in einem autonomen Staat wertvoller ist als jüdische Kunst in Staaten, wo die Juden eine Minderheit darstellen. Ohne den Wert des Talmuds von Jerusalem zu bestreiten, so gibt es doch keinen Konsensus darüber, daß er dem babylonischen Talmud überlegen ist, der dieselben Quellen benutzt und zur selben Zeit verfaßt wurde. Auch trifft es nicht zu, daß das Werk von Juden, die von den mehrheitlich nicht-jüdischen Kulturen, in denen sie lebten, beeinflußt worden sind, nicht spezifisch jüdisch ist.

Kein Jude kann die vitale Wichtigkeit der Gründung des Staates Israel für das jüdische Volk bestreiten. Einige würden sagen, daß die Juden nur deshalb weniger Scheußlichkeiten begangen haben als andere Völker, weil sie nicht die Macht und deshalb nicht die Gelegenheit gehabt haben, sie zu begehen. Das jüdische Volk hat jetzt zum ersten Mal seit 2000 Jahren die Macht, sein eigenes Schicksal zu bestimmen und die obige These zu widerlegen.

Der Zionismus ist für die Juden kein Streitpunkt mehr; die Frage lautet jetzt vielmehr, worin die Rolle eines jüdischen Staates als Bestandteil des Weltjudentums bestehen soll. Diese Frage setzt die Legitimität eines jüdischen Staates wie einer Diaspora und die Überzeugung voraus, daß die Juden ein Volk sind, das Judentum eine Religion und daß Judentum und Juden nicht voneinander getrennt werden können. Die Versöhnung verschiedener Gesichtspunkte ist ein wichtiges Thema der gegenwärtigen jüdischen Philosophie.

Teil III
Moderne
jüdische Philosophie

Einführung

Wir beginnen damit, daß wir ein Bild von der Welt zeichnen, in der die moderne jüdische Philosophie ihren Platz hatte. Dann wollen wir die Probleme anführen, die diese Welt für das jüdische Denken aufwarf. Europa wird erst nach dem 12. Jahrhundert zum Zentrum jüdischen Lebens (s. Kap. 1). Weil die herrschende Gruppe von Juden, die damals nach Europa kamen, aus der islamischen Welt stammte, waren sie kulturell beträchtlich weiter fortgeschritten als ihre christlichen Nachbarn. Diese Ungleichheit zwischen europäischen Juden und Christen trug zu einer in der früheren jüdischen Geschichte unbekannten Trennung zwischen Juden und ihren Nachbarn bei. Denn trotz religiöser und politischer Unterschiede waren die Juden gesellschaftlich und kulturell in die allgemeine Gesellschaft integriert gewesen. Diese Integration fand in der mittelalterlichen europäischen Gesellschaft ein Ende. Infolge der Maimonides-Kontroverse wurde die jüdische Erziehung zunehmend enger, d. h., sie wurde immer stärker auf traditionelle rabbinische Texte beschränkt und schloß die universale Welt der Künste und Wissenschaften aus. Über dieses entscheidende Ereignis – die Maimonides-Kontroverse – sollte noch etwas gesagt werden, bevor wir in diesem Überblick fortfahren.

In der islamischen Welt beinhaltete die jüdische Erziehung das, was wir «weltliche» Gegenstände nennen, zusammen mit «jüdischen» Lehrinhalten. Aber die Bezeichnung «weltlich» für die erstere Kategorie ist der Sache, um die es dabei geht, nicht angemessen. Dieser Ausdruck verweist auf eine Trennung zwischen zwei Arten von Kenntnissen, die Juden genauso wie Muslime in der klassischen mittelalterlichen Periode des jüdischen Lebens verworfen hätten. In der Vergangenheit gab es nicht nur jüdisches «Recht», wie es sich im Talmud und den rabbinischen Gesetzestexten fand, sondern auch eine jüdische Wissenschaft und Philosophie, die sich in den Schriften von Saadia, Judah Halevi, Abraham Ibn

Daud, Moses Ibn Ezra und Moses Ben Maimon (Maimonides) fand. Ebenso wie Juden heute, wenn sie auch nur ein wenig mit dem jüdischen Recht vertraut sind, erkennen werden, daß rein legale Fragen wie Schadenersatzklagen jüdisch sind, erkannten Juden vor der Maimonides-Kontroverse Fragen in den Wissenschaften und der Philosophie als jüdisch. So wie zeitgenössische Juden nicht fragen, was Religion mit Fragen des Eigentums zu tun hat, wenn sie von den Rabbinern in den traditionellen Werken des jüdischen Rechts diskutiert werden, so fragten Juden in der Vergangenheit nicht, was das Judentum mit Fragen nach der Natur des materiellen Universums oder dem logischen Status von allgemeinen Ausdrücken zu tun hatte. Wie es eine muslimische Physik, Mathematik, Astronomie und Rechtswissenschaft gab, so gab es eine jüdische Physik, Mathematik, Astronomie und jüdisches Recht. Heute freilich ist der Lehrplan traditioneller jüdischer Schulen primär auf die Bibel, Bibelkommentare und Recht beschränkt; und die meisten Juden würden etwa eine jüdische Astronomie nicht anerkennen. Vor der Maimonides-Kontroverse war das nicht der Fall.

Aus dieser Kontroverse ergab sich für das jüdische Volk zumindest eine katastrophale Veränderung. Als das jüdische Volk in Scharen die islamische Welt verließ und in die christliche Welt einwanderte, waren die Juden ein Volk des 13. Jahrhunderts im 13. Jahrhundert; wogegen beinahe alle ihre christlichen Nachbarn kaum lesen konnten. Im 19. Jahrhundert hatten die Christen nicht nur den Anschluß an die islamisch / jüdische Wissenschaft des 13. Jahrhunderts gefunden, sie waren beträchtlich darüber hinausgeschritten. Im 19. Jahrhundert waren die Christen kulturell im 19. Jahrhundert, während die Juden in Wissenschaft und Kunst im 13. Jahrhundert stehengeblieben waren.

Die europäische Judenheit machte signifikante Fortschritte auf dem Gebiet jüdischen Rechts und jüdischer Frömmigkeit, aber es gab keine vergleichbare Entwicklung in der jüdischen Wissenschaft. Als deshalb gegen Ende des 19. Jahrhunderts den Juden in Westeuropa die Emanzipation angeboten wurde, war dieses Angebot – das als Preis für den Eintritt in die christlich europäische Gesellschaft den Verzicht auf das klassische rabbinische Judentum verlangte – besonders für diejenigen Juden attraktiv, die am gescheitesten und intellektuell am neugierigsten waren (s. Kap. 2). Zum ersten Mal in der jüdischen Geschichte waren ihre Nachbarn in den Künsten und Wissenschaften weiter fortgeschritten als die Juden. Diese Diskrepanz als solche machte das nicht-jüdische Europa für die intellektuell talentiertesten Juden höchst anziehend. Da das spätmittelalterliche Judentum systematisch die intellektuellen Interessen der theoretischen Wissenschaft und Philosophie ausgesperrt hatte, waren die Juden, die das Judentum aufgaben, um sich dem Leben des Geistes zu widmen, dem Judentum beinahe universal feindlich gesonnen. Diese einzelnen gaben sich der Suche nach der Wahrheit hin. Aus ihrer persönlichen Erfahrung in der jüdischen Gemeinschaft, die durch die Feindseligkeit der nichtjüdischen Gesellschaft noch verstärkt wurde, hielten sie die Religion im allgemeinen und das Judentum im besonderen für den Feind ihrer Leidenschaft. Sie sprachen von der Religion als primitiv, verdummend, abergläubisch usf., und ihr primäres Beispiel war das Judentum ihrer Kindheit.

Auf dieser Stufe können wir die modernen Juden in drei Gruppen teilen. Die große Mehrheit blieb in der jüdischen Gesellschaft und von der Emanzipation relativ unberührt. Die zweite Gruppe trat in die christliche Gesellschaft ein und hatte am Judentum nicht das geringste Interesse. Schließlich betrat eine kleine Gruppe von jüdischen Intellektuellen die Welt der deutschen Universität, wollte aber gleichzeitig jüdisch bleiben. Diese dritte Gruppe schließt die jüdischen Philosophen ein, denen wir uns in diesem Teil zuwenden wollen.

7
Baruch Spinoza

Baruch Spinoza hatte kein treues jüdisches Herz, obgleich er das Leben seines Geistes an den Brüsten der jüdischen Tradition genährt hatte. Er legte seines Vaters Blöße dar und sagte: «Wer ihn verachtet, besitzt die größere Weisheit.» Gleichwohl gestand Baruch Spinoza, er sehe nicht, warum Israel nicht wieder ein auserwähltes Volk sein sollte. [1]

Sein Leben

Baruch (oder Benedict) Spinoza wurde am 24. November 1632 in Amsterdam geboren. Seine Vorfahren waren aus Portugal eingewanderte Juden, die vor der Inquisition geflohen waren. Ursprünglich streng in jüdischer Tradition erzogen, wandte Spinoza sich unter dem Einfluß naturwissenschaftlicher Studien sowie der Philosophien Hobbes' und Descartes' vom herkömmlichen Judentum ab. Er geriet deshalb mit den Rabbinern seiner Gemeinde in Konflikt und wurde 1656 aus der jüdischen Gemeinde ausgestoßen und aus Amsterdam verbannt. Spinoza zog sich daraufhin zurück und führte ein stilles, abgesondertes Leben am Außenrand der Stadt. Um sich seinen Lebensunterhalt zu verdienen, betätigte er sich als Linsenschleifer. Während dieser Zeit schrieb er sein erstes Werk, den *Tractatus de Deo et homine eiusque felicitate* (Abhandlung von Gott, dem Menschen und dessen Glück), in dem die Grundzüge seiner späteren Philosophie schon angedeutet sind. Auch der *Tractatus theologico-politicus* (Theologisch-politischer Traktat) sowie die Abhandlung *De Intellec-*

1 George Eliot, *Daniel Deronda*, New York 1979, S. 489.

tus Emendatione (Abhandlung über die Verbesserung des Verstandes) wurden wahrscheinlich während dieser Zeit abgefaßt, obgleich ersterer erst 1670 und letztere 1677 veröffentlicht wurden. 1661 ging Spinoza nach Rijnsberg, einer kleinen Stadt in der Nähe von Leiden und zwei oder drei Jahre später nach Voorburg, nicht weit von Den Haag. Kurz danach, als er nach Den Haag selbst gezogen war, wurde ihm von Charles Louis ein philosophischer Lehrstuhl an der Universität Heidelberg angeboten, den er freilich ablehnte, um von allen Einschränkungen von theologischer Seite frei zu sein. Spinoza lehnte auch eine Pension ab, die ihm der französische König Ludwig XIV. unter der Bedingung anbot, eines seiner Werke dem Monarchen zu widmen. Sein wichtigstes Werk ist die *Ethica Ordine Geometrico Demonstrata* (Ethik, nach geometrischer Methode dargestellt) von 1674, die erst nach seinem Tode veröffentlicht wurde. Spinoza zog sich früh eine Lungenkrankheit zu, wahrscheinlich Tuberkulose, und starb 1677 im Alter von 45 Jahren.

Wir beginnen unsere Darstellung der jüdischen Philosophie mit Spinozas Ontologie. Dann wenden wir uns seiner Ethik zu. Im ersteren Fall liegt der Schlüssel zum Verständnis der Philosophie Spinozas in seiner Analyse des Begriffs der *Substanz*. Im letzteren Beispiel ist der Schlüssel zu seiner Analyse von Werten, von Religion und Politik der Terminus *Freiheit*. [2]

Philosophie

Substanz

Im ersten Teil der *Ethik* stellt Spinoza seine anfänglichen Definitionen und die unmittelbaren Folgerungen aus diesen Definitionen für Theologie und Metaphysik vor. Er beginnt mit der Definition der Termini *Ursache seiner selbst*, *Substanz*, *Attribut*, *Modus* und *Gott*. Etwas ist *Ursache*

---

2 Die unten gegebene Zusammenfassung von Spinozas Begriff der Freiheit beruht weitgehend auf Jon Wetlesens Buch *The Stage and the Way: Spinoza's Ethics of Freedom*, Assen 1979.

seiner selbst, soweit das, was von ihm in der physischen, ausgedehnten Welt und in der Welt des Denkens wahr ist, einzig dank dessen wahr ist, was dieses Ding ist. Etwas ist *endlich*, soweit es nicht Ursache seiner selbst ist, d. h. soweit es begrenzt ist, soweit also das, was von ihm wahr ist, durch etwas bestimmt ist, was nicht es selbst ist. Eine *Substanz* ist etwas, das Ursache seiner selbst ist; d. h. was in sich ist und durch sich selbst begriffen wird; was von ihm in seiner Ausdehnung oder im Denken wahr ist, folgt einzig aus dem, was es ist, und was es ist, wird in keiner Weise durch etwas anderes verändert. Ein *Attribut* ist eine bestimmte Weise, über eine Substanz zu denken. Ein *Modus* ist etwas, was keine Substanz ist, d. h. etwas, das durch etwas anderes als es selbst verursacht ist und begriffen wird. Schließlich: *Gott* ist eine unbedingt unendliche Substanz, d. h. etwas, das in jeder Hinsicht einzig durch sich selbst ist und begriffen wird.

Jeder dieser Ausdrücke entstammt der mittelalterlichen jüdischen Philosophie, nimmt aber in Spinozas Gebrauch eine neue Bedeutung an. Tatsächlich setzt Spinoza für jedes Wort einen Gebrauch voraus, der auf seiner Bedeutung in der mittelalterlichen Philosophie beruht. Aber Spinozas Verwendung ist präziser und rigoroser als der Gebrauch in der Philosophie seiner jüdischen Vorgänger. Für unsere Zwecke wollen wir nur ein Beispiel betrachten, den Ausdruck *Substanz*.

Spinozas anfängliche Definition einer Substanz ist dieselbe wie die des Aristoteles und seiner mittelalterlichen Nachfolger, nämlich: Eine Substanz ist das, was in sich ist und durch sich begriffen wird. Spinozas strikte Anwendung dieser Definition war freilich etwas Neues in der Geschichte der Philosophie. Aristoteles verwendete diese Definition, um zwischen Dingen wie Steinen, Häusern und Bäumen und Eigenschaften oder Merkmalen wie weich, braun und rechteckig zu unterscheiden. Seine Unterscheidung beruhte auf einer etwas unbestimmten Berufung auf die gewöhnliche Erfahrung. Es ist zum Beispiel offensichtlich, daß die Farbe eines Steins und ein Stein nicht in derselben Weise existieren. Die Farbe hängt in anderer Weise von dem Stein ab als der Stein von seiner Farbe. In einem gewissen Sinn unterscheiden sich Eigenschaften wie spezifische Farben von Dingen wie Steinen. Die letzteren können zu ein und derselben Zeit nur an einem Ort existieren, während die ersteren zur gleichen Zeit in vielen Dingen an vielen Orten existieren können. In einem anderen Sinn ist es ebenfalls wahr, daß eine Farbe nur in einem konkreten Ding wie einem Stein existieren kann, während die Existenz eines Steins nicht auf dieselbe Weise von irgendeiner spezifischen Farbe abhängig ist. Aristoteles' Definition einer Substanz war ein mehrdeutiger Versuch, diesen Unterschied auszudrücken. Im Laufe der Geschichte der Philosophie wurde Aristoteles' Definition immer weiter verfeinert, aber wieder war Spinoza der erste, der sie auf eine durch und durch rigorose mathematische Weise anwendete.

Der Schlüssel zu allem, was an Spinozas Gebrauch aller seiner elementaren oder grundlegenden Termini neu ist, ist das Adjektiv *mathematisch*. Im Unterschied zu den Ausdrücken, die wir in der Umgangssprache verwenden, tendieren die Ausdrücke, die in der Mathematik gebraucht werden, dazu, völlig eindeutig zu sein, d. h. eine und nur eine genaue Bedeutung zu haben. Diese Strenge hat den Vorteil, daß ihre Bedeutung präzise ist. Der Preis, der für diese Genauigkeit entrichtet wird, besteht darin, daß die Termini nicht mehr länger zum Ausdruck bringen, was wir erfahren. In ihrer cartesischen Entschlossenheit, ein mathematisches Modell zu verwenden, um Erkenntnis auszudrücken, glaubten die Rationalisten, daß Genauigkeit wichtiger sei als die Fähigkeit, lediglich die Erfahrung widerzuspiegeln. Ähnlich hatte Aristoteles' mehrdeutiger Gebrauch des Ausdrucks *Substanz* zwar den Vorzug, unsere Alltagserfahrung widerzuspiegeln, sein Mangel an Strenge aber schränkte die Fähigkeit des Ausdrucks stark ein, genau das zum Ausdruck zu bringen, was wir erkennen.

Spinozas mathematische Strenge hatte die Folge, daß nichts, was wir gewöhnlich als eine Substanz auffassen würden, in Spinozas Verwendung des Ausdrucks als Substanz zählen konnte. Ein Stein ist keine Substanz, weil (a) seine Existenz von etwas anderem als ihm selbst verursacht worden ist; (b) er in Zeit und Raum und deshalb nicht in sich selbst existiert; und (c) es undenkbar ist, daß er in sich selbst existieren oder Ursache seiner selbst sein kann. Nach diesen rigorosen Kriterien konnte nichts in der Welt der Erfahrung als Substanz im Sinn Spinozas gelten. Alles, was wir uns denken können, ist nach Spinozas Ausdrucksweise ein Modus. Nur Gott und das Universum als solches – letztlich nur zwei Weisen, über dieselbe Sache zu sprechen – können als Substanzen gelten. Deshalb gibt es für Spinoza eine und nur eine Substanz – Gott.

Alles andere ist ein Modus, dessen Existenz und selbst Begriff von Gott abhängen.

Spinoza (wie auch sein Zeitgenosse Leibniz) machte mit mathematischer Genauigkeit die impliziten Folgen dessen deutlich, was er von seinen mittelalterlichen philosophischen Vorgängern übernommen hatte. Es gibt eine einzige Substanz, nämlich Gott. Alles andere ist ein Modus, dessen Existenz und Begriff von Gott abhängig ist. Da außerdem nichts unabhängig von dieser einen Substanz sein oder gedacht werden kann, ist alles notwendig wahr. Nichts im Universum ist zufällig.

Jeder Sachverhalt folgt logisch aus der Natur dieser einen Substanz; infolgedessen geschieht alles mit Notwendigkeit. Selbst die Tatsache, daß ich in diesem besonderen Augenblick mein linkes über mein rechtes Bein geschlagen habe, ist notwendig wahr. Wenn ich die Natur Gottes oder der Substanz verstünde, dann würde ich sehen, daß selbst dieser triviale Zustand notwendig der Fall ist; es ist nicht nur einfach zufällig wahr, daß mein linkes Bein über mein rechtes gekreuzt ist. Der einzige Grund, weshalb diese Tatsache kontingent zu sein scheint, ist der, daß ich keine Kenntnis von allen ihren Ursachen habe. Wenn ich sie kennte, würde ich ihre Notwendigkeit sehen. Um die Natur von irgend etwas zu begreifen, müßte ich die Natur von allem verstehen, nämlich Gottes. Sobald ich einmal diese Natur begriffen hätte, würde ich verstehen, wie alles, was geschieht, mit Notwendigkeit geschieht. Letztlich ist es die Bedeutung der Aussage, daß jedes Ereignis eine Ursache hat, nämlich alles ist notwendig der Fall, und nichts geschieht lediglich zufällig.

Offensichtlich verwendet Spinoza auch den Ausdruck *Ursache* auf eine besondere Art und Weise. Man erinnere sich an Spinozas anfängliche Definitionen. In seinem System gibt es nur zwei Arten von Dingen – Substanzen und Modi. Im ersteren Fall gibt es nur ein einziges Beispiel im Universum – die unbedingt unendliche Substanz, «Gott». Alles andere ist ein Modus. *Attribute* sind nicht etwa eine dritte Art von Dingen. Ein Attribut ist vielmehr eine bestimmte Art, über eine Substanz zu denken. Da nun Gott unbedingt unendlich, d. h. in jeder Hinsicht unbegrenzt ist, muß es eine unendliche Anzahl von Arten und Weisen geben, über Gott zu denken, d. h., Gott hat eine unendliche Anzahl von Attributen. Aber Menschen können nur zwei davon unterscheiden. Spinoza nennt diese beiden Arten «Ausdehnung» und «Denken». Das Attribut des Denkens ist das gesamte Universum der Gedanken und aller ihrer Attribute. Ähnlich ist das Attribut der Ausdehnung das gesamte (vergangene, gegenwärtige und zukünftige) Universum physikalischer, ausgedehnter, dreidimensionaler Objekte und aller ihrer Relationen. Genauer: Das Attribut des Denkens ist das Denken Gottes, aus dem jeder andere denkbare Gedanke folgt; alle Gedanken, die nicht das Denken Gottes sind, sind logische Folgerungen des Denkens Gottes. Ähnlich ist das Attribut der Ausdehnung das ausgedehnte Universum, das die Ursache jedes anderen ausgedehnten Objekts ist; alle Objekte, die nicht das Universum sind, sind kausale Folgen des Universums.[3] Mit anderen Worten, der Ausdruck *Ursache* drückt in der ausgedehnten Welt das Gegenstück zu dem aus, was der Ausdruck *folgen* in der Gedankenwelt ausdrückt. In der euklidischen Geometrie etwa werden die Gesetze der Körper aus den Gesetzen der Kreise und Ebenen hergeleitet, die wiederum notwendig aus den Definitionen des Punktes und der Linie folgen. Ähnlich folgen in der Welt der Mechanik die Gesetze der Physik notwendig aus den Definitionen der Substanz und des Modus.

3 Viele Autoren sind der Ansicht, Spinoza sei Pantheist gewesen, d. h. sie glauben, daß Spinoza behaupte, Gott und das Universum seien dasselbe. Dieses Urteil ist nicht zutreffend. Während es wahr ist, daß nach Spinoza der Ausdruck *physisches Universum* eine bestimmte Art und Weise ist, darüber nachzudenken, was Gott ist, so ist es doch nicht dasselbe wie Gott. Erstens ist das *ausgedehnte Universum* nichts Wirkliches. Es ist ein Attribut, und ein Attribut ist nur eine bestimmte Art und Weise, über eine Substanz zu denken. Zweitens: Selbst wenn wir eine Identität zwischen Gott und der Natur einräumen würden, wäre es immer noch irreführend zu behaupten, Spinoza sei Pantheist, weil er nicht behauptet, das Universum sei mit allem im Universum identisch. Man betrachte das System der euklidischen Geometrie. Jede Aussage und jedes Theorem folgt logisch aus den Anfangsdefinitionen im System, aber diese Definitionen sind nicht mit dem gesamten System identisch. Ähnlich folgt in Spinozas Philosophie jeder klare und kohärente Gedanke logisch aus der Definition der Substanz. Spinoza behauptet nicht, daß zum Beispiel das Denken Gottes und das Zusammendenken der Gesetze der Physik und Psychologie identisch sind. Deshalb würde, Spinozas angeblicher Isomorphismus zwischen den Attributen der Ausdehung und des Denkens einmal vorausgesetzt, Spinoza nicht behaupten, daß das Universum als Wesen mit der Totalität von allem, was im physischen Universum enthalten ist, identisch ist.

Freiheit

Im zweiten und dritten Teil der *Ethik* verwendet Spinoza die Schlußfolgerungen des ersten Teils, um die allgemeinen Gesetze der Physik und der Psychologie zu formulieren, die ihrerseits zu seinen Aussagen über das Leben und die Freiheit im vierten und fünften Teil hinleiten. Ich möchte zuerst etwas darüber sagen, was *Leben* ist, und will dann den Sinn, in dem Spinoza den Ausdruck *Freiheit* verwendet, erläutern.

Der grundlegende Unterschied zwischen einem lebenden Ding und einem unbelebten Objekt ist folgender: Sowohl lebende wie unbelebte Objekte tun etwas. Ein Felsstück zum Beispiel rollt, zerbricht, fliegt durch die Luft usf. Felsbrocken haben alle Arten von Aktivitäten. Aber alles, was ein unbelebtes Ding tut, ist von etwas anderem als ihm selbst verursacht. So fängt ein Felsbrocken niemals irgendein Verhalten von selbst an. Im Gegensatz dazu kennt ein lebendiges Ding einige Aktivitäten, deren Urheber es selbst ist. Es muß also, um lebendig zu sein, etwas von selbst tun statt etwas, was von etwas anderem verursacht worden ist.

Soviel zu dem, was «Leben» bedeutet. «Freiheit» kann folgendermaßen erläutert werden. Ich will zwei verschiedene Begriffe von Freiheit formulieren. Spinoza glaubt, daß der eine von ihnen ein lebensfähiger Begriff ist, den anderen aber verwirft er. In einem Sinn des Wortes bedeutet Freiheit, eine Wahl, d. h. Optionen zu haben. In diesem Sinn des Wortes bedeutet frei zu sein, nicht bestimmt zu sein. Wenn man eine und nur eine einzige Wahl hat, dann ist man nicht frei; nur wenn man mehrere Wahlmöglichkeiten hat, ist man frei. Eine zweite Bedeutung des Wortes ist «selbstbestimmt». Wenn man etwas tut, weil irgend jemand oder irgend etwas einen zwingt, es zu tun, dann ist man nicht frei; aber wenn der Entschluß, es zu tun, von einem selbst stammt, dann ist man frei.

Dies sind zwei radikal verschiedene Auffassungen von dem, was der Ausdruck Freiheit bedeutet. Sie müssen nicht miteinander übereinstimmen. Nehmen Sie zum Beispiel an, daß Sie Examen machen und Ihnen sechs Arbeitsstellen angeboten werden. Sie wissen nichts über diese Stellen; Sie sind gänzlich unwissend. Also werfen Sie eine Münze, oder Sie richten sich nach dem Klang der Buchstaben des Namens der Firmen, oder Sie tun etwas gleichermaßen Irrelevantes, um zu entscheiden, wel-

che Stelle Sie annehmen. In diesem Fall haben Sie sechs Wahlmöglichkeiten; aber der Grund, weswegen Sie sie haben, ist Ihre Ignoranz. Da Sie
nichts über diese Stellungen wissen, sind Sie vollkommen frei, eine der
Optionen zu wählen.

Betrachten Sie im Unterschied dazu folgende Variation dieses Bei-
spiels: Sie ziehen nähere Erkundigungen über diese sechs Arbeitsstellen
ein. Sobald Sie näheren Einblick erhalten, entdecken Sie, daß nur eine der
Stellen für Sie in Frage kommt und die anderen fünf nicht. An diesem
Punkt haben Sie nur eine Wahlmöglichkeit. Wenn Sie eine und nur eine
Wahl haben, sind Sie nicht frei in der ersten Bedeutung des Ausdrucks
Freiheit. In diesem Fall müssen Sie die eine Stelle wählen, weil es die
einzig vernünftige Wahl ist. Aber Sie sind frei in der zweiten Bedeutung
des Ausdrucks, weil Sie selbst bestimmen, welche Stelle Sie annehmen.
Das äußere Element des Glücks oder der Chance ist eliminiert worden.

Während es im ersten Fall um Freiheit in dem Sinn geht, daß man
Optionen hat, involviert der zweite Fall Freiheit in dem Sinn, daß die
Wahl selbstbestimmt ist. Wo man unter sechs Arbeitsstellen nur auf der
Grundlage der Unwissenheit wählen kann, beruht die Wahl einzig auf
Glück. Das bedeutet, daß die Wahl nicht selbstbestimmt ist; die Wahl
beruht auf einem äußeren Faktor, nämlich der Chance oder dem Zufall.

Das erste Beispiel ist ein Fall von kA-Freiheit, d. h., Freiheit besteht
darin, kontingente Alternativen zu haben; das zweite Beispiel ist ein Fall
von Sb-Freiheit, d. h. Selbstbestimmung. Wir wollen diese beiden Begriffe der Freiheit auf Gott anwenden. In unseren Wahlen steckt immer
ein Faktor von Indeterminismus, weil wir niemals alle Konsequenzen
berechnen können. Wir können kurzfristige Wirkungen voraussehen,
aber wir können keine langfristigen Wirkungen berechnen. Vorausgesetzt, daß eine total rationale Wahl auf der Kenntnis aller Folgen einer
Handlung beruht, dann besteht keine Möglichkeit, daß Menschen total
rationale Wahlen vornehmen können. Das einzige Wesen, das dieses
Problem nicht hat, ist Gott. Gott kennt jede Konsequenz, und deshalb
trifft Gott immer eine rationale Wahl. Infolgedessen ist nur Gott absolut
Sb-frei; nur Gott ist vollkommen selbstbestimmt, weil er seine Wahl
gänzlich unter seiner Kontrolle hat. Aber Gott hat keinerlei kA-Freiheit.
Eine irrationale Wahl zu treffen wäre schlecht, und Gott ist seiner Natur
nach gut; deshalb muß er rationale Wahlen treffen. Da er außerdem in

keinem Sinn Veränderungen unterworfen ist, weil er jede Alternative kennt, weiß Gott immer, welches die beste Alternative ist. Deshalb hat Gott keine Option außer der, die beste Wahl zu treffen. Alles, was Gott tut, ist selbstbestimmt, und deshalb ist Gott absolut Sb-frei, obwohl er keinerlei kA-Freiheit besitzt.

Nach Spinoza ist Freiheit das höchste Ziel des Menschen. Wie oben erklärt, können wir zwei Bedeutungen von Freiheit unterscheiden – äußere und innere. Zu sagen, daß Person a äußerlich frei ist, bedeutet, daß das, was a tut, bis zu einem gewissen Grad unbestimmt ist. Andererseits zu sagen, daß a innerlich frei ist, bedeutet, daß das, was a tut, zu einem gewissen Grad von ihm selbst bestimmt ist. Unter der Voraussetzung des totalen Determinismus, die Spinoza macht, ist Freiheit immer innere Freiheit. Innere Freiheit[4] wird in einem absoluten und in einem relativen Sinn diskutiert. In Übereinstimmung mit dieser Analyse spricht Spinoza von zwei sehr verschiedenen Strategien für ihre Erlangung – einer Augenblicksstrategie für die Erlangung absoluter Freiheit und einer allmählichen Strategie für die Erlangung relativer Freiheit.

Wir werden Spinozas Ethik aus zwei Perspektiven diskutieren. Zunächst werden wir Spinozas philosophische Ethik formulieren, die aus Definitionen des Wortes *Freiheit* und den verwandten Ausdrücken *Wert* und *Norm* besteht. Dann werden wir die praktische oder angewandte Seite der Ethik Spinozas diskutieren, die aus zwei Strategien besteht – einer augenblicklichen und einer graduellen Strategie. Im Hinblick auf diese letztere Methode, durch die relative Freiheit erlangt werden kann, diskutiert Spinoza Religion und Staat.

Im allgemeinen ist a frei, d. h. selbstbestimmt, dann und nur dann, wenn a weise ist. Weise zu sein heißt, eine adäquate Erkenntnis zu besitzen. Infolgedessen ist a selbstbestimmt, soweit seine Existenz oder Handlung auf adäquater Erkenntnis beruht. Umgekehrt ist a in Knechtschaft, d. h. von außen bestimmt, dann und nur dann, wenn er unwissend ist. Unwissend zu sein heißt, eine inadäquate Erkenntnis zu haben. Infolgedessen erkennt a y adäquat dann und nur dann, wenn a y durch seine adäquate Ursache x erkennt. x ist eine adäquate Ursache von y dann und

4 Im folgenden einfach Freiheit genannt.

nur dann, wenn x eine notwendige und hinreichende Bedingung von y ist. Umgekehrt erkennt a y inadäquat dann und nur dann, wenn a y durch eine inadäquate Ursache x erkennt. x ist eine inadäquate Ursache von y dann und nur dann, wenn x nur eine notwendige, aber keine hinreichende Bedingung von y ist. Schließlich erkennt a y nicht-adäquat dann und nur dann, wenn a y durch eine nicht-adäquate Ursache von x erkennt. x ist eine nicht-adäquate Ursache von y dann und nur dann, wenn x weder eine hinreichende noch eine notwendige Bedingung von y ist. Mit Hinblick auf Mittel und Gegenstand kann a eine adäquate Erkenntnis eines Einzeldings y haben entweder durch anschauendes Wissen oder Vernunft, und er hat eine inadäquate Erkenntnis von y durch eine Vorstellung. Im Fall des anschauenden Wissens erkennt a das allgemeine Wesen von y durch seine adäquate und immanente Ursache x, Gott, sofern Gott adäquat erkannt wird als konstituiert durch die formale Wesenheit einiger seiner Attribute. Im Fall der Vernunft erkennt a die allgemeinen Eigenschaften von y dadurch, daß er y unter einen allgemeinen Begriff x subsumiert, vorausgesetzt, daß dieser Begriff selbst durch Anschauung begründet werden kann. Schließlich, im Fall der Vorstellung, erkennt a die allgemeinen Eigenschaften von y durch die Subsumtion von y unter einen allgemeinen Begriff x, der lediglich auf Sinneserfahrung oder Hörensagen (d. h. auf Tradition) und nicht auf Vernunft oder Anschauung beruht.

Wie wir gesehen haben, heißt die Erkenntnis eines Dings zu haben ein Ding durch seine Ursache zu kennen. Infolgedessen hängt der Grad, bis zu dem die Erkenntnis adäquat ist, von dem Ausmaß ab, bis zu dem die Ursache selbst adäquat ist. Letztlich, d. h. in einem absoluten Sinn, ist die einzig adäquate Ursache das gesamte System der Natur, d. h. *natura naturans* (Gottes Wesen und Existenz), erkannt als die Ursache der *natura naturata* (Gottes unmittelbare und mittelbare unendliche Modi wie auch seine endlichen Modi). Dieses Urteil zusammen mit dem Urteil, daß der Mensch wie auch Gott frei sein können, bestimmt die beiden verschiedenen Bedeutungen des Ausdrucks *Freiheit*.

Jemand ist frei, soweit er aktiv ist und aktive Affekte hat. Jemand ist aktiv, soweit seine Existenz selbstbestimmt ist. Jemand hat aktive Affekte, soweit seine Handlungen selbstbestimmt sind. Umgekehrt, jemand ist ohnmächtig, soweit er passiv ist und passive Affekte hat.

Jemand ist passiv, soweit seine Existenz auf einer äußeren Ursache beruht. Jemand hat passive Affekte, soweit seine Handlungen auf einer äußeren Ursache beruhen.

Es gibt zwei verschiedene Hinsichten, in denen Aktivität und Passivität mit Erkenntnis verwandt sind. In einem absoluten oder ewigen Sinn ist eine Person aktiv und hat aktive Affekte dann und nur dann, wenn diese Person adäquate Erkenntnis hat. Umgekehrt ist eine Person passiv und hat passive Affekte dann und nur dann, wenn diese Person inadäquate Erkenntnis hat. In einem relativen oder zeitlichen Sinn ist eine Person aktiv und hat aktive Affekte dann und nur dann, wenn sie inadäquate Erkenntnis hat und dieser Tatsache adäquat gewahr ist, so daß sie ihre Vorstellungsmodi nicht für die wirklichen Dinge hält. Umgekehrt wird eine Person passiv sein und passive Affekte haben dann und nur dann, wenn sie inadäquate Erkenntnis hat und sich dieser Tatsache nicht bewußt ist, so daß sie ihre Vorstellungsmodi für wirkliche Dinge hält.

Affekte sind das Ergebnis der Interaktion einer Person mit ihrer Umwelt. Spinoza unterscheidet sie ebenso in ursprüngliche und zusammengesetzte wie in positive und negative. Ursprüngliche Affekte sind Freude und Trauer sowie die Begierden, die darauf beruhen. Abgeleitete Affekte sind Liebe und Haß. Liebe ist Freude, begleitet von der Idee einer äußeren Ursache; umgekehrt ist Haß Trauer, begleitet von der Idee einer äußeren Ursache. Ein Affekt ist passiv dann und nur dann, wenn die Wirkungskraft von a im Verhältnis zu y entweder inadäquat oder vermindernd ist. Trauer, jede Begierde, die auf Trauer beruht, und Haß sind immer passiv. Alle aktiven Affekte sind positiv.

Auf der Grundlage dieser Analyse der Beziehungen zwischen Freiheit, Handlungen, Erkenntnis und Affekten unterscheidet Spinoza die folgenden Bedeutungen von Freiheit und Knechtschaft: Eine Person ist aE-frei, wenn sie adäquate Erkenntnis hat, und sie ist iE-ohnmächtig, wenn sie inadäquate Erkenntnis hat. Eine Person, die iE-ohnmächtig ist, ist Obfrei, wenn sie sich dieser ihrer Ohnmacht bewußt ist und ihre Vorstellungsmodi nicht für reale Dinge hält; sie ist nb-ohnmächtig, wenn sie sich dieser Tatsache nicht bewußt ist und ihre Vorstellungsmodi für wirkliche Dinge hält.

Diesen beiden Bedeutungen von Freiheit und Knechtschaft entsprechen die folgenden Arten von Aktivität und Passivität. Aktivität und Passivität haben eine ewige und eine zeitliche Dimension. In der ersten Hinsicht e-handelt eine Person a (oder ist e-aktiv) in Beziehung auf ein Objekt y dann und nur dann, wenn a durch die Verfassung ihres Wesens x die adäquate Ursache von y ist und y adäquat durch x erkennt. Umgekehrt e-leidet eine Person a (oder ist e-passiv) im Verhältnis zu einem Objekt y dann und nur dann, wenn a durch die Verfassung ihres Wesens x eine inadäquate Ursache von y ist und y inadäquat durch x erkennt. In der zweiten Hinsicht z-handelt a (oder ist z-aktiv) in Beziehung auf y dann und nur dann, wenn a e-passiv im Verhältnis zu y ist und einen relativ hohen Grad an Wirkungskraft oder Kontrolle im Verhältnis zu y hat, so daß sie fähig ist, y durch die Verfassung ihres Wesens x zu einem relativ hohen Grad zu erkennen. Umgekehrt z-leidet a (oder ist z-passiv) im Verhältnis zu y dann und nur dann, wenn a e-passiv im Verhältnis zu y ist und einen relativ niedrigen Grad an Wirkungskraft oder Kontrolle im Verhältnis zu y hat, so daß sie fähig ist, y durch die Verfassung ihres Wesens x zu einem relativ niedrigen Grad zu erkennen.

Die Person a hat einen e-aktiven Affekt im Verhältnis zu y dann und nur dann, wenn a einen Affekt gegenüber y hat und a e-aktiv im Verhältnis zu y ist. Dasselbe gilt für a, wenn a einen z-aktiven Affekt oder e-passiven Affekt oder einen z-passiven Affekt gegenüber y hat, wenn a jeweils z-aktiv, e-passiv oder z-passiv im Verhältnis zu y ist. Die Art der Aktivität korrespondiert der Art der Freiheit, und die Art Passivität korrespondiert der Art der Knechtschaft.

Im Hinblick auf diese Definitionen unterscheidet Spinoza drei Bedeutungen des Ausdrucks *Wesen*. Wesen$_1$ einer Sache ist das Sein jenes Einzeldings, soweit es unter dem Gesichtspunkt der konkreten Dauer und Zeit begriffen wird. Wesen$_2$ einer Sache ist das Sein jenes Einzeldings, sofern es unter dem Gesichtspunkt der abstrakten Dauer und Zeit gesehen wird. Wesen$_3$ einer Sache besteht in den Merkmalen jenes Einzeldings, sofern sie genetisch in allgemeinen Ausdrücken definiert und in der Vorstellung als dem Ding inhärent gedacht werden. Diese drei Wesen werden jeweils von anschauendem Wissen, Vernunft und Vorstellung erkannt.

Wertgegenstände (G-Wert)

Spinoza spricht von Werten in zwei verschiedenen Bedeutungen des Ausdrucks. Er benutzt den Ausdruck *Wert*, um sich auf Wertgegenstände (G-Wert) zu beziehen und um sich auf Normen oder Maßstäbe von Werten zu beziehen (N-Wert). Für Spinoza sind Wertgegenstände Folgen von Begierden, die ihrerseits Folgen von Gefühlen sind. Gefühle sind unterschieden in Affekte und Haltungen. Die grundlegenden Affekte sind die positiven Gefühle der Freude und die negativen Gefühle der Trauer, während die primären Haltungen Liebe und Haß sind. Haltungen sind Gefühle, die von der Idee ihrer Ursache begleitet werden. Liebe entsteht aus Freude und Haß aus Trauer. Diese Affekte bilden ihrerseits den Anlaß von Begierden, die wiederum die Grundlage für Werturteile sind.

Werte können als positiv, negativ oder neutral beurteilt werden. y hat einen positiven Wert für a im Kontext k dann und nur dann, wenn y ein positives Gefühl oder eine positive Haltung gegenüber a hat; y hat einen negativen Wert für a im Kontext k dann und nur dann, wenn y ein negatives Gefühl oder eine negative Haltung gegenüber a hat; und wenn y weder ein Gefühl noch eine Haltung gegenüber a hat, dann ist y wertneutral für a.

Wertgegenstände können für a in einem Kontext k entweder anschaulich oder in Übereinstimmung mit der Vernunft oder unecht sein. y ist ein anschaulicher Gegenstand dann und nur dann, wenn a einen e-aktiven Affekt gegenüber y hat. Es ist ein Wertgegenstand in Übereinstimmung mit der Vernunft dann und nur dann, wenn a einen z-aktiven Affekt gegenüber y hat. Schließlich ist es ein unechter Wert, dann und nur dann, wenn a einen z-passiven Affekt gegenüber y hat.

Der wichtigste Wertgegenstand nach der Leitung der Vernunft ist ein Musterbild der menschlichen Natur, das sich in der Vorstellung einer Person bildet. Dieses Musterbild hat keine reale Existenz, muß aber trotzdem als ein pragmatisches Hilfsmittel bewertet werden, durch das eine Person versuchen kann, Ob-Freiheit zu erlangen. Es hat ebenso körperliche wie geistige Dimensionen. Mit Hinblick auf den Geist müssen wieder zwei Dimensionen unterschieden werden – eine Seite der Erkenntnis und eine Seite des Strebens. Mit Hinblick auf das Denken ist das

Modell das Ideal des Erkennens; und mit Hinsicht auf die Macht oder den Willen ist das Modell das Ideal der aktiven Liebe. Erkennen ist definiert mit Bezug auf Einsicht, und es können zwei verschiedene Bedeutungen von Erkennen unterschieden werden. Jemand hat Erkennen in einem engeren Sinn, soweit er die Macht hat, sich selbst oder andere Personen oder Dinge adäquat entweder durch Vernunft oder durch anschauende Erkenntnis zu erkennen. In diesem Sinn besitzt eine Person Erkenntnis, soweit sie die Macht hat, wirksame Mittel für zeitliche Ziele durch Anschauung zu erkennen. Man kann auch sagen, daß eine Person Erkenntnis in einem umfassenden Sinn besitzt, soweit sie die Macht der Einsicht besitzt, die an zeitlichen Zielen orientiert ist, die mit dem Erkennen im engeren Sinn vereinbar sind. Im engeren Sinn des Ausdrucks sind die angemessenen Objekte des Erkennens in der Reihenfolge ihres kausalen oder genetischen Ranges Gott, man selbst und die anderen.

E-aktive Freude heißt Glückseligkeit. Eine Person hat sie dann und nur dann, wenn sie direkt fühlt, daß ihre Wirkungskraft im Verhältnis zum Gegenstand ihres Gefühls adäquat ist. E-aktive Liebe wird «geistige Liebe» genannt. Eine Person hat sie dann und nur dann, wenn dieses Gefühl von der Idee ihrer Ursache begleitet wird. Die angemessenen Gegenstände der Liebe sind Gott und die Modi, d. h. alles, was existiert. Die Liebe zu Gott ist genetisch vorrangig. Als nächstes kommt die Selbstliebe und zuletzt die Liebe zu anderen Menschen.

Normen (N-Wert)

N ist eine Norm für a im Kontext k, wenn a zustimmt, daß n (1) ein Antezedens einschließt, das die Bedingungen der Anwendung der Norm spezifiziert, (2) eine Konsequenz einschließt, die das Thema oder die Handlungsidee der Norm spezifiziert und (3) einen modalen Operator einschließt, der die besondere Art der Begierde des Senders ausdrückt, den Empfänger zu beeinflussen. Sprachlich sind Normen Ausdrücke, die Aussagesätzen in der Form «wenn p, dann sollte man A tun» äquivalent sind. Spinoza unterscheidet zwischen Normen des Verhaltens und Normen der Kompetenz, wobei letztere Festlegungen von Bedingungen für die ersteren sind. Die Normen des Verhaltens sind normative Formulierungen deskriptiver Aussagen, die entweder aus dem Naturgesetz, der Vernunft oder dem göttlichen Gesetz abgeleitet sind. Die Normen der Kompetenz sind entweder aus dem Naturrecht oder dem bürgerlichen Recht abgeleitet.

Die Quelle der Normen ist die Begierde, die als Macht oder als vom Gefühl bestimmtes Streben definiert werden kann. Eine alternative, aber äquivalente Definition der Begierde ist ein bewußter Willensakt, wo Wille als Macht mit Bezug auf den Geist definiert ist. In diesem Kontext soll Begierde von Streben unterschieden werden, da letzteres ein unbewußter Willensakt ist. In Spinozas Analyse ist die allgemeinste und grundlegende Begierde aller bewußten Wesen das Bestreben, das eigene Sein zu erhalten. Auf der Grundlage dieser Begierde sind positive Gefühle mit dem verbunden, was das eigene Sein zu fördern scheint. Umgekehrt sind, auf der Grundlage dieser Begierde, negative Gefühle verbunden mit dem, was das eigene Sein nicht zu erhalten scheint. Diese Gefühle lenken andere, spezifischere Begierden.

Es gibt vier Arten von Begierden. Es gibt eine aktive$_1$ Begierde dann und nur dann, wenn das Streben oder die Macht von a von y affiziert wird, insofern a eine aktive$_1$ Freude oder Liebe gegenüber y empfindet. Es gibt eine passive$_1$ Begierde dann und nur dann, wenn das Streben von a von y affiziert wird, insofern a eine passive$_1$ Freude, Trauer, Liebe oder Haß gegenüber y empfindet. Ähnlich gibt es eine aktive$_2$ Begierde dann und nur dann, wenn das Streben von a oder seine Macht von y affiziert werden, insofern a eine aktive$_2$ Freude oder Liebe gegenüber y empfindet. Schließlich gibt es eine passive$_2$ Begierde dann und nur dann, wenn das Streben von a von y affiziert wird, insofern a eine aktive$_2$ Freude, Trauer, Liebe oder Haß gegenüber y empfindet. Alle vier Arten aktiver Begierden werden «Seelenstärke» genannt. Die selbstbezogene Seelenstärke wird Willenskraft genannt, und die auf andere bezogene Edelmut. Seelenstärke ist die Quelle der Normen der Vernunft. Wertvorzugsnormen sind von der Willenskraft und Wertverteilungsnormen vom Edelmut abgeleitet. Wiederum sind diese Normen Wertformulierungen von Aussagesätzen, wobei der Ausdruck dieser Formulierungen als positiv oder negativ sich von Begierden ableitet, die in Gefühlen wurzeln, die mit der fundamentalen Begierde der Selbsterhaltung verbunden sind.

Es folgen die primären Beispiele der Wertvorzugsnormen. (1) Wenn

Menschen im Begriff sind, zwischen alternativen Handlungsverläufen zu entscheiden, sollten sie versuchen, ein möglichst gut begründetes empirisches Wissen über die Alternativen und ihre wahrscheinlichen Konsequenzen zu erlangen. (2) Wenn Menschen im Begriff sind, zwischen alternativen Handlungsverläufen zu entscheiden, sollten sie die Alternative vorziehen, die sie für die bessere und/oder die effizientere Alternative halten, d. h. für das nützlichere Mittel zu einem bestimmten Ziel. (3) Wenn Menschen das Gefühl haben, daß eine Alternative *prima facie* ein geringeres Übel darstellt, und glauben, daß sie dadurch, daß sie sie wählen, ein größeres Gut erlangen, dann sollten sie sie wählen. Umgekehrt: Wenn Menschen fühlen, daß eine Alternative *prima facie* ein geringeres Gut ist, und sie glauben, daß sie dadurch, daß sie sie wählen, ein größeres Übel erlangen, dann sollten sie sie vermeiden. (4) Wenn Menschen das Gefühl haben, daß p kurzfristig bessere, aber langfristig schlechtere Konsequenzen als q hat und daß die langfristigen Konsequenzen besser sind als die kurzfristigen, dann sollten sie q p vorziehen. (5) Menschen sollten die Alternative vorziehen, die sie bei der Stärkung oder Bewahrung ihres Seins in Übereinstimmung mit den Erfordernissen adäquater Erkenntnis und aktiver Freude und Liebe für nützlicher halten. Ähnlich sollten die Menschen die Alternative vorziehen, die sie bei der Stärkung oder Bewahrung ihrer Erkenntnis und Liebe zu Gott für nützlicher halten.

Die folgenden Beispiele sind die primären Beispiele für die Normen der Wertverteilung. (1) Menschen sollten für sich solche Alternativen vorziehen, die gleichermaßen anderen offenstehen, und sie sollten anderen helfen, sie zu erlangen. (2) Menschen sollten ihre privaten Präferenzen dem allgemeinen Guten ihres eigenen bürgerlichen Staates anpassen, wie es von den bestimmten Gerechtigkeitsnormen dieses Staates bestimmt wird. Allgemeiner gesagt, die Menschen sollten ihre privaten Vorlieben dem allgemeinen Guten der ganzen Menschheit anpassen, wie es von der universalen Liebe der Menschheit durch Gott und die universalen Normen der Vernunft bestimmt ist. (3) Wenn Menschen einen Konflikt zwischen dem allgemeinen Guten ihres eigenen bürgerlichen Staates und der gesamten Menschheit sehen, sollten sie Reformen unterstützen, die dabei nützlich sind, die ersteren mit den letzteren zu versöhnen.

Spinoza notiert außerdem die folgenden beiden Normen des Wertaustauschs. Zunächst sollten Menschen einen negativen Wert mit einem positiven Wert vergelten. Sodann sollten Menschen Konflikte mit anderen durch Liebe und Edelmut lösen.

Befreiungsstrategien

Aus der obigen Analyse von Freiheit und Wert geht hervor, daß vor allem anderen Freiheit gesucht und Knechtschaft vermieden werden muß. Freiheit ist mit aktiven und Knechtschaft mit passiven Affekten verbunden. Die Stärke eines Affekts und deshalb der Grad der Freiheit variiert mit der Stärke, mit der die Erkenntnis variiert. Passive Affekte beruhen auf dem Vorhandensein eines nicht adäquat erkannten Gegenstandes oder Sachverhalts. Diese Analyse schreibt die allgemeine Strategie zur Erlangung der Freiheit vor: Bilde dir eine klare und deutliche Idee des erkannten Gegenstandes, indem du über ihn nachdenkst. Dann erkenne die Idee adäquat, indem du sie mit ihrer adäquaten Ursache verknüpfst.

Wiederum variiert der Grad der eigenen Freiheit mit dem Grad der Stärke der eigenen Erkenntnis. Spinoza unterscheidet drei Formen der relativen Stärke der Erkenntnis – temporale, ontologische und erkenntnistheoretische. Mit Hinblick auf die Zeit: Wenn sich a zwei Gegenstände oder Sachverhalte vorstellt, p und q, die beide einen Affekt in a verursachen, dann wird der Affekt von a im Verhältnis zu p stärker sein als der Affekt von a im Verhältnis zu q, wenn a sich vorstellt, (1) daß p gegenwärtig ist und q abwesend oder vergangen oder zukünftig oder (2) daß p in der nahen Zukunft oder Vergangenheit und q in der entfernteren Zukunft oder Vergangenheit gegenwärtig ist. Die Affekte von a werden gleich schwach sein im Verhältnis zu beiden, wenn a sich vorstellt, daß p und q von der Gegenwart durch ein längeres Intervall getrennt sind, als a in seiner Vorstellung bestimmen kann. Mit Hinblick auf die Modi des Seins – nämlich frei oder unbestimmt, möglich oder kontingent oder notwendig sowie gegenwärtig und abwesend zu sein –: Wenn die Erkenntnis von p und q beide einen Affekt in a verursachen, dann wird der Affekt von a im Verhältnis zu p stärker sein als der Affekt von a im Verhältnis zu q, wenn sich a vorstellt (1) p ist frei, und q ist möglich oder kontingent; (2) p ist notwendig, und q wird durch einen anderen ontologischen Modus bestimmt; (3) q ist abwesend und kontingent, und p ist gegenwärtig oder abwesend und möglich oder gehört zu einer entfernteren Zukunft oder Vergangenheit; und (4) p ist von einer größeren Anzahl, von ständigeren oder von häufiger im Geist von *a* gegenwärtigen Ursachen als q verursacht. Mit Hinblick auf die Erkenntnis: Wenn *a* sich vorstellt, daß p leichter mit etwas verknüpft wird, das *a* schon klar und deutlich versteht als q, dann wird der Affekt von *a* im Verhältnis zu p stärker sein als der Affekt von *a* im Verhältnis zu q.

Noch einmal, aus dieser Analyse folgen die beiden Strategien Spinozas zur Erlangung der Freiheit. Die augenblickliche Strategie für die unbedingte Freiheit (aE-Freiheit) ist gänzlich unabhängig von den graduellen Strategien für die relative Freiheit (Ob-Freiheit).

Die Augenblicksstrategie ist ein Prozeß der Transformation, durch welchen das ewige Wesen einer Person in dem Maß in Erscheinung tritt, wie diese Person unter dem Gesichtspunkt der Ewigkeit eine intuitiv adäquate Erkenntnis des Wesens ihres Körpers und ihres Geistes hat. Diese Strategie involviert drei Stufen. Erstens: Bilde dir klare und deutliche Ideen der Leidenschaften des Körpers. Zweitens: Entferne aus diesen Ideen jeden Gedanken an äußere Ursachen. Drittens: Vereine die gereinigten Ideen mit allen anderen Ideen.

Die graduelle Strategie setzt die soziale Kontrolle durch die Umwelt des einzelnen und die Selbstkontrolle durch die Individuen selbst voraus. Dieser Strategie liegt das zentrale Prinzip zugrunde, daß ein Affekt nur durch einen gleich starken oder stärkeren entgegengesetzten Affekt geändert werden kann. Ihr Ziel besteht darin, das Individuum dazu zu veranlassen, weniger wünschenswerte Leidenschaften durch wünschenswertere zu ersetzen, um auf diese Weise den Charakter zu ändern, so daß man frei werden kann. Zuerst sollte die Gesellschaft dieser Leute Affekte schaffen, durch die ihre üblen Leidenschaften durch weniger üble ersetzt werden. Die Gesellschaft tut dies, indem sie äußere Normen verwendet, um die weniger üblen Leidenschaften der Reue, Demut, Furcht und Hoffnung zu fördern. Dann sollten die Leute Affekte schaffen, durch welche diese etwas besseren, aber nichtsdestoweniger üblen Leidenschaften durch gute Leidenschaften ersetzt werden. Einzelne tun dies dadurch, daß sie innere Normen verwenden, um die guten Leidenschaften der Liebe und Freude, aktive$_2$ und passive$_1$ Affekte und die Begierden des

Edelmuts und der Willensstärke zu fördern, auf denen, wie wir gesehen haben, die Normen der Vernunft beruhen.

Am Ende hängt die Lebensfähigkeit der graduellen Strategie davon ab, daß die einzelnen in einer guten Gesellschaft leben. Als Individuen sind sie zuerst einmal Teil eines Volkes oder einer sozialen Gruppe, die ihrerseits Teil einer Nation mit einem politischen System ist, das seinerseits Teil der Menschheit im allgemeinen ist. Da Freiheit von inneren Normen abhängt, die äußere Normen voraussetzen, hängt der Grad, bis zu dem Individuen Freiheit erlangen können, d. h. individuelle Tugend, direkt von dem Grad ab, bis zu dem sie Mitglieder einer guten Gesellschaft sind; und die Tugend der Gesellschaft beruht auf der Natur der Gesetze.

Spinoza unterscheidet zwischen deskriptiven und normativen Gesetzen; die normativen Gesetze sind von den deskriptiven abgeleitet. Es gibt zwei Arten von deskriptivem Gesetz – das Naturgesetz und das Naturrecht. Das erstere besteht aus Aussagen über das Wesen der Dinge, so weit sie von innen bestimmt sind. Das letztere besteht aus Beschreibungen des Strebens oder der Macht der Dinge. Das Naturgesetz erzeugt die Verhaltensnormen, und das Naturrecht erzeugt die Normen der Kompetenz. Die Normen der Kompetenz sind im bürgerlichen Gesetz ausgedrückt, während die Verhaltensnormen in drei letztlich äquivalenten Formen ausgedrückt sind – den Normen der Vernunft, dem natürlichen göttlichen Gesetz und dem universalen offenbarten Gesetz.

Die Normen der Vernunft beruhen auf der philosophischen Ethik, die oben umrissen worden ist. Das natürliche göttliche Gesetz beruht auf der natürlichen Theologie. Das universale offenbarte Gesetz ist das Mittel, durch welches der Philosoph die universale Wahrheit an die Fassungskraft der unwissenden Menge anpaßt, indem er Schlußfolgerungen ohne die Prämissen und deskriptive Wahrheiten in der Gestalt von Normen gibt. Inhaltlich ist kein Unterschied zwischen den beiden Formen des göttlichen Gesetzes. Ähnlich gibt es im Grunde keinen inhaltlichen Unterschied zwischen dem göttlichen Gesetz und dem Naturgesetz. Tatsächlich kann aus einer religiösen Perspektive das Naturgesetz eine göttliche Leitung genannt werden. Es gibt freilich einen wesentlichen Unterschied zwischen ihnen: Sie unterscheiden sich in Herkunft und Ziel. Die Quelle des natürlichen Gesetzes ist die menschliche Vernunft, während die Quelle des göttlichen Gesetzes die Offenbarung ist. Ziel des natürlichen

Gesetzes ist das Wohlergehen von Individuen und ihren Staaten, wogegen das Ziel des göttlichen Gesetzes das *summum bonum* ist – die wahre Erkenntnis und Liebe Gottes.

Angewandte Ethik

Religion und Religionen

Spinoza wählt zwei Formen des universalen offenbarten göttlichen Gesetzes aus – eine partikularistische Version, das Gesetz Moses', und eine universalistische Version, das Gesetz Christi. Das Gesetz Moses' ist die Grundlage des Judentums, aber es ist nicht dasselbe wie das Judentum. Das Gesetz Christi ist die Grundlage des Christentums, aber es ist nicht dasselbe wie das Christentum. Letztlich sind diese beiden Gesetze dieselben. Das Gesetz Christi mag als eine Verallgemeinerung des Gesetzes Moses' aufgefaßt werden. Umgekehrt kann das Gesetz Moses' als ein Beispiel für das Gesetz Christi aufgefaßt werden.

Spinoza war zweifellos eine stark religiöse Persönlichkeit, aber er fühlt sich an keine bestimmte Religion gebunden. Er scheint zu glauben, daß alle Religionen Abweichungen von *der* Religion sind. Statt dessen befürwortet Spinoza eine universale Religion, die alle besonderen religiösen Gesellschaften transzendiert. Sie hat drei Lehren: (1) Gott existiert; Gott ist einer; und Gott ist allmächtig. (2) Es gibt eine vollständige göttliche Vorsehung oder einen göttlichen Determinismus, und die Liebe zum Nächsten ist der Weg zum wahren Gottesdienst und Gottesgehorsam. (3) Wer diesen Dogmen gemäß lebt, wird gerettet; und wer das nicht tut, hat immer die Möglichkeit der Reue.

In Spinozas Verständnis der Ausdrücke besteht die wahre Religion wie die wahre Philosophie aus universalen wahren Ideen. Beide haben denselben Inhalt und dasselbe Ziel, nämlich auszudrücken, was absolut wahr ist, ja, sie sind, wenn wir unsere Aufmerksamkeit nur auf ihren Inhalt richten, miteinander identisch. Das Ziel beider Aktivitäten ist die geistige Liebe zu Gott. Was in der Philosophie die Gesetze der Natur sind, wird in der wahren Religion die «Leitung Gottes» genannt. Die Lehren der wahren Religion sind auch die Vorschriften der wahren Philosophie, nämlich daß Gott existiert, daß Gott einer ist und daß Gott allmächtig ist, daß Gott die Natur absolut lenkt, daß der Gehorsam gegen Gott in der Nächstenliebe besteht, daß Gehorsam seligmachend ist und daß es möglich ist, sich vom Ungehorsam zum Gehorsam zu wenden, es also sowohl Reue wie Vergebung gibt. [5]

Aber Religion und Philosophie gehen über ihren bloßen Inhalt hinaus. Die Identität ihres Inhalts bedeutet, daß beide ähnlich und absolut kohärent, aber nicht, daß sie identisch sind. Während ihre Ziele dieselben sind, sind ihre Methoden vollständig verschieden. Spinoza ist sogar der Meinung, daß sie so verschieden sind, daß sie völlig unabhängig voneinander sein sollten. Während die Religion für alle Menschen gedacht ist, unangesehen ihrer intellektuellen Fähigkeiten, ist die Philosophie nur für diejenigen gedacht, die durch glückliche Umstände und eine natürliche Veranlagung die Fähigkeit haben, sich mit abstraktem Denken zu befassen.

Die Wahrheiten der Philosophie werden von Philosophen entdeckt, die Menschen mit gutem Verstand sind; wohingegen die Wahrheiten der Religion von Propheten entdeckt werden, die Menschen mit einer guten Vorstellungsgabe sind. Diese beiden Fähigkeiten verhalten sich umgekehrt proportional zueinander. Deshalb ist es, im Widerspruch zu klassischen jüdischen Philosophen wie Maimonides, unmöglich, zugleich Philosoph und Prophet zu sein. [6]

Weiterhin drücken die wahren Behauptungen des Philosophen das aus, was der Fall ist, und wurzeln in Beweisen, die auf mathematischen Formen des Denkens beruhen; wohingegen die wahren Behauptungen der Propheten moralische Behauptungen (was der Fall sein sollte) ausdrücken und in Beweisen wurzeln, die auf moralischen Denkformen beruhen, welche die Behauptungen über die menschliche Erfahrung verkörpern. Während kontingente Behauptungen über die Geschichte für die Sphäre der Philosophie nicht relevant sind, sind sie in religiösen Beweisen von äußerster Wichtigkeit. Beide drücken in einem gewissen Sinn

---

5 *Theologisch-politischer Traktat* (übertr. u. eingel. v. Carl Gebhardt, Hamburg 1955), Kapitel 14, S. 255 ff.
6 Ebd., S. 22.

das aus, was sie mit Gewißheit behaupten, aber die Art der jeweiligen Gewißheit ist ganz verschieden. Die wahre Philosophie hat, was Spinoza «mathematische Gewißheit» nennt, während die wahre Religion das hat, was er «moralische Gewißheit» nennt. Die Heilige Schrift ist als Beispiel der wahren Religion ein an die Massen gerichtetes Werk, das gewisse Wahrheiten ausdrückt; aber diese Wahrheiten sind von der Philosophie gänzlich verschieden. Die Wahrheiten der Schrift sind moralische Gewißheiten über die menschliche Erfahrung und Geschichte, die als solche gänzlich außerhalb des Bereichs der Philosophie liegen. Umgekehrt drückt die Philosophie universale zeitlose, mathematische Wahrheiten aus, die gänzlich außerhalb der Sphäre der Religion liegen.

Letztlich sind die Wahrheiten beider kohärent und konsistent, da es nur eine einzige Wahrheit gibt. Auf der allgemeinsten Ebene können, wie oben bemerkt, die Wahrheiten beider in einer endlichen Menge von Aussagen zusammengefaßt werden. Aber die Ausdrucksform dieser Wahrheiten ist so verschieden, daß die Behauptungen der wahren Religion und der wahren Philosophie als unterschieden und autonom behandelt werden müssen.

Politik

Es muß ein weiterer Unterschied zwischen Philosophie und wahrer Religion angeführt werden. Während beide Gesetze formulieren, deren Befolgung zum Heil führt, unterscheiden sie sich im Hinblick auf ihre jeweiligen Subjekte. Der Handelnde, der seine Rettung durch die Philosophie erlangt, ist der einzelne, während der Handelnde, der Rettung durch die Religion erlangt, die Nation ist. Letztere Behauptung bedarf der Erläuterung, da sie nicht sogleich ins Auge springt, wenn man Spinozas Schriften liest.

Spinoza formuliert zwei Definitionen von Gesetz, ohne auf dieser Stufe zwischen natürlichem und göttlichem Gesetz zu unterscheiden.[7]

7 S. 77 ff.

Nach der ersten Definition ist ein Gesetz das, wonach ein einzelner oder alle Mitglieder einer Spezies in einer bestimmten Weise handeln. Er merkt an, daß das vorgeschriebene Verhalten entweder auf natürlicher Notwendigkeit oder menschlicher Vorschrift beruht. Im ersten Falle ist das ausgedrückte Gesetz eine Vorschrift der mathematischen Vernunft, im letzteren Fall nicht.[8] Aber wenn man sagt, daß die letztere Art von Vorschriften, die Gebote genannt werden, nicht durch die mathematische Logik gelehrt werden, d. h. von der Philosophie, dann bedeutet das nicht, daß sie nicht Vorschriften der Vernunft sind. Sie beruhen auf der Vernunft, aber die hierin vorausgesetzte Vernunft ist in diesem Falle pragmatisch und / oder moralisch und / oder politisch. Spinozas *Ethik* soll ein Beispiel für mathematisches Argumentieren sein; sowohl sein *Theologisch-Politischer Traktat* wie seine *Abhandlung vom Staate* sollen Beispiele pragmatischer Vernunft sein.

Spezifisch mit Bezug auf Befehle – Vorschriften, die vom menschlichen Belieben abhängen – formuliert Spinoza seine zweite Definition des Gesetzes. In diesem Fall ist das Gesetz eine Lebensweise, die der Mensch, entweder für sich selbst oder für andere, um eines bestimmten Zweckes willen festsetzt. Man beachte, daß der «Mensch», der diese Lebensweise bestimmt, ein einzelner, eine Gruppe von einzelnen innerhalb einer größeren Gruppierung oder die größere Gruppierung selbst sein kann. Nur im dritten Fall gibt sich der Gesetzgeber selbst das Gesetz, in den beiden ersten Fällen gibt er ebenso den anderen das Gesetz. Diese dreifältige Unterscheidung entspricht den drei politischen Staatsformen, die in der *Abhandlung* behandelt werden, nämlich der Monarchie (wo der Gesetzgeber ein Individuum ist), der Aristokratie (wo der Gesetzgeber eine Untergruppe ist) und der Demokratie (wo die Gruppe sich selbst als Ganzes das Gesetz gibt). In jeder dieser Alternativen ist der Zweck der Gesetzgebung das Heil. Im Fall des göttlichen Gesetzes, das die absolute Wahrheit ausdrückt, ist der Zweck die Erkenntnis und Liebe Gottes.[9] Im Fall des menschlichen Gesetzes, das relative Wahrheiten ausdrückt, ist der

8 Das letztere kann es nicht sein, da die Sphäre der mathematischen Vernunft auf Behauptungen beschränkt ist, die notwendig wahr sind.
9 Diese beiden Worte drücken dieselbe Sache aus.

Zweck politisch, d. h. das Leben und die Sicherheit des Staates. Dieses relative, menschliche Gesetz, dessen Zweck politisch ist, macht nach Spinoza den Inhalt der Heiligen Schrift aus.

Regierung

Wie Spinoza in der *Abhandlung vom Staate* erklärt, würden im Idealfall Menschen nach der Vorschrift der Vernunft leben, wie sie sich in Philosophie und Religion ausdrückt. Aber die meisten Menschen sind nicht hinreichend entwickelt, um so zu leben, und die politische Theorie muß den Menschen so nehmen, wie er ist, und nicht, wie er sein sollte. Deshalb ist der Ausgangspunkt der politischen Theorie die natürliche Begierde aller Menschen, zu existieren und in ihrer Existenz zu beharren. Wie Spinoza in der *Ethik* erklärt, ist die Begierde ein bewußter Willensakt, der durch das Gefühl bestimmt ist. Wiederum beginnt die politische Theorie mit den niedrigsten Gemütsbewegungen und Begierden, weil nur diese allen Menschen gemeinsam sind. Die erste Begierde ist die Begierde zu existieren, und der erste Affekt ist die Furcht, nicht zu existieren. Diese Gemütsbewegung und die ihr entsprechende Begierde ist die grundlegende Ursache der Existenz der Gesellschaft. Wie Spinoza in der *Abhandlung vom Staate*[10] feststellt, verursacht die individuelle Furcht die Verbindung unter den einzelnen, die ihrerseits die kollektiven Rechte und/oder Macht fördert.[11] Mit anderen Worten, je stärker der Affekt der individuellen Furcht, desto stärker ist die Macht/das Recht des Kollektivs (d. h. der Gesellschaft) und desto schwächer das Recht/die Macht des einzelnen. Nun ist, wie Spinoza in der *Ethik* sagt, ein Wesen gut/erfüllt/glücklich[12], soweit es frei ist. Frei zu sein heißt, selbstbestimmt zu sein, während in Knechtschaft zu leben bedeutet, von etwas anderem als man selbst bestimmt oder beherrscht zu werden.[13]

10 *Abhandlung vom Staate* (übers. v. C. Gebhardt, Hamburg 1977), S. 65 f.
11 Diese beiden Ausdrücke, Recht und Macht, haben dieselbe Extension.
12 Diese drei Ausdrücke haben dieselbe Extension.
13 Gott allein ist absolut gut, d. h. absolut frei. Man beachte, daß Freiheit nichts mit Kontingenz zu tun hat. In Spinozas Universum gibt es für jeden Sachverhalt eine Ursache, aus der er notwendig folgt.

In der niedrigsten Form der Gesellschaft, deren Motiv lediglich der niedrigste unter den Affekten ist, geben die Bürger alle individuellen Rechte und Macht auf. Im allgemeinen gilt, je edler die Bürger, desto edler die Form der gesellschaftlichen Organisation und desto größer die Macht des einzelnen in der Gesellschaft. Wie Spinoza in der *Abhandlung vom Staate* wie auch im *Theologisch-Politischen Traktat* argumentiert, ist die Demokratie der Aristokratie vorzuziehen, die ihrerseits der Monarchie vorzuziehen ist. Dieses Werturteil wird hier aus einer absoluten Perspektive gefällt. In der Demokratie – einer Gesellschaft, in der die Autorität gleichermaßen bei allen Mitgliedern der Gesellschaft liegt – hat der einzelne die größte mögliche Freiheit. Umgekehrt haben in der Monarchie – einer Gesellschaft, in der die Autorität bei einem einzigen Individuum liegt – alle übrigen Mitglieder die geringst mögliche Freiheit. Freilich bedeutet das nicht, daß diese Rangordnung in jeder konkreten Situation gilt.

Zu einem bestimmten Zeitpunkt und Ort kann jede dieser Regierungsformen am besten sein. Die richtige Wahl hängt von dem Entwicklungsniveau der Bürger ab. Ähnlich mag, absolut gesehen, der wahre Philosoph der beste Mensch sein, aber nicht alle Menschen müssen Philosophen sein. Was ein bestimmter Mensch an einem bestimmten Ort zu einer bestimmten Zeit sein sollte, hängt von seinem Entwicklungsniveau ab. Während außerdem alle Menschen danach streben, ihre Existenz zu fördern, hängt die Art, wie sie sie fördern sollten, von dem Grad ab, bis zu dem sie entwickelt / frei sind. Ähnlich wünschen alle politischen Staaten ihre Existenz zu fördern, aber welche politische Ordnung ihr Wohlergehen am besten fördert, hängt von ihren besonderen Umständen ab. Der wichtigste Faktor ist die Reife / Freiheit ihrer Bürger. Deshalb würde in einer Welt niedriger Menschen die Demokratie die am wenigsten wünschenswerte Form der Regierung sein und die Monarchie die beste.

Ein guter Staat ist ein Staat, der sein Überleben sichert. Auf der fundamentalsten Ebene hängt der Grad, bis zu dem ein Staat sich erhalten kann, von seiner Fähigkeit ab, den inneren wie den äußeren Frieden zu gewährleisten. Der Grad, bis zu dem ein Staat den inneren Frieden wahren kann, hängt von dem Grad ab, bis zu dem die Staatsbürger willens sind, seinen Gesetzen zu gehorchen. In einem idealen Staat von ganz und

gar tugendhaften (d. h. rationalen) Menschen brauchen die Bürger
selbst, die von altruistischen Begierden sowie einer Vision langfristiger
Güter im Gegensatz zu eigennützigen Begierden und kurzfristigen Gütern geleitet sind[14], keine äußere Autorität, die sie dazu veranlaßt, so zu
handeln, daß sie das Gut des Staates maximieren. Deshalb ist in einem
solchen Staat die beste Regierung die Demokratie, die in keiner Weise die
Religion gesetzlich vorschreibt, weil ihre Bürger der wahren Religion der
Vernunft von Natur aus folgen. In einem Staat, dessen Bürger von
Furcht beherrscht werden, hängt die Herrschaft notwendig von einer äußeren Autorität ab; und die Herrschaft eines einzelnen führt zu einem
Maximum an Recht und Gesetz. In einer solchen Gesellschaft wird die
Religion eine Religion des Aberglaubens sein, wo Religion an die Furcht
ihrer Bürger appelliert, um blinden Gehorsam gegenüber dem Staat zu
fördern.[15]

Noch einmal, Monarchie und Aberglaube sind, absolut gesehen, die
niedrigste Form von Regierung und Religion. Aber in einer Gesellschaft
von unentwickelten Menschen ist die Monarchie die beste aller möglichen Regierungen und der Aberglaube die beste aller möglichen Religionen, durch die die einzelnen in den Stand gesetzt werden, Fortschritte
zu machen. In dem Maße, wie sie Fortschritte machen, können sie sich zu
entsprechend höheren Regierungs- und Religionsformen voranbewe-
gen. Am Ende wird eine Situation stehen, in der alle Individuen Gott
sind, d. h. absolut frei (sich selbst bestimmend). In einer solchen Gesellschaft, wenn es auf dieser Stufe überhaupt noch angemessen ist, von
einer Gesellschaft zu sprechen, würde es kein Gesetz mehr geben. Jeder
würde sich selbst bestimmen. Und was alle einzelnen für sich selbst bestimmen würden, würde wunderbar mit dem zusammenstimmen, was
alle anderen für sich selbst bestimmen.[16]

Die Stufen, auf welchen sich Menschen in der Gesellschaft von der
niedrigsten bis zur höchsten Ebene entwickeln können, werden die «Gra-

14 Nämlich die Liebe Gottes und ihrer Mitmenschen.
15 *Theologisch-politischer Traktat*, S. 6.
16 Darin ist enthalten, daß das absolut ideale Regierungssystem die Anarchie ist; aber
relativ gesehen ist in dieser unvollkommenen Welt Anarchie niemals eine lebensfähige
Möglichkeit.

dualstrategie der relativen Freiheit» genannt.[17] Aus ihrem eigenen selbstsüchtigen Wunsch heraus, ihr eigenes Wohlergehen zu fördern, wird die niedrige Gesellschaft äußere Normen und eine abergläubische Religion anwenden, um die niedrigen Bürger dazu zu bringen, ihre selbstsüchtigen Begierden nach Selbsterhaltung zu unterdrücken. Durch solches Handeln werden die niedrigen Individuen allmählich dazu gebracht, an die Stelle der übelsten Leidenschaften[18] weniger üble Leidenschaften zu setzen wie Furcht und Hoffnung (von seiten der Regierung) und Reue und Demut (von seiten der Religion). Auf dieser Ebene werden individuelle Bürger dazu erzogen, die früher äußeren Normen zu internalisieren und dadurch ihre am wenigsten üblen Leidenschaften durch gute Leidenschaften zu ersetzen, wie Freude und Hoffnung sowie deren entsprechende Begierden des Edelmuts und der Willenskraft. Auf dieser Ebene hat der einzelne die Gelegenheit, ein Höchstmaß an menschlicher Freiheit zu erlangen. Vor diesem Hintergrund diskutiert Spinoza das Alte und das Neue Testament.

Die Heilige Schrift

Die Thora wie die Evangelien sind Ausdruck des allgemeinen offenbarten göttlichen Gesetzes. Die Evangelien drücken dieses Gesetz in allgemeiner Form aus (als das Gesetz Christi), die Thora hingegen in einer partikularistischen Form (als das Gesetz Moses'). Die Thora begründet ein System des äußeren Gesetzes in einer Theokratie. Diese Form der Regierung war zu jenem Zeitpunkt und an jenem Ort die beste für das hebräische Volk. Durch die Theokratie wurde diese Nation fähig, sich zu einer höheren Form kollektiver Existenz zu entwickeln, in der das äußere Gesetz nicht länger nötig war. Die Evangelien formulieren diese höhere Ebene der (individuellen und kollektiven) menschlichen Existenz. Die Thora gilt für ein Volk, das von Furcht beherrscht wurde und durch seinen Gehorsam gegenüber der Thora zu einem Volk wurde, das

17 Jon Wetlesen, *The Sage and the Way*, Assen, Kapitel 4.
18 Nämlich rein egoistische Begierde nach einer Selbstbelohnung.

von der Pflicht beherrscht wurde. Mit anderen Worten, die jüdische Nation ist durch die Thora aus einem Volk der übelsten Leidenschaften zu einem Volk mit den am wenigsten üblen Leidenschaften geworden.[19]

Die Gesetzgebung der Thora gilt für die Nation als ganze und nicht für die Individuen als solche. Die Belohnung für den nationalen Gehorsam ist nationale Sicherheit, und die Strafe für Ungehorsam ist der Untergang des Volkes. Aber indirekt belohnt der Gehorsam auch die Bürger, da die Individuen in dem Wunsch zu gehorchen – d. h. dadurch, daß die Bürger die Normen des Staates verinnerlichen – freier/sich selbst bestimmend werden. Auf dieser Ebene der Vollkommenheit sind sie bereit, eine höhere Stufe der kollektiven Existenz zu erlangen.

Der Niveauunterschied zwischen den Propheten Moses und Jesus verweist schon als solcher auf den Unterschied zwischen der Thora und den Evangelien. Von den Propheten auf der frühen nationalen Stufe war Moses der beste. Propheten stellen sich mittels Worten oder Gesichten vor, was wirklich oder was bloß imaginär ist. Nur in Moses' Fall gab es eine Offenbarung von dem, was wirklich war, mit Hilfe von Worten.[20] Aber Jesus übertraf Moses' Ebene, denn Jesus war der einzige Prophet, der direkt mit Gott kommunizierte, von Geist zu Geist, ohne auf Worte angewiesen zu sein.[21]

Dieser Niveauunterschied zwischen Moses und Jesus wurde durch den Niveauunterschied Israels zu dem Zeitpunkt, als die Thora offenbart wurde, und später, als die Evangelien offenbart wurden, verursacht. Deshalb wurde das, was Moses als Gesetz darstellte, von Jesus als die Feststellungen ewiger Wahrheiten präsentiert.[22] Diese behauptete Überlegenheit muß auf zwei Arten verstanden werden. Zunächst ist die Zuhörerschaft der Evangelien allgemeiner als das Publikum der Thora, da das letztere das jüdische Volk ist, erstere die gesamte Menschheit. So-

---

19 *Theologisch-politischer Traktat*, S. 101 f.
20 Sich vorzustellen, was wirklich besser ist, ist besser, als sich vorzustellen, was imaginär ist, und sich mit Hilfe von Worten etwas vorzustellen ist besser, als mittels Gesichten vorzustellen.
21 S. 25.
22 S. 86 ff.

dann stellt die Aussageform der Äußerung klarer dar, was der Fall ist, als die Befehlsform.[23]

Eine Aussage der Form: «Wenn A, dann B» bedeutet: «Wenn du A tust, dann folgt B mit Notwendigkeit»; aber sie sagt weder, daß du notwendig A tust noch daß B notwendig eintritt. Aber wenn den Unwissenden gesagt würde, daß es nicht notwendig ist, A zu vermeiden, und daß B nicht geschehen muß – einmal angenommen, daß B ein Sachverhalt ist, der einen negativen Wert hat –, dann würden sie nur allzugern glauben, daß es erlaubt ist, A zu tun, und daß B nicht geschehen wird. Deshalb wird diese Aussagewahrheit den Unwissenden in einer imperativischen Form als «Tue nicht A» gegeben. Daß Jesus die imperativische Ausdrucksweise zugunsten von Aussagebehauptungen aufgab, ist selbst ein Zeichen, daß, absolut gesehen, die Apostel sich an eine höhere Ebene der Gesellschaft wenden als die Thora.

Zusammenfassend, die Thora hat Gesetze formuliert, durch die das hebräische Volk von einer niedrigen Form der Nation auf eine so hohe Ebene der menschlichen Existenz gehoben wurde, wie es für unvollkommene menschliche Wesen überhaupt nur möglich ist. Dann übernahmen die Evangelien diese ausgezeichneten Individuen und präsentierten ein Programm, durch das sie die höchste Vollkommenheit erreichen konnten. Während die Evangelien in einem gewissen Sinn über die Thora hinausgehen, nämlich sich an eine höhere Ebene des menschlichen Seins wenden, können sie in keinem anderen Sinn als überlegen angesehen werden. Die Thora präsentiert das ideale System der Regierung und Religion für Individuen auf der Ebene der hebräischen Nation zu der bestimmten Zeit und an dem bestimmten Ort in der Geschichte, da Gott Moses seine ewige Wahrheit offenbarte. Die Evangelien präsentieren dagegen kein Regierungssystem, da sie sich an ein Publikum wenden, das vermutlich über das Bedürfnis einer äußeren Autorität erhaben ist. Die Evangelien wenden sich an ein Kollektiv, dessen Individuen so vollendet sind, daß sie sich über die bildlichen Behauptungen der Prophetie hinausbewegen können. Sie können die geoffenbarte Religion überschreiten

---

23 S. 85. Wie wir in Kap. 9 sehen werden, ist die Verneinung dieser Behauptung Spinozas ein Eckstein der jüdischen Philosophie von Hermann Cohen.

und das Elitereich des Philosophen betreten. Absolut gesehen sind die beiden Testamente gleich. Beide sind für ihre jeweiligen Zeiten und Orte die besten aller möglichen Aussagen jener einzigen absoluten Wahrheit, die Gegenstand der wahren Religion ist.

Bei der Beurteilung von Spinozas Einstellungen gegenüber dem jüdischen Volk haben jüdische Intellektuelle radikal entgegengesetzte Standpunkte eingenommen. Spinozas Opponenten beziehen sich immer spezifisch auf seine Urteile über die Unterlegenheit des Judentums und des Gesetzes Moses' unter das Christentum und das Gesetz Christi. Aber man kann zur Verteidigung von Spinoza sagen, daß auf der Grundlage seiner Analyse in dieser Welt keine Gesellschaft existiert, der die Evangelien angemessen sind. Spinozas Jesus wendet sich an die Welt der Geretteten in messianischer Zeit. Während einige Philosophen in dieser Welt vielleicht schon das messianische Zeitalter betreten haben, trifft das für die meisten Menschen – Juden wie Christen – nicht zu. Einmal vorausgesetzt, daß Juden behaupten, dies sei noch nicht das messianische Zeitalter, und daß viele Juden ebenso behaupten, die Thora sei im messianischen Zeitalter nicht länger bindend, dann muß das, was Spinoza über die Evangelien sagt, nicht als antijüdisch aufgefaßt werden. Man sollte sich immer daran erinnern, daß Spinozas Heilige Schrift sich vom Judentum wie vom Christentum unterscheidet. In jedem Fall hatten Spinozas Aussagen über Ethik, Politik und Religion einen großen Einfluß auf die nachfolgende moralische und religiöse europäische und jüdische Philosophie.

8
Mendelssohn und das moderne jüdische Denken

Allein schon durch seine Bibelkritik hat sich Spinoza als der erste moderne jüdische Denker erwiesen. Eines der wichtigsten Probleme im Mittelalter war folgendes: Wenn Gott der Autor der Thora ist, dann ist jeder Satz darin wahr; aber viele Sätze darin scheinen nicht wahr zu sein. Wie können wir diesen Konflikt lösen? In der Neuzeit – spezifischer gesagt: im 18. und 19. Jahrhundert – änderte sich das Problem: Wenn die Heilige Schrift wenigstens zum Teil ein menschliches Werk ist und wenn der jüdische Glaube auf der Thora beruht, wie ist es möglich, weiterhin Jude zu sein? Die führenden Köpfe der jüdischen Aufklärung, d. h. diejenigen, die einem jüdischen Milieu entstammten, Kenntnis der westlichen Zivilisation hatten und fest entschlossen waren, beides in ihrem eigenen Leben und im Leben des jüdischen Volkes miteinander zu verbinden, haben versucht, dieses Problem zu lösen. Ihr denkwürdigster Repräsentant war Moses Mendelssohn (1729–1786).

Moses Mendelssohn

Sein Leben

Mendelssohn wurde als Sohn eines armen Schreibers in Dessau geboren. [1] Im Alter von 14 Jahren folgte er seinem Lehrer, David Fränkel, nach
Berlin, wo er seine jüdischen Studien fortsetzte. Von Fränkel lernte er
den Talmud und Maimonides' *Führer der Unschlüssigen* kennen. Dort
fand er auch andere Lehrer, bei denen er Französisch, Italienisch, Englisch, Lateinisch, Griechisch, Mathematik, Poesie und Philosophie lernte.
In Politik und Literatur schloß er sich seinen Freunden Friedrich Nicolai
und Gotthold Ephraim Lessing an[2]; in der Philosophie war er Schüler der
Lehren von Gottfried Wilhelm Leibniz (1646–1716), wie sie von Christian Wolff (1679–1754) popularisiert worden waren. Auf dem Gebiet
der allgemeinen Philosophie war seine bemerkenswerteste Leistung ein
Essay[3], der in einem Wettbewerb, den die Berliner Akademie der Wissenschaften im Jahre 1763 ausgeschrieben hatte, den ersten Preis da-
vontrug, vor einem Aufsatz, den Kant vorgelegt hatte. Aber obgleich
Mendelssohn im 18. Jahrhundert unter den deutschen Intellektuellen bekannt war, beruht sein Ruhm doch hauptsächlich auf seinen jüdischen
Schriften. Im Jahre 1769 trug sich ein Ereignis von besonderer Wichtigkeit zu, das Mendelssohns Werk diese Richtung gab.

Johann Kaspar Lavater, ein Pfarrer aus Zürich, übersetzte[4] eine französische Studie über die christliche Apologetik von Charles Bonnet. [5] Lavater sandte seine Übersetzung an seinen Bekannten Mendelssohn zu-

---

1 Einige weitere Tatsachen seines Lebens, die von Interesse sind, sind folgende: Er litt
seit einer Kinderkrankheit an einer Rückgratverkrümmung und sein ganzes Leben
lang an nervösen Störungen. Er war verheiratet mit Fromet Guggenheim (1737–1812)
aus Hamburg. Sie hatten drei Söhne (Josef, Abraham und Nathan) und drei Töchter
(Dorothea, Recha und Henrietta). Das berühmteste unter Moses' Enkelkindern, die
alle Christen waren, war der Musiker Felix, der Sohn von Abraham.
2 Die Hauptfigur in Lessings «Nathan der Weise» hat Mendelssohn zum Vorbild.
3 Der Titel von Mendelssohns Essay lautete: Über die Evidenz der metaphysischen
Wissenschaften.
4 *Untersuchungen der Beweise für das Christenthum.*
5 *Idées sur l'état des êtres vivants ou palingénésie philosophique.*

sammen mit einem Brief, in dem er seiner Hoffnung Ausdruck gab, daß dieses Werk Mendelssohn veranlassen werde, zum Christentum überzutreten. Mendelssohn antwortete mit einem öffentlichen Brief, der sein Festhalten am Judentum verteidigte.[6] Dieser Brief stellte die Grundlage für die Ideen dar, die er später in größerer Ausführlichkeit in seinem Buch *Jerusalem oder über die religiöse Macht des Judenthums* (Berlin 1783) entwickelte.[7] In diesem Brief unterschied er zwischen einer natürlichen Religion für die gesamte Menschheit und der jüdischen Religion, die ausschließlich für das jüdische Volk gedacht war. Er argumentierte, daß diese beiden Formen der Religion miteinander vereinbar seien, da das Judentum nur spezifische Formen von Verpflichtungen für Juden lehre, die mit den allgemeinen, rationalen Lehren der natürlichen Religion vereinbar seien. In diesem Brief erklärte er auch, warum das Judentum im Unterschied zum Christentum keine missionarische Religion sei. Die religiösen Wahrheiten, an denen die gesamte Menschheit festhalten sollte, werden von der natürlichen Religion gelehrt. Da das Judentum nur Gesetze für das jüdische Volk lehre, gebe es keinen Grund, Bekehrungen zu versuchen.

Die Lavater-Affäre führte zu einem Aufruhr in ganz Deutschland. Am Ende bedauerte jeder der Beteiligten – Lavater, Bonnet und Mendelssohn – den Vorfall. Mendelssohn selbst wurde, wegen seiner schwachen Nerven, krank. Infolge dieses Ereignisses wurde Mendelssohn in der Öffentlichkeit als Wortführer einer aufgeklärten Form des Judentums bekannt und verwandte einen beträchtlichen Teil seines Lebenswerks auf die Erfüllung der sich daraus ergebenden Aufgaben. Zu den denkwürdigeren Leistungen in dieser Hinsicht zählen seine Beteiligung an der Einrichtung einer Schule – der Jüdischen Freischule in Berlin –, die jüdische und nicht-religiöse Studien integrierte, im Jahr 1781 und seine Zusammenarbeit mit den ersten deutschen Zeitungen in hebräischer Sprache in den 50er Jahren – zuerst *Kohelet Musar* und später *Ha-Me'assaf*.

6 Sein Brief, veröffentlicht 1770, trug den Ttel: «Schreiben an den Herrn Diaconus Lavater in Zürich».
7 Im folgenden als *Jerusalem* zitiert.

Sein Denken

Mendelssohns Hauptschriften sind *Phaedon oder über die Unsterblichkeit der Seele* (1767), *Jerusalem oder über die religiöse Macht des Judenthums* (1783) und *Morgenstunden oder Vorlesungen über das Dasein Gottes* (1785)[8]. Zu seinen übrigen Schriften zählen verschiedene Predigtsammlungen, ein Kommentar zu Moses Maimonides' Jugendwerk über Logik – *Millot Ha-Higgayon* – aus dem Jahr 1761 und deutsche Übersetzungen des Prediger (1770), des Pentateuch (1778–1783), der Psalmen (1783) und des Hohen Liedes (veröffentlicht 1783). Außerdem schrieb Mendelssohn auf Bitten von Salomon Dubno einen *Biur* betitelten Kommentar zu seiner Übersetzung des Pentateuch. Seine Übersetzungen verfolgten das Ziel, die deutschen Juden des Jiddischen zu entwöhnen und ihnen nahezulegen, statt dessen sowohl Deutsch wie Hebräisch als moderne Sprachen für das weltliche wie geistliche Leben der Juden zu übernehmen, für Menschen, die Deutsche und Juden zugleich waren. Die Übersetzungen fanden heftigen Widerstand bei den Juden, die die klassische, traditionelle Form des jüdischen Gemeinwesens erhalten wollten, wie auch bei den Verteidigern des Jiddischen, die diese Sprache dem Hebräischen als Umgangssprache des jüdischen Volkes vorzogen. Zu Mendelssohns erklärten Gegnern gehörten Ezekiel Landau aus Prag, Raphael Kohen aus Altona und Kohens Schwiegersohn Hirsch Janow.

Mendelssohns Schriften zum religiösen Denken der Juden beruhten auf seiner allgemeinen Kenntnis der Klassiker der westlichen und jüdischen Philosophie; aber der beherrschende intellektuelle Einfluß auf sein Werk ging von Wolffs Fassung der Philosophie Leibniz' aus. Mendelssohn glaubte, daß die natürliche Religion drei Lehren enthalte: daß es einen einzigen Gott gebe, daß Gott die Welt regiere und daß die menschliche Seele weiterlebe, nachdem ihr Körper gestorben sei. Auch glaubte er, daß alle Menschen diese drei Wahrheiten ohne eine spezielle Offenbarung oder Abhängigkeit von Wundern durch die Vernunft entdecken können. Die *Morgenstunden* enthalten Mendelssohns Beweise

---

8 Im folgenden als *Morgenstunden* zitiert.

des ersten Dogmas – der Existenz und Einzigkeit Gottes. Wir brauchen uns seine Argumente hier nicht anzuschauen, weil sie kaum Neues enthalten. Sie sind einfach eine Formulierung von Anselms ontologischen Argumenten in der Form, die Leibniz ihnen gegeben hatte. Als solche sind sie nicht sehr stark und beträchtlich der Fassung unterlegen, die Spinoza in der *Ethik* präsentiert hat. Für unsere Zwecke ist das wichtigste an den *Morgenstunden*, daß sie mit der Behauptung schließen, alle rationalen Menschen könnten allein mit Hilfe ihrer Vernunft entdekken, daß es einen einzigen Gott des Universums gebe, der die Welt durch einen stets auf das höchste Gut gerichteten Willensakt schaffe. Mit anderen Worten, Mendelssohn glaubte, in den *Morgenstunden* einzig auf der Grundlage der Vernunft bewiesen zu haben, daß es einen einzigen Gott gebe, der weise, gerecht, gnädig und, was am wichtigsten ist, gut sei.

Der *Phaedon* liefert Mendelssohns Beweis des dritten Dogmas der natürlichen Religion – der Unsterblichkeit der Seele. Er schrieb dieses Buch infolge seiner Korrespondenz mit einem Freund, Thomas Abbt aus Frankfurt / Oder. Es ist ein Kommentar zu Platons Beweis der Unsterblichkeit der Seele. Mendelssohn rekonstruierte Platons Argumente auf der Basis der Psychologie des 18. Jahrhunderts und der Philosophie Leibniz'. Im wesentlichen argumentierte Mendelssohn, daß die Seele eine Monade sei, eine unkörperliche, einfache, selbständige Substanz, die in sich alle Begriffe und Ideen vereine. Als solche sei sie nach dem Verfall eines physischen Körpers nicht der Verderbnis unterworfen. Mit anderen Worten: Mendelssohns Identifizierung des Terminus *Seele* mit Leibniz' Begriff der Monade einmal vorausgesetzt, folgt logisch, daß eine Seele / Monade nicht vergänglich ist.

Aber diese Identifikation hat an und für sich nicht zur Folge, daß jeder individuelle Mensch nach dem Tod seine individuelle Identität bewahrt. Es bleibt auf dieser Stufe des Arguments immer noch möglich, daß eine Seele zwar weiterexistiert, aber ohne jede Erinnerung an die Form der Existenz, die sie hatte, als sie mit einem Körper verbunden war. Wenn dies der Fall ist, dann würde die Seele einer Person weiterexistieren, wenn die Person selbst stirbt, würde aber in keinem verständlichen Sinn mehr *ihre* Seele sein. Wenn zum Beispiel Ihre Seele ohne Ihren Körper existiert und ohne jede Erinnerung an die Zeit ist, als sie Ihre Seele war, in welchem Sinn würde sie weiterhin *Ihre* Seele sein? Was sie zu der Ihren macht, beruht letztlich auf Ihrer Persönlichkeit, aber was Ihre Persönlichkeit ausmacht, ist von Ihren Erinnerungen an die erlebten Erfahrungen, die sie geformt haben, untrennbar. Wenn also das Gedächtnis den Tod nicht überlebt, dann lebt vielleicht Ihre Seele weiter, aber sie wäre nicht länger als die Ihre identifizierbar.

Mendelssohns Argument für die fortdauernde Individualität der Seele nach dem Tode beruht auf der Behauptung, daß Gott von Natur aus gut ist (eine Behauptung, die er in den *Morgenstunden* zu beweisen versucht hat). Gottes Güte hat ihrerseits zur Folge, daß diese Welt die beste aller möglichen Welten ist. Diese Lehre von der besten aller möglichen Welten konstituiert Mendelssohns Beweis des zweiten Dogmas der natürlichen Religion – die göttliche Vorsehung. Sie bietet den zweiten Vordersatz seines Arguments für die Erhaltung der individuellen Identität nach dem Tod. In der besten aller möglichen Welten würde Ihre Seele nicht nur weiterbestehen, sondern als Ihre Seele weiterbestehen; d. h., nach dem Tod würden Sie weiterhin Selbstbewußtsein haben. Außerdem argumentierte Mendelssohn, daß in der besten aller möglichen Welten keine Form der Bestrafung ewig sein könnte. Am Ende würden alle Seelen, gleichgültig wie gut oder schlecht sie im Leben waren, und, was am wichtigsten ist, gleichgültig, ob sie durch Christus gerettet worden sind oder nicht, ewige Seligkeit erlangen.

Beide Werke – der *Phaedon* wie die *Morgenstunden* – unterstützen entscheidende Behauptungen, die Mendelssohn in seinem wichtigsten Werk in jüdischer Philosophie, *Jerusalem*, das sich mit der Philosophie der Religion befaßte, über die natürliche Religion aufgestellt hat. Dieses Buch enthält zwei Teile. Der erste ist eine allgemeine Beschreibung der Natur der Religion. Genauer gesagt, Mendelssohn will hier beweisen, daß keine konkrete natürliche Religion eine Exkommunikation befürworten würde. Der zweite Teil diskutiert die Natur des Judentums als Beispiel der natürlichen Religion. Hier will Mendelssohn insbesondere beweisen, daß das Judentum liberaler (will sagen: höher) als das Christentum ist. Obgleich das Buch ein natürlicher Ausdruck der Grundanschauungen Mendelssohns während seines ganzen Erwachsenenlebens ist, war die Abfassung durch ein spezifisches Ereignis motiviert.

Mendelssohn schrieb das Vorwort zu der von Markus Herz stammenden deutschen Übersetzung der *Vindiciae Judaeorum* von dem holländischen Juden Manasseh Ben Israel (1604–1657). Das Buch verteidigt die Emanzipation der Juden in Holland im 17. Jahrhundert. Mendelssohns Vorwort wendete seine Argumente auf das Deutschland des 18. Jahrhunderts an. In seinem Vorwort argumentierte Mendelssohn, daß der allgemeine Fortschritt der Menschheit und das verbesserte Leben des jüdischen Volkes direkt miteinander verwandt seien. Er forderte, daß die Christen um der Menschheit willen aufhören müßten, die Juden zu verfolgen. Er war aber auch überzeugt, daß die Juden um ihres Volkes willen die Denkfreiheit befürworten und aufhören müßten, der allgemeinen politischen Freiheit Widerstand entgegenzusetzen. Aus dem allgemeinen Gedankengang folgte, daß alle Religionen die Exkommunikation beseitigen sollten. Das Buch und Mendelssohns Vorwort riefen beträchtliche öffentliche Kritik hervor, namentlich von einem jüdischen Apostaten namens Josef von Sonnenfels. *Jerusalem* wurde als Antwort auf von Sonnenfels und die anderen Kritiker Mendelssohns verfaßt.

Die Themen von *Jerusalem* können folgendermaßen zusammengefaßt werden: Die wahre Religion und der gute Staat haben dieselben letzten Ziele. Sie versuchen, das menschliche Glück in dieser Welt und Seligkeit in der zukünftigen zu fördern. Sie unterscheiden sich nur in ihren Methoden und ihren unmittelbaren Gegenständen des Interesses. Der Staat befaßt sich mit dem Wohlergehen seiner Bürger, indem er ihre Handlungen lenkt. Andererseits befaßt sich die Religion mit der Seele ihrer Anhänger, indem sie ihren Glauben und die Art, wie sie sich auf Gott beziehen, lenkt.

Jede wahre Religion ist ein Beispiel für die natürliche Religion. Die natürliche Religion ist eine rationale Religion, d. h. eine, die aus wahren Überzeugungen besteht. Mendelssohn behauptete, daß es drei Arten von Wahrheit gebe, die er «logisch notwendige», «kontingente» und «zeitliche» Wahrheiten nannte. Logisch notwendige Wahrheiten sind angeborene Ideen, die einem rationalen Geist von selbst und ohne die Notwendigkeit eines Beweises einleuchten. Diese Arten von Wahrheiten werden durch die Wissenschaften der Logik und Mathematik entdeckt. In diesem Falle sind Offenbarung wie Wunder irrelevant. Mendelssohns spezifische Beispiele für solche Wahrheiten sind die drei Behauptungen, denen wir schon begegnet sind, nämlich die Existenz und Einzigkeit Gottes, die göttliche Vorsehung und die Unsterblichkeit der Seele. Kontingente Wahrheiten sind Ideen, die auf Sinneswahrnehmungen und den Gesetzen der Naturwissenschaften beruhen. Zeitliche Wahrheiten beruhen auf den Berichten verläßlicher Zeugen über einmalige historische Ereignisse, d. h auf Schlußfolgerungen aus zuverlässigen Berichten über kontingente Ereignisse, die so einmalig sind, daß sie von keinem wissenschaftlichen Naturgesetz verallgemeinert werden können. Mit anderen Worten, zeitliche Wahrheiten sind Behauptungen, die auf Wundern, Offenbarung und zuverlässigen Traditionen über Wunder und Offenbarung beruhen.

Der Inhalt der natürlichen Religion besteht aus den ersten beiden Arten von Wahrheit, aber die natürliche Religion selbst ist nur ein begriffliches Konstrukt. Mendelssohn bestreitet, daß es eine allgemeine Religion für die gesamte Menschheit gebe oder geben müsse. Es sollte vielmehr verschiedene Religionen geben, von denen jede aufgrund ihres spezifischen Besitzes an Wahrheiten der dritten Art einzigartig ist.

Die Schlußfolgerungen, die Mendelssohn aus seiner Analyse der Natur des Staates und der Religion zog, sind folgende: (1) Da die Wahrheit der religiösen Lehren nur mittels der Vernunft festgestellt werden kann, darf jede religiöse Institution versuchen, die Menschen von ihren Behauptungen zu überzeugen; aber keine Religion darf Zwang anwenden.[9] (2) Nur der Staat hat das Recht, Zwang anzuwenden. Er verwendet

---

9 Im 14. Jahrhundert argumentierte Chasdai Crescas folgendermaßen: Da das, was ein Mensch glaubt, von seinem Hintergrund, seinen natürlichen Anlagen, seiner Ausbildung und seiner Erziehung verursacht wird, sind die Menschen gezwungen und nicht frei zu wählen, was sie glauben. Das religiöse Gesetz kann nur jemanden verpflichten, der die Freiheit der Wahl besitzt. Infolgedessen kann zwar eine Religion Verpflichtungen zu Handlungen festlegen und aufzählen, was wahrer und was falscher Glaube ist. Aber sie kann keine Glaubensverpflichtungen festlegen. [Vgl. Menachem Kellners Einleitung zu Isaac Abravanels *Principles of Faith (Rosh Amanah)*, Toronto 1982, S. 17–50.] Spinoza argumentierte im *Theologisch-politischen Traktat*, daß der Staat das Recht habe zu tun, wozu immer er die Macht habe; aber, nach Crescas Argument, da der Staat nicht fähig ist, einen Bürger zu verpflichten, seine Überzeugungen zu verändern, hat ein Staat kein Recht, die Gedankenfreiheit zu verweigern. Mendelssohn war gewiß mit Spinozas Argument vertraut, und vielleicht hat er auch Crescas gekannt.

seine Macht zu Recht, um Handlungen der Bürger um der Förderung ihres allgemeinen Wohlergehens willen zu regulieren. Aber da seine Macht auf die Handlungen beschränkt ist und sich nicht auf ihren Glauben erstreckt, sollte der Staat die Gewissensfreiheit befürworten, und alle religiösen Institutionen sollten mit gleicher Achtung behandelt werden.[10] Deshalb ist das jüdische Volk in jeder Nation zur Emanzipation berechtigt.

Im zweiten Teil von *Jerusalem* verlagert sich der Gegenstand von der Religion im allgemeinen und dem Staat auf spezifische Religionen. Es werden drei Arten von Religionen erwähnt – Götzendienst, Christentum und Judentum. Judentum und Christentum unterscheiden sich vom Götzendienst in einer entscheidenden Hinsicht. Wo der Götzendienst es sich angelegen sein läßt, die Wahrheit zu verbergen, sind Judentum und Christentum verpflichtet, sie zu lehren. Aber Mendelssohn argumentierte, daß das Judentum eine vollkommenere Verkörperung der natürlichen Religion sei als das Christentum. In mindestens zweierlei Hinsicht erhebt das Christentum vernunftwidrige Ansprüche, die sich im Judentum nicht finden. Erstens behauptet es, daß es eher einzigartige christliche Überzeugungen (Dogmen) seien und nicht so sehr Verhaltensregeln, die diese Religion charakterisieren. Diese Überzeugungen haben mit dem Leben und den Taten Christi zu tun. Zweitens behauptet es, daß nur die, die diese Dogmen akzeptieren, die Wahrheit erkennen und ein unsterbliches Leben gewinnen können.

In Mendelssohns Argument ist das Judentum unter allen Religionen der Geschichte das vollkommenste Beispiel einer natürlichen Religion. Seine Prinzipien sind sämtlich rationale Lehren der natürlichen Religion. Das Judentum ergänzt sie mit positiven Forderungen oder Gesetzen, die sich eigentlich nur auf das jüdische Volk beziehen. Außerdem hält es mit Recht daran fest, daß diese Gesetze und nur diese Gesetze ausschließlich durch Offenbarung gegeben seien und keiner sie befolgen müsse, um schließlich der ewigen Seligkeit teilhaftig zu werden. Diese Gesetze, die

---

10 Mendelssohn machte bei seinem allgemeinen politischen Prinzip der religiösen Toleranz eine einzige Ausnahme. Nach seinem Urteil hat der Staat das Recht, Atheismus zu verbieten.

Moses auf dem Berg Sinai offenbart hat und die dem jüdischen Volk in jeder Generation durch das verläßliche Zeugnis der Rabbiner weitergegeben worden seien, sind ein einzigartiger Pfad zur Glückseligkeit für das jüdische Volk. Es gibt viele Wege zum selben Ziel, und jedes Volk hat einen eigenen Weg.

Mendelssohn erkannte an, daß die Thora Formen des Zwanges aufführt. Dies widerspricht *prima facie* seine Behauptung, daß keine rationale Religion Zwang anwende und das Judentum eine rationale Religion sei. Aber er argumentierte, daß diese Texte seine These nicht wirklich widerlegten. Als die Thora gegeben wurde, lebte das jüdische Volk in seinem eigenen religiösen Staat. Soweit die Thora von Zwang spricht, tut sie das nur im Fall von Verbrechen gegen den Souverän, d. h. gegen den Staat und nicht im Fall von falschen religiösen Lehren. Als das jüdische Volk aufhörte, einen eigenen Staat zu haben, als der Gang der Geschichte das jüdische Volk in den Stand setzte, eine Trennung der Religion vom Staat zu erreichen, hörte das Judentum auf, Zwang zu verwenden.

Die Schlußfolgerungen, die Mendelssohn aus seiner Analyse der konkreten Formen der Religion zieht, sind folgende: (1) Das Judentum ist dem Christentum überlegen. Das Judentum behauptet eine göttliche Gesetzgebung und nicht offenbarte Dogmen, das Christentum dagegen behauptet, es gebe Glaubensüberzeugungen, die nur mittels der Offenbarung erkannt werden können. Das Christentum versucht, den Geist der Menschen durch Dogmen zu zwingen, das Judentum dagegen erlaube Freiheit des Denkens. Schließlich betonen die christlichen Kirchen die greifbaren Symbole des Glaubens, das Judentum dagegen betone das Tun und die Praxis. Aus all diesen Gründen gelingt es dem Judentum, nicht dagegen dem Christentum, seine Anhänger zu befähigen, die Irrtümer des Heidentums zu vermeiden. (2) Juden unterscheiden sich von anderen Bürgern eines guten Staates einzig dadurch, daß sie weiterhin ihre persönlichen, gottgeheißenen religiösen Pflichten erfüllen. Ein Jude kann jeder Pflicht eines Staates gehorchen, die nicht diese religiösen Pflichten verletzt, und kein Staat sollte Gesetze erlassen, die Juden daran hindern, Gottes offenbartes Wort zu tun.

Immanuel Kant las *Jerusalem* und nannte es ein «unwiderlegliches Buch», das nicht nur «unsere Nation, sondern auch andere» beeinflussen sollte. [11] Er erklärte freilich nicht im einzelnen, wie es seinen, den deutschen Staat beeinflussen sollte. Auf jeden Fall lasen viele emanzipierte Juden und liberale Christen Mendelssohn und wurden von ihm beeinflußt. Zumindest ist *Jerusalem* der Eckstein, auf dem die jüdische Emanzipation im 19. Jahrhundert errichtet wurde. Mendelssohns Leben und Denken übte einen tiefgehenden Einfluß auf die nachfolgende Entwicklung des liberalen Judentums, die *Wissenschaft des Judentums* und die europäische jüdische Philosophie des 19. Jahrhunderts aus.

Haskala (die jüdische Aufklärung)

Das wichtigste Einzelereignis in der Förderung der neuen sogenannten *Wissenschaft des Judentums* in der westlichen Welt war die Veröffentlichung von Leopold Zunz' Untersuchung über den Midrasch mit dem Titel *Die gottesdienstlichen Vorträge der Juden* im Jahre 1832. Sie stellte das Modell dar, nach dem die sogenannte positive historische Schule der Jüdischen Studien begründet wurde. Dieser Titel bezieht sich auf die Betrachtungsweise der jüdischen Forschung, die Zacharias Fränkel (1801–1875) als Oberhaupt des Jüdisch-Theologischen Seminars in Breslau eingeführt hat. Ein beispielhaftes Werk dieser Schule ist die *Geschichte der Juden* (1853–1876) von Heinrich Grätz (1817–1891).

Entscheidenden Anteil am Aufstieg des deutschen Reformjudentums hatten Israel Jakobson (1768–1828), Samuel Holdheim (1806–1860), Salomon Formstecher (1808–1889), Abraham Geiger (1810–1874) und Samuel Hirsch (1815–1889). Im Hinblick auf die jüdische Philosophie waren die interessantesten Wortführer dieser Bewegung Formstecher und Hirsch.

11 *The Jewish Encyclopedia*, Bd. 8, New York 1901, S. 484.

Salomon Formstecher

Formstechers Hauptwerk auf dem Gebiet des religiösen Denkens der Juden trägt den Titel *Die Religion des Geistes* (1841). Formstechers Begriff des Geistes ist dem Begriff des Geistes in der Philosophie von Friedrich Wilhelm Joseph von Schelling (1775–1854) entnommen, damit aber nicht identisch. Wie in Schellings Denken offenbart sich die Weltseele in der Natur; aber im Gegensatz zu Schelling ist die Weltseele nicht durch die Natur gebunden. Statt dessen behauptete Formstecher eine geistige Realität, welche die von ihm mit Gott identifizierte Natur transzendiert. Genauer gesagt, Formstecher unterschied zwei entscheidend wichtige Äußerungsformen des Geistes. Die eine ist das Bewußtsein der Natur, aus dem die Physik entsteht. Die andere ist das Bewußtsein des Bewußtseins selbst, das die Logik erzeugt. Das erstere Bewußtsein ist die Quelle des Ideals der ästhetischen Kontemplation und führt zur Entwicklung einer Religion des Geistes. Formstechers Paradigma einer Religion der Natur ist das Heidentum, in dem Gott mit der Natur identifiziert wird und der Mensch danach strebt, mit Gott eins zu werden. Im Unterschied dazu transzendiert in der Geistreligion Gott die Natur, und das Ziel des menschlichen Lebens besteht darin, durch moralisches Handeln wie Gott (aber nicht mit ihm identisch) zu werden. Formstecher zählte den Islam, das Christentum und das Judentum als Beispiele einer solchen Religion auf; aber er sah das Judentum als das reinste Beispiel dieses Paradigmas an. Formstecher sah, daß zu der Zeit, als das Heidentum verfiel, das Judentum frei war, zunehmend universal zu werden. Ähnlich hat der Niedergang des Heidentums das Judentum befähigt, sich zunehmend des geistigen Selbstbewußtseins bewußt zu werden. Dieser Übergang ist durch zwei entscheidende Stufen in der Geschichte des Judentums markiert. Erstens überwand das Judentum am Ende der biblischen Periode seine Identität als Nationalstaat; d. h., es transzendierte die politische Realität und wurde unter der Führung des klassischen Rabbinats zu einer Gesetzestheokratie. Zweitens kann sich das Judentum dank der Emanzipation in Westeuropa als Theokratie transzendieren und als eine rein spirituelle Religion der absoluten Wahrheit erscheinen.

Formstechers Christentum ist eine Verbindung aus dem falschen Pantheismus der heidnischen Religion und der wahren Transzendenz des

Judentums. Die Geschichte des Christentums ist die Geschichte des inneren Konflikts dieser beiden einander entgegengesetzten reinen Prinzipien der Kirche. Formstecher war fest davon überzeugt, daß das Christentum am Ende der Tage sich von seinen heidnischen Elementen reinigen werde, zu welchem Zeitpunkt Judentum und Christentum identisch werden. Er glaubte, das Werkzeug dieser Reinigung werde der liberale Protestantismus sein.

Samuel Hirsch

Eine ähnliche Philosophie der Religion präsentierte Samuel Hirsch in seiner *Religionsphilosophie der Juden* (1842). Sein Denken beruht in erster Linie auf seiner Auffassung der Philosophie Georg Wilhelm Friedrich Hegels (1770–1831). Hirsch diskutierte die philosophischen Ecksteine der liberalen Religion, nämlich die Beziehung von Philosophie und Religion, die Natur der Freiheit und die Geschichte der Religion.

Was das Verhältnis von Philosophie und Religion angeht, so sind seiner Überzeugung nach deren Wahrheiten identisch. Der einzige Unterschied ist der, daß die Philosophie das Ziel verfolge, den bildhaften Inhalt des religiösen Bewußtseins in den philosophischen Inhalt des Bewußtseins des menschlichen Geistes zu transformieren. Hinsichtlich der Freiheit unterschied er zwei Arten. Erstens gibt es das, was er abstrakte Freiheit nannte. Es handelt sich hier um eine inhaltlose Form, die dann entsteht, wenn das Individuum sich seines «Ich» bewußt wird, das im Gegensatz zur Natur steht. Aus diesem Bewußtsein entsteht das Bewußtsein des aufgeklärten, freien Individuums, daß Gott die Natur überschreitet. Diese Erkenntnis führte zu der historischen Entstehung des Judentums. Zweitens gibt es die natürliche Freiheit, die einfach die Fähigkeit ist zu tun, was man tun will. Dieses Gefühl der Freiheit führt den einzelnen dazu, die Natur als ein göttliches Prinzip anzusehen. Diese Auffassung hat zur Entstehung des Heidentums geführt.

Für Hirsch sind diese beiden Bedeutungen des Ausdrucks *Freiheit* und ihre daraus folgenden religiösen Prinzipien der Schlüssel zu seiner Charakterisierung der Geschichte der Religion. In seiner Analyse werden nur drei Religionen angeführt – Heidentum, Judentum und Christentum.

Das Heidentum ist, wie für Mendelssohn, eine Religion, die keinerlei Wert hat; sie verkörpert den Irrtum und sucht die Wahrheit zu verbergen. Im Gegensatz dazu ist das Judentum ein voll entwickelter, wahrer Glaube, dessen einzige und bleibende Funktion darin besteht, seine Wahrheit der sittlichen Freiheit in der ganzen Welt zu verbreiten. Dies wird es eher durch Selbstzeugnis als durch Missionierung tun. Zwischen diesen beiden Extremen liegt das Christentum. Wie das Judentum ist das Christentum verpflichtet, die Welt die sittliche Freiheit zu lehren. Aber das Christentum hat seine ererbte jüdische Wahrheit verdorben, als es unter Paulus' Einfluß die Lehren der Erbsünde und den daraus folgenden Anspruch übernahm, die Erlösung sei nur durch Christus möglich. Hirsch teilte Formstechers Optimismus, daß sich am Ende der Geschichte das Christentum selbst von seinen heidnischen Irrtümern befreien und mit dem Judentum identisch werde.

Die jüdische Philosophie des 19. Jahrhunderts

Salomon Ludwig Steinheim

Steinheim (1789–1866) war Jude, Arzt, Dichter und Philosoph; aber er war weder Rabbiner noch gläubiger Jude. Trotzdem veröffentlichte er ein größeres Werk über das religiöse Denken der Juden mit dem Titel *Die Offenbarung nach dem Lehrbegriffe*, das zwischen 1835 und 1865 geschrieben worden ist. Im allgemeinen war er Antirationalist, der nichtsdestoweniger zu denselben Schlußfolgerungen über die Religion kam wie die rationalistischen Reformer Formstecher und Hirsch. Für ihn übersteigt der Inhalt der Religion das, was die menschliche Vernunft erkennen kann; er stammt vielmehr direkt von Gott – durch Offenbarung. Aber die menschliche Vernunft kann die Lehren der wahren Religion bestätigen und bestätigt sie, mit einem bemerkenswerten Unterschied: Die Philosophie begreift alle Realität unter dem Aspekt der Notwendigkeit, die Religion hingegen versteht die Realität in Begriffen der Freiheit. Steinheim unterscheidet im weiteren zwischen natürlicher und geoffenbarter Religion. Für die erstere ist das Heidentum ein Beispiel, letztere ist die Quelle der Wahrheit der jüdischen Bibel. Der wichtigste Unterschied zwischen den beiden besteht darin, daß im Heidentum Gott der Notwendigkeit seiner eigenen Natur unterworfen und in seiner Schöpfung durch die Natur der Materie eingeschränkt wird, mit der er arbeiten muß. Im geoffenbarten biblischen Glauben ist Gott ein Schöpfer, der frei handelt und aus dem Nichts schafft. Das ideale Beispiel der geoffenbarten Religion ist das Judentum. Ihre wichtigsten Wahrheiten sind die Begriffe der Offenbarung, Freiheit, Unsterblichkeit der Seele und die Einzigkeit Gottes. Ihr wichtigster Einzelbegriff ist die Freiheit, die philosophische Grundlage des moralischen Handelns. Wie die Religionsphilosophie der Reformer enthält das Christentum ebenfalls die wahren Einsichten des Judentums, aber diese Einsichten sind durch Beimischung der Irrtümer des Heidentums verzerrt. Anders als die Reformer machte Steinheim keinen Unterschied zwischen Protestantismus und Römischem Katholizismus. Nach seinem Urteil sind beide Formen des Christentums eine Mischung aus geoffenbarter und natürlicher Religion.

Samson Raphael Hirsch

Hirsch (1808–1889) verbrachte den größeren Teil seines Erwachsenenlebens als traditioneller Oberrabbiner des Herzogtums Oldenburg. Dort schrieb er seine wichtigsten Werke über das jüdische religiöse Denken – *Neunzehn Briefe über das Judenthum* (1836) und *Choreb oder Versuche über Jissroels Pflichten in der Zerstreuung* (1838). Seine Schriften wollen den Juden zeigen, wie sie eine thoratreue Bindung an den Glauben ihrer Vorväter aufrechterhalten können, während sie sich gleichzeitig in das Leben der westlichen Zivilisation einfügen. Hirsch diskutierte die Ethik, das jüdische Gesetz und den jüdischen Gottesdienst. Unter dem Aspekt der Ethik argumentierte Hirsch, daß das Ziel des menschlichen Lebens nicht die Erlangung von individuellem oder persönlichem Glück oder Vollkommenheit sei. Vielmehr existierten Individuen als Teile einer Nation, und ihr Ziel sei es, so viel wie möglich zum Erfolg ihrer Nation beizutragen. Gott hat einen Plan für das Universum als Ganzes. In diesem Plan hat jede Nation ihren eigenen Zweck. Der Wert des Lebens von Individuen beruht einzig in ihrem Beitrag zu der Anstrengung der Nation, ihr Schicksal zu erfüllen. Besonders das jüdische Volk hat eine einzigartige Aufgabe. Die Nation Israel soll alle anderen Nationen zu der Erkenntnis bringen, daß Gott einen Plan für das Universum hat. Jedes Individuum ist Teil einer bestimmten Nation, und jede Nation muß sich selbst der Erfüllung dessen widmen, was Gott für sie vorgesehen hat.

Israels Mission ist in den Gesetzen der Thora ausgesprochen, und zwar in fünf Formen. Es gibt (1) grundlegende Ideen über Gott, die Welt, den Auftrag der Menschheit und den Auftrag Israels; (2) Gesetze der sozialen Gerechtigkeit; (3) Gesetze der Gerechtigkeit für lebende und unbelebte Objekte; (4) Gesetze, die die Liebe zwischen allen lebenden Dingen fördern; und (5) Feste und Zeremonien, die die wesentlichen Wahrheiten des Judentums symbolisieren. Durch seine vorgeschriebenen gottesdienstlichen Handlungen dient Israel als Zeuge für das messianische Ideal der menschlichen Brüderlichkeit, dessen Erfüllung Teil von Gottes höchstem Plan ist. Die Emanzipation dient ebenfalls diesem Ziel und sollte von den Juden akzeptiert werden. Richtig verstanden hat die Emanzipation keineswegs zur Folge, daß die Juden ihre Bindung an Israels Gebote und den Gottesdienst aufgeben.

Nachman Krochmal

Krochmal (1785–1840) ist traditionellen Juden als Ranak bekannt. Er wurde in Brody geboren, im östlichen Teil von Galizien, wo sein Vater, Shalom Krochmalnik, ein reicher Kaufmann war. Nachman lebte bei seinem Schwiegervater in Zolkian, nahe Lemberg (Lwow). Schließlich wurde er Kaufmann. Aber Krochmal war im Geschäftsleben niemals erfolgreich. Sein Interesse galt der Wissenschaft. Weitgehend auf sich allein gestellt, studierte er die rabbinischen Schriften und die Hauptschriften der modernen westlichen Zivilisation. Er verbrachte die letzten Jahre seines Lebens in großer Armut im Haus seiner Tochter in Tarnapol, wo er weiterhin studierte und schrieb. Keines seiner Werke wurde zu seinen Lebzeiten veröffentlicht. Erst im Jahre 1851 veröffentlichte Leopold Zunz Krochmals *Führer der Unschlüssigen für unsere Zeit (Moreh Nevuchim Ha-Zeman)*. Das Buch behandelt die Philosophie der Religion und Geschichte (Kapitel 1–7), jüdische Geschichte (Kapitel 8–11), hebräische Literatur (Kapitel 12–15) und jüdische Philosophie (Kapitel

16–17). Die primären Quellen von Krochmals allgemeiner Philosophie waren Hegel, Schelling und Johann Gottlieb Fichte (1762–1814). Die primären Quellen seiner politischen Philosophie und Geschichte waren Giovanni Battista Vico (1668–1744) und Johann Gottfried Herder (1744–1803).

In Anlehnung an Schelling und Hegel wurde Krochmal zu einem objektiven Idealisten. Er sah die Natur als eine organische Einheit an, die sich selbst fortschreitend durch den Geist manifestiert. Das höchste Prinzip der Realität ist der absolute Geist oder die Realität an sich, die er mit Gott identifizierte und als eine Macht definierte, die jeder latenten und potentiellen Form in ihr gleich sei. Auf der Grundlage dieser Theologie interpretierte er das Dogma der Schöpfung aus dem Nichts als Übergang von der absoluten Realität zur erzeugten Wirklichkeit endlicher Dinge. Letztere ist ein unendlicher Prozeß, durch den sich Gott selbst erfüllt. Im Rückgriff auf die Kabbala (s. Kap. 1) identifizierte Krochmal das Nichts der Schöpfung mit Gott selbst. Mit anderen Worten, Gott, der nichts war, schuf die Welt für sich selbst, um Gott zu werden, der etwas werden wird.

Krochmal behauptete, daß sich Philosophie und Religion nur der Form, nicht aber dem Inhalt nach unterschieden. Das Ziel der Philosophie ist Erkenntnis, und jeder Wahrheitsanspruch ist auf irgendeiner Ebene wahr. Kein behauptetes Wissen ist falsch; es gibt höhere und niedrigere Wissensstufen, aber keinen Irrtum. Die niedrigsten Stufen der Erkenntnis sind die Lehren der Einbildung, die Krochmal «Ideen des Geistes und Intellekts» nannte. Jede Religion ist ein System nationaler Verehrung wahrer, spiritueller Mächte. Jede spezifische Religion verehrt einen spezifischen Geist. Israel allein verehrt den allgemeinen absoluten Geist. Der biblische Glaube des jüdischen Volkes ist in seiner Reinheit und der Universalität seiner Bilder einzigartig. Diese Analyse der Natur der Philosophie und Religion ist die Grundlage von Krochmals Darstellung der Nationalgeschichte.

In Anlehnung an Vico und Herder war Krochmal ein starker Befürworter des Nationalismus. Nationen sind Vereinigungen von Menschen, die durch eine charakteristische Kultur miteinander verbunden sind. Jede individuelle Nation hat eine einzigartige Spiritualität oder geistige Fähigkeit. Diese Geistigkeit konstituiert das «Prinzip» der Nation, ihren

Seinsgrund oder ihr Daseinsrecht. Nationen haben wie Menschen ein eigenes Leben. Ihr Leben variiert je nachdem, wie treu sie ihrer charakteristischen kulturellen Geistigkeit bleiben. Auf der Grundlage dieses Prinzips macht jede Nation drei unterschiedliche Perioden durch. Zuerst wachsen und entwickeln sie sich; dann erreichen sie ein Stadium der höchsten Kraft und Unternehmungslust; schließlich verfallen sie und gehen zugrunde. Die einzige Ausnahme von dieser allgemeinen Beschreibung ist die Nation Israel; weil Israels Geist der absolute Geist selbst ist, ist Israel eine ewige Nation. Während es Wachstum und Entwicklung erfährt und charakteristische Perioden der Kraft und Unternehmungslust hat, verfällt es nicht und geht nicht zugrunde. Statt dessen erlebt Israel nach jedem Niedergang immer wieder eine Erneuerung.

Samuel David Luzzatto

Luzzatto (1800–1875) ist traditionellen Juden als Schadal bekannt. Er wurde in Triest in Norditalien geboren, wo sein Vater ein armer Holzfäller und Kabbalagelehrter war. Samuel wurde Rabbiner. Von 1829 ab diente er als Mitglied der Fakultät des Rabbinerkollegs in Padua. Er schrieb über die Bibel, das Gebetbuch, mittelalterliche jüdische Dichtung, hebräische Grammatik und Theologie. Seine bedeutendsten akademischen Leistungen waren eine italienische Übersetzung der Bibel und ein Werk über jüdische Philosophie, das den Titel trug *Die Grundlagen der Thora* (*Yesodei Ha-Thorah*, veröffentlicht im Jahre 1880). Hauptthema seiner Philosophie war die Anwendung der Romantik des 19. Jahrhunderts auf das Verständnis der Natur des Judentums. Seine wichtigsten intellektuellen Quellen waren der augenscheinliche Antirationalismus des mittelalterlichen jüdischen Philosophen Judah Halevi (1075–1141) und der radikale Empirismus des modernen französischen Philosophen Etienne Bonnot de Condillac (1715–1780).

Die Hauptthemen der *Grundlagen der Thora* sind Erkenntnistheorie, Religion und Judentum. Luzzato verwarf jeden Anspruch, daß Erkenntnis auf der autonomen Vernunft gründe. Alle Erkenntnis beruht auf Sinnlichkeit, und Gewißheit hat ihre Quelle in intuitiven Gefühlen und nicht in intellektuellen Beweisen. Gleichwohl glaubte er, daß es Gewißheit gibt. Im Anschluß an die klassischen jüdischen Philosophen, von Saadia (892–942) bis zu Gersonides (1288–1344), behauptete er, daß die Menschen Gott zwar nicht erkennen, aber mit intuitiver Gewißheit wissen können, daß Gott existiert.

Nach Luzzatto beruht Religion auf Offenbarung und nicht auf Vernunft. Religiöser Glaube hat das Ziel, die Menschen zu moralischem Handeln zu veranlassen. Deshalb hat es wahre Religion eher mit sittlichem Verhalten als mit scheinbar rationalem Glauben zu tun. Auf der Grundlage dieses Urteils traf Luzzatto eine radikale Unterscheidung zwischen zwei Arten von Religion. Er nannte die wahre Religion «Hebraismus» und die falsche Religion «Hellenismus». Sein primäres Beispiel einer falschen Religion ist die Religion Athens, die er «Attizismus» nannte. Seine paradigmatische wahre Religion war das Judentum, aber er erkannte an, daß es Elemente beider Arten im Judentum selbst gebe. Wahre Religion, d. h. das Judentum von Rabbinern wie Raschi (1040–1105) und Halevi, richtet sich auf menschliche Gerechtigkeit, Güte, Reinheit und Mitgefühl. Falsche Religion, wie sie sich in den religiösen Lehren von Moses Maimonides (1135–1204) und Baruch Spinoza (1632–1677) findet, sucht ebenso künstlerische Schönheit wie wissenschaftliches oder metaphysisches Verstehen. Der wahre Hebraismus kennt keine Dogmen. Er beruht auf der Thora, deren wichtigstes Ziel in der Entfaltung der Gefühle und nicht des Intellekts besteht. Vor allem die Bibel sucht die Fähigkeit ihrer Leser zu entwickeln, Mitleid und Mitgefühl zu empfinden, die die Quellen menschlicher Ethik sind. Erst an zweiter Stelle fördert die Schrift die Hoffnung auf Belohnung, Furcht vor Strafe und ein Gefühl von *noblesse oblige* im jüdischen Volk dafür, daß es das auserwählte Volk ist. Die beiden ersten Gefühle sind nützliche Hilfen, um die Menschen zu moralischem Handeln zu bewegen. Das dritte Gefühl ermutigt das jüdische Volk, über die bloße Moral hinauszugehen und nach moralischer Tugend zu streben, d. h. darüber hinauszugehen, das Gute zu suchen und vielmehr zu versuchen, das Beste zu erlangen.

Schluß

Die jüdischen Philosophen des 18. und des 19. Jahrhunderts waren darüber uneins, ob die höchste Quelle der Wahrheit die Vernunft, das Gefühl oder die übernatürliche Offenbarung ist. Sie waren auch verschiedener Meinung über den Wert des Rituals in der Religion. Aber sie waren sich in der Überzeugung einig, daß wahre Religion eher mit Ethik als mit Physik zu tun habe, daß das Judentum Religion in ihrer besten Form ausdrücke, daß Heidentum Religion in ihrer schlechtesten Form sei und daß das Christentum eine Mischung aus beidem darstelle. Es sollte aus den obigen Zusammenfassungen auch deutlich geworden sein, daß diese Reformer und Befürworter der jüdischen Aufklärung unter rein technischen Gesichtspunkten keine großen Philosophen waren. Der erste und (und möglicherweise letzte) große Philosoph, der ihre gemeinsamen modernen jüdischen Überzeugungen zum Ausdruck brachte, war Hermann Cohen.

9
Hermann Cohen

Sein Leben und Werk   *1842 †1918

Cohen wurde 1842 in Coswig geboren, wo sein Vater der örtliche Kantor und Hebräischlehrer war. Seine jüdische Erziehung erhielt er zu Hause, seine allgemeine Erziehung am örtlichen Gymnasium. Seine weiteren jüdischen Studien setzte er am Jüdischen Theologischen Seminar in Breslau fort. An der Universität Berlin studierte er Mathematik und Philosophie. Im Jahre 1865 promovierte er an der Universität Halle; und 1873 begann er seine akademische Laufbahn als Dozent an der Universität Marburg. Dort schrieb er die meisten seiner Bücher über Mathematik und Philosophie. Im Jahr 1912 gab Cohen seine rein philosophische Tätigkeit auf und wandte seine Aufmerksamkeit den geistigen Fragen des Judentums zu. 1914 ging er nach Wilna und Warschau, um sich an der Gründung eines unabhängigen Instituts für Erwachsenenbildung zu beteiligen; und ein Jahr später begann er in Berlins liberalem Rabbinerseminar, der Hochschule für die Wissenschaft des Judentums, zu lehren. An dieser Hochschule blieb er bis zu seinem Tod im Jahr 1918.

Die Quellen der Philosophie Cohens sind sein Studium der Philosophie Kants (1724–1804) und seine mathematischen Untersuchungen. Sein einziges Buch über Mathematik, *Das Prinzip der Infinitesimalmethode und seine Geschichte*, wurde 1883 veröffentlicht. Seine ersten vier Bücher auf dem Gebiet der Philosophie waren Untersuchungen zu Kants Denken – *Kants Theorie der Erfahrung*, veröffentlicht 1871; *Kants Begründung der Ethik* (1877); *Von Kants Einfluß auf die deutsche Kultur* (1883); und *Kants Begründung der Ästhetik* (1889). Cohens Bücher zur allgemeinen Philosophie, die er im 20. Jahrhundert schrieb, waren Darlegungen seines eigenen Denkens – *Die Logik der reinen Erkenntnis* (1902), *Die Ethik des reinen Willens* (1904) und *Die Ästhetik des reinen Gefühls* (veröffentlicht 1924). In diesen drei Büchern legte Cohen genau das vor, was ihre Titel zum Ausdruck bringen, nämlich eine Untersuchung dessen, was Cohen für die drei primären Zweige der Philosophie ansah – (1) Logik oder die systematische Untersuchung des reinen Denkens; (2) Ethik oder die systematische Untersuchung des reinen Wollens; und (3) Ästhetik oder die systematische Untersuchung des reinen Fühlens – die alle jeweis auf einer der drei Kritiken Kants beruhen. Unter «rein» verstand Cohen dasselbe wie Kant, nämlich an sich und unabhängig von allen äußeren Erwägungen. Deshalb beschäftigt sich die Logik mit dem Denken als Denken, unabhängig von den Sinnen; die Ethik befaßt sich mit Willensakten, unabhängig von Faktoren wie Zwang und äußeren Folgen; und ähnlich befaßt sich die Ästhetik mit Gefühlen, unabhängig von ihrer Beziehung auf andere geistige oder physische Sachverhalte.

Cohen schrieb zwei Bücher und mehr als 60 Artikel über jüdische Philosophie. Diese Artikel wurden im Jahre 1924 in einem Sammelband unter dem Titel *Jüdische Schriften* veröffentlicht. Wir werden uns in diesem Kapitel mit diesen Aufsätzen nicht näher beschäftigen, aber zwei von ihnen sind erwähnenswert.

Im Jahre 1879 veröffentlichte ein Kollege von Cohen in Marburg, Treitschke, einen Angriff auf die Juden («Ein Wort über unser Judentum»), in dem er den Vorwurf erhob, daß Juden keine wirklichen Deutschen seien und auch niemals sein könnten. Cohen veröffentlichte 1880 eine Entgegnung unter dem Titel *Ein Bekenntnis zur Judenfrage*, in der er die Integration der Juden in die deutsche Gesellschaft verteidigte. In diesem Artkel argumentierte er, die Juden repräsentierten als Erben traditioneller jüdischer Werte das Wertvollste in der deutschen Kultur.

Cohen wurde als Sachverständiger in einem Prozeß gegen einen antisemitischen Lehrer geladen, der behauptet hatte, daß der Talmud die moralischen Verpflichtungen von Juden auf ihre Beziehungen zu anderen Juden beschränke und daß Juden gegenüber Nicht-Juden keinerlei moralische Verpflichtungen hätten. Auf der Grundlage seiner Zeugenaussage im Jahre 1888 veröffentlichte Cohen einen Artikel mit dem Titel *Die Nächstenliebe im Talmud*, in dem er die jüdischen Begriffe des auser-

wählten Volkes und des Messianismus mit Hilfe des jüdischen Gottesbe-
griffs miteinander versöhnte. Er machte deutlich, daß im Judentum Gott
als die Gottheit des Fremden verstanden wird, was bedeutet, daß Gott den
Juden das Ideal vor Augen stellt, keinen zum Fremden zu machen. Deshalb seien die Juden auserwählt, nach universaler Brüderlichkeit zu streben, deren Verwirklichung die Erfüllung des messianischen Ideals sei.

Cohens erstes Buch über jüdische Philosophie *Der Begriff der Religion
in dem System der Philosophie* (im folgenden als *Begriff* bezeichnet)
wurde 1915 veröffentlicht. Hier begründet Cohen seine Überzeugung,
daß der Zweck der Religion darin bestehe, sich mit bestimmten Bedürfnissen des moralischen Lebens zu befassen, die über die Fähigkeiten der
Philosophie hinausgehen, zum Beispiel Sünde, Offenbarung, Reue,
Angst und Schuld. Die Philosophie könne mit diesen Begriffen nicht um-
gehen, weil sie ausschließlich das begreifen könne, was allgemein ist.
Diese Begriffe dagegen entstünden nur mit Hinblick auf das einzelne Ich,
das in den Bereich der Religion falle. Deshalb lehre die Religion und nicht
die Philosophie den einzelnen, sich seiner Schuld zu stellen und zu be-
reuen, ohne seine moralische Verantwortung aufzugeben.

Cohens zweites Buch über jüdische Philosophie war *Die Religion der
Vernunft aus den Quellen des Judentums* (im folgenden als *Religion* bezeichnet). Es wurde erst 1919, nach seinem Tod, von seiner Frau und
seinem Schüler Franz Rosenzweig herausgegeben und veröffentlicht.
Hier entwickelte Cohen den Gedanken, daß das jüdische Volk durch seine
religiöse Zivilisation eine intuitive Erkenntnis der Kantischen Wahrheiten über Gott und die Ethik erworben habe, die das Beste an der deutschen Kultur widerspiegelten.

Cohen vertrat die Ansicht, Baruch Spinoza sei Pantheist gewesen, weil
er Gott mit der Natur identifiziert habe; und deshalb sei Spinozas Theologie sowohl götzendienerisch wie auch nicht-jüdisch. Im Gegensatz zu
dieser heidnischen / spinozistischen Identifikation Gottes mit dem Seienden lehrt das Judentum einen ethischen Monotheismus. Nach Cohen
sind im Judentum Gott und Mensch durch den Heiligen Geist aufeinander bezogen *(Ruach Ha-Kodesh).* Aber im Unterschied zum Christentum
ist dieser Geist kein drittes, von Gott und dem Menschen unterschiedenes
Wesen; er ist vielmehr diese Beziehung zwischen beiden und nichts anderes. Diese Beziehung drücke sich in dem religiösen Prinzip der Nach-

folge Gottes *(imitatio dei)* aus, das nach Cohens Interpretation bedeutet, daß der Mensch danach strebt, durch moralisches Handeln, das in einer Idealvorstellung von Gott wurzelt, wie Gott zu werden. Nach Cohen sind verschiedene Gottesvorstellungen verschiedene moralische Ideale; und wie Gott zu werden bedeutet, danach zu streben, dieses gedachte Ideal zu erreichen. Auf der Grundlage dieser Auffassung von der Beziehung stellt sich das Judentum Gott und Mensch als Mitarbeiter an der Schöpfung der Welt vor, deren Ziel oder Zweck *(telos)* die Einheit der Menschheit sei. Dieses Ziel rückt näher, wenn überall in der Welt gerechte Gemeinschaften entstehen, wo die Rechte der Armen verteidigt werden und alle Klassen in Frieden und Harmonie mit ihrer Gesellschaft zusammenleben. Am Ende wird es eine einzige, gerechte, harmonische Gemeinschaft aller Menschen geben. Das Judentum nennt diesen Zustand «die Zeit des Messias».

Cohen vertrat die Ansicht, daß dieser philosophische Kern des Judentums die einzig wahre Philosophie sei. Er lasse sich ebenso in bestimmten Formen des Christentums finden. Aber das Judentum ist dem Christentum philosophisch in zweierlei Hinsicht überlegen. Erstens: Nur im Judentum dient diese moralisch-ideale Auffassung von Gott, also der ethische Monotheismus, als das einzige Kriterium, nach dem das Ritual zu beurteilen ist. Und zweitens: Das Christentum pervertiert seinen Monotheismus durch eine falsche Verdinglichung des Heiligen Geistes. [1]

Sein mathematisches Denken

Gegenwärtig findet unter den Kennern von Cohens jüdischer Philosophie eine Debatte über die Beziehung zwischen *Begriff* und *Religion* statt. Einige behaupten, daß *Religion* eine Ausweitung der vier Jahre früher in *Begriff* dargelegten Philosophie auf das jüdische Denken darstelle. Andere behaupten, daß Cohen im Verlauf von gerade vier Jahren sein Denken radikal geändert habe. Sie argumentieren, daß das Judentum im *Begriff* der Philosophie diene; während es in *Religion* an oberster

---

1 D. h. dadurch, daß man etwas, was kein Ding ist, als ein existierendes Ding auffaßt.

Stelle stehe. Außerdem behaupten sie, daß die letzte Quelle der Moral in *Begriff* ein lediglich menschlicher Begriff sei, da Gott in *Begriff* ideal und nicht real sei; während in *Religion* die Ethik in der Realität wurzele und nicht in der bloßen Vorstellung von Gott. Die in diesem Buch gegebene Darstellung der Philosophie Cohens stimmt mit der erstgenannten Interpretation überein, daß *Religion* eine Ausweitung von *Begriff* ist, aber ich werde hier keine Verteidigung dieser Position unternehmen. Kurz gesagt irren diejenigen, die der letztgenannten Interpretation folgen, weil sie das Reale vom Idealen trennen und Realität mit unserer Sinnenwelt identifizieren, was Cohen als Kantianer und als mathematischer Philosoph niemals tun würde. Sie sind zu ihrer fehlerhaften Interpretation durch die Überzeugung verleitet worden, die Behauptung, das Ideale sei real, bedeute, daß geistige Begriffe die Existenz ausmachten. Ein Mathematiker, der über soviel philosophischen Scharfsinn wie Cohen verfügt, würde mit diesem Urteil nicht übereinstimmen. Mit anderen Worten, Cohens Verständnis des Idealen und des Realen basiert auf seinem Verständnis von Mathematik. Ohne ein adäquates Verständnis der Mathematik sind alle Interpretationen seiner Philosophie, besonders die Deutungen, die die Einheit von *Begriff* und *Religion* nicht sehen, unangemessen.

Cohens Mathematik ist nicht nur für ein Verständnis seiner Ontologie, sondern seiner gesamten Philosophie wesentlich. Diese Abhängigkeit ist aus einer Reihe von Gründen unglücklich. Erstens ist Cohen der erste wirklich große jüdische Philosoph seit Spinoza.[2] Aber keine bloße Zusammenfassung seiner Schlußfolgerungen kann seine Bedeutung verdeutlichen. Solange wir unsere Aufmerksamkeit auf das beschränken, was Cohen glaubte, ohne in Betracht zu ziehen, warum er es glaubte und was er wirklich mit dem, was er glaubte, meinte, ist das, was Cohen sagte,

---

2 Hier bezeichnet der Ausdruck *groß* ein Denksystem, das sowohl unter dem Gesichtspunkt der technischen Genauigkeit wie der begrifflichen Originalität auf dieselbe Ebene gehört wie die Philosophie von Denkern wie Plato, Aristoteles, Ibn Sina (Avicenna), Moses Ben Maimon (Maimonides), Thomas von Aquin, David Hume, Isaac Newton, Bertrand Russell usf. Noch einmal, es ist ein Urteil über ihren technischen Rang und den Grad ihrer Originalität; es ist kein Urteil über die Wahrheit ihrer Schlußfolgerungen.

wenig überzeugend und erscheint kaum auf einer qualitativ höheren Stufe zu stehen als die Mythen des Judentums, Christentums und Heidentums, die im 18. und 19. Jahrhundert als Geschichte der Religion durchgingen (s. Kap. 8).

Zweitens: Die Welt, in der Wissenschaftler sowohl auf dem Gebiet der Natur- wie dem der Geisteswissenschaften Kompetenz und Interesse zeigen, besteht nicht mehr; aber Cohens Philosophie setzt derartig universal gebildete moderne Leser voraus. Es gibt Juden, die sich in der Mathematik und den zeitgenössischen Naturwissenschaften auskennen; und es gibt Juden, die das religiöse Denken und die zeitgenössische Philosophie kennen; aber es gibt relativ wenige Juden, die beides kennen. Im allgemeinen sind diejenigen, die Cohens Mathematik lesen können, nicht am Rest seiner jüdischen Philosophie interessiert; und wer an letzterer interessiert ist, verfügt nicht über das Wissen und das Interesse, sein Werk über Mathematik zu lesen, ganz zu schweigen davon, es zu verstehen.

Drittens: Wegen der Abhängigkeit von Cohens Philosophie von seiner Mathematik muß man zuerst etwas über seine Mathematik sagen, um zu erklären, was Cohen als Philosoph dachte. Aber etwas über Mathematik, selbst auf der einfachsten Ebene, zu sagen, ist in einem Text wie diesem, der als Einführung in das religiöse Denken der Juden dienen soll, schwierig.

Viertens: Während Cohens allgemeine Philosophie und seine jüdische Philosophie einen beträchtlichen Einfluß auf die nachfolgende westliche Philosophie und das religiöse Denken der Juden gehabt haben, sind seine mathematischen Schriften ohne jede Wirkung geblieben. Philosophisch gesehen begründete Cohen eine Interpretationsrichtung Kants, die «Marburger Schule» genannt wurde. Diese Interpretation ist nach wie vor eine wichtige Alternative der kontinentaleuropäischen Philosophie zu den Schülern Hegels und den Romantikern, die gegen Hegel rebellierten. Unter dem Aspekt des religiösen Denkens der Juden stellt Cohens Philosophie die gegenwärtig am weitesten fortgeschrittene Formulierung des religiösen Denkens dar, eine Formulierung, die dem liberalen religiösen Judentum zugrunde liegt, das Cohens Schüler Leo Baeck predigte (s. Kap. 5). Außerdem waren die beiden einflußreichsten zeitgenössischen jüdischen Philosophen – Martin Buber und Franz Rosenzweig (s. Kap. 10 und 11) – seine Studenten, und ihr Denken spiegelt seinen direkten Einfluß wider. Von seinem mathematischen Werk hingegen kann nichts Ähnliches behauptet werden.

Cohen befaßte sich mit dem, was in der Mathematik und Physik das Infinitesimal heißt, und zwar genau zu dem Zeitpunkt, als die Mathematiker die Notwendigkeit verwarfen, Infinitesimale anzuwenden, um den Differentialkalkül zu erklären, und Karl Weierstraß' (1815–1897) alternative Darstellung übernahmen. Der Infinitesimalkalkül ist von Mathematikern und Physikern seit der Zeit des Archimedes (287–212 v. u. Z.) verwendet worden, um in Geometrie und Dynamik Theoreme zu formulieren und Probleme zu lösen. Die meisten Philosophen hielten es für unmöglich, den Begriff des Infinitesimalen verständlich zu machen. Die Mathematiker waren deshalb gezwungen, eine Alternative zu suchen, um die Arten von Berechnungen zu erklären, die früher auf den Infinitesimalen beruhten. Es ist heute in der Mathematik allgemein akzeptiert, daß Weierstraß eine solche Alternative bot, so daß zu der Zeit, als Cohen sein Werk über Infinitesimale publizierte, die Gelehrtenwelt nicht länger interessiert war.

Was unten folgt, ist eine Erklärung des Infinitesimalkalküls, wie er heute verstanden wird, wenn man Weierstraß' Definitionen und Ansatz benutzt, eine Erklärung, wie der alternative Infinitesimalkalkül von Cohen arbeitet, eine Erklärung, warum die Philosophen nicht glauben, daß Infinitesimale verständlich sind, und schließlich eine Verteidigung von Cohens Alternative gegenüber der von Weierstraß. Nach dieser Einleitung soll Cohens Auffassung vom Infinitesimalen dazu benutzt werden, um seine jüdische Philosophie zu erklären. [3]

---

3 Die unten gegebene Erklärung von Cohens jüdischer Philosophie beruht weitgehend auf einem noch unveröffentlichten Manuskript über Cohen von Steven Schwarzschild. Ich möchte meine Schuld gegenüber seinem Manuskript wie auch meinen Dank für seine Bereitschaft zum Ausdruck bringen, mir seine Forschungsergebnisse mitzuteilen, bevor sein eigenes, wissenschaftlicheres Werk publikationsreif ist.

Weierstraß' Darstellung der Differentiale

Die heute übliche Erklärung von Differentialen in der Mathematik nimmt keinerlei Bezug auf Infinitesimale. Heute werden Differentiale folgendermaßen erklärt.

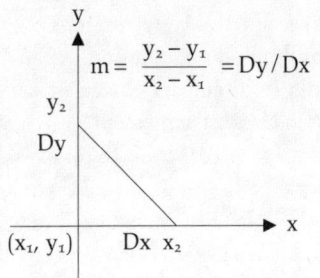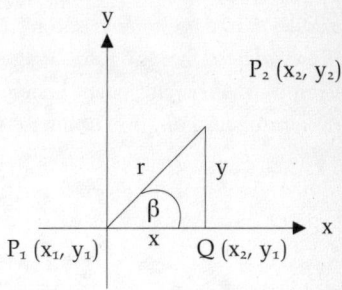

Diagramm 1

Schauen Sie sich das rechtwinklige Dreieck auf der linken Seite in Diagramm 1 an. Der Zuwachs Dx längs der x-Achse ist die Differenz zwischen dem x des Endpunktes x_2 und dem x des Anfangspunktes x_1. Ähnlich ist der Zuwachs Dy entlang der y-Achse die Differenz zwischen dem y des Endpunktes y_2 und dem y des Anfangspunktes y_1. Die Steigung m einer Geraden in einer x-y Ebene ist definiert als der Grad der Steigung, wenn wir uns entlang der x-Achse von links nach rechts bewegen, d. h. als das Verhältnis von $(y_2 - y_1)$ zu $(x_2 - x_1)$, was gleichbedeutend ist mit Dy/Dx. Schauen Sie sich jetzt die rechte Seite des Diagramms an. Gegeben sei eine Gerade zwischen den Punkten P_1 und P_2, wobei x_1, y_1 die Koordinaten von P_1 und x_2, y_2 die Koordinaten von P_2 sind; dann bilde man ein rechtwinkliges Dreieck, indem man eine Gerade durch P_1 parallel zur x-Achse bei y_1 und eine Gerade durch P_2 parallel zur y-Achse bei x_2 zieht. Der Schnittpunkt dieser beiden Geraden soll Q heißen, dessen Koordinaten (x_2, y_1) sind. Es sei $x = P_1 Q$, $y = P_2 Q$ und $r = P_1 P_2$, so daß das rechtwinklige Dreieck rxy einen Winkel β am Schnittpunkt von r und x hat. Der Tangens dieses Winkels ist definiert als y/x.

Sehen Sie sich jetzt Diagramm 2 an. Die Steigung m einer Tangente an eine Kurve im Punkt P, dessen Koordinaten (x_1, y_1) sind, ist folgendermaßen definiert: Wenn die Kurve durch eine Funktion f von x definiert ist, nehme man die Differenz zwischen f an der Stelle $(x_1 + Dx)$ und f an der Stelle (x_1), teile diese Differenz durch Dx und lasse Dx in diesem Ausdruck kontinuierlich kleiner werden. Die Steigung der Tangente ist der Grenzwert dieses Ausdrucks, wenn sich Dx in diesem Ausdruck 0 nähert, d. h. der Grenzwert von $[f(x_1 + Dx) - f(x_1)]/Dx$, wenn sich Dx 0 nähert. Diese Steigung der Tangente einer durch die Funktion f (x) bestimmten Kurve an jedem beliebigen Punkt (x,y) auf der Kurve ist die *Ableitung* der Funktion und wird symbolisch als f'(x) dargestellt.

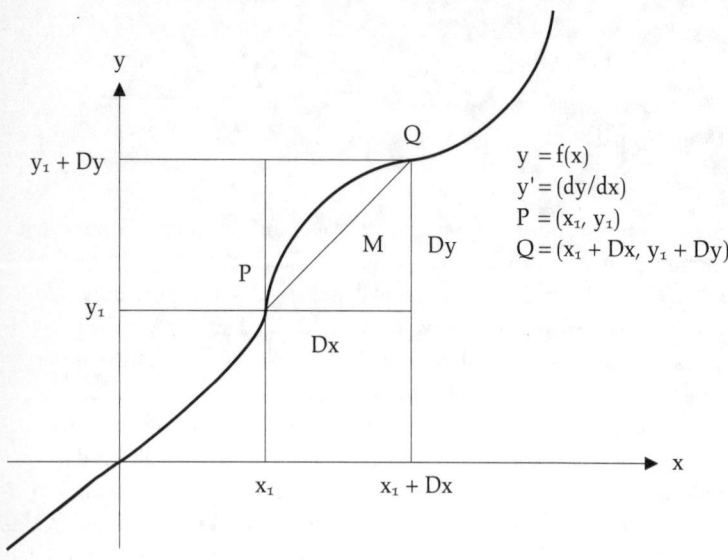

$$y = f(x)$$
$$y' = (dy/dx)$$
$$P = (x_1, y_1)$$
$$Q = (x_1 + Dx, y_1 + Dy)$$

Diagramm 2

Es sei y = f(x), in welchem Falle f'(x) = y'. Wir wollen jetzt die Ableitung von y mit Hinblick auf x als dy/dx definieren, wobei dy und dx folgendermaßen definiert sind: y möge durch eine Kurve dargestellt sein, und zwei Punkte auf dieser Kurve sind P (x_1, y_1) und Q $(x_1 + Dx, y_1 + Dy)$. Man zeichne die Tangente an die Kurve im Punkte P und verlängere diese Gerade in Richtung Q; dann ziehe man eine vertikale Gerade durch Q von der x-Achse an der Stelle $x_1 + Dx$ zur Tangente und eine horizontale Gerade durch P von der y-Achse zur vertikalen Geraden. Auf diesem Dreieck möge dx = die Länge der horizontalen Geraden sein und dy = die Länge der vertikalen Geraden, so daß die Ableitung von y mit Hinblick auf (x,y) oder (x, f(x)) gleich dy/dx ist.

Wenn nun y = F(x), so daß y' = F' (x), und y' = dy/dx, dann ist nach einfacher Algebra dy = F' (x_0) dx, wobei x_0 ein spezifischer Punkt auf der Kurve ist, die von y gebildet wird. dy wird das «Differential von y» genannt. Mit anderen Worten: Das Differential von y, (dy), ist eine bestimmte Anzahl von Einheiten der Veränderung in der y-Richtung entlang der Tangente des Graphen einer bestimmten endlichen Funktion [F (x)]. Ähnlich ist das Differential von x, (dx), eine bestimmte Anzahl von Einheiten der Veränderung in der x-Richtung entlang der Tangente des Graphen derselben Funktion, und die Ableitung der Funktion ist das Verhältnis dieser beiden Differentiale (dy/dx).

Infinitesimale Darstellung von Differentialen

Noch einmal, das, was oben gegeben worden ist, ist eine Zusammenfassung der Art, wie heute in Standarddarstellungen der Differentialrechnung Differentiale erklärt werden. Offensichtlich ist diese Definition außerordentlich komplex. Es gibt eine alternative, einfachere, weit anschaulichere Art und Weise, dieselbe mathematische Operation zu erklären. Sie beruht auf der Annahme einer bestimmten Art von mathematischer Wesenheit, genannt ein Infinitesimal, das als eine Zahl oder Größe definiert werden kann, die kleiner ist als jede positive rationale Zahl oder Größe über Null. Auf einer intuitiven Ebene ist das Infinitesimal sowohl einfach zu verstehen wie auch nützlich. Betrachten Sie die folgenden beiden Fälle.

1. Nehmen Sie einmal an, daß ich die Fläche eines Kreises bestimmen will. Ich könnte diese Fläche in eine Anzahl gleicher Quadrate teilen, von denen sich einige über die Kreislinie hinaus erstrecken, deren Summe

etwas größer wäre als die Fläche des Kreises. Aber die sich ergebende Fläche ist nur eine Annäherung an die Fläche des Kreises, weil sie etwas größer ist. Wenn ich meine Messung etwas genauer machen will, dann erhöhe ich die Anzahl der gleichen Quadrate, indem ich ihre Seiten verkleinere. Je kleiner die Seiten, desto kleiner die Quadrate, und um so weniger ungenau ist mein Maß der Kreisfläche: Aber ich kann niemals ein genaues Maß erhalten, solange ich Quadrate zähle, deren Seiten eine positive, endliche Länge haben. Aber wenn die Länge dieser Seiten Infinitesimale sind, dann ist die Summe der Flächen jedes dieser Quadrate genau die Fläche des Kreises. Beachten Sie, daß es keinen Sinn hätte zu sagen, daß die Länge dieser Seiten = 0 ist. Wenn das der Fall wäre, hätte jedes Quadrat die Fläche 0, und da die Summe von Nullen = 0 ist, wäre auch die Kreisfläche = 0.

2. Nehmen Sie einmal an, Wilhelm Tell schießt einen Pfeil auf ein Ziel, das hinreichend nahe ist, um es ganz sicher zu treffen; d. h., die Wahrscheinlichkeit, daß er das Ziel trifft, ist 1. Wenn ich das Ziel in vier gleiche Teile teile, ist die Wahrscheinlichkeit, daß er einen dieser Teile trifft, ¼; wenn ich das Ziel weiter in n gleiche Teile teile, ist die Wahrscheinlichkeit, daß er einen dieser Teile trifft, $1/n$. Allgemein gilt, gegeben, daß die Wahrscheinlichkeit, das Ziel zu treffen, = 1 ist, dann ist die Summe der Wahrscheinlichkeiten, alle bezeichneten Teile zu treffen, 1. Nun nehmen Sie weiter an, ich fragte, welches die Wahrscheinlichkeit ist, daß Tell irgendeinen einzelnen bezeichneten Punkt auf dem Ziel treffen wird. Da das Ziel eine unendliche Anzahl von Punkten enthält, ist die Wahrscheinlichkeit in diesem Fall eins zu unendlich. Aber welche Wahrscheinlichkeit ist das? Sie kann nicht null sein, denn dann wäre die Summe der Wahrscheinlichkeiten, jeden Punkt zu treffen, null; und dann gäbe es gar keine Wahrscheinlichkeit, daß Tell das Ziel treffen wird. Es scheint vernünftiger zu sein zu sagen, daß die Wahrscheinlichkeit, einen bestimmten Punkt zu treffen, $(1/i)$, infinitesimal ist und die Summe einer unendlichen Anzahl von Infinitesimalen 1 ist.

Das Problem der Infinitesimalen

Das zweite Beispiel verweist auf ein anderes Merkmal von Infinitesimalen, das ihr Hauptproblem ist. Gleichgültig, wie oft ein Infinitesimal sich selbst hinzugefügt wird, ist die Summe immer gleich oder kleiner als 1. Diese Feststellung hat die Konsequenz, daß ein Infinitesimal keine reale Zahl sein kann, weil es ein Axiom des Archimedes (287–212 v. u. Z.) verletzt. Dieses Axiom besagt, daß Größen in einem solchen Verhältnis zueinander stehen, daß sie einander übertreffen, wenn sie miteinander multipliziert werden.[4] Mit anderen Worten, jede reale Zahl oder Größe ist so, daß, wenn sie hinreichend oft sich selbst hinzugefügt wird, die Summe größer als 1 sein wird. Aus diesem Grund haben Archimedes und alle folgenden Mathematiker Infinitesimale aus dem Bereich der realen Zahlen und realen Größen ausgeschlossen. Dieses Urteil hat Philosophen der Mathematik veranlaßt zu glauben, daß nichts in der Realität aus Infinitesimalen zusammengesetzt sein kann. Gleichwohl blieben Infinitesimale in der Geschichte der Mathematik als nützliche Gebilde bestehen. Archimedes selbst benutzte sie, um die Fläche einer Parabel zu berechnen; Johannes Kepler (1571–1630) benutzte sie, um die besten Proportionen eines Weinfasses zu bestimmen; und Gottfried Wilhelm Leibniz (1646–1716) und Isaac Newton (1642–1727) verwendeten sie, um das Kontinuitätsproblem zu lösen. Genau diese Nützlichkeit schafft nun die größten Verwirrungen hinsichtlich der Infinitesimale.

Das Problem kann so formuliert werden: Einerseits scheint es auf der Basis des Axioms von Archimedes nicht vernünftig zu sein zu behaupten, daß es in der Realität etwas gibt, das infinitesimal ist. Andererseits sind Infinitesimale der Schlüssel, um kontinuierliche Bewegung zu verstehen. In der physischen Welt scheinen die meisten Bewegungen kontinuierlich zu sein.[5] Es erhebt sich die Frage, wie etwas, was nicht wirklich ist, uns befähigen kann, das zu begreifen, was wirklich ist? Zum Beispiel: In der Darstellung, die Newton in seinem Werk über die Dynamik gab, soll

4 Vgl. Euklid, *Elemente*, Bk V, Df. 4.
5 Für unsere Zwecke ignorieren wir die Fragen, die sich für Niels Henrik David Bohrs (1885–1962) Modell in der Quantenmechanik durch Atome ergeben, die diskrete Quantitäten von Strahlung aussenden.

die Geschwindigkeit eines Objekts in Bewegung als das Maß ihrer Veränderung in einer gegebenen Richtung verstanden werden, d. h., eine gegebene Quantität der Ortsveränderung s (beispielshalber gemessen in Fuß), geteilt durch einen gegebenen Betrag an Zeit t (beispielshalber gemessen in Sekunden) und die Augenblicksgeschwindigkeit v (beispielshalber gemessen in Fuß pro Sekunde) ist eine infinitesimale Ortsveränderung ds, geteilt durch einen infinitesimalen Betrag an Zeit dt, d. h. eine infinitesimale Ortsveränderung und eine infinitesimale Zeit.[6] Gegeben nun eine Funktion der Ortsveränderung, so daß $s = 16t^2$, gegeben eine infinitesimale Zeit[7], dann $s_1 = 16\,(1)^2 = 16$, $s_2 = 16\,(1 + dt)^2 = 16 + 32\ dt + 16\,(dt)^2$, und $v = \dfrac{16 + 32dt + 16\,(dt)^2 - 16}{dt}$

An diesem Punkt sagte Newton, daß dt als null angesehen werden sollte. Deshalb ist die bestimmte Augenblicksgeschwindigkeit 32 Fuß pro Sekunde.

George Berkeley (1685–1753) hielt diese Rechnung für unlogisch. Er argumentierte, daß das Infinitesimal entweder etwas oder nichts ist. Wenn es nichts ist, dann kann es nichts dergleichen geben wie eine Augenblicksgeschwindigkeit, da $v = (ds/dt) = (0/0)$, was sinnlos ist. Aber wenn es etwas ist, dann ist die in diesem Fall bestimmte Geschwindigkeit nicht 32 Fuß/sec. Sie ist im besten Fall ungefähr 32 Fuß/sec, d. h., sie ist um einen unbezeichneten Betrag größer als 32 Fuß/sec, wobei der unbezeichnete Betrag das ist, was 32 dt ist. Man kann nicht widerspruchsfrei beide Behauptungen zugleich aufstellen, nämlich daß zu Beginn der Rechnung das Infinitesimal etwas ist und am Ende das Maß nichts ist.

Berkeleys Überlegungen schienen untadelig. Beinahe jeder stimmte zu, daß Infinitesimale unbegreiflich seien und nicht real sein konnten. Trotzdem fanden die Mathematiker sie weiterhin bei der Lösung wirklicher Probleme in der physischen Welt wertvoll.

Das Dilemma schien im 19. Jahrhundert gelöst zu sein, als Weierstraß

---

6 Beachten Sie, daß die Augenblicksgeschwindigkeit weder eine Nullortsveränderung in null Zeit noch eine finite Veränderung in finiter Zeit sein kann. Die letztere Alternative würde uns eine durchschnittliche, aber keine momentane Geschwindigkeit geben, und die erstere würde uns überhaupt keine Geschwindigkeit geben.
7 D. h. von $t = 1$ bis $t = (1 + dt)$.

seine alternative Methode einführte, um Differentiale zu interpretieren. Statt sie als Funktionen von Infinitesimalen zu behandeln, erklärte er sie in der oben dargestellten Weise als Grenzwerte von Funktionen und benutzte eine Methode der Einschachtelung, um sie zu definieren. [8] Logisch ist der schwierigste Begriff in Weierstraß' Darstellung der Differentiation [9] die Bedeutung des Ausdrucks *Grenzwert* in dem Ausdruck *Grenzwert, wenn Dx gegen o geht* in der oben wiedergegebenen Standarddefinition einer Ableitung. Weierstraß definierte den Grenzwert L einer Funktion (z. B. L von f(x) bei x_o) folgendermaßen: Wenn, gegeben eine willkürlich kleine positive Zahl e, eine andere positive Zahl d gefunden werden kann, so daß sie für alle Werte von x ungleich x_o und von x_o um weniger als d verschieden, dann wird sich der Wert von f(x) von L um weniger als e unterscheiden. Weiterhin: f(x) ist eine gleichmäßig kontinuierliche Funktion in einem bestimmten Bereich, und für jede reale Zahl c dieses Bereichs und jedes positive e existiert ein positives d, das von e und nicht von c abhängt, so daß der absolute Wert von f(x) − f(c) kleiner ist als e, wann immer der absolute Wert von x − c kleiner ist als d.

Jetzt war es möglich, Differentiale zu verwenden ohne ihre scheinbar absurde Interpretation als Infinitesimale, aber es wurde ein hoher Preis dafür gezahlt. Was ein intuitiv einfacher Begriff gewesen war, war jetzt komplex und nichtintuitiv. Wenn es also einen Weg gab, Infinitesimale mathematisch verständlich zu machen, würde eine Analyse von Differentialen im Sinn von Infinitesimalen der Weierstraßschen Grenzwerttheoriedarstellung von Differentialen vorzuziehen sein.

Cohens Verteidigung der Infinitesimale

Cohen erhob gegen die Grenzwerttheoriedarstellung schwerere Einwände als einfach nur die Berufung auf Einfachheit. Sein mathematischer Einwand lautet, daß diese Darstellung auf zwei wichtigen undefi-

---

8 Sie wird die «Epsilon-Delta-Methode» genannt, die Anpassung einer Technik, die von Archimedes verwendet wurde mit dem Namen «Exhaustionsmethode».
9 Differentiation ist der Prozeß, die Ableitungen von Funktionen zu bestimmen.

nierten Termini beruht – Gleichheit und Größe –, was bei der Infinitesi-
maldarstellung nicht der Fall ist. Auch in dieser Hinsicht ist die Auffassung von Differentialen als Infinitesimale empfehlenswert. Seine philosophische Verteidigung der Infinitesimale beruht darauf, daß sie für
philosophische Konzeptionen in einer Weise nützlich sind, wie es für den
Begriff des Grenzwertes nicht zutrifft. Cohen argumentierte, daß Infinitesimale wertvoll seien, um zu erklären, wie die Wissenschaft mit realen
Objekten verfährt. Er zeigte, daß diese Denkweise als Modell verstanden
werden kann, um Erkenntnis als historisch und progressiv zu verstehen.
Außerdem war er der Meinung, in der Mathematik eine neue Form der
Argumentation entdeckt zu haben.

Cohen legte dar, daß mathematische Objekte im allgemeinen einen
Nutzen für die Realität (= Natur) haben, daß sie selbst aber nicht der
Realität entstammen. Insofern sind mathematische Objekte Paradigmen
einer allgemeinen Denkform, die Realität erzeugt, aber nicht darstellt.
Daß mathematisches Denken diese Art von Denken ist, wird in der Analyse der Differentiation deutlich, wo wirkliche Flächen durch Differentiale bestimmt werden, die aus Infinitesimalen konstruiert sind, die selber nicht wirklich sein können. Mit anderen Worten, das Denken, das
Lösungen für wirkliche Flächenprobleme konstruiert, wird aus Elementen (Infinitesimalen) geschaffen, die selbst nicht wirklich und nichts Definites sind (eine Art Nichts), aber trotzdem nicht absolut nichts sind.
Nach der Grenzwertdarstellung der Weierstraßschen Standardanalyse
der Differentiation sind Infinitesimale in einem absoluten Sinn nichts;
sie können bei der Erzeugung der Realität keine Funktion haben, denn
aus solchen Nichts kann nur nichts kommen. In Newtons Physik dagegen sind Infinitesimale die Bausteine des Universums, denn in der Natur
ist alles kontinuierlich, nichts ist diskret, und Kontinuität wird aus Fluxionen von Fluentien konstruiert.[10] Für Cohen ist der Infinitesimalkalkül, wie er von Newton auf die Physik angewendet wurde, das Modell,
um über alle Streitfragen in der Philosophie nachzudenken, namentlich
über Epistemologie, Ontologie, Ethik, Theologie und Ästhetik.

---

10 Fluxionen sind unendlich kleine positive Veränderungen, und Fluentien sind
unendlich kleine positive Positionen.

Sein philosophisches Denken

Cohen sprach von einem Infinitesimal als einem Nichts, einem Ursprung, einer o. In der Welt sind Infinitesimale Nichtse, die dazu dienen, Objekte zu erzeugen. Objekte sind eher durch Qualitäten als durch ihre räumliche Lage definiert. Qualitäten sind definite Quantitäten, deren Summen zwischen o und 1 liegen; d. h., Objekte sind ideale, aus Infinitesimalen konstruierte Produkte der Vernunft. Jedes Objekt ist eine unendliche Ansammlung dieser infinitesimalen Qualitäten, aber jedes Objekt ist ein anderes Objekt. Genau wie zwei Unendlichkeiten sich unterscheiden[11], so gibt es verschiedene Infinitesimale; und es gibt verschiedene unendliche Sammlungen von Infinitesimalen (Objekten).

Auf der Grundlage dieses Denkmodells verwarf Cohen die Ansicht, daß Kants Noumena unerkennbare metaphysische Wesenheiten seien, die der Erfahrung zugrunde liegen. Vielmehr sind die Noumena, das Reale, der Ursprung der phänomenalen Objekte, die von der Vernunft für die Erfahrung konstruiert werden. Deshalb sind Cohens Ideen (= Kants Ideale) rationale Konstrukte, die als Modelle für die Konstruktion (und nicht die Beschreibung) der Wirklichkeit dienen. Diese Ideen sind die Objekte der wissenschaftlichen Theorie und des moralischen Handelns. Sie sind unendliche Ziele, die in einem gewissen Sinn existieren. Sie existieren als Asymptoten (d. h. als Grenzen, denen sich operationale Kurven stetig annähern, ohne sie je zu erreichen). Dieser Sinn von Existenz kann auch an einem mathematischen Modell erklärt werden (s. S. 200).

Betrachten Sie die Funktion $y = [1 / (2^x + 1)]$ im Diagramm 3. Wenn wir diese Funktion von $x = 0$ bis zu $x =$ eine beliebige positive Zahl n in Form eines Graphen darstellen würden, würden wir bemerken, daß in dem Maß, wie sich die Kurve zur Rechten längs der positiven x-Achse erstreckt, die Kurve, die bei $y = \frac{1}{2}$ begann, sich zunehmend $y = 0$ nähert, aber nicht erreicht. In geometrischen Termini ist das die Bedeutung der Aussage, daß der Grenzwert von $f(x)$ in dem Maß, wie sich x dem Unend-

---

11 Zum Beispiel die Gesamtmenge aller realen Zahlen und die Gesamtmenge aller ungeraden Zahlen sind verschiedene Unendlichkeiten.

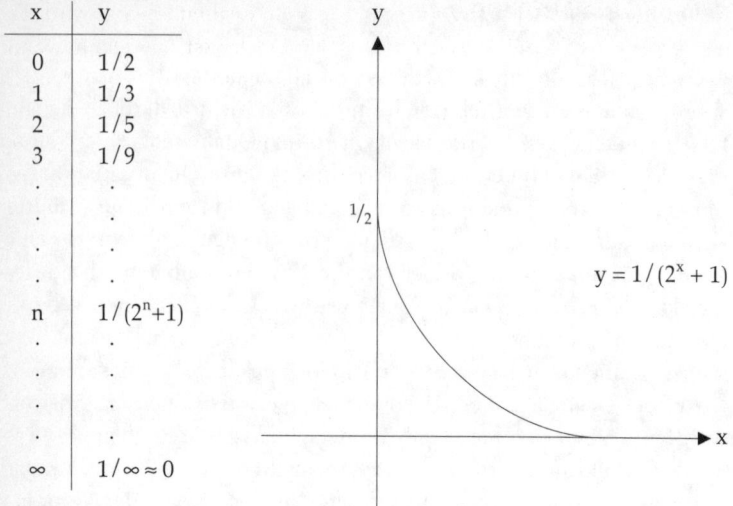

x	y
0	1/2
1	1/3
2	1/5
3	1/9
.	.
.	.
.	.
.	.
n	$1/(2^n+1)$
.	.
.	.
.	.
.	.
∞	$1/\infty \approx 0$

$$y = 1/(2^x + 1)$$

Diagramm 3

lichen nähert, gleich o ist. Wie Cohen dieses Modell benutzt, repräsentiert die Funktion existierende phänomenale Objekte, deren Idee gleich o ist. Diese bestimmte o ist real und dient als der ideale Grenzwert, dem sich seine erzeugten Objekte in der Erscheinungswelt kontinuierlich annähern, den sie aber niemals verwirklichen.

In Cohens System gibt es wissenschaftliche Objekte, moralische Personen und Gott. Diese drei radikal verschiedenen Arten von Entitäten haben die Eigenschaften gemeinsam, daß sie verschiedene Arten von Infinitesimalen sind, deren Konzeptionen Grenzwerte sind, die nur asymptotisch realisiert werden. Im Fall der Ethik ist das Ziel die Menschheit, der sich das einzelne menschliche Wesen annähert, und im Fall der Theologie ist Gott ein rationales Konstrukt, das die Realität der physischen Welt und die Moral der Ethik verstehbar macht.

Das Infinitesimal ist eine Art Nichts, insofern es weniger als alles Positive und Definite ist, aber auf etwas Definites, nämlich das Objekt, das sein Grenzwert oder ideales Ziel ist, verweist. Es ist nicht selbst etwas

Reales, aber gleichzeitig ist es das, aus dem die Realität erzeugt wird. Es ist wie Aristoteles' *hyle*, die selbst überhaupt nichts ist, aber dann, wenn sie eine Form aufnimmt, zu einem physikalischen Objekt wird. Auch zwischen Cohens Begriffen und Aristoteles' Formen besteht eine Ähnlichkeit. Beides sind begriffliche Wesenheiten, die in der natürlichen Welt keine Existenz haben, wenn sie unmaterialisiert sind. Beide dienen, in ihrer immateriellen Reinheit, als ideale Ziele, als Finalursachen, die die Ziele darstellen, auf die hin sich natürliche Gegenstände bewegen. Cohens Ideen in ihrer Reinheit sind Ziele, auf die physische Objekte hinbewegt werden müssen, die an sich in der vergänglichen Welt[12] Funktionen von Nichtsen sind. Daß Gott die Welt aus Nichts geschaffen hat, bedeutet, daß Gott als der Grenzwert einer endlosen Summationsfunktion gedacht werden muß, deren Elemente alle Nichts sind, d. h. alle Infinitesimale sind. Für den «Idealisten» Cohen gibt es ein einzelnes Ziel, Gott.

Die Idee Gott ragt als das höchste Ziel *(telos)* aller Prozesse heraus, durch die sich die Welt der Natur, des Denkens und Wollens entwickelt. Die Idee Gottes dient auch dazu, andernfalls disparate Universen zu integrieren. Mit anderen Worten, durch eine adäquate Konzeption von Gott werden die scheinbar einander widersprechenden Ansprüche von Wissenschaft[13] und Ethik[14] miteinander versöhnt. Es ist wahr, daß aus der Perspektive der Sozialwissenschaft die Entwicklungsprozesse einer Nation determiniert sind; aber es bleibt aus der Perspektive der gesellschaftlichen Ethik gleichermaßen wahr, daß Nationen nach dem humanistischen, sozialdemokratischen Maßstab beurteilt werden müssen, wie gerecht sie ihre Armen behandeln. Wissenschaft und Ethik wie auch Ästhetik sind in der Theologie jener Religion vereint und kohärent begriffen, die Gott als den idealen Grenzwert versteht, der sich in allen Prozessen der Schöpfung aus dem, was praktisch nichts ist, manifestiert.

12 D. h. in der Erscheinungswelt oder der Welt des Werdens und Vergehens.
13 Zum Beispiel, daß jedes Ereignis notwendig durch eine Ursache hervorgerufen wird.
14 Zum Beispiel, daß der Mensch frei ist, Entscheidungen zu treffen.

In *Begriff* bezeichnete Cohen diese Religion mit dem allgemeinen Ausdruck als *die Religion der Vernunft*. In *Religion* versuchte er zu zeigen, daß die einzig wirkliche Religion der Vernunft das Judentum ist.

Sein jüdisches Denken

Auf der Grundlage seiner Auffassung von Maimonides' sogenannter negativer Theologie müssen Aussagen über Gott als Aussagen über moralische Verpflichtungen der Menschen verstanden werden. Cohen nannte dies System der Übersetzung «die Methode der Korrelation». Cohens Methode liefert eine nützliche Art, Maimonides' Behauptungen zu verstehen, daß (a) Aussagen über Gott von der Form «Gott ist F» wörtlich bedeuten: «Gott ist nicht-G», wobei G das Gegenteil von F ist; und (b) der Grund, weshalb eher F als G von Gott ausgesagt wird, der ist, daß F eine menschliche Tugend, wogegen G ein menschliches Laster ausdrückt. Deshalb ist der Grund, warum es nicht wahr ist zu sagen, daß Gott unwissend ist, der, daß das Prädikat Unwissenheit keine Anwendung auf Gott hat und Unwissenheit ein menschliches Laster darstellt. Ebenso ist der Grund, weshalb es wahr ist zu sagen, daß Gott weise ist, obwohl es auch wahr ist, daß Weisheit, wie Menschen sie verstehen, nicht auf Gott angewendet werden kann, der, daß Menschen sich bemühen sollten, weise zu werden. Mit anderen Worten «Gott ist nicht unwissend» bedeutet «Vermeide Unwissenheit!», und «Gott ist weise» bedeutet «Suche Weisheit!» Jedes göttliche Prädikat drückt einen moralischen Imperativ aus, den der Gläubige, auf der Grundlage des Prinzips der *imitatio dei*, zu realisieren strebt. [15] Cohen nannte diese Korrelation der menschlichen Moral mit Gott «ethischen Monotheismus». Er sah das Judentum als die einzige Religion an, deren Kernideal der ethische Monotheismus ist.

So wie er im jüdischen Glauben verstanden wird, wird der ethische

---

15 In Wirklichkeit kann kein moralisches Ideal jemals wirklich verwirklicht werden. Wie der projizierte Grenzwert einer Asymptote kann man sich jedem göttlichen Ideal nähern, aber das Ideal hört niemals auf, unendlich weit von jedem wirklichen Erfüllungszustand entfernt zu sein.

Monotheismus durch drei Ideale ausgedrückt. Das erste ist das Ideal des Mitmenschen, das aus dem menschlichen Mitgefühl entsteht und anderen Mitfühlenden die moralische Verpflichtung auferlegt, nach der Schaffung einer Gemeinschaft zu streben. Das Gebot, das dieses Ideal am besten ausdrückt, lautet «Liebe deinen Nächsten wie dich selbst». Das zweite ist das Ideal der Sühne für die Sünden, das darin besteht, daß der Mensch autonom[16] bereut und sein Verhalten von neuem am Guten ausrichtet. Der Ritus, der dieses Ideal am besten ausdrückt, ist der Tag der Sühne (Jom Kippur). Das dritte ist das Ideal der Menschheit, welches das zu erreichende Ziel durch die reuige Hinwendung zum Mitmenschen zu erreichen sucht. Dieses Ideal setzt die Einheit aller Menschen, was das Gebot zur Folge hat, daß die Gläubigen danach streben müssen, das *Soll* der menschlichen Brüderlichkeit zu einem *Ist* der universalen Gemeinschaft zu machen. Der beste Ausdruck dieses Ziels ist der Begriff der Zeit des Messias.

Nach Cohen ist das gesamte jüdische Ritual und Gesetz letztlich auf die Realisierung des Ideals des ethischen Monotheismus ausgerichtet. Es war ihm bewußt, daß die Befürworter dieses Ideals bei dem Versuch, danach zu handeln, Leiden auf sich nehmen müssen. Cohen glaubte, daß das Volk Israel sein Leiden akzeptiert habe und weiterhin akzeptieren werde als notwendigen Preis dafür, Gottes auserwähltes Volk zu sein, das darum kämpfe, die universale menschliche Gemeinschaft einer gerechten Gesellschaft herbeizuführen, die, nach der Vernunft, die wahre (= ideale) Verkörperung Gottes ist.

16 D. h. ohne einen äußeren Vermittler wie Christus im Christentum.

10
Martin Buber

Leben und Werk

Martin Buber wurde 1878 in Wien geboren, verbrachte aber den größten Teil seiner Jugend in Linow in Galizien, wo er bei seinen Großeltern wohnte. Sein Großvater war der berühmte Midraschgelehrte Salomon Buber. Von frühester Jugend an erwarb er ein reiches Wissen vom osteuropäischen polnischen Chassidismus. Er begann seine höhere nicht-religiöse Ausbildung an der Universität Wien im Jahr 1896. Dort konzentrierte er sich auf die Philosophie Kants und Nietzsches. Über die Jüdische Studentenvereinigung an der Universität Leipzig beteiligte er sich an studentischen zionistischen Aktivitäten, heiratete im Jahr 1899 Paula Winkler und vollendete seine Dissertation über Mystik an der Universität Berlin im Jahr 1904. Er studierte dort bei Hermann Cohen (s. Kap. 9) und befreundete sich mit Franz Rosenzweig (s. Kap. 11).

1916 wurde Buber Herausgeber von *Der Jude*, und im Jahr 1920 gründete er zusammen mit Rabbi Jeremia A. Nobel und Franz Rosenzweig das Freie Jüdische Lehrhaus in Frankfurt am Main. Im Jahre 1923 wurde er an der Universität Frankfurt zum Professor für Religion und jüdische Ethik ernannt. Später konzentrierte er sich neben der Wissenschaft auf die Verbesserung der jüdischen Erziehung. Buber wurde zum führenden Kopf des deutsch-jüdischen Erziehungssystems. Als in den 30er Jahren führende jüdische Akademiker Deutschland verließen, blieb Buber so lange, wie ihm die Nazis gestatteten zu arbeiten. Obgleich er Zionist war, verließ er Deutschland nicht, weil er fürchtete, daß sonst das gesamte jüdische Erziehungswesen ein Ende haben würde. Er emigrierte erst 1938 und nahm einen Lehrstuhl für Sozialphilosophie an der Hebräischen Universität in Jerusalem an. Einmal in Palästina, wurde Buber bei dem Versuch, den wachsenden Konflikt zwischen Juden und Arabern zu versöhnen, auch politisch aktiv. 1942 organisierte er zusammen mit Juda Magnes die *Ichud Association*, die das Ziel verfolgte, einen gemeinsamen arabisch-jüdischen Staat zu gründen. Nach der Gründung des Staates Israel wandte er seine Aufmerksamkeit wieder der Erwachsenenbildung zu und gründete 1949 ein Institut für Erwachsenenbildung. Bis zu seinem Tod im Jahr 1965 galten seine Anstrengungen dem Erziehungswesen in Israel.

Bubers wissenschaftliche Veröffentlichungen begannen mit Untersuchungen zum Chassidismus. Seine frühen Bücher – *Die Geschichte des Rabbi Nachman* (1906) und *Die Legende des Baalschem* (1908) – und seine spätere Veröffentlichung von *Die Erzählungen der Chassidim* trugen wesentlich dazu bei, die negativen Einstellungen der westeuropäischen jüdischen Wissenschaftler gegenüber dem Wert der osteuropäischen Literatur im allgemeinen und der jüdischen Mystik im besonderen zu ändern. Heute herrscht unter den Gelehrten eine gewisse Uneinigkeit über die Frage, welchen Rang Bubers Untersuchungen im Verhältnis zu denen seines Zeitgenossen und Kollegen Gershom Scholem haben. Aber dieser Vergleich ist ungerecht, ihre Untersuchungen sind nicht miteinander vergleichbar. Scholem widmete seine akademische Tätigkeit dem Versuch, ein klares und genaues Bild von den komplizierten Ansichten der Kabbalisten zu gewinnen. Mit anderen Worten, Scholem sah seine Aufgabe als Geistesgeschichtler. Im Gegensatz dazu war Buber Theologe, der seinen Zeitgenossen den Geist, den Wert und die Relevanz des chassidischen Denkens nahezubringen versuchte. In gewissem Sinn war es Bubers Darstellung dieses Geistes, die den zeitgenössischen Forschern des Judentums die Augen für die Art historischer Untersuchung der jüdischen Mystik öffnete, die Scholem dann vornahm.

Bubers akademische Interessen richteten sich auf die Bibel, das Erziehungswesen, Geschichte, Sprachwissenschaft, Philosophie, politische Theorie und Religion. Für unsere Zwecke wäre die Aufzählung sämtlicher Schriften Bubers zu lang. Die folgenden Bücher sind besonderer Beachtung wert. Unter dem Aspekt biblischer Studien: Er arbeitete zusammen mit Franz Rosenzweig an einer neuen Übersetzung der Bibel ins Deutsche, schrieb über den Messias in *Königtum Gottes* (1932), die Prophetie in *Der Glaube der Propheten* (1940) und über Moses in *Moses* (1945). Auf dem Gebiet der Religion: 1950 veröffentlichte er ein Buch über das Judentum und das Christentum mit dem Titel *Zwei Glaubensweisen*. Im Bereich der Politik schrieb er über sein Verhältnis zum Zionismus in *Israel und die Welt* (1944) und *Über den Zionismus* (1944) und äußerte sich zu einer direkten demokratischen Form des Sozialismus in *Pfade in Utopie* (1949). Schließlich sollte unter seinen vielen Werken über Philosophie besonders erwähnt werden *Ich und Du* (1923) und *Gottesfinsternis* (1952). Von all diesen Büchern war das einflußreichste *Ich und Du*.

Ich und Du

Erster Teil: Grundworte

Ich und Du beginnt mit folgenden Worten, die Bubers gesamte philosophische Orientierung enthalten:

Die Welt ist dem Menschen zwiefältig nach seiner zwiefältigen Haltung.
Die Haltung des Menschen ist zwiefältig nach der Zwiefalt der Grundworte, die er sprechen kann.
Die Grundworte sind nicht Einzelworte, sondern Wortpaare.
Das eine Grundwort ist das Wortpaar Ich-Du.
Das andere Grundwort ist das Wortpaar Ich-Es; wobei, ohne Änderung des Grundwortes, für Es auch eins der Worte Er und Sie eintreten kann.
Somit ist auch das Ich des Menschen zwiefältig.
Denn das Ich des Grundworts Ich-Du ist ein andres als das des Grundworts Ich-Es. [1]

In diesem Zitat führt Buber zwei Wortpaare an – *Ich-Du* und *Ich-Es*. Was ist dieses *Ich-Du*? Und ähnlich: Was ist dieses *Ich-Es*? Man beachte, daß das «Ich» in «Ich-Du» und das «Ich» in «Ich-Es» und der isolierte Ausdruck «Ich» drei verschiedene Dinge sind. Das Wort «Ich» allein wird erst am Ende des ersten Teils von *Ich und Du* eingeführt. Was bedeutet das?

---

1 Zitiert nach: *Ich und Du*, in: Martin Buber, *Das Dialogische Prinzip*, Gerlingen 1962, S. 7.

Die Antworten auf diese Fragen sind der Schlüssel zum Verständnis dessen, was Buber in diesem seinem wichtigsten Werk auf dem Gebiet der jüdischen Philosophie sagt und tut.

Der Grund, weshalb Buber so spricht, hat mit seiner Erkenntnistheorie zu tun. In diesem Paragraphen formuliert Buber die Theorie der Erkenntnis, die vieles, wenn nicht alles festlegt, was er über Gott, die Menschheit und die Welt im Rest des Buches zu sagen hat. Mit einem Wort, Buber erweist sich in diesem Paragraphen als Phänomenologe.

Buber beginnt *Ich und Du* mit einer Formulierung seines Beitrags zu einer Idealsprache. Die Konstruktion dieser Sprache ist der Gegenstand des ersten Teils von *Ich und Du*. Seine Sprache hat zwei Grundworte – Ich-Du und Ich-Es. Ich-Du ist ein einziger, einfacher Ausdruck; er ist keine Zusammensetzung von zwei mit einem Bindestrich versehenen Worten. Ähnlich ist Ich-Es ein einziges Wort, und Ich-Du ist ein anderes Wort als Ich-Es.

Bubers phänomenologischer Ansatz ist der Schlüssel, um zu verstehen, warum er in *Ich und Du* keine formalen Argumente für seine Behauptungen anführt. In dieser Hinsicht unterscheidet sich Buber nicht von den übrigen Phänomenologen. Formale Argumente setzen immer Prämissen voraus, und die erreichten Schlußfolgerungen sind nicht besser als diese Ausgangspunkte. Für Prämissen können Argumente angeführt werden, aber dann werden die Prämissen zu Schlußfolgerungen. Diese ihrerseits erfordern andere Prämissen; und wieder sind unsere Schlußfolgerungen nicht besser als unsere anfänglichen Annahmen. Jedes Argument isoliert neue Prämissen, die ihrerseits in die Schlußfolgerungen neuer Argumente transformiert werden müssen. Entweder geht dieser Prozeß immer weiter, und es gibt niemals einen ersten Ausgangspunkt, oder man gelangt zu Prämissen, die keinerlei Beweis erfordern. Das Wort, das diese Art von Prämissen beschreibt, lautet *unkorrigierbar*. Aussagen, die keinerlei Beweis erfordern, sind unkorrigierbare Aussagen, d. h., sie können nicht bewiesen werden, erfordern aber auch keinen Beweis. Zum Beispiel ist die Aussage «Dieses Buch *scheint* grün zu sein» unkorrigierbar. Alles, was nötig ist, um die Wahrheit dieser Behauptung zu sichern, ist meine Ehrlichkeit. Aus diesem Grund beginnt Buber mit der Erfahrung.

Obwohl Aussagen über die persönliche Erfahrung unkorrigierbar sein können, sind sie nicht notwendigerweise korrekt. Um die Erfahrung zu beschreiben, muß man Sprache verwenden; und im allgemeinen enthalten Sprachen eingebaute, verborgene Annahmen, die nicht wahr sein müssen, die also selbst nicht unkorrigierbar sind. Aus diesem Grund versuchte Buber, eine Idealsprache zu konstruieren, die unerwünschte Annahmen vermeidet und deshalb Beschreibungen von Erfahrungen erzeugt, die unkorrigierbar sind. Infolgedessen hängt eine kritische Einschätzung seiner Ansprüche einzig von zwei Faktoren ab. Erstens: Wie weit sind seine Aussagen formal voraussetzungslos? Und zweitens: Beschreiben seine Aussagen adäquat, was wir, die Leser, erfahren? Die Voraussetzungen der Phänomenologie einmal gegeben, kann die Wahrheit oder Falschheit dessen, was Buber sagt, nicht durch formale Beweise bestimmt werden. In diesem Fall ist ein Beweis irrelevant. Vielmehr muß Buber als Schriftsteller über seine Erfahrung nachdenken und sie, so gut er kann, beschreiben. Wir als Leser müssen versuchen, seine Sprache zu benutzen, um über unsere eigene Erfahrung nachzudenken und dann, nach gründlichem Nachdenken, entweder schließen «ja, so ist meine Erfahrung» oder «nein, so ist sie nicht».

Der Anfang von *Ich und Du* ist vor-kritisch. Auf dieser Stufe macht Buber einzig seine Sprache deutlich. Wenn es eine gute Sprache ist, werden die Leser seine Beschreibungen akzeptieren und zustimmen, daß seine Erfahrung auch die ihre ist. Mit anderen Worten, Bubers Behauptungen beruhen auf einer Berufung auf eine gemeinsame Erfahrung und nicht auf irgendeiner formalen Argumentation. Wir müssen seine Beschreibungen nehmen und uns fragen, ob wir unsere Erfahrung ganz genauso sehen. Wenn (und nur wenn) das der Fall ist, sollten wir ihm zustimmen.

Die Frage lautet jetzt: Was bedeutet es zu sagen, daß wir bei genauerem Nachdenken nicht mit Buber übereinstimmen, während andere, bei genauerem Nachdenken, übereinstimmen?[2] An diesem Punkt stehen

---

2 Zum Beispiel sagen einige Existentialisten (nicht Buber), daß alle Menschen in Todesfurcht leben. Jeder Leser muß sich selbst fragen, ob er in Todesfurcht lebt, und er kommt vielleicht zu dem Schluß, daß diese Behauptung nicht wahr ist. Vielleicht kommt er bei näherem Nachdenken zu dem Schluß, daß er sich vielleicht nicht gerade nach dem Tod sehnt, daß aber Furcht eine zu starke Behauptung ist.

dem Autor, der die Behauptung aufstellt, zwei logische Möglichkeiten offen. Eine Möglichkeit besteht darin, daß er infolge unserer Überlegungen seine Behauptungen modifiziert oder sich dafür entscheidet, daß er vollkommen im Unrecht war. Vielleicht entscheidet er zum Beispiel, daß er zu stark verallgemeinert hat; vielleicht revidiert er sein Urteil, um zu sagen, daß seine Behauptung für einige, möglicherweise für viele, aber nicht für alle Menschen zutrifft. Eine zweite Möglichkeit ist die, daß er zu dem Ergebnis kommt, daß er seine Erfahrungen nicht hinreichend deutlich zum Ausdruck gebracht hat – daß seine Behauptung zwar wahr ist, aber so, wie er sie beschrieben hat, nicht universal wahr ist –, in welchem Fall er zum Ausgangspunkt zurückkehren, noch einmal nachdenken muß und seine Sprache entweder verbessert oder in ihrem Gebrauch sorgfältiger verfährt. Infolgedessen sollte er, dank unseres wohlüberlegten Einwandes, versuchen, sich besser auszudrücken, in der Hoffnung, daß wir dann, beim zweiten Nachdenken, genau das sehen, was er sieht.

Die zweite Möglichkeit kann in zwei Varianten auftreten. In dem oben beschriebenen Fall ist die Annahme, daß wir, die Leser, ehrlich und offen über die Behauptungen des Autors nachdenken. Dann gilt, daß er, wenn wir letztlich nicht mit ihm übereinstimmen, unrecht hat; aber dies trifft vielleicht nicht zu. Vielleicht verwerfen wir das, was er sagt, weil wir unsensibel sind oder ehrlichem Nachdenken Widerstand entgegensetzen.[3] Auf jeden Fall ist die Frage, ob wir als Leser aufrichtig sind oder nicht, ebenfalls etwas, das nur wir durch Nachdenken bestimmen können. Noch einmal, der Phänomenologe stellt eine Behauptung auf, die auf der Beschreibung seiner eigenen Erfahrung beruht. Dann denken wir zuerst darüber nach, ob seine Beschreibung mit unserer Erfahrung übereinstimmt; und wenn das nicht der Fall ist, ob wir aufrichtig oder sensibel (d. h. authentisch) nachgedacht haben. Wenn nach unserem Urteil unsere aufrichtige Reflexion über die Aussage des Autors zu dem Ergebnis kommt, daß seine Behauptung nicht mit unserer eigenen Erfahrung über-

---

3 Beachten Sie, daß auf dieser Stufe Ausdrücke wie «aufrichtig» und «unaufrichtig» oder «echt» und «unecht», wie sie auf Menschen angewendet werden, in die Diskussion von Wahrheit und Irrtum, wie sie auf Aussagen angewendet werden, eingehen.

einstimmt, dann müssen wir schließen, daß er im Unrecht ist; und er muß, je nach seiner eigenen Reflexion, seine Behauptung neu bewerten. [4]

Um wieder auf den Text von *Ich und Du* zurückzukommen: Buber beginnt damit, daß er seine Grundworte festlegt, mit denen er die Realität beschreiben will. Im ersten Paragraphen zählt er die Ausdrücke auf, und in den nächsten sieben Paragraphen beschreibt er ihre Bedeutung oder Funktion. Nachdem er die Grundsprache von Ich-Du und Ich-Es eingeführt hat, beginnt Buber, eine vollere, reichere Sprache zu entwikkeln, um mit ihr die Phänomene zu beschreiben. In diesem Zusammenhang redet er über Natur, Menschen und Kunst. Nachdem er in seiner Grundsprache festgelegt hat, was er mit Mensch und Natur meint, führt er seinen einzigen relationalen Terminus ein, Begegnung.

Die Bedeutung dieser anderen Art von Wort in Bubers Sprache, nämlich von Begegnung, kann folgendermaßen illustriert werden: In der Arithmetik bestehen die Elemente aus einem Terminus oder einer Entität (zum Beispiel der Zahl 1) und einer Funktion (zum Beispiel + 1), aus denen die gesamte Arithmetik logisch konstruiert werden kann. Ähnlich verwendet Buber zwei elementare Termini (Ich-Du und Ich-Es) und führt dann einen Funktionsausdruck an, der in Verbindung mit ihnen zu verwenden ist (Begegnung).

Begegnung ist eine bestimmte Art von Relation und nicht Relation als solche. Der allgemeine Ausdruck, den Buber für Relation verwendet, ist *Beziehung*. Buber definiert Begegnung in den Paragraphen 13 bis 18; [5] und nachdem er diesen Begriff definiert hat, geht er zu den beiden Formen der Begegnung zwischen Menschen über, den positiven und den negativen. Die positive Begegnung wird Liebe und die negative Begegnung Haß genannt. Buber beschließt die Festlegung seiner Grundsprache mit einer Beschreibung von Liebe und Haß in menschlichen Beziehungen. [6] An diesem Punkt hat er seine Sprache vorgestellt. Das erste Buch

---

4 An diesem Punkt sollte dem Leser klar sein, daß Phänomenologie eine Art Uniformitätsprinzip voraussetzt, das beinhaltet, daß alle aufrichtigen Menschen bei näherem Nachdenken übereinstimmen werden, weil alle individuellen Erfahrungen gleichartig sind.

5 Die Paragraphenzählung (die Walter Kaufmann in der englischen Übersetzung eingeführt hat) ist hier aus Gründen der Zweckmäßigkeit übernommen (*A. d. Ü.*).

6 Paragraphen 19–21.

schließt mit einer kurzen Geschichte, wie sich seine Grundworte entwikkeln und wie sie sich in menschlichen Ereignissen miteinander verbinden.[7]

Die erste Gegebenheit, die in der Geschichte zu beachten ist, ist die Sprache selbst. Jede zeitgenössische Philosophie analysiert an erster Stelle die Begriffe der Sprache selbst, weil alle unserer Annahmen und Vorurteile auf ihrer verborgensten (oder tiefsten) Ebene in unser Verständnis der Sprache eingebaut sind. Die letzten Voraussetzungen des Denkens sind die grundlegenden Annahmen, die in der Sprache enthalten sind.

Nachdem uns Buber seine neue Sprache vorgestellt hat – die Sprache des Ich-Es, Ich-Du und der Begegnung – wendet er seine Konstruktion an, um die Geschichte und die Entwicklung der Sprache selbst zu diskutieren. Er legt eine Anthropologie der Sprache vor mit dem Anspruch, daß seine Modellsprache der Ursprache in der menschlichen Geschichte sehr nahe kommt. Das Ergebnis ist eine Geschichte der Sprache, die zuerst eine Sprache des Ich-Du und schließlich eine Sprache des Ich-Es ist, mit einem Übergang zwischen den beiden Extremen in einer Sprache des Ich-Du/Ich-Es. Wir wollen uns nun etwas genauer Bubers mittlere Stufe, die Übergangsstufe der Sprache anschauen.

Wir kommen der Erfahrung einer primitiven Sprache am nächsten, wenn wir uns die Erfahrung von Kindern bei der Verwendung der Sprache vergegenwärtigen. Genauso wie Buber seine Grundsprache verwendet, um die Geschichte der Sprache zu analysieren, weil zu diesem Zweck die primitive Sprache am besten geeignet ist, wendet er sich der Sprache der Kinder zu und präsentiert eine Geschichte der Entwicklung ihrer Sprache in die Erwachsenensprache, weil die Kindersprache diesem Zweck am besten dient. Die primitive Sprache ist besser als die komplizierte, weil die primitive Sprache weniger Voraussetzungen in sich enthält. Ähnlich ist die Kindersprache besser als die Erwachsenensprache, weil sie weniger Voraussetzungen über die Realität in sich enthält. In diesem Zusammenhang ist es der Erwähnung wert, daß die beiden Hauptinteressen Bubers außer Philosophie und Religion der Kindererziehung und Anthropologie galten. Beide Interessen entstanden aus seiner Bindung an die Phänomenologie.

7 Paragraphen 22–28.

Ich möchte an diesem Punkt etwas darüber sagen, was Ich-Du und Ich-Es sind. Die Realität, die Buber beschreibt, ist die Realität von Phänomenen und nicht eine Realität jenseits von Phänomenen.[8] Phänomene sind ein Bereich der Beziehungen. Alles, was wir erfahren, setzt Beziehung voraus. Wann immer wir in etwas verwickelt sind, stehen wir in einer Beziehung. Deshalb beginnt Buber damit, daß er zwei Arten, Beziehung zu erfahren, nennt und beschreibt.

Ein Beispiel, das erklären wird, was Buber unter Beziehung versteht, stammt aus einer anderen Quelle. Es lehnt sich an das Werk eines anderen Phänomenologen an, an Jean-Paul Sartres *Das Sein und das Nichts*.[9] Ich sitze und schreibe. Während ich schreibe, bin ich mir dessen bewußt, was ich schreibe – meines Bewußtseinsgegenstandes. Aber der Gegenstand meines Bewußtseins ist nicht, daß ich schreibe. Ich denke über das nach, was ich schreibe. Dann tritt jemand an mich heran und fragt mich, was ich tue. Ich antworte, daß ich schreibe. In diesem zweiten Fall habe ich einen anderen Gegenstand des Bewußtseins. Im ersten Fall war ich mir dessen bewußt, was ich schreibe; aber im zweiten Fall ist der Gegenstand meines Bewußtseins ich selbst beim Schreiben. Dieser Sachverhalt wirft die folgende Frage auf: Wenn ich mir nicht bewußt war, daß ich schrieb, als ich schrieb, wie konnte ich dann hinterher wissen, daß ich schrieb? Die Antwort lautet, daß es ein Bewußtsein gab von mir als Schreibendem, während ich schrieb, es aber kein objektives Bewußtsein war, d. h., ich war mir nicht meiner als eines Gegenstandes bewußt.[10] Im ersten Fall liegen zwei verschiedene Arten von Beziehungen vor. Es gibt die objektive Beziehung, nämlich die Beziehung zwischen mir und dem Gegenstand meines Tuns; und es gibt eine andere Art von Beziehung, die keinerlei Gegenstand überhaupt einbegreift, nämlich mein Bewußtsein,

8 Zum Beispiel, wenn wir annehmen, daß die Farbe Rot, die wir sehen, zur Welt der Erfahrung gehört, daß aber Farberscheinung von etwas in der physischen Welt verursacht wird, was eine Lichtwelle genannt wird, dann redet Buber über die Welt der Erscheinung und nicht über die physische Welt.
9 Vgl. Jean-Paul Sartre, Das Sein und das Nichts, Versuch einer phänomenologischen Ontologie (dt. v. Hans Schöneberg und Traugott König), Reinbek 1991, Einleitung, III, S. 21 ff.
10 Hier bedeutet «objektiv»: etwas zu einem Objekt des Bewußtseins machen.

daß ich schreibe. Nur im zweiten Fall werde ich in der Reaktion auf die Frage meiner selbst als Schreibendem objektiv bewußt.

Diese Art von Objektbeziehung ist das, was Buber die Ich-Es-Beziehung nennt. Ich-Es ist eine objektive Erkenntnisbeziehung. Im Gegensatz dazu ist die Art von nicht-objektiver Beziehung, die oben geschildert wurde, das, was Buber die Ich-Du-Beziehung nennt. Es ist eine nicht-objektive, nicht-kognitive Beziehung. Es ist ein Bewußtsein ohne Bewußtseinsgegenstand. Alle Beziehungen, die etwas Objektives einbegreifen, sei dieses Objekt das, was wir ein Ding nennen, oder eine Idee oder ein Ziel, sind Ich-Es-Beziehungen. Alle Beziehungen, die keine Objektivierung als Gegenstand des Bewußtseins enthalten, sind Ich-Du-Beziehungen. Ich denke, daß diese Beschreibung den ursprünglichen Sinn des Unterschiedes zwischen den beiden Grundworten Ich-Du und Ich-Es wiedergibt.

Warum wählte Buber diese beiden Worte als seine Grundworte? Kurz gesagt ist die Antwort, daß Buber die Philosophie Descartes' rekonstruierte. Descartes fragte, welche Behauptung die Grundlage für eine sichere Erkenntnis sein kann. Er stellte die richtige Frage, aber er ging bei ihrer Beantwortung in die Irre. Er hatte recht, als er sagte, daß wissenschaftliches Denken mit Gewißheit beginnen muß und daß die einzige Basis der Gewißheit, die wir letztlich besitzen, die Erfahrung sei. Aber er irrte sich in der unkritischen Annahme, daß die Erfahrung selbst etwas Grundlegendes sei. Er erkannte nicht, daß jede Art, die Welt zu erfahren, eine Sprache voraussetzt, durch die wir ausdrücken, was wir erfahren. Er nahm seine Erfahrung und beschrieb sie. Unglücklicherweise war er sich nicht darüber im klaren, daß in seine Beschreibung der Welt nicht nur seine Erfahrung einging, sondern auch die Art der Sprache, die er verwendete. Diese Sprache bestimmte die Arten von Schlußfolgerungen, die er aus der Erfahrung zog. Infolgedessen muß man, bevor man anfangen kann, die Erfahrung zu beschreiben, die Sprache kritisch untersuchen. Alle Analyse muß mit einer Analyse der Sprache beginnen. Diese Erkenntnis ist das Merkmal aller modernen Philosophie, der kontinentalen wie der der englischsprachigen Welt.

Zweitens: Wegen der Voraussetzungen, die in seine Sprache eingegangen sind, nahm Descartes an, daß die grundlegenden Wörter Namen von isolierten Dingen seien. Die formale, grammatische Struktur seiner

Sprache bestand aus isolierten Wörtern, und aus diesen Wörtern werden komplexere Gebilde konstruiert wie Redewendungen, Sätze und Abschnitte. Sätze scheinen komplexe Gebilde zu sein, deren einfache Elemente Wörter sind, und jedes Wort gilt als der Name von irgend etwas. Infolge dieser Struktur nahm Descartes an, daß die Ontologie[11] damit beginnt, einige voneinander isolierte Dinge aufzuzählen; und er war der Meinung, daß das erste solche Ding der Gegenstand sei, auf den sich der Terminus *Ich* bezieht.

Das Ich ist aus dem Grund ein Ausgangspunkt, weil alle unsere Erfahrung ein Ich einbegreift. Ich sehe zum Beispiel einen Baum. Die beiden Dinge in dieser Aussage sind der Baum und Ich. Ich kann bezweifeln, daß der Baum dort steht, aber ich kann nicht bezweifeln, daß ich hier bin. Deshalb ist das Ich von all den möglichen Objekten, mit denen man anfangen kann, das allergewisseste. Vielleicht irre ich mich über das, *was* ich bin, aber ich kann nicht darin irren, *daß* ich bin. Der Fall ist ganz verschieden von dem des Baumes. Die Aussage «Ich sehe einen Baum» ist keine Aussage über einen Baum; es ist eine Aussage über mich, und als solche ist sie unkorrigierbar. Deshalb begann Descartes mit dem Ich, aber das Problem des Ich als einer Anfangs ist, daß es nirgendwohin führt. Descartes gelang es nicht, logisch von seiner Existenz zur Existenz der übrigen Welt überzugehen. Keiner bezweifelt ernsthaft, daß andere Dinge wie Bäume existieren. Die Frage ist nicht, ob es dergleichen Dinge gibt. (In einem gewissen Sinn stimmt jeder zu, daß es sie gibt.) Die Fragen drehen sich vielmehr darum, wie wir erkennen, daß es sie gibt, und um die Art, wie es sie gibt. Noch einmal, die Fragen sind, wie ich weiß, daß es den Baum gibt, welche Art von Ding er ist und in welcher Weise es ihn gibt.

Aus Descartes' Irrtümern können wir zweierlei lernen. Zum einen: Wir müssen bei der Verwendung der Sprache, mit der wir unsere Erfahrung beschreiben, äußerst sorgfältig sein. Ein unkritischer Gebrauch unserer Mundart wird uns in die Irre führen. Wir brauchen eine bessere Sprache als die Umgangssprache, obgleich die Umgangssprache unseren Ausgangspunkt bildet. Unser Bedürfnis, klar zu denken, zwingt uns über die Umgangssprache hinaus zu einer idealeren Sprache, einer wissen-

11 D. h. die Theorie der Arten von Dingen, die existieren.

schaftlichen Sprache, einer Sprache, in der wir so wenig unkritische Annahmen wie möglich machen, einer Sprache, die mit Genauigkeit feststellt, was wir ausdrücken wollen. Zweitens: Die Eigenschaft der Umgangssprache, die uns Wendungen und Sätze als Zusammensetzungen isolierter Wörter präsentiert, spiegelt nicht die Struktur der Realität wider. Die Realität kann so nicht konstituiert sein, weil es nicht möglich ist, aus isolierten Wesen wie etwa einem Ich die Welt zu konstruieren. In Wirklichkeit gibt es keine solchen Dinge wie isolierte Wesen. Alle Wesen stehen in einer Beziehung zu anderen Wesen. Deshalb darf der Ausgangspunkt nicht eine Sprache isolierter Wesen sein, von denen das Ich eins unter vielen ist. Statt dessen müssen Beziehungen den Ausgangspunkt bilden. Diese Beziehungen werden nicht Konstrukte aus ihren Termini sein; im Gegenteil, die Termini werden aus den Beziehungen abgeleitet werden. Des weiteren sind die elementaren Beziehungen diejenigen, in denen jedes Ich steht. Aber am Anfang gibt es nichts dergleichen wie ein Ich, genauso wenig, wie es so etwas wie einen Gegenstand gibt.

Am Anfang gibt es nur Beziehungsausdrücke. Beziehungen sind grundlegend, Wesen sind es nicht. Die grundlegendsten Beziehungen sind diejenigen, die einen Ich-Ausdruck enthalten. Die Existenz eines Ich wird aus Ich-Beziehungen abgeleitet; es ist nicht selbst ein Urelement. Wir wissen an diesem Punkt, daß die philosophische Analyse mit der Konstruktion einer Sprache beginnt, die sich mit Relationen befaßt, und die primären Relationen die sind, in denen jedes Ich steht. Noch einmal, es gibt kein erstes Ich; es gibt nur Ich-Beziehungsausdrücke. Buber entschied, daß wir nicht mehr als zwei solcher Relationen annehmen müssen, nämlich Ich-Relationen zu einem unpersönlichen Es und dem, was er ein *eingeborenes* Du nennt.

Als Buber diese Erkenntnis über die philosophische Anthropologie gewann, wurden ähnliche Feststellungen in der linguistischen Anthropologie getroffen, nämlich daß die Elementarbestandteile der Sprache Sätze und nicht einzelne Wörter sind und daß da, wo es einzelne Termini als Elementarbestandteile gibt, diese Wörter dazu dienen, ganze Sätze auszudrücken, und nicht einfach Nomina sind. Zum Beispiel kann man die Bedeutung von «Wie geht es dir?» nicht dadurch erklären, daß man die Wörter *wie, geht, es* und *dir* erklärt. Tatsächlich ist «Wie geht es dir?» in den meisten Kontexten gar keine Frage und hat auch nichts mit Gesundheit zu tun. Und die Antwort «gut» hat auch nichts mit Gesundheit zu tun. Wörter bedeuten keine Dinge; sie spielen vielmehr eine Rolle bei dem Ausdruck von Beziehungen. Jedes Wort hat eine Bedeutung nur in Beziehung zu den anderen Wörtern, die seinen Kontext bilden. Diese Wörter selbst drücken komplexe Beziehungen aus. In dieser Hinsicht sind die Nomina die irreführendsten Ausdrücke der Sprache; und Präpositionen sind für die Realität am repräsentativsten. Im allgemeinen bedeutet jede Präposition in der einen Sprache jede andere Präposition in einer anderen Sprache, was heißt, daß man Präpositionen nicht aus Wörterbüchern oder Lexika lernen kann. Ihre Bedeutung ist vollkommen kontextabhängig. Und ähnlich: Was auch immer es für Dinge geben mag, was sie sind, hängt vollkommen von ihrer Beziehung zu anderen Dingen in Sachverhalten ab. Mit anderen Worten, genau wie Sätze linguistisch früher sind als Wörter, sind Tatsachen (= Sachverhalte = Beziehungen) ontologisch früher als Dinge.

Ich-Du ist keine Zusammensetzung aus zwei Dingen, Ich und Du. Es ist eine einzige Sache, nämlich eine Form der Beziehung. Bubers Elementarbestandteile sind nicht Namen von Dingen, aus denen wir Beziehungen konstruieren. Vielmehr sind sie Beziehungen, aus denen wir Dinge ableiten. Unter den abgeleiteten Dingen sind Wesen, die Ich, Du und Es heißen; aber dies sind spätere Schlußfolgerungen, sie sind nicht in dem anfänglichen Ich-Du und Ich-Es enthalten. Buber beginnt seine ideale Sprache deshalb mit Ausdrücken für Relationen statt mit Ausdrücken für Dinge.

Jede Idealsprache hat das Ziel, so wenig Elementarbestandteile wie möglich zu haben. Jeder elementare Ausdruck ist eine Annahme; und je weniger Annahmen es gibt, desto wahrscheinlicher ist es, daß die Schlußfolgerungen wahr sind. In Bubers Sprache gibt es sprachlich zwei und nur zwei Annahmen – Ich-Du und Ich-Es. Der Elementarausdruck *Begegnung* dient dazu, die Regeln für ihren Gebrauch festzulegen.

Dies schließt die Erklärung ab, warum Buber mit Beziehungsausdrücken beginnt und warum die Beziehungsausdrücke Ich-Ausdrücke sind. Es muß aber noch erklärt werden, warum er als die Termini auf der rechten Seite die beiden Ausdrücke Du und Es und nur diese wählte. Um diese Frage zu beantworten, möchte ich an das frühere Beispiel aus Sartres *Das Sein und das Nichts* erinnern. Angenommen, ich schreibe ein Buch. Buber wählt das Wort Ich-Du, um alle Beziehungen auszudrücken, die einen Gegenstand in all den Bedeutungen dieses Ausdrucks einbegreifen, nämlich physikalisches Ding, Gegenstand des Denkens, Ideal, Ziel usf. Deshalb ist meine Beziehung zu dem Buch, sowohl, wenn es nur eine Idee in meinem Kopf ist, wie auch dann, wenn es veröffentlicht ist, eine Ich-Es-Beziehung. Daß es zumindest diese Art von Beziehung gibt, ist offensichtlich. Warum wählt Buber Ich-Du als seinen anderen Elementarausdruck? Teilweise hat die Antwort etwas mit der Grammatik zu tun, in der wir drei Arten von Personen kennen – die erste, zweite und dritte. Es (wie auch er und sie) ist die dritte Person, und ich ist die erste Person, so daß noch eine übrig bleibt – die zweite. Um diese Art von Bewußtsein auszudrücken (diese Art von Ich-Beziehung), die nicht objektiv und nicht kognitiv in jedem Sinn des Ausdrucks *Gegenstand* ist, nämlich um die Art von Bewußtsein auszudrücken, das nicht Ich-Es-Bewußtsein ist (erste-dritte-Personen-Beziehungen), prägte Buber den Ausdruck Ich-Du (erste-zweite-Personen-Beziehungen).

Es gibt einen weiteren Grund für die Wahl des Terminus *Du*, um nicht-kognitive Beziehungen auszudrücken. Er hat mit der kantischen Ethik zu tun. Kant unterschied zwei Arten des Guten. Er nannte das eine «das für-sich-(oder an-sich-)Gute» und das andere «das irgend-wozu-Gute» (das Nützliche). Der Satz «Laufen ist gut» ist ein Beispiel für die Verwendung des Ausdrucks *gut* im Sinn des Nützlichen und nicht in einem moralischen Sinn. Laufen ist gut, weil es gesund erhält, aber Laufen ist nicht an sich gut; es ist nur gut zu irgendeinem außerhalb seiner selbst liegenden Zweck. Deshalb ist es ein Gut, das rein nützlich ist. Ein solches Gut nun, sagt Kant, ist nicht moralisch gut. Etwas ist nur dann moralisch gut, wenn es um seiner selbst willen getan wird. Selbst wenn wir über nützliche Güter reden, hängen diese Güter von moralischen Gütern ab. Wenn A gut ist um B willen und B um C willen usf., dann muß irgendwo ein Ende, F, sein, das für sich selbst gut ist und nicht für etwas anderes. Die Antwort auf die Frage, wozu F gut ist, wird sein, daß es gut für nichts außer ihm selbst ist. Für Kant kann nur etwas moralisch gut sein, das für nichts anderes außer ihm selbst gut ist. Moralische Güter sind an sich gut; sie dienen keinen praktischen Zwecken. Vielmehr sind sie letztlich das, was jedes praktische (nützliche) Gute sowohl praktisch wie gut macht.

Kant schloß daraus, daß das, was für einen Menschen als moralisches Gut zählt, darin besteht, sich auf eine andere Person an sich und nicht als ein Mittel zu irgendeinem anderen Zweck oder Ziel oder Gegenstand außer ihr selbst zu beziehen. Mit anderen Worten, man handelt moralisch gegen eine andere Person, wenn man die andere Person, wie Kant sagt, «als Selbstzweck» behandelt. Wenn man sich gegen eine Person moralisch verhält, dann benutzt man sie nicht. Für Kant ist die Liebe die höchste moralische Beziehung; und wenn man einen anderen liebt, benutzt man ihn nicht. Liebe ist, wie Moral, äußerst nutzlos; und insofern ist sie der reinste Ausdruck menschlicher Moral.

Dieses Kantsche Verständnis von Moral bringt Buber in seiner elementaren Ich-Du-Beziehung zum Ausdruck. Wie ich mir in der Erkenntnistheorie einer Sache kognitiv oder nicht-kognitiv, reflexiv oder präreflexiv bewußt werden kann, so kann ich auch in der Ethik den anderen als nützlich für meine Zwecke oder moralisch als Selbstzweck behandeln, für keinen Zweck überhaupt. Bubers Termini Ich-Du und Ich-Es drücken diese beiden Arten von Unterscheidung aus. Ich-Du ist sowohl kognitives Bewußtsein wie moralische Beziehung, während Ich-Es kognitives Bewußtsein und nützliche Beziehung ist. [12]

Kurzum, das Ziel des ersten Teils von Bubers *Ich und Du* besteht darin, seine Grund- oder Idealsprache zu schaffen. In dieser Sprache werden uns zwei Grundworte zur Verfügung gestellt, Ich-Du und Ich-Es. Diese Ausdrücke drücken Beziehungen aus, sie nennen keine Wesen. Es sind keine Ausdrücke für Substanzen, sondern relationale Termini. Das Ich der beiden Termini ist kein Einzelwesen, kein Ding. Ähnlich sind das Du und das Es keine Dinge. Ich-Du ist eine Art der Beziehung, durch welche die Wirklichkeit erfahren wird; Ich-Es ist eine andere Art der Beziehung, durch welche die Wirklichkeit erfahren wird. Alle Erfahrung ist relational. Mit diesen Ausdrücken entwickelte Buber Arten der Beziehung, d. h. Arten, wie Ich-Du und Ich-Es funktionieren und durch die wir die Welt konstruieren. Er beschrieb die Begegnung, welche die grundlegende aus Ich-Du abgeleitete Beziehung ist, und präsentierte dann eine

---

12 Zu beachten ist, daß das Ich-Es zwar nicht moralisch, aber auch nicht unmoralisch ist. Wir werden später auf diesen Punkt zurückkommen.

Geschichte des Ich-Du von primitiven Sprachen bis zu komplexen Sprachen, von primitiven Gesellschaften bis zu komplexen Gesellschaften und endlich von der Kindheit bis zum Erwachsenendasein. Diese gesamte Geschichte wird dargestellt, um zu zeigen, wie Ich-Du und Ich-Es funktionieren.

Geschichte

Im zweiten Teil präsentiert Buber auf der Basis der im ersten Teil entwikkelten Grundworte und Sprache eine Theorie der Geschichte. Bei der Schilderung des Verlaufs des menschlichen Wandels ist sein Grundthema, daß wir in jedem Aspekt des menschlichen Lebens in einen Prozeß verwickelt sind, in dem das Ich-Es das Ich-Du ablöst.

Dabei sind sowohl Ich-Es und wie Ich-Du normale Beziehungen. Der Gang der menschlichen Geschichte ist ein Weg, auf dem die Eswelt zunehmend die Ichwelt ablöst. Er illustriert dieses Thema zunächst an der Geschichte der Sprachen (§ 2). In diesem Fall beginnt man bei einer Sprache des Geistes und endet bei der Sprache der Wissenschaft. Buber sieht Kunst und Ästhetik als einen Versuch, dem Sieg des Ich-Es zuvorzukommen. Dieser Versuch führt letztlich zu einer Sprache Gottes.

Nach der Betrachtung der Geschichte der Sprache wendet sich Buber der Geschichte der Gesellschaft zu (§ 3). Er beginnt damit, indem er zeigt, daß Erfahrung etwas anderes ist als Beziehung, da die erstere notwendig ein kognitiver Prozeß und deshalb eine Manifestation des Ich-Es ist. In dem Maß, wie wir uns von der reinen Beziehung ab- und der Erfahrung zuwenden, entwickeln sich menschliche Einrichtungen, die ein notwendiger Ausdruck im gesellschaftlichen Es-Revier sind. Deshalb besteht in der Geschichte der Menschheit eine Tendenz, den Bereich der Einrichtungen zu vergrößern, und jedes Anwachsen der Einrichtungen ist ein Anwachsen der Eswelt.

An diesem Punkt macht Buber die Bemerkung, daß das Ich-Es nicht vom Übel ist (§ 4); es ist vielmehr unvermeidlich, und was unvermeidlich ist, kann nicht vom Übel sein.

Dann benutzt Buber seinen Übergang vom Ich-Du zum Ich-Es, um ein Schema für das Verständnis der Natur des Staates und der Natur der

Wirtschaft zu entwickeln (§5). Hier illustriert er die Art, wie die Entwicklung des Staates und seiner Wirtschaft unter dem Aspekt von Bubers allgemeiner Charakterisierung des Zusammenspiels von Ich-Du und Ich-Es verstanden werden sollen. Dann wendet sich Buber der Ethik zu (§§6–8) und diskutiert Morallehren der Freiheit, des Determinismus und des Fatalismus. Endlich, im letzten Abschnitt des zweiten Teils (§§9–12), präsentiert Buber eine Geschichte der Psychologie. Hier beschreibt er seine moralisch positiven Typen von Personen, d.h. Personen, welche der Ich-Du-Beziehung den höchsten Wert beimessen, wofür seine primären Beispiele Sokrates, Jesus und Goethe sind. Dann beschreibt er seine moralisch negativen Typen von Personen, die er «dämonische» Personen nennt, d.h. Personen, die das Ich-Du erobern und zerstören, während sie der Ich-Es-Beziehung den höchsten Wert beilegen. Sein paradigmatisches Beispiel für den letzteren Typ ist Napoleon. Dieser Dämon unterjocht das Ich-Du in sich selbst und in anderen, indem er sich und andere zu Ich-Es macht.

Nach dem Geschichtsteil wendet sich Buber im dritten Teil seinem letzten Thema, Gott, zu. In dieser Hinsicht ist beachtenswert, daß seine Ansicht von Geschichte hegelisch ist, während er sich sonst von Hegel in vielen wichtigen Hinsichten unterscheidet. Wie Hegel präsentiert Buber ein Schema, um alles unter historischem Aspekt zu verstehen, und das höchste Thema der Geschichte ist Gott. Buber versucht zu zeigen, wie alle Disziplinen studiert werden sollten; und er exemplifiziert diesen Ansatz an den Disziplinen der Sprache, Politik, Ethik und Psychologie. In dem letzten Teil von *Ich und Du* wendet Buber das, was er bislang gezeigt hat, auf die höchste Disziplin, Theologie, an, nämlich auf das Verständnis von Gott. Aber bevor wir uns Bubers Theologie zuwenden, müssen wir uns mit zwei weitverbreiteten Verwechslungen hinsichtlich seines Begriffs der Begegnung befassen, die sich aus der irreführenden Art ergeben, wie er seine Ich-Du-Struktur präsentiert.

Die erste Verwechslung hat mit dem zu tun, was es für ein Ich-Du bedeutet, persönlich zu sein. Gewöhnlich werden Bubers Ich-Du und Ich-Es folgendermaßen beschrieben: Es gibt zum Beispiel zwei Arten, sich als Geschäftsmann auf seine Kunden zu beziehen. Im einen Fall spricht nur der Verkäufer, der sagt: «Was wünschen Sie?» Es kommt zu keinem Kontakt und keiner Anteilnahme. Das ist die gewöhnliche Art, wie das Ich-Es dargestellt wird. Im Unterschied dazu geht man in einen Laden, und der Inhaber lädt einen ein, Platz zu nehmen, eine Tasse Kaffee zu trinken usf. Das ist die gewöhnliche Art, wie die Ich-Du Beziehung dargestellt wird. Beachten Sie, daß keines dieser Modelle ein klarer Fall von Ich-Du oder Ich-Es ist. Der erste Fall wird Ich-Es genannt, weil keiner der Teilnehmer an dieser Beziehung irgendein Interesse an dem anderen als Person hat. Der Ladeninhaber ist an dem Kunden nur als Kunden interessiert, und der Kunde ist an dem Inhaber nur als Ladeninhaber interessiert. Ein Kunde ist in diesem Fall ein Ding, das da ist, um etwas zu kaufen; und der Ladeninhaber ist ein Ding, das da ist, um etwas zu verkaufen. Ihr gesamtes Interesse an dem anderen beschränkt sich auf ihn als Gegenstand für seinen eigenen Nutzen. Beide spielen Rollen, und keiner hat mit dem anderen außerhalb dieser Rollen zu tun. Aus diesem Grund ist die Beziehung unpersönlich. Im letzteren Fall scheinen die unpersönlichen Funktionen für die Beziehung irrelevant zu sein. Was zählt, ist die Gelegenheit, sich zu treffen und in eine Beziehung zu treten. In diesem Fall behandeln sie einander als Personen ohne irgendein Profitinteresse.

In Wirklichkeit können beide beschriebenen Beziehungen Ich-Du und Ich-Es Elemente haben. Besonders im letzteren Fall braucht das scheinbar persönliche Interesse nichts anderes als ein Ritual zu sein; und im ersteren Fall kann die scheinbar unpersönliche Behandlung selbst lediglich ein Ritual sein, das einen persönlichen Kontakt verhüllt. Diese Beschreibungen an und für sich können einem nichts darüber sagen, ob es sich jeweils um eine Begegnung handelt oder nicht.

Die zweite Verwechslung hat mit Bubers Anwendung der Begegnung auf die Ethik zu tun. Normalerweise assoziieren wir Ich-Du mit etwas Gutem und Ich-Es mit etwas Schlechtem. Auch das ist irreführend. Im zweiten Teil, §4, sagt Buber explizit, daß dies nicht der Fall ist. Wenn man darüber nachdenkt, dann kann es auch gar nicht so sein, daß Ich-Es schlecht ist, während Ich-Du gut ist. Ein Grund dafür ist, daß beide unvermeidlich sind, und was unvermeidlich ist, kann nicht schlecht sein. Ein zweiter Grund ist, daß beide in ihrer reinen Form für die meisten Situationen des Lebens inadäquate Alternativen sind. Betrachten wir noch einmal die Ladeninhaber-Kunden-Situation.

Einkaufen ist eine praktische Tätigkeit mit einem praktischen Ziel, das an sich nicht schlecht sein kann. Trotzdem wäre es in der sogenannten reinen Ich-Du-Beziehung zwischen einem Ladeninhaber und einem Kunden praktisch unmöglich, etwas zu kaufen. Nun sollte man keine Schuldgefühle haben, wenn man in einen Laden geht, um etwas zu kaufen, und den Laden in relativ kurzer Zeit wieder verläßt. Um es also allgemeiner auszudrücken, eine Gesellschaft, in der es nicht möglich ist, irgend etwas mit irgend jemanden zu einem praktischen Zweck oder Ziel zu unternehmen, könnte keine gute Gesellschaft sein. Auf dem anderen Extrem sollte es möglich sein, zu jemandem nett zu sein, selbst wenn nett zu sein an sich unpraktisch ist. Der Verkäufer weiß, daß der Käufer da ist, um zu kaufen, und der Käufer weiß, daß der Verkäufer da ist, um etwas zu verkaufen. Wenn nicht jeder etwas hätte, was der andere haben wollte, würden sie sich nicht begegnen. Trotzdem können sie freundlich zueinander sein. Irgendwo zwischen dem starren Ich-Es der vollständigen Ausbeutung und dem nackten Ich-Du der Nicht-Ausbeutung liegt das praktische Ideal für zwischenmenschliche Beziehungen.

Die obige Kritik war ein unmittelbarer Einwand, den Theologen gegen Bubers *Ich und Du* erhoben haben. Aber dieser Einwand beruhte auf einem Mißverständnis dessen, was Buber sagt. Die Quelle der Fehlinterpretation war die irreführende Art, in der Buber selbst seine beiden Beziehungen darstellt. In *Ich und Du* präsentiert Buber Modelle, die nicht notwendig an konkrete menschliche Beziehungen gebunden sind. Aus diesem Grund habe ich absichtlich Bubers Grundworte mit Bezug auf eine nicht-zwischenmenschliche Beziehung präsentiert, nämlich das Schreiben eines Buches. Mit diesem Beispiel sollte betont werden, daß Buber allgemeine Strukturen menschlicher Realität und nicht lediglich ein Modell zwischenmenschlicher Beziehung vorschlägt. Noch einmal, Buber wollte, daß Ich-Du und Ich-Es für die gesamte Realität im allgemeinen gelten sollten und nicht nur für eine Art relationaler Realität. Zum Beispiel spricht Buber von Ich-Du-Beziehungen zu Dingen wie Bäumen und Felsen, Beispiele, die wenig sinnvoll sind, wenn das zwischenmenschliche Modell unser Verständnis von Bubers Grundwörtern beherrscht. Trotzdem ist Buber dafür verantwortlich, uns aufgrund der Beispiele, die er gewählt hat, in die Irre geführt zu haben.

Warum hat uns Buber auf diese Weise in die Irre geführt? Die Antwort lautet, daß Bubers primäres Interesse bei der Anwendung seiner Grundwörter eher auf eine soziale als eine wissenschaftliche Philosophie gerichtet war. Das Hauptthema im zweiten Teil ist eher eine Geschichte der menschlichen Gattung unter dem Aspekt von Sprache, politischer Theorie und Psychologie. Er wollte sich nicht direkt mit Ontologie, Epistemologie und dergleichen befassen, all den klassischen Themen, die moderne Philosophen interessieren. Im Unterschied dazu entwarf Bubers Zeitgenosse Jean-Paul Sartre eine phänomenologische Struktur mit Beispielen, die viel eher direkte Aussagen über Erkenntnistheorie und Ontologie als über die menschliche Gesellschaft beinhalteten. Während Sartre in *Das Sein und das Nichts* versuchte, ein Bild des physischen Universums zu malen, zeichnete Buber in *Ich und Du* ein Diagramm des menschlichen Universums. Obendrein war, im Unterschied zu Sartre, Bubers letztes Interesse Gott, und er glaubte, daß die Basis für ein Sprechen über die Gott-Mensch-Beziehung die Mensch-Mensch-Beziehungen sind. Mit anderen Worten, Buber war überzeugt, man müsse, bevor man über Gott reden kann, sich mit der Ethik befassen. Das ist der zweite Grund für Bubers Betonung des zwischenmenschlichen Bereichs bei der Exemplifizierung seiner Grundworte. Es gibt einen dritten Grund – den Einfluß seines Lehrers Hermann Cohen (s. Kap. 9).

Buber wollte nicht nur einfach Philosophie, er wollte *jüdische* Philosophie betreiben. Seine Antwort auf die Frage – Was macht eine Philosophie zu jüdischer Philosophie? – war Cohens Antwort, nämlich Ethik. In Cohens Denken liegt der Unterschied des Judentums zu allen anderen Religionen in der Betonung des Primats der Ethik. Cohen glaubte, daß alles, was wir als Ethik ansehen, seine Quelle im Judentum habe; Ethik ist ein einzigartiges und charakteristisches jüdisches Interesse. Deshalb ist das Studium der Philosophie um der Ethik willen das, was Philosophie jüdisch macht. Buber, der die Überzeugung seines Lehrers teilte, machte die Spekulation über Ethik und nicht die Spekulation über die Natur des Universums zum Ziel seiner Philosophie. Buber wendete seine Grundworte beinah exklusiv auf die wichtigen Fragen in der Ethik an, nämlich die zwischenmenschlichen oder interpersonalen Beziehungen. Für Nicht-Juden ist Ethik ein Unterpunkt der Philosophie, und ihre Hauptthemen sind Erkenntnistheorie und Ontologie. Für jüdische Philosophen ist das Gegenteil der Fall. Für Juden sind alle Themen der Philosophie der Ethik untergeordnet. Obwohl sich Ich-Du und Ich-Es primär auf Ethik bezogen, bedeuteten diese Ausdrücke für Beziehungen nicht lediglich, daß man jemanden persönlich oder unpersönlich behandelt. Offensichtlich waren die Ausdrücke von Buber dazu bestimmt, einen weit umfassenderen Anwendungsbereich zu haben.

An diesem Punkt können wir Bubers Dialektik des Ich-Du und Ich-Es unter allgemeinen Aspekten verdeutlichen. Ich-Es ist eine Erkenntnisbeziehung, und Ich-Du ist eine Nicht-Erkenntnisbeziehung. Betrachten Sie eine Beziehung zwischen A und B, wo A das Subjekt der Beziehung ist. Diese Beziehung ist Ich-Es, wenn B, das in der Beziehung zu A steht, in irgendeinem Sinn ein Gegenstand von A's Bewußtsein ist. Wenn B kein Gegenstand von A's Bewußtsein in der Beziehung ist, dann ist die Beziehung Ich-Du. Lassen Sie mich ein persönliches und ein nicht-persönliches Beispiel nehmen.

Monatelang bin ich in Philadelphia die Broad Street entlanggelaufen, fast ohne irgend etwas um mich herum zu bemerken. Dann machte mich jemand darauf aufmerksam, daß ich an einem ausgezeichneten Eiscremesalon vorbeigelaufen war, den ich niemals bemerkt hatte, obgleich ich jeden Tag daran vorbeikam. In einem gewissen Sinn hatte ich ihn gesehen und in einem anderen Sinn nicht. Als ich darauf hingewiesen wurde, bemerkte ich ihn. Es war nicht so, als hätte ich ihn nie zuvor gesehen. Sobald ich ihn wahrnahm, erkannte ich, daß ich ihn schon zuvor gesehen hatte. Tatsächlich hatte ich ihn jedesmal gesehen, wenn ich die Broad Street herunterlief, aber jetzt zum ersten Mal nahm ich ihn bewußt wahr. Hier stand ich in einer Beziehung zu dem Salon, aber es war keine Erkenntnisbeziehung.

Ich habe mit Absicht ein Beispiel genommen, das weder gut noch schlecht ist. Einen Eiscremesalon wahrzunehmen oder nicht wahrzunehmen ist weder gut noch schlecht, obgleich ich in beiden Fällen in einer Beziehung zu ihm stehe. In beiden Fällen ist die Beziehung moralisch neutral. Aus diesem Bespiel lernen wir nichts über Moral, sondern etwas über zwei grundlegende Arten, wie Beziehungen vorkommen. In diesem Fall enthält die Ich-Es-Beziehung den Salon als einen Bewußtseinsgegenstand. Eine Art, ein Gegenstand zu sein, besteht darin, ein Gegenstand des Bewußtseins zu sein. Jeder Akt des Nachdenkens über etwas ist eine Ich-Es-Beziehung, weil er einen Gegenstand einbegreift, nämlich einen Gegenstand des Denkens. Allerdings muß ein Gegenstand des Denkens kein physischer Gegenstand sein. Wenn man zum Beispiel über die Liebe nachdenkt, wird die Liebe zu einem Gegenstand, aber Liebe ist kein physischer Gegenstand. Dasselbe gilt für das Nachdenken über Funktionen oder Aktivitäten wie etwa das Laufen. Wenn man an einen Läufer denkt, denkt man an etwas Physisches, aber das Laufen selbst ist nichts Physisches. Zahlen sind ebenfalls nicht-physische Gegenstände des Denkens. Wenn man sagt, daß etwas ein Gegenstand ist, braucht das nicht zu bedeuten, daß es sich um ein Wesen in Raum und Zeit handelt. [13]

Lassen Sie uns jetzt ein etwas persönlicheres Beispiel nehmen. Es gibt einige Dinge, die man nicht gut tun kann, wenn man sie nicht bewußt tut, aber es gibt andere Dinge, die man unbewußt besser tut als bewußt. Zum Beispiel studieren einige Jazzmusiker absichtlich nicht Musik, weil sie glauben, ein Studium würde ihre schöpferischen Fähigkeiten negativ beeinflussen. Was sie an Flexibilität gewinnen, wenn sie Musik studieren, verlieren sie an Spontaneität, die für den Jazz entscheidend ist.

Betrachten Sie ein anderes, etwas persönlicheres Beispiel. Als ich Hilleldirektor war, gab es Studenten, die als Gegenstück zu Vorlesungen, Konzerten und dergleichen gesellige Treffen wünschten. Diese rein geselligen Treffen funktionierten niemals, während die anderen Aktivitäten in der Regel einen gewissen Grad an sozialem Erfolg hatten, nämlich daß man sich traf. Warum scheiterte das gesellige Beisammensein? Wenn man jemanden bei einem Konzert trifft, dann besteht zumindest die Möglichkeit, daß beide dort wegen des Konzerts sind, immerhin ein achtbares Ziel. Außerdem können Sie und die andere Person, die Sie dort treffen, etwas gemeinsam haben, vielleicht lieben Sie ja dieselbe Art von Programm. Es kann sich herausstellen, daß Ihr Treffen, das kein direktes Ziel beim Konzertbesuch war, wichtiger für Sie war als das Konzert selbst. Deshalb kann sich aufgrund dessen, was sich sozial abspielt, selbst ein jammervolles Konzert als ein wunderbarer Abend erweisen.

Man mag einwenden: Wenn der wirkliche Zweck war, jemanden zu treffen, wozu dann der ganze Aufwand, überhaupt erst ins Konzert zu gehen? Die Antwort ist, daß das Programm unter diesen Umständen kein Erfolg sein würde. Der andere würde da sein, um jemanden zu treffen.

13 Laufen findet in Raum und Zeit statt, aber es nimmt weder Raum noch Zeit ein.

Und da es keinen anderen Grund gibt, da zu sein, würden Sie aus demselben Grund da sein. Nun wird es dem anderen sicher in den Sinn kommen zu fragen: «Was stimmt bei dir nicht, daß du irgendwohin gehst, um Leute zu treffen?», und dasselbe wird Ihnen mit dem anderen passieren. Wenn Sie irgendwohin gehen, einzig und allein, um jemanden zu treffen, muß mit Ihnen und ihm irgend etwas nicht stimmen. Ähnlich, als Bars für Singles noch nicht dazu dienten, um jemanden zu treffen, sondern um etwas zu trinken, konnten sich Leute an den Bars treffen. Als es zur erklärten Absicht wurde, in die Bar zu gehen, um sich zu treffen, verloren Bars ihre Eignung als Orte, um sich zu treffen, weil niemand die Art von Leuten treffen wollte, die in Bars gehen, um jemanden zu treffen.

Letztlich ist der Grund, warum Bars für Singles und rein gesellschaftliche Zusammenkünfte nicht funktionieren, daß eine persönliche Begegnung kein Ziel sein kann; eine solche Begegnung findet nur statt, wenn die Begegnung nicht das Ziel ist. Es gibt bestimmte Ziele, die nur erreicht werden können, wenn das Ziel nicht als Ziel präsent ist, und die Begegnung ist eins davon. Vielleicht findet eine Begegnung auch dann nicht statt, wenn die Begegnung nicht das Ziel ist. Es gibt keine Möglichkeit, eine Begegnung zu garantieren. Aber sobald sie einmal zum Ziel gemacht worden ist, ist eine Nichtbegegnung praktisch garantiert. Aber wenn man sie nicht zum Ziel macht, gibt es keine Möglichkeit, sicher zu sein, daß sie stattfindet, was bedeutet, daß die Begegnung die Art von Ding ist, deren man niemals sicher sein kann.

Der Versuch, das zu kontrollieren, was nicht kontrolliert werden kann, ist immer vom Scheitern bedroht. Betrachten Sie zum Beispiel einen Ehemann und seine Frau beim Frühstück, die beide schweigen, während der Ehemann die Zeitung liest. Die Frau garantiert, daß es zu keiner Konversation kommen wird, wenn sie sagt: «Warum redest du nicht mit mir?» Wenn es das Ziel des Sprechens ist zu sprechen, dann wird es kein Gespräch geben. Es ist vergeblich zu sagen: «Laß uns miteinander reden.» Was man statt dessen tut, ist reden, was vielleicht funktioniert, wenn man etwas zu sagen hat; aber es wird nicht funktionieren, wenn man etwas nur sagt, um zu reden.

Zusätzlich muß man auch für ein Gespräch offen sein, um ein Gespräch zu führen. Man muß ebenso fähig sein zuzuhören wie zu reden.

Offen für ein Gespräch zu sein garantiert keine Begegnung, obwohl das Scheitern der Begegnung garantiert ist, wenn man nicht offen dafür ist. Wir können die folgenden drei Situationen einer Begegnung spezifizieren: (1) Man redet, aber man ist nicht offen für ein Gespräch. (2) Man ist offen für ein Gespräch, aber man kann selbst nicht reden. (3) Man ist bereit zu reden und offen für ein Gespräch. Die Situationen (1) und (2) scheitern zwangsläufig, nur die Situation (3) hat vielleicht Erfolg, aber sie muß keinen Erfolg haben. Ihr Erfolg hängt nicht nur von einem selbst, sondern ebenso von den anderen Beteiligten ab. Sollte es ihnen nicht gelingen zu reden oder offen für ein Gespräch zu sein, dann kommt es zu keiner Begegnung.

Das Problem besteht in der Schwierigkeit, sich für ein Gespräch zu öffnen, wenn man dafür nicht offen ist. Offenheit für ein Gespräch zu einem Ziel zu machen, kann nicht funktionieren. Das ist ein Schlüsselproblem, mit dem Buber kämpft. Seine Antwort lautet, daß eine Begegnung nur zufällig zustande kommt, daß es aber solche Begegnungen sind, die einen für nachfolgende Begegnungen offen machen. Je mehr sich die Menschen begegnen, desto offener werden sie für Begegnungen. Je offener sie sind, desto offener werden sie für Begegnungen. Je offener sie sind, desto wahrscheinlicher ist es, daß sie jemandem begegnen; aber die Begegnung ist niemals sicher, da sie niemals geplant werden kann. Begegnung ist letztlich eine Glückssache, aber die Menschen lieben es nicht, wichtige Fragen dem Glück zu überlassen. Sie wollen ein gewisses Maß an Kontrolle über das haben, was ihnen wichtig ist. Deshalb fangen sie an, irgend etwas zu unternehmen, um ihre Begegnungen zu kontrollieren. Je mehr sie ihre Kontrolle verstärken, desto weniger Raum ist für eine Begegnung; und je weniger sie sich begegnen, desto mehr versuchen sie, die Begegnung zu kontrollieren, bis es am Ende eine totale Kontrolle gibt und überhaupt keine Begegnung.

Buber hielt diese Entwicklung für das zentrale Thema der menschlichen Geschichte. Dinge passieren zufällig und haben Erfolg. Man versucht, den Erfolg zu kontrollieren, aber die Anstrengungen, den Erfolg zu garantieren, machen die späteren Begegnungen weniger erfolgreich. Der Versuch, die Begegnung zu garantieren, ist nur allzu natürlich, aber unvermeidlich zerstört diese Bemühung die Fortdauer der Begegnung. Man sieht zum Beispiel im Zug jemand, den man gern wiedersehen möchte. Entweder man macht einen Plan, ihn auf irgendeine Weise wiederzusehen, oder es ist höchst unwahrscheinlich, daß man sich je wieder treffen wird. Eine Planung ist unvermeidlich. Aber jede Planung läuft letztlich darauf hinaus, daß Menschen einander immer wieder sehen, nur aufgrund ihrer Erinnerung an die Begegnung, die einmal zwischen ihnen stattgefunden hat, aber nicht wieder stattfinden kann.

Ein ursprüngliches Ich-Du wird sich fortschreitend in ein Ich-Es verwandeln, bis am Ende nur fossile Reste des früheren Lebens übrigbleiben werden. Alle Spontaneität wird aus der Beziehung verschwunden sein. Die Beziehung wird rein gegenständlich geworden sein. Alles wird voraussagbar und vorherwißbar sein, aber das Leben wird daraus verschwunden sein. [14]

Auf dieser Stufe findet eine Revolte gegen das Ich-Es statt. Eine Person tritt aus der Beziehung heraus und gewinnt die Spontaneität zurück, und der Prozeß beginnt wieder von neuem. Ein nahezu reines Ich-Du bewegt sich zunehmend auf ein Ich-Es zu. Wenn ein nahezu reines Ich-Es erreicht ist, gibt es einen Aufruhr, in dem ein neues, nahezu reines Ich-Du erreicht wird. Das neue Ich-Du verwandelt sich wiederum progressiv in eine Ich-Es-Richtung. Die Bewegung der gesamten Geschichte ist eine Bewegung vom Ich-Du zum Ich-Du/Ich-Es zum Ich-Es und dann wieder zu einem neuen Ich-Du, die Wiedergewinnung der Freiheit um den Preis der Sicherheit. Buber wendet diese Entwicklung auf praktisch alle Bereiche an. Im dritten Teil wird diese Progression auf die Geschichte der Menschen in ihrer Beziehung zu Freunden, Einrichtungen, Gesellschaften und Nationen angewendet. Ende des dritten Teils wird dieser Fortschritt auf die Geschichte Gottes und der Menschen in den Religionen angewendet.

---

14 Eine solche Beziehung ist wie ein aufgespießter Schmetterling. Das Ziel ist, den Schmetterling aufzubewahren, aber das lebende Ding ist verloren. Alles, was zurückbleibt, ist seine äußere Form, die im besten Fall als Erinnerung an das dienen kann, was einmal ein lebendiges Ding war.

Dritter Teil: Gott

Buber erwähnt nichts, das reines Ich-Es ist. [15] Alles in der Erscheinungswelt kann Ich-Es und Ich-Du sein. Wir alle können benutzen und benutzt
werden, während wir gleichzeitig offen für eine Begegnung sein können.
Dasselbe gilt von allen nicht-menschlichen Gegenständen. Es gibt nur
ein Wesen, das nicht vergegenständlicht werden kann, das nur personal
sein kann, das weder benutzt noch benutzt wird, das immer offen ist und
demgegenüber wir nur offen sein können. Diese Person, die nur Person
ist, ist Gott. Gott ist definitionsgemäß undefinierbar: Er ist das ewige
Du. «Ewig» bedeutet, daß er nur im Ich-Du enthalten sein kann, niemals
im Ich-Es.

Wie begegnet man diesem Gott? Buber glaubte, daß die Antwort im
Alten Testament gegeben wird. Zum Beispiel begegnete Jakob Gott in der
Wildnis, während er mit etwas ganz anderem beschäftigt war, nämlich
sich darauf vorbereitete, seinem Bruder zu begegnen (Gen. 32, 4–24).
Während Jakob Gott begegnet, ist er sich nicht bewußt, daß es Gott ist.
Sie ringen miteinander, und erst nach dem Ringkampf und erst, nachdem
Gott gegangen ist, sagt Jakob, daß es Gott war (Gen. 32, 31). Später,
nachdem Jakob wiederum Gott begegnet war, errichtet er einen Altar
(Gen. 35, 9–15). Zweck dieses Altars ist es, den Platz zu kennzeichnen,
wo er Gott begegnet war, so daß Jakob Gott dort wiederbegegnen kann.
Es ist, wie wenn man jemandem zufällig in der Bahn begegnet und den-
selben Zug nimmt, um diese Person wiederzutreffen. Die Errichtung des
Altars ist der Beginn von Israels Versuch, seine Begegnung mit Gott zu
kontrollieren. Der Altar ist der Ort, wo Jakob/Israel in der Hoffnung
hingeht, Gott wieder zu begegnen, aber die Beziehung hat sich schon

---

15 Vielleicht könnte es, wenn er sich für Physik interessierte, ein reines Ich-Es geben,
wie eine aristotelische Materie. Vielleicht, wenn er Rosenzweigs Interesse an der
Schöpfung teilte, hätte er sich mit dieser Frage befaßt; aber er zeigt nirgendwo in
seinen Schriften ein solches Interesse. Es ist interessant zu bemerken, daß von allen
modernen jüdischen Philosophen, die in diesem Text diskutiert werden, nur Rosenzweig an der Schöpfung interessiert ist; während jeder wichtige klassische, mittelalterliche jüdische Philosoph (Abraham Ibn Daud ist die einzige Ausnahme) der Schöpfung
besondere Aufmerkamkeit schenkte.

geändert. Mit dem Altar hat sich Israel von der reinen Ich-Du-Beziehung zu einer Ich-Du/Ich-Es-Beziehung fortbewegt.

In dem Maß, wie die Zeit vergeht, strukturieren die Nachfolger Israels zunehmend die Beziehung, um sicherer zu sein, Gott zu begegnen. Ihre Anstrengungen resultieren in weniger häufigen Gelegenheiten der Begegnung, da Gott in keinem Sinn der Kontrolle unterworfen ist. Schließlich verwickeln sich die Israeliten so sehr in ihre Riten, daß sie nicht länger imstande sind, Gott zu begegnen. Auf dieser Stufe kommen die Israeliten zu ihrem Altar in Jerusalem nicht, um Gott zu begegnen, sondern einfach nur noch, um zum Altar zu kommen. Sie tun das in Erinnerung an ihre alten Begegnungen in ihrer nationalen Jugend. Aber jetzt ist das Ritual nicht mehr länger ein Werkzeug der Begegnung: Jetzt löst das Ritual die Begegnung ab. Früher war das Ritual die Form der Begegnung; jetzt ist nichts mehr übrig als nur noch die Form. Religiöse Menschen wiederholen nur noch die Mechanismen der Religion. Auf dieser Stufe ist die Religion tot. Gott ist nicht länger gegenwärtig, um der Glaubensgemeinschaft Leben zu geben. Dieser Tod und diese Abwesenheit motivieren eine religiöse Revolte der Propheten, durch die entweder die alte Religion reformiert oder eine neue Religion geboren wird.

Religion und Politik

Buber verallgemeinerte die obige Beschreibung der Religion Israels, um sie auf alle Religionen anzuwenden. Für Buber ist Religion eine menschliche Einrichtung, die derselben Geschichte unterworfen ist, die für alle anderen Äußerungen menschlicher Gemeinschaften gilt. Eine Religion beginnt, wenn ein einzelnes Ich-Du dem göttlichen Ich-Ewiges-Du begegnet. Diese Begegnung wird Offenbarung genannt.[16] Ihr Inhalt ist ausschließlich die Begegnung selbst. Tatsächlich ist die Verbindung der Offenbarung mit einem Inhalt der erste Schritt im Prozeß des Ich-Es, der die Religion transformiert. Buber nannte diesen Zustand, in dem die

---

16 *Ich und Du*, Dritter Teil, Paragraph 16.

Offenbarung einen Inhalt hat, «Glaube». [17] Am Ende wird Religion aus-schließlich zu einer Sache des Glaubens, während die Offenbarung voll-kommen verlorengeht.

Ähnlich beginnt die Religion mit einem individuellen Gebet, d. h. der Begegnung Gottes und einer anderen Person. Diese Person mag «Pro-phet» genannt werden, obgleich Buber in *Ich und Du* diesen Ausdruck nicht verwendet. Die Antwort des Propheten auf die Offenbarung be-steht darin, anderen Menschen zu begegnen; und durch seine Begegnung mit ihnen werden auch sie eine Gemeinschaft mit Gott erreichen. Wie Buber es ausdrückte, führt das einzelne Gebet zum Gemeindegebet. Aber irgendein Element des Ich-Es muß es in jeder Form des gemeinschaft-lichen Gottesdienstes geben. Der gemeinschaftliche Gottesdienst erfor-dert irgendeine Form des Rituals. [18] Es ist schwierig genug für einen einzelnen, Gott zu begegnen. Um wieviel schwieriger ist es für eine Mehrzahl von Individuen, Gott gleichzeitig zu begegnen. Da die Antwort auf die Beziehung zu Gott immer in einer Beziehung zu anderen Men-schen ausgedrückt wird, sind die Anhänger der Religion um so zahlrei-cher, je erfolgreicher eine Religion Gott begegnet. In dem Maß, wie die Gemeinschaft der Gläubigen anwächst, wird auch das Bedürfnis nach einem Dogma (von seiten des Glaubens) und dem Ritual (von seiten des gemeinschaftlichen Gottesdienstes) anwachsen, bis am Ende das Dogma und das Ritual so beherrschend sein werden, daß es für die Offenbarung keinen Raum mehr gibt. Gott selbst wird zunehmend an den Rand der Religion gedrängt, so daß die Naturgeschichte jeder bestimmten Religon eine kontinuierliche Entwicklung zum Götzendienst ist.

Obwohl es den Anschein hat, daß dieser Prozeß für Buber vom Übel ist, scheint er doch auch unvermeidlich zu sein. Die Offenbarung ruft notwendig Glauben hervor, der sich ebenso notwendig in Götzendienst verwandelt. Das persönliche Gebet ruft notwendig das gemeinschaftliche Gebet hervor, das notwendig Gott in ein bloßes, lebloses Kultobjekt ver-wandelt. Aber was unvermeidlich ist, kann nicht wirklich übel genannt werden. Buber löst dieses Dilemma durch die Lehre, daß in dem Maß, wie

---

17 Ebd., Paragraph 17.
18 Wenn nicht sonst, bedarf es eines festen Zeit- und Treffpunkts.

sich die Religion in einen götzendienerischen Kult verwandelt, neue Individuen – Propheten – aufstehen, die den bestehenden Glauben zerstören und eine erneuerte Offenbarung herbeiführen. Wie aus seinen anderen Schriften hervorgeht, waren für Buber Jesus und der Baal Schem Tov solche Propheten in der Geschichte des Judentums. Deshalb ist am Ende nichts verloren. Die Offenbarung, die sich aus einer Reaktion gegen den Kult ergibt, ist so notwendig wie der Kult, der sich aus der Offenbarung entwickelt. Ähnlich erhebt sich das Ich-Du in Reaktion auf das Ich-Es ebenso unvermeidlich, wie sich das Ich-Du in ein Ich-Es verwandelt. Die Veränderung ist notwendig, weil Menschen sowohl Ich-Du wie Ich-Es sind; sie sind weder unbelebte Gegenstände noch Gott.

Wenn dies alles wäre, was Buber gesagt hat, dann dürfte man ihm mit Recht Fatalismus vorwerfen. Am Ende hätte es den Anschein, daß es überhaupt keine menschliche Veränderung gibt. Unvermeidlich wiederholt sich alles selbst; und es gibt nichts dergleichen wie gut und schlecht, Fortschritt und Dekadenz. Aber Buber ist kein Fatalist. Am Ende von *Ich und Du* stellt er fest:

Aber die Bahn ist kein Kreislauf. Sie ist der Weg. Das Verhängnis wird in jedem neuen Äon erdrückender, die Umkehr sprengender. Und die Theophanie wird immer *näher*... Jede Spirale ihres Wegs führt uns in tiefres Verderben und in grundhaftere Umkehr zugleich. Das Ereignis aber, dessen Weltseite Umkehr heißt, dessen Gottesseite heißt Erlösung. [19]

Bubers «Bahn» oder «Weg» führt vom Ich-Du über Ich-Du und Ich-Es zum Ich-Du. Bubers Pfad / Weg ähnelt Rosenzweigs «Bahn» der Schöpfung, Offenbarung und Erlösung (s. Kap. 11). Außer in den Passagen, die sich mit Kunst befassen, spielt die Schöpfung in *Ich und Du* keine zentrale Rolle, wohl aber Offenbarung und Erlösung.

Bubers Weg ist eine Bahn von der Offenbarung zur Erlösung; und jede Erlösung ist eine neue, reinere Offenbarung, die unvermeidlich zu einer neuen, reineren Erlösung führt. Bubers Mensch ist nicht ewig dazu verurteilt, sich zwischen zwei einander entgegengesetzten Polen hin und her

19 *Ich und Du*, Dritter Teil, Paragraph 18 (S. 121).

zu bewegen. Der Mensch als Mensch kann nicht Mensch bleiben. Er steht zwischen unbelebten Gegenständen und Gott. Je näher er dem einen Pol kommt, desto stärker wird er in Richtung auf den anderen Pol gedrängt. Bei jeder Wiederholung des Kreislaufs ist der Mensch unbelebter als je zuvor; aber aus genau demselben Grund wird er am Ende göttlicher als je zuvor. Nach Bubers Auffassung ist das Ende der Bahn durch die letztliche Erlangung der Gottes-Seite, im Gegensatz zur Gegenstandsseite, gekennzeichnet. Diese Idee ist Bubers Vision von der messianischen Zeit als letzter Apokalypse, die auf die vorletzte folgt. Am Ende werden Gott, die Welt und der Mensch eins sein.

Vor diesem Hintergrund muß Bubers Sicht der Bibel verstanden werden. Sowohl die Thora wie die Lehren Jesu sind Ausdruck der reinen Ich-Du-Begegnung mit dem Ich-Ewiges-Du. Sie sind ewige Mahnungen, daß ein Mensch mehr als ein Es ist. Als solche können sie ein Individuum bereit machen, die Welt, wie sie ist, zu verwerfen und eine prophetische Vision zu empfangen. Bubers Altes Testament ist politisch. Sein politisches Element hat nichts mit seinem Inhalt zu tun. Für Buber ist aller Inhalt an sich dem Göttlichen entgegengesetzt. Revolutionär ist vielmehr die Aufzeichnung einer Begegnung, die den einzelnen für eine Begegnung vorbereitet. Alle Offenbarung ist inhärent eine Verwerfung aller menschlichen Einrichtungen und Gesetze. Eine solche Verwerfung läuft unvermeidlich auf neue Institutionen und Gesetze hinaus, die unvermeidlich selber verworfen werden müssen, bis wir die messianische Zeit erreichen – eine Zeit, in der es keine Gesetze oder äußere Formen der Vergemeinschaftung mehr geben wird, da alle Menschen in der Gemeinschaft mit Gott eins sein werden.

Nach Buber haben wir in der Geschichte der westlichen Religion von der Zeit der Patriarchen bis hin auf Moses ein reines Ich-Du. Von Moses an ist das Judentum bis zur Zeit der Pharisäer einer zunehmenden Vergegenständlichung ausgesetzt. Nach Bubers Urteil war das Judentum der Pharisäer götzendienerisch; und dieser dekadente Zustand endete in der geistigen Revolte des religiösen Genies Jesus. Aber kaum hat sich der Jude Jesus befreit, begannen seine Jünger, die Apostel, neue Einrichtungen der Vergegenständlichung zu schaffen, die zu einer neuen Götzenanbetung in der christlichen Kirche führten. Erst Martin Luther (1483–1546) durchbricht den christlichen Götzendienst und gewinnt

eine lebendige Begegnung mit Gott zurück. Ähnlich wird die parallele
Idolatrie des rabbinischen Judentums vom Genie des Baal Schem Tov
überwunden; aber schon in der ersten Generation seiner Schüler hat der
Prozeß der Vergegenständlichung von neuem begonnen.

Für Buber sind die großen religiösen Momente im Judentum die Zeit
der Patriarchen, der Propheten und der ersten Generation der Chassidim.
Der Rest ist entweder Götzendienst oder Teil einer Bewegung zum Göt-
zendienst hin. Obgleich Buber es nirgendwo ausdrücklich sagt, ist die
Implikation klar, daß für ihn das rabbinische Judentum Götzendienst ist.
In Bubers Urteil identifizierten die Rabbiner Gott mit der Thora, aber die
Thora als Gott ist Götzendienst. Für den Glauben im Alten Testament ist
nichts, was es sagt, entscheidend. Alles, was gesagt wird, ist ein Es. Es ist
Götzendienst, wenn man dem Inhalt der Bibel allzu viel Bedeutung bei-
mißt. Was in der Schrift wichtig ist, ist die Begegnung mit Gott und nicht
irgend etwas, was infolge dieser Begegnung über das Gesetz oder die
Welt gesagt wird. In der Begegnung offenbart sich Gott selbst, aber diese
Offenbarung kann keinen objektiven Inhalt einschließen. Die Offenbarung auf dem Sinai als eine Offenbarung von Gesetzen anzusehen, ist
nach Buber selbst Götzendienst. Überflüssig zu sagen, daß traditionelle
Juden, die das, was Buber sagte, wirklich begriffen haben, mit seinem
Denken nicht sehr glücklich sein konnten.

Allein schon auf der Grundlage von Bubers Theologie ist offensichtlich, warum Bubers Form des Judentums eher liberale als traditionelle
Juden angesprochen hat. Fraglos ist Bubers Theologie radikal und un-
konventionell. Dasselbe gilt von den politischen Konsequenzen seiner
Dialektik. In seiner politischen Philosophie argumentiert Buber, daß die
ideale Gesellschaft eine Gesellschaft ist, die hinreichend klein und strukturiert ist, daß sich alle Mitglieder dieser Gesellschaft begegnen und
einen Konsensus über alle Staatsangelegenheiten erzielen können. Diese
Art von Gesellschaft wird «direkte Demokratie» genannt. Sie muß der
repräsentativen Demokratie gegenübergestellt werden. In einer repräsen-
sentativen Demokratie ist der Staat schon zu groß, als daß sich alle begegnen könnten, um einen Konsens zu erzielen. Infolgedessen muß das
Volk Vertreter wählen, die an seiner Stelle Entscheidungen über den
Staat treffen. Nach Bubers Urteil ist die Gesellschaft in dem Augenblick,
wo sie eine Behörde, einen Senat, ein Parlament oder einen Kongreß

braucht, zu groß. An diesem Punkt teilen sich in Bubers idealem Staat die Bürger in kleinere, autonome Einheiten. Andernfalls haben die Bürger einen Prozeß in Gang gesetzt, an dessen Ende die Tyrannei steht. Niemand kann jemand anders vertreten. Deshalb trifft man entweder Entscheidungen durch Begegnungen der Gesamtheit, oder man muß, wenn man eine Größe erreicht hat, wo Begegnungen der Gesamtheit nicht länger möglich sind, einsehen, daß die Gesellschaft zu groß geworden ist, um noch eine gerechte Gesellschaft zu sein.

Manchmal wird diese Art der Regierung «Anarchismus» genannt, aber Anarchismus bedeutet nicht eine Gesellschaft ohne Regierung. Bubers anarchistisches Modell ist das Modell Leo Tolstois (1828–1910). Bei ihm ist Anarchismus Regierung durch allgemeinen Konsens der Regierten. Buber glaubte, daß der Kibbutz die stärkste Annäherung an dieses politische Ideal in der modernen Geschichte sei. Dieses Kibbutz-Ideal war ein integraler Teil seiner Version des Zionismus (s. Kap. 6). Obwohl Buber der Schaffung des Staates Israel im Jahr 1948 nicht zustimmte, geschah das nicht aus dem Grunde, daß er aufgehört hätte, Zionist zu sein. Ganz im Gegenteil, er glaubte, daß es einen jüdischen Staat geben müsse; aber er glaubte auch, daß der Preis, der dafür bezahlt werden mußte, ihn im Jahre 1948 zu gründen, zu hoch war, nämlich die Entrechtung der arabischen Palästinenser. Er befürwortete an Stelle eines jüdischen Staates einen gemeinsamen jüdisch-arabischen Staat, der von allen, die dort lebten, durch Konsensus regiert werden sollte – von Arabern ebenso wie von Juden. Überflüssig zu sagen, daß die israelischen Juden mit den Folgerungen aus Bubers jüdischer Philosophie nicht glücklicher sind als die traditionellen Juden.

11
Franz Rosenzweig

Sein Leben

Franz Rosenzweig wurde am 25. Dezember 1886 in Kassel geboren. Sein Vater war erfolgreicher Fabrikant und eine durchaus prominente Gestalt in seiner nicht-jüdischen Gemeinde. Seine Mutter war eine enthusiastische Kunstliebhaberin. Beide Eltern hielten an ihrer jüdischen Identität fest, die freilich auf ein Minimum reduziert war. Ihr Sohn wurde im wesentlichen deutsch erzogen und lernte die jüdische Kultur nur sehr oberflächlich kennen (s. Kap. 2). Während seiner Studienjahre gehörten zu seinen engsten Freunden seine Vettern Hans und Rudolf Ehrenberg. Ihr Urgroßvater war Samuel Meir Ehrenberg (1773–1853), der Superintendent der Jüdischen Freien Schule von Wolfenbüttel und Lehrer der jüdischen Historiker Isaak Markus Jost und Leopold Zunz.[1] Hans und Rudolf waren zum Christentum übergetreten und drängten Rosenzweig, dasselbe zu tun. Sie wurden darin von einem weiteren, etwas ferneren Verwandten, Eugen Rosenstock, unterstützt, der ebenfalls Christ mit einer jüdischen Herkunft war. Wir hören, daß sich Rosenzweig zum Übertritt entschloß, aber lieber als Jude denn als Heide zum Christentum übertreten wollte. Aus diesem Grund besuchte er am 11. Oktober 1913 in Berlin einen Jom-Kippur-Gottesdienst, der ihn veranlaßte, seinen Entschluß zu revidieren und sich zum ersten Mal aktiv als Jude zu engagieren. Infolge dieses Experiments, was immer es war, begann Rosenzweig in Berlin, sich mit dem Judentum zu befassen. Den größten Einfluß

---

1 In seiner Jugend las Rosenzweig die Bibel in der Übersetzung von Zunz.

übten sein Lehrer Hermann Cohen und sein enger Freund Martin Buber auf ihn aus.

Das nächste wichtige Ereignis in der Entwicklung Rosenzweigs zum Juden fand während des Ersten Weltkriegs statt. Im Jahre 1915 meldete er sich freiwillig zum Militär, und 1916 wurde er einer Geschützeinheit auf dem Balkan zugeordnet. Im Mai und Juni 1918 wurde er zu einem Offizierslehrgang nach Rembertow in der Nähe von Warschau geschickt. Hier hatte er zum ersten Mal Kontakt mit Juden aus dem Siedlungsgebiet, die, wie er entdeckte, Anhänger des Judentums und weder primitiv noch barbarisch waren.[2]

Zwischen dem 11. Juli und dem 1. August 1918 lag Rosenzweig mit Grippe und Lungenentzündung in einem Lazarett in Leipzig. Er kehrte an die Front auf dem Balkan zurück, wo er am 22. August 1918 damit begann, den *Stern der Erlösung* (im folgenden mit *Stern* abgekürzt) auf Armeepostkarten und in Briefen niederzuschreiben, die er an seine Mutter schickte, die sie vervielfältigen sollte. Er mußte von Ende August bis Ende Oktober 1918 von neuem mit Malaria ins Lazarett in Belgrad, wonach er zu seiner Einheit in Freiburg zurückkehrte und im Dezember 1918 aus der Armee entlassen wurde. Er vollendete den *Stern* am 16. Februar 1919.

Im selben Jahr traf Rosenzweig in Frankfurt am Main Rabbi Nehemia A. Nobel, unter dessen Einfluß er am 1. August 1920 die Leitung des Freien Jüdischen Lehrhauses übernahm, vier Monate nach seiner Eheschließung mit Edith Hahn. Das Lehrhaus war repräsentativ für eine Anzahl jüdischer Schulen in größeren deutschen Städten, die in gewisser Weise Merkmale der amerikanisch-jüdischen *Chavurot* (d. h. kleiner, intimer, geistiger Gemeinschaften von Juden, s. Kap. 3) und amerikanischer *Colleges for Jewish Studies*, wie Spertus in Chicago und Gratz in Philadelphia (d. h. Colleges, in denen Juden auf Universitätsebene einem engagierten, aber akademischen Studium der jüdischen Religion und Kultur nachgehen können), verkörperten. Das Frankfurter Lehrhaus ragte dank seiner Studenten, zu denen Erich Fromm und Schlomo Goitein zählten, und seines Lehrkörpers, zu

2 Vgl. seinen Brief v. 9. Juli 1916 mit seinen Briefen dieser Zeit.

dem Martin Buber, Nahum Glatzer und Ernst Simon gehörten, unter ihnen hervor.

Etwa ein Jahr nachdem Rosenzweig die Leitung des Lehrhauses übernommen hatte, nämlich Ende 1921, bemerkte er die ersten Symptome einer amyotrophischen Lateralsklerose, die ihn zunehmend lähmte und an der er schließlich am 10. Dezember 1929 starb. Im August 1922 hatte er Schwierigkeiten zu schreiben, und seine Redefähigkeit verschlechterte sich. Vier Monate später konnte er nicht mehr schreiben; also begann er zu diktieren. Weitere vier Monate später konnte er auch nicht mehr sprechen. Im Herbst 1923 kam der Verfall zu einem Stillstand; aber zu dieser Zeit waren die einzigen körperlichen Funktionen, die noch arbeiteten, seine Lebenserhaltungssysteme. Die nächsten sechs Jahre lebte er beinahe buchstäblich eine im doppelten Wortsinn geistige Existenz, geistig im Sinn von religiös und von immateriell. Kaum in sinnlichem Kontakt mit seiner Umgebung, brachte er es dennoch fertig, mit seiner Familie, seinen Freunden und Studenten zu kommunizieren und Werke zu veröffentlichen, die eine gemeinsam mit Martin Buber verfertigte Übersetzung des Pentateuch, Josua, Richter, Samuel, Könige und Jesaja einschlossen.[3]

Rosenzweig schrieb mehr als 40 Bücher, Monographien, Essays, Übersetzungen, Skizzen und Rezensionen zu Philosophie, Religion und Judentum. Der *Stern* ist eins seiner frühesten Werke, und er selbst nannte es mit Recht sein «Hauptwerk».[4] Was seine intellektuellen Einflüsse betrifft, so griff Rosenzweig vielfältige Strömungen aus Philosophie, Linguistik, Religion, Geschichte, Literatur und anderen Künsten auf. Er schrieb mehrere Werke über Martin Buber, Hermann Cohen, Judah Halevi, Moses Mendelssohn und Friedrich von Schelling, die sein Denken beeinflußt hatten. Im *Stern* wird Georg Friedrich Wilhelm Hegel und Johann Wolfgang von Goethe beträchtliche Aufmerksamkeit geschenkt, was auf den Einfluß verweist, den sie auf sein Denken ausübten. Was seine eigene Philosophie anbetrifft, so teilt uns Rosenzweig mit[5],

---

3 Ebda., S. 286
4 Brief an Richard Koch v. 2. Sept. 1928.
5 Erster Teil, Einleitung.

daß seine Untersuchung im Denken von Plato, Hermann Cohen und Immanuel Kant wurzelt; und im Text bezieht er sich namentlich auf Al-Ghazzali, Aristoteles, Descartes, Halevi, Hegel, Kierkegaard, Maimonides, Nietzsche, Parmenides, Schelling, Schopenhauer und Spinoza. Außerdem enthält seine Korrespondenz Hinweise auf Cassirer, Feuerbach und Heidegger. Wir wissen, daß er viel Zeit auf das Studium klassischer rabbinischer Texte verwandte; und was die modernen jüdischen Einflüsse betrifft, so bezog er sich, neben Cohen und seinen Freunden, die mit dem Lehrhaus verbunden waren, in seiner Korrespondenz auf den Historiker Heinrich Grätz, den Dichter Heinrich Heine, den Schriftsteller Franz Kafka und den zionistischen Essayisten Jakob Klatzkin. Gleichwohl sollte keiner dieser Einflüsse als direkte Verbindung angesehen werden. Rosenzweig war ein außerordentlich origineller und schöpferischer Denker, der selbst dann, wenn er das Denken anderer aufnahm, einige Dinge verwarf, und selbst was er akzeptierte, wurde im Sinn seines eigenen Bildes von der Realität neugestaltet. Dieses Bild der Realität faßt am besten zusammen, um was es im *Stern* geht.

«Der Stern der Erlösung»

Seine Absicht

Der *Stern* ist buchstäblich ein Bild der Realität. Dieses Bild ist ein sechseckiger Stern, dessen Ecken implizit eine zweite Verbindung andeuten, die den ersten Stern in ein Hexagon einschließt, woraus ein zweiter sechseckiger Stern entsteht.[6] Drei der Punkte sind das, was Rosenzweig «Elemente» nennt, die Wesen, aus denen die Realität entsteht, nämlich Gott, der Mensch und die Welt. Die anderen drei Punkte sind das, was Rosenzweig «Bahnen» nennt, d. h. Handlungen der Wesen, durch welche die Wesen in eine Beziehung gesetzt werden. Gott und Mensch sind durch Gottes Offenbarungsakt, Gott und die Welt durch Gottes Schöp-

6 Siehe Anhang A am Ende des Kapitels.

fungsakt miteinander verknüpft. Mensch und Welt sind durch den menschlichen Erlösungsakt verbunden. Aus diesen sechs Punkten ist der explizit formulierte Stern gebildet. [7]

Allgemeine Zusammenfassung

Die drei Teile des *Stern* weisen eine beträchtliche Parallelität auf. Zunächst enthält jeder Teil eine Einleitung, welche die Möglichkeiten andeutet, die in den folgenden Büchern dargestellt werden; jeder Teil enthält drei Bücher und endet mit einem Abschnitt, der den Übergang von einem Teil zum nächsten bildet. Im ersten Teil handeln die drei Bücher der Reihe nach von «Gott», der «Welt» und dem «Menschen»; im zweiten Teil handeln die drei Bücher der Reihe nach von der «Schöpfung», der «Offenbarung» und der «Erlösung»; und im dritten Teil handeln die drei Bücher der Reihe nach vom «Feuer», den «Strahlen» und dem «Stern».

7 Rosenzweig merkte an, daß Wunder zwischen Schöpfung und Offenbarung «vermitteln», d. h., sie verbinden, während das Gebet zwischen Offenbarung und Erlösung vermittelt. Zumindest legen diese beiden Vermittlungen eine dritte Vermittlung zwischen Erlösung und Schöpfung nahe, die ihrerseits drei Punkte andeutet, die durch drei weitere Punkte verbunden werden können, um einen größeren, umfassenden sechseckigen Stern zu bilden. Aber diese Folgerungen gehen über das hinaus, was Rosenzweig explizit sagte.

Worum es hier geht, ist folgendes: Der erste Teil bietet ein Bild der Elemente; der zweite Teil ein Bild der Bahn; und der dritte Teil gibt den Stern selbst, d. h. die Gestalt, die dadurch entsteht, daß man die sechs Punkte der Elemente und ihrer Bahn miteinander verbindet. Wie unten erklärt, ist das, was im ersten Teil dargestellt wird, das, woraus die gegenwärtige Wirklichkeit (in Rosenzweigs Ausdrücken «die Welt») entsteht, und der dritte Teil ist das, wohin die gegenwärtige Wirklichkeit gerichtet ist. (Rosenzweig nennt das erstere die «Vorwelt» und das letztere die «Überwelt».) Rosenzweigs Welt ist die Wirklichkeit im Fluß, woher wir uns ein Bild vom Ursprung und Ziel des Fließens machen können. Aber der Ursprung muß kein letzter Ursprung sein, und das Ziel muß kein letztes Ziel sein. Was unser Ursprung ist, kann das Ergebnis eines früheren Flusses sein, und was unser Ziel ist, kann seinerseits zum Ursprung einer weiteren Wirklichkeit werden. Mit anderen Worten, unser Universum kann eines aus einer ganzen Reihe von Welten sein und nicht das einzige; aber solche Frage kann nicht aus einem Universum selber heraus geklärt werden. Deshalb diskutiert Rosenzweig diese Frage nicht. Gleichwohl legt seine Diskussion der Wunder und des Gebets eine gewisse Möglichkeit nahe, die über das hinausgeht, was Rosenzweig die Grenzen des Wissens nennen würde.

Der erste Teil endet mit einem Übergang, d. h. einer Bewegung aus dem Tod heraus über das Geheimnis zum Wunder; der zweite Teil endet mit einer «Schwelle», d. h. einer Bewegung vom Wunder, mit dem der zweite Teil begann, zur «Erleuchtung». Und der dritte Teil endet mit einem «Tor», d. h. einer Bewegung von der Erleuchtung, mit der der dritte Teil begann, zum «Leben». Der *Stern* beginnt mit dem Tod und schließt mit dem Leben. Außer dem Aufstieg von der «Vorwelt» über die «Welt» zur «Überwelt» gibt es einen Fortschritt in den Darstellungsformen. Da der Erkenntnisgegenstand in der Vorwelt ein Gegenstand ist, d. h. eine Substanz, kann eine Abbildung mit «logischen Zeichen» geschehen, die nicht länger adäquat sind, wenn wir zur Erkenntnis von Handlungen übergehen. Jenseits der Logik und ihrer Zeichen liegen im zweiten Teil die «Sprache» und ihre «grammatischen Symbole». Selbst die Sprache ist nicht mehr angemessen, um die «Gestalt» darzustellen; das leistet die «Liturgie» mit ihren «geometrischen Symbolen». In Übereinstimmung mit dem Aufstieg durch die Welten mit fortschreitend überlegenen Mitteln der Darstellung präsentierte Rosenzweig, was er als einen Fortschritt religiöser Traditionen beim Begreifen der Wirklichkeit ansah. Im ersten Buch erfahren wir, daß die Religionen des alten Griechenlands, Indiens und Chinas die Elemente bis zu einem gewissen Grad erfassen, aber nur ungenügend, weil ihre Bilder nicht auf eine Erkenntnis jenseits der Elemente verweisen. Im zweiten Buch hören wir, daß der Islam bis zu einem gewissen Grad die Bahn erfaßt, aber ungenügend, weil sein Bild nicht auf eine Erkenntnis jenseits der Bahn verweist. Endlich, im dritten Buch, hören wir, daß Judentum und Christentum, jedes auf ganz verschiedene Weise, die Gestalt der Elemente und der Bahn darstellen, obgleich jedes nur seinen Teil der Gestalt sieht und nicht das Ganze der Wirklichkeit.

Erklärung

Die Titel der drei Bücher des *Stern* lauten: Erster Teil: «Die Elemente oder die immerwährende Vorwelt»; Zweiter Teil: «Die Bahn oder die allzeiterneuerte Welt» und Dritter Teil: «Die Gestalt oder die ewige Überwelt». Man beachte wiederum den Parallelismus: Elemente, Bahn, Gestalt, immerwährend, allzeiterneuert, ewig. Ähnlich korrespondieren dem Ort der logischen Zeichen im ersten Teil die grammatischen Symbole im zweiten Teil und geometrische Symbole im dritten Teil; asiatische Religionen im ersten Teil, der Islam im zweiten Teil und Judentum und Christentum im dritten Teil. So wie das Werk in seiner Totalität strukturelle Parallelismen aufweist, finden sich auch durch alle drei Teile hindurch Parallelen zwischen Unterthemen auf jeder Ebene.[8]

Ein Aspekt des Werks sind seine ästhetischen Beziehungen. Wiederum steht alles zu allem in einer Beziehung. Die Themen jedes Buchs korrespondieren den Themen der Bücher in den anderen Teilen: Das erste Buch im ersten Teil steht in Parallele zum ersten Buch im zweiten Teil und dem ersten Buch im dritten Teil; das zweite Buch des ersten Teils steht in Parallele zum zweiten Buch des zweiten Teils usf. Die Struktur des Werks im allgemeinen zeigt eine geometrische Ordnung, unabhängig davon, was jeder Abschnitt des Buchs sagt. Zum Beispiel korrespondieren die Stellen im ersten Teil, wo der *Stern* über die asiatischen Religionen spricht, den Stellen im zweiten Teil, wo der *Stern* über den Islam spricht, und an denselben Stellen in dritten Teil diskutiert er Judentum und Christentum; die Stellen, wo er im ersten Teil über logische Symbole spricht, korrespondieren den Stellen, wo er im zweiten Teil über grammatische Symbole spricht usf. Das Werk als ganzes zeigt einen ästhetischen Plan, der schon als solcher für das, was Rosenzweig beabsichtigte, von Bedeutung ist. Man beachte auch, daß der Übergang, mit dem der erste Teil endet, die Einleitung zum zweiten Teil bildet; der Übergang, der den zweiten Teil beendet, die Einleitung zum dritten Teil bildet; und wie der erste Teil mit einer Bewegung vom Tod zum Leben beginnt, so endet der dritte Teil mit einer Bewegung vom Leben zurück zum Tod, womit sich der Kreis schließt. Dieser Kreis weist darauf hin, daß Rosenzweig ein System entwickelt hat, das vollständig oder in sich selbst abgeschlossen sein sollte. Wenn man ein Bild betrachtet, dann sagt jeder Teil etwas, das ein integraler Teil des Ganzen ist. Das Bild verweist nur auf sich selbst und nicht auf etwas außerhalb seiner. Jeder Teil dieses Werks ist seinem Plan nach mit jedem anderen Teil verbunden, und alle Teile zusammen ergeben ein Bild, das auf nichts außerhalb seiner selbst verweist.

8 Siehe Anhang F am Ende dieses Kapitels.

Das einzige andere mir bekannte Buch eines jüdischen Autors, das ebenso sorgfältig geplant ist wie Rosenzweigs *Stern*, ist Spinozas *Ethik*, aber dort ist die Struktur der Teile vollkommen anders. Rosenzweigs strukturelles Modell ist die Kunst, Spinozas die Mathematik. Während Rosenzweigs Schreiben dem Malen oder der Architektur analog ist, ist Spinozas Schreiben der Geometrie analog.

Wir wollen an diesem Punkt unsere Prüfung der Form des *Stern*s als ganzen beenden und unter einem allgemeinen Aspekt den Inhalt betrachten. Dieses Werk hat ein doppeltes Ziel. Das erste Ziel ist polemisch, das zweite rein philosophisch. Das polemische Ziel besteht in der Beantwortung der Frage: Warum ist es für einen intelligenten, zivilisierten, gebildeten, modernen deutschen Juden sinnvoll, weiterhin Jude zu bleiben? Es scheint, daß jeder, der intelligent ist, also jeder, der Hegel kennt und versteht, zu einem liberalen Protestanten werden wird, wie es alle intelligenten, zivilisierten, modernen deutschen Freunde Rosenzweigs geworden waren. Demgegenüber ist ein Ziel des *Stern* zu erklären, warum ein Jude intelligent und zivilisiert sein und trotzdem Jude bleiben kann, selbst wenn er modern und ein Deutscher ist.

Das zweite Ziel des Buchs ist philosophisch. Rosenzweig wollte ein Bild des Universums malen. Dieses Bild ist ein *Magen David*, der Judenstern. Das ganze Werk, *Der Stern der Erlösung*, zeichnet dieses Bild und erklärt es dem Leser als das wahre Bild des Universums.

Rosenzweig zeichnete eine Welt in Bewegung. Ein solches Bild enthält notwendig ebenso eine Art von Dingen, die sich bewegen, wie andere Arten von Dingen, die die Bewegung verständlich machen. Rosenzweigs Terminus für die Dinge, die bewegt werden, ist die «Elemente». Seine Dinge sind Gott, der Mensch und die Welt. Die Elemente für sich allein sind statisch; aber es gibt drei davon. Alles im Universum ist auf diese drei Elemente reduzierbar – Gott, Mensch und Welt. Diese drei Elemente stehen miteinander in Beziehung. Die Beziehung zwischen Gott und Mensch wird «Offenbarung», die Beziehung zwischen Gott und Welt «Schöpfung» und die Beziehung zwischen Welt und Mensch «Erlösung» genannt. Gott offenbart sich dem Menschen und schafft die Welt; und dann erlöst der Mensch die Welt. Was hier «Beziehungen» heißt, nennt Rosenzweig «Bahnen». Auf diese Weise zeichnet Rosenzweig das Universum als Elemente mit Bahnen.

Was wir jetzt noch verstehen müssen, ist die Bedeutung dieser Bewegung, d. h., welche Absicht hatte Gott, der eine Welt erschafft und sich selbst dem Menschen offenbart, der die Welt erlöst? Rosenzweig nannte jenes Ziel oder Ende die «Gestalt». Darum geht es im ganzen *Stern*, nämlich um ein Bild des Universums, ein *Magen David*, in dem die letzten Elemente des Universums – Gott, Mensch und Welt – durch die Bahnen der Schöpfung, Offenbarung und Erlösung, die sich auf ihre Gestalt hin bewegen, aufeinander bezogen sind.

Seine Dialektik

Zusammenfassung

Noch einmal, der Haupttext des *Stern* beginnt mit dem Tod und schließt mit dem Leben. Der Prozeß, durch den diese letzte Bejahung erreicht wird, ist dialektisch. Jede Stufe des *Stern* beginnt mit einem Nichts und bewegt sich entweder zu einem Nichtnichts, das Rosenzweig ein «Ja» nennt oder zu der Verneinung des Nichts, die Rosenzweig ein «Nein» nennt.[9] Die erste Bewegung wird der Weg der Bejahung genannt und die letztere Bewegung der Weg der Verneinung (S. 26). Auf beiden Wegen kommen wir zu einer Bejahung, deren Negation das Nichts der nächsten Stufe des Prozesses ist. Implizit behauptete Rosenzweig damit, daß das, was Kant in der *Kritik der reinen Vernunft* ein «negatives»[10] und ein «unendliches» Urteil genannt hat[11], zwar auf den ersten Blick verschieden, letztlich aber dasselbe ist. Auf diese Weise ist jedes Nein ein negatives Urteil eines anfänglichen Nichts, und jedes Ja ist ein unendliches Urteil jenes anfänglichen Nichts, und jedes *und*[12] expliziert die logische Identität der beiden Formen des Urteils.

Vom Tod leitete Rosenzweig drei Gegenstände des Denkens ab – Gott, Mensch und Welt. Diese bleiben unterschieden, mit einer fortschreitend

---

9 Siehe Anhang B am Ende dieses Kapitels.
10 P ist nicht Q.
11 P ist nicht-Q.
12 D. h. jede Verbindung von Nein und Ja.

stärkeren Beziehung zwischen ihnen bis zum Schluß des dritten Teils des *Stern*, wenn sie schließlich in der Bejahung des Lebens vereint sind. Die anfängliche Verneinung Gottes wird der «mythische Gott» genannt. Sein Nein ist der «verborgene Gott»; sein Ja ist der «liebende Gott»; und ihre Verbindung ist das «All» oder der «erlöste Gott». Die anfängliche Verneinung der Welt wird «der plastische Kosmos» genannt; ihr Nein ist die «verzauberte Welt»; ihr Ja ist die «geschaffene Welt», und ihre Vereinigung ist «die Seele». Die anfängliche Verneinung des Menschen heißt der «tragische Mensch»; sein Nein ist der «verschlossene Mensch»; sein Ja ist der «erschlossene Mensch», und ihre Verbindung ist das «Ebenbild Gottes». Die abschließenden Termini enthüllen die letzte gesetzte Einheit. Die Welt wird Seele, die das ist, was der Mensch als das Ebenbild Gottes ist, der, erlöst, zum All wird. Der erste Teil schließt mit einem mythischen Gott, der plastischen Welt und dem tragischen Menschen. Der mythische Gott ist Gott als bestehendes Leben, wo die Natur Teil Gottes ist. Die plastische Welt ist die Welt als inspirierte Gestalt, wo das Ganze nicht mehr ist als ihr Inhalt. Der tragische Mensch ist der Mensch als einsames Selbst, wo der Charakter des Menschen oder die Individualität als Vergänglichkeit im Trotz zum Selbst wird. Alle drei sind isolierte Elemente, deren Vereinzelung ihre Negation ist, denn jedes erscheint ohne irgendeine Form der Beziehung über sich hinaus als unvollständig.

Der zweite Teil erkundet die Beziehungen der drei Elemente. Er schließt mit der verzauberten Welt, die durch die Schöpfung geschaffen wird (erstes Buch); der verborgene Gott wird zu einem liebenden durch die Offenbarung (zweites Buch); und die verschlossene Seele des Menschen wird durch die Erlösung erschlossen (drittes Buch). Gott wird ewig, obgleich «er erst noch werden müßte». Im Menschen verbinden sich geliebt werden und lieben, so daß er noch zum geschaffenen Ebenbild Gottes werden kann. In der Welt verbinden sich bloßes Dasein und lebendiges Wachstum, so daß die Welt noch reine Seele werden kann. Am Ende ist Gott von der Schöpfungsarbeit an der Welt und von der liebenden Sorge für die Seele des Menschen erlöst, wenn sich alle drei als das All vereinen. Diese letzte Einheit wird am Ende des zweiten Teils als eine Möglichkeit gesetzt. Der dritte Teil handelt vom Judentum und Christentum als den Mitteln, durch die diese Möglichkeit als das Reich Gottes erkannt werden wird.

Erklärung

Durch den *Stern* hindurch verläuft eine Dialektik, die auf Hegels Dialektik beruht. Betrachten Sie die «dialektischen Bewegungen» in dem Diagramm im Anhang B am Ende. Zunächst gibt es eine allgemeine, umfassende Struktur der Bewegung, sodann die Anwendung dieser generellen Struktur auf die drei Elemente – Welt, Mensch und Gott. Im ersten Teil werden die Elemente Welt, Mensch und Gott entwickelt. Der zweite Teil beschreibt ihre Bewegung oder Entwicklung.

Im allgemeinen vollzieht sich die Bewegung folgendermaßen. Man beginnt beim Nichts. Man beachte, daß dies genau das Gegenteil von dem ist, wie Hegel beginnt. Hegels Ausgangspunkt war das Sein. Die Einleitung zum *Stern* ist eine Kritik an Hegels Philosophie, in der uns gesagt wird, warum das Sein nicht der Ausgangspunkt sein kann. Vom Nichts erhält man eine Bejahung des Nichts – das Ja – und eine Negation des Nichts – das Nein. Dann kommen das Ja und das Nein zusammen im Und. So geht die Bewegung vom Nichts zum Ja / Nein, das mit dem Und schließt, wo Und etwas Positives ist, welches das Ja und das Nein in dem dialektischen Fließen vereint.

Diese allgemeine Bewegung wird in jedem der drei Fälle exemplifiziert. Die Welt ist zunächst die plastische Welt. Diese plastische Welt wird verneint als die verzauberte Welt und bejaht als die geschaffene Welt. Schließlich werden die beiden letzten Stufen in der Seele zusammengebracht. Mit anderen Worten, was als das Element Welt beginnt, entwickelt sich von der Stufe der plastischen Welt zur Seele. Der Mensch beginnt als tragischer Mensch. Der tragische Mensch wird verneint als der verschlossene Mensch und bejaht als der erschlossene Mensch. Schließlich kulminiert diese Dialektik darin, daß der Mensch das geschaffene Ebenbild Gottes wird. Gott beginnt als mythischer Gott. Dann wird der mythische Gott verneint als der verborgene Gott und bejaht als der liebende Gott. Schließlich kulminiert die Entwicklung Gottes darin, daß der verborgene und der liebende Gott synthetisiert, vereinigt oder erfüllt wird im All, das der erlöste Gott ist.

Man beachte, daß zu Beginn jeder Dialektik alles getrennt ist. Welt, Gott und Mensch sind allesamt getrennte, unterschiedene Entitäten; aber am Ende vereinen sich die Elemente. Die Welt wird zur Seele, die der Mensch ist. Der Mensch wird zum Ebenbild Gottes. Gott wird zu allem. Wenn die Dialektik ihren Abschluß erreicht, gibt es keinen Unterschied mehr zwischen Gott, Welt und Mensch. Wenn jedes vollendet ist, machen sie ein einziges Ding aus, nämlich das erfüllte Universum.

Wir wollen uns jetzt Rosenzweigs Kritik an Hegel ein bißchen genauer anschauen. Hegel begann mit dem Sein und nur mit dem Sein. Rosenzweig argumentiert, daß man nicht mit nur einer Sache anfangen kann, sondern mit einer Vielheit anfangen muß. Eine Analogie aus der Mathematik hilft vielleicht erklären, was sowohl Hegel wie Rosenzweig in diesem Fall zu tun versuchen. Ein Ziel mathematischen Denkens besteht darin, alles auf möglichst wenige Annahmen zu reduzieren. Bei Gottlob Frege (1848–1925) werden diese Annahmen auf eine einzige Entität (die Zahl 1) mit einer einzigen Operation (+) reduziert. Frege argumentierte in den *Grundlagen der Arithmetik*, daß man aus der Annahme von 1 und + die gesamte Arithmetik ableiten kann. Aus + kann man – deduzieren, und aus + und – deduziert man die Operationen der Multiplikation und der Subtraktion.

Die Multiplikation ist nur eine komplexe Form der Addition, nämlich ein abkürzendes Verfahren für die Addition von Additionen; und die Division ist nur eine komplexe Subtraktion, nämlich eine Abkürzung für die Subtraktion von Subtraktionen; und – ist einfach die Umkehrung von +. Frege zeigte, daß man nur zu verstehen braucht, was 1 ist und wie + funktioniert, um die gesamte Arithmetik zu begreifen. Hegel versuchte, in der Philosophie dasselbe zu tun, was Frege in der Mathematik tat, nämlich zu zeigen, daß man genug Information hat, um alles zu wissen, wenn man weiß, was das Sein ist (wie 1). Aus dem Begriff des Seins kann alles deduziert werden.

Rosenzweig kritisiert diese Behauptung: Die Erkenntnis des Seins allein reicht nicht aus, um alles zu wissen. In Wirklichkeit führt das Sein als Ausgangspunkt nirgendwohin. Man braucht vielfache Entitäten. Die kleinste erforderliche Zahl ist, wie Rosenzweig argumentierte, drei – Gott, Mensch und die Welt. Außerdem kann der Ausgangspunkt nicht etwas sein (Sein), statt dessen muß der Ausgangspunkt nichts sein. Es ist, als wenn man seine Arithmetik vom Begriff der Null statt vom Begriff der 1 aus aufbaut. Man sollte allerdings die Analogie nicht zu weit treiben. In Rosenzweigs Fall ist die Null nicht einfach null. Rosenzweigs Null ist eine Vielfältigkeit. Für ihn beginnt die Dialektik mit drei verschiedenen Nullen – der Null Gottes, der Null des Menschen und der Null der Welt.

Ein Beispiel der Dialektik:
Rosenzweigs Einleitung– Nichts und der Tod

Man beachte, wie Rosenzweig den *Stern* begann und beendete: «Vom Tode, von der Furcht des Todes, hebt alles Erkennen des All an» (S. 3). «Wohinaus aber öffnen sich die Flügel des Tors? Du weißt es nicht? Ins Leben» (S. 472). Nun ist die Negation des Lebens der Tod, was uns zum Anfang des Werkes zurückbringt.

Die erste hier zitierte Zeile fährt folgendermaßen fort:

Die Angst des Irdischen abzuwerfen, dem Tod seinen Giftstachel, dem Hades seinen Pesthauch zu nehmen, des vermißt sich die Philosophie. Alles Sterbliche lebt in dieser Angst des Todes, jede neue Geburt mehrt die Angst um einen neuen Grund, denn sie mehrt das Sterbliche. Ohne Aufhören gebiert Neues der Schoß der unermüdlichen Erde, und ein jedes ist dem Tode verfallen, jedes wartet mit Furcht und Zittern auf den Tag seiner Fahrt ins Dunkel. Aber die Philosophie leugnet diese Ängste der Erde. Sie reißt über das Grab, das sich dem Fuß vor jedem Schritt auftut. Sie läßt den Leib dem Abgrund verfallen sein, aber die freie Seele flattert darüber hinweg. Daß die Angst des Todes von solcher Scheidung in Leib und Seele nichts weiß, daß sie Ich Ich Ich brüllt und von Ableitung der Angst auf einen bloßen «Leib» nichts hören will – was schert das die Philosophie. Mag der Mensch sich wie ein Wurm in die Falten der nackten Erde verkriechen vor den herzischenden Geschossen des blind unerbittlichen Todes, mag er es da gewaltsam unausweichlich verspüren, was er sonst nie verspürt: daß sein Ich nur ein Es wäre, wenn es stürbe, und mag er deshalb mit jedem Schrei, der noch in seiner Kehle ist, sein Ich ausschreien gegen den Unerbittlichen, von dem ihm solch unausdenkbare Vernichtung droht – die Philosophie lächelt zu all dieser Not ihr leeres Lächeln und weist mit ausgestrecktem Zeigefinger das Geschöpf, dem die Glieder in Angst um sein Diesseits schlottern, auf ein Jenseits hin, von dem es gar nichts wissen will. Denn der Mensch will ja gar nicht irgend welchen Fesseln entfliehen; er will bleiben, er will – leben. Die Philosophie, die ihm den Tod als ihren besonderen Schützling und als die großartige Gelegenheit anpreist, der Enge des Lebens zu entrinnen, scheint ihm nur zu höhnen. Der Mensch fühlt eben gar zu gut, daß er zwar zum Tode, aber nicht zum Selbstmord verurteilt ist. Und nur den Selbstmord vermochte jene philosophische Empfehlung wahrhaft zu empfehlen, nicht den verhängten Tod Aller. Der Selbstmord ist nicht der natürliche Tod, sondern der widernatürliche schlechtweg.

Die grauenhafte Fähigkeit zum Selbstmord unterscheidet den Menschen von allen Wesen, die wir kennen und die wir nicht kennen. Sie bezeichnet geradezu diesen Heraustritt aus allem Natürlichen. Es ist wohl nötig, daß der Mensch einmal in seinem Leben heraustrete; er muß einmal die kostbare Phiole voll Andacht herunterholen; er muß sich einmal in seiner furchtbaren Armut, Einsamkeit und Losgerissenheit von aller Welt gefühlt haben und eine Nacht lang Aug in Auge mit dem Nichts gestanden sein. Aber die Erde verlangt ihn wieder. Er darf den braunen Saft in jener Nacht nicht austrinken. Ihm ist ein anderer Ausweg aus dem Engpaß des Nichts bestimmt, als dieser Sturz in das Gähnen des Abgrunds. Der Mensch soll die Angst des Irdischen nicht von sich werfen; er soll in der Furcht des Todes – bleiben. (S. 3 ff.)

Rosenzweig fragte, worum es in der gesamten Geschichte des Denkens geht. Welches Ziel hat das Denken? Seine Antwort lautete, daß das Motiv hinter dem Wissen Furcht ist, nämlich die Furcht des Todes. Erkenntnis sucht ewige Wahrheiten. Sie sucht nach ewigen Wahrheiten, weil das Ewige nicht stirbt. Wenn man erkennt und sich dadurch mit dem Ewigen identifiziert, dann kann man vielleicht glauben, daß man den Tod überwunden hat. Für Rosenzweig war die Philosophie Hegels der letzte Versuch, dieses Ziel zu erreichen. In seiner Erfüllung verliert dieses Unternehmen genau das, was für das Leben am charakteristischsten ist, denn alles, was erkannt ist, wird eben dadurch zu etwas Totem. Deshalb ist das Unternehmen gerade in seinem Erfolg zum Scheitern verurteilt.

Deshalb sprach sich Rosenzweig für die Schlußfolgerung aus, daß der Ausgangspunkt des Denkens der Tod und nicht das Leben sein muß. Leben muß eine Schlußfolgerung und darf kein Anfang sein. Deshalb beginnt der *Stern* mit dem Tod, dem Gegensatz des Lebens. Er rechtfertigte diese Entscheidung auf folgende Weise: Es ist für den Menschen und die Welt charakteristisch, daß sie sterben müssen. Ich will diese Behauptung etwas spezifizieren. Man betrachte die Dinge in der Welt. Alles, was man sieht, ist der Veränderung unterworfen. Also muß man, um diese Welt zu begreifen, Veränderung begreifen; aber kaum ist der neue Zustand der Dinge, der durch die Veränderung herbeigeführt wird, da, wandelt er sich schon wieder; d. h., kaum ist etwas entstanden, vergeht es auch schon wieder. Alles besteht nur für einen Augenblick. Man hat nicht genug Zeit, es zu messen. Bevor man auch nur den Gedanken, den man über etwas denkt, beendet hat, ist dieses Ding auch schon wieder vergangen: ist nicht mehr da. Infolgedessen kann das Denken das Leben niemals wirklich begreifen, weil das Leben immer im Gegenwärtigen ist und das Gegenwärtige unmeßbar ist. Letztlich mißt man immer nur das Vergangene. Ich will z. B. über mein Rauchen nachdenken; aber sobald ich versuche, darüber nachzudenken, ist das, was ich darüber denke, ein totes Bild. Infolgedessen ist Erkennen ein Versuch, den Tod zu überwinden; und das heißt, daß der Tod und nicht das Leben der Ausgangspunkt des Denkens sein muß. Alles, worüber wir nachdenken, ist in dem Augenblick, in dem wir darüber nachdenken, tot. Das ist im wesentlichen das, was Rosenzweig im ersten Paragraphen des *Stern* sagt.

An diesem Punkt sollte klar sein, daß Rosenzweigs Ausdruck *Tod* nicht dasselbe bedeutet wie unser gewöhnlicher Ausdruck *Tod*. So, wie Rosenzweig dieses Wort verwendet, schließt es alles ein, was wir Tod nennen, aber vieles darüber hinaus. Wenn Rosenzweig sagt, daß etwas tot ist, meint er, daß es im gegenwärtigen Augenblick nicht mehr existiert. Deshalb ist so, wie Rosenzweig diesen Ausdruck verwendete, alles, was nicht ewig ist, alles, was dem Wandel unterworfen ist, tot. Mit anderen Worten, tot zu sein bedeutet, in Aristoteles' Sprache, dem Werden und Vergehen unterworfen zu sein. Daß seine Schlüsselausdrücke die spezialisierten Bedeutungen haben, die sie in der deutschen Philosophie des späten 19. und frühen 20. Jahrhunderts gehabt haben, ist einer der Gründe, weshalb es so schwierig ist, Rosenzweig zu lesen. Diese Worte sehen aus wie gewöhnliche Ausdrücke in der Gegenwartssprache, aber in Wirklichkeit haben sie sehr verschiedene, alles andere als gewöhnliche Bedeutungen. *Tod* ist nur eines von diesen Worten.

Wir beginnen mit der Negation (= Tod). Dann negieren wir die Negation, was uns das Leben gibt. Wir können zu demselben Ergebnis auch auf andere Weise gelangen. Jeder Fortschritt im Denken ist negatives Denken. Wo auch immer man anfängt, man kommt zu dem nächsten Schritt erst durch die Negation dessen, wo man ist. Nun begann Hegel nach Rosenzweigs Urteil mit der Schlußfolgerung und nicht mit dem wirklichen Ausgangspunkt. Dieser Irrtum ist der Grund, weshalb Hegels Erkenntnisunternehmen scheiterte.

Wenn man einen absoluten Ausgangspunkt will, d. h. einen Ausgangspunkt, der nichts voraussetzt, dann kann der einzig mögliche Ausgangspunkt nur genau das sein – nichts. Das einzige, was nichts voraussetzt, ist nichts. Wenn also man sein Denken wirklich ohne Voraussetzungen beginnen will, dann muß man mit nichts beginnen. Wir können diesen Punkt historisch auf folgende Weise verdeutlichen.

Descartes, der Geometer, sagte, daß wir alles, was wir akzeptieren, auf der Grundlage der Tradition akzeptieren, aber nichts auf der Grundlage der Tradition akzeptieren sollten. Für ihn war der Ausgangspunkt des Wissens der Akt des Zweifelns, ein Akt des Denkens, nämlich: «Ich denke, also bin ich» (das *cogito*). Historisch wissen wir, daß das cogito nirgendwo hinführt. Aus der Tatsache des Denkens kann man auf keinen Denkenden schließen; allenfalls kann man schließen, daß es ein Denken gibt. Aber was für eine Art des Denkens? Die Antwort heißt: Zweifeln. Aber was ist Zweifeln? Rosenzweig antwortete: ein Akt der Verneinung. Zweifeln heißt verneinen, und diese Negation ist der eigentliche Ausgangspunkt des Denkens. Wenn man über das Zweifeln nachdenkt, erkennt man, daß zweifeln heißt, etwas zu verneinen. Den Zweifel vorauszusetzen, heißt eine besondere Art von nichts anzunehmen, das insofern etwas ist.

Dieser letzte analytische Schachzug führt zum nächsten Schritt, Rosenzweigs Ja. Nichts ist nichts (das erste Nein), aber als solches ist es etwas (das erste Ja). Auf diese Weise gehen wir durch die ersten beiden Schritte von Rosenzweigs Dialektik des Denkens. Für unsere Zwecke mag dies genügen, um zu zeigen, wie Rosenzweigs Dialektik vorging.

Erster Teil: Die Elemente

Zusammenfassung

Allgemein gesprochen, begründet das erste Buch die Negation des Nichts, das die Schlußfolgerung der Einleitung bildete. Diese Negation einer Negation ergibt das Ja, ein Etwas, das mythischer Gott, plastische Welt und der tragische Mensch ist. Der Ausdruck *mythisch* wird auf Gott angewendet, weil man so gewöhnlich die griechischen Götter versteht, nämlich als Mythen. Ähnlich charakterisiert Rosenzweig die Auffassung vom Menschen als tragisch, weil es die Auffassung vom Menschen in den griechischen Tragödien ist, nämlich die Vorstellung von dem einsamen Menschen, der Beziehungen zu anderen Menschen und zu Gott sucht. [13]

Jedes Buch enthält in seinen Teilen Parallelen zu den anderen Büchern. Im ersten Teil wird uns ein mythischer Gott vorgestellt, d. h. das Sein Gottes als Gegenstand der Wissenschaft der Metaphysik; eine plastische Welt, d. h. die Bedeutung der Welt als Gegenstand der Wissenschaft der Metalogik; und endlich der tragische Mensch, d. h. das Selbst des Menschen als Gegenstand der Wissenschaft der Metaethik. Keiner der vorgestellten Gegenstände erschöpft sein Thema, weil er nur ein von allem anderen isoliertes Bild dieses Themas ist. Aber jedes inadäquate Objekt stellt alles dar, womit eine gegebene Wissenschaft sich befassen kann, da jede dieser Wissenschaften eine *Meta*-Wissenschaft ist, d. h. auf ihre eigene Unangemessenheit und damit auf die Möglichkeit einer Form der Erkenntnis verweist, die über sie hinausgeht. Gottes Sein ist Gott, und in der Art, wie die Metaphysik Gott begreift, zeigt sich, daß Gottes Sein nicht das Ganze Gottes ist; der Sinn der Welt ist die Welt, und in der Art, wie die Metalogik die Welt begreift, zeigt sich, daß der Sinn der Welt nicht das Ganze der Welt ist; und das Selbst des Menschen ist der Mensch, und in der Art, wie die Metaethik den Menschen begreift, zeigt sich, daß das Selbst des Menschen nicht das Ganze des Menschen ist.

Gott

Moses Maimonides' negative Theologie der Eigenschaften Gottes gab Rosenzweig das anfängliche Nichts Gottes, mit dem seine moderne Theologie begann. Für ihn liegt der Ursprung dieser theologischen Sackgasse darin, daß man alle göttlichen Eigenschaften zusammen betrachtete, wobei dann jede Eigenschaft nur eine unter vielen ist und jede angesichts der anderen nur als Verneinung angesehen werden kann.

---

13 Man erinnere sich, daß Bubers Ausgangspunkt war, daß es keine Dinge gibt, sondern nur Beziehungen (s. Kap. 10). In den Ausdrücken von Rosenzweigs Konstruktion beginnt Buber bei der endgültigen Verneinung des ersten Buches, die zum zweiten Buch überleitet.

Während die klassische und die mittelalterliche Theologie mit einer Bejahung Gottes anfing und mit einer Verneinung endete, sollen wir mit einer Verneinung dessen beginnen, als was Gott vorausgesetzt wird[14], und gleichzeitig sollen wir bejahen, daß Gott frei von jedem individuellen Nichts ist. In mittelalterlichen Ausdrücken: Was bejaht wird, ist Gottes unendliches Wesen. Die Bejahung setzt, daß in Gott unbegrenzte Möglichkeiten von Wirklichkeit liegen. Gleichzeitig wird verneint, daß das, was wir als Gottes Wesen bejahen, Gott ist. Diese Verneinung ist selbst eine Bejahung der göttlichen Freiheit.

Das logische Symbol, das hier eingeführt wird, um diese Erkenntnis Gottes auszudrücken, ist $A = A$.[15] Die allgemeine logische Form $y = x$ behauptet, daß ein grammatisches Subjekt in einer bestimmten intransitiven Beziehung zu einem Prädikat steht. Aus der Bejahung von y folgt die Bejahung von x, wobei y ein Nein und x ein Ja von der Art ist, daß x ein Wesen ausmacht, so daß y = die Freiheit über das gesetzte Wesen hinaus ist. In $A = A$ ist das A auf der linken Seite der Gleichung die göttliche Freiheit und das A auf der rechten Seite der Gleichung das göttliche Wesen, die beide Gott sind. Noch einmal: Man beachte, daß die behauptete Beziehung intransitiv ist, so daß zwar die göttliche Freiheit zum göttlichen Wesen, das göttliche Wesen aber nicht zur göttlichen Freiheit wird. Die klassische Theologie fand keinen Ausweg mehr, weil sie mit Gottes Wesen begann. Aus der Freiheit folgt die Macht zu handeln, so daß das göttliche Wesen nicht als eine Entität angesehen wird, sondern als unbeschränkte Macht zu –. Man beachte, daß der Satz unvollständig ist. Gottes Wesen ist unbeschränkte Macht zu etwas, und dieses Etwas kann nicht ausgedrückt werden, solange die Aufmerksamkeit auf Gott für sich allein gerichtet ist.

Rosenzweig behauptet, daß der primitive Atheismus und die Religionen Griechenlands, Indiens und Chinas den Denkirrtum über Gott verkörpern, der damit beginnt, daß Gottes Wesen für sich allein gesetzt wird. Seine griechische Religion schließt sowohl die Religion der klassischen Mythologie wie die Religion der klassischen Philosophen, nament-

---

14 Was Rosenzweig die Verneinung eines «Ichts» nannte.
15 Siehe Anhang C am Ende des Kapitels.

lich Platons und Aristoteles', ein. Seine indische Religion ist Buddhismus, seine chinesische Religion ist Taoismus, und sein primäres Beispiel für primitiven Atheismus ist die Sophistik.

Gott oder die Götter Griechenlands sind lebendig in dem Sinn, daß sie unsterblich sind, aber sie sind nicht lebendig in dem Sinn, daß sie in der Welt herrschen. So, wie die Götter von den Philosophen interpretiert werden, ist es viel eher der Fall, daß die Welt zu einem Teil von ihnen gemacht wird, als daß sie ein Teil der Welt sind. Die Verknüpfung der Götter mit der Natur macht die Natur göttlich, aber sie schließt die Götter als Götter aus der Natur aus. Im Unterschied dazu sind die Götter Asiens außerhalb der Natur, aber sie sind nicht lebendig; sie sind ein Nichts, eine bloße Abstraktion. Während Rosenzweig die Theologie ebenfalls mit einer Verneinung beginnen lassen möchte, ist sein Nichts sowohl *von* wie *zu* einem Nichts; aber in den Religionen Asiens erscheint kein Nichts in der Gedankenbewegung. Asiens religiöses Denken setzt ein verneintes Nichts, ein Nicht-Nichts, als das Wesen Gottes. Als solches ist es eine Rückbildung ins Elementare und kein Fortschritt darüber hinaus. Während Rosenzweig eine Bewegung von einem anfänglichen Nichts zu einem Ja setzen möchte, bewegt sich die asiatische Religion von der anfänglichen Verneinung rückwärts zu einem Nicht-Nichts. Im indischen Buddhismus ist diese Verneinung ein Sprung über Gott hinaus in das Nirwana, wo nichts mehr existiert; und in der chinesischen Religion ist das Ideal des Tao eine einfache Verneinung, nämlich ein Atheismus, wo in jedem Augenblick jedes und alles verneint wird. Die griechische Theologie scheitert, weil sie außerstande ist, über die physische Welt hinauszugehen, und die asiatische Religion scheitert, weil sie außerstande ist, hinter das anfängliche Nichts zurückzugehen.

Rosenzweig verweist auf Versuche beider Völker, über diese Grenze hinauszugelangen. Er zitiert Mysterienkulte, die Philosophien Griechenlands und die Gottesfreunde Indiens. Er würdigt sie als Monotheismen, aber verurteilt sie als unzulänglich, weil sie die anfängliche Methode ihrer Theologie nicht umkehrten. Ihr einer Gott entfernt sich seiner Natur nach so weit vom Menschen und der Welt, daß seine Isolierung nicht überschritten werden kann.

Wir begannen mit dem Zweifel an Gott. Dann verneinten wir die Verneinung, was uns die Bejahung des mythischen Gottes gab. Jetzt verneinen wir diese zweite Bejahung. Zuerst verneinten wir, daß es nichts gebe, und sagten, daß es etwas gibt. Das Etwas, das wir erhielten, waren die Götter der griechischen und asiatischen Religionen, aber diese Gottheiten stehen in keiner Beziehung zur empirischen Realität. Sie sind entweder überhaupt nichts oder bloße Gegenstände unter anderen Gegenständen im wahrgenommenen Universum. Deshalb leiten wir das Nein unseres ursprünglichen Ja ab. Es gibt einen Gott (Ja), aber er ist uns noch nicht offenbart worden (Nein).

Welt

Die klassische und die mittelalterliche Philosophie machten die Gotteserkenntnis zum Ausgangspunkt alles Wissens. Soweit es Zweifel an der Existenz Gottes gibt, gibt es auch Zweifel an der Existenz der Welt. Nach Rosenzweig verweist Descartes' *cogito* genauso auf die Unzulänglichkeit der vorhegelschen Kosmologie, wie Maimonides' Theorie der göttlichen Eigenschaften die Unzulänglichkeit der früheren Theologie illustriert. Obgleich Descartes mit der Verneinung zu beginnen schien, d. h. dem Zweifel, ist sein Zweifel in Wirklichkeit nur hypothetisch. Für Descartes besteht kein wirklicher Zweifel an der Existenz und Natur Gottes, der Welt oder des Menschen. Sein Zweifel sollte nur dazu dienen, jenes gegebene Wissen darzustellen, aber seine Bemühung scheiterte. Wie im Fall der Theologie beruht das Scheitern nicht auf dem Zweifel, sondern auf dem Anfang mit einer Bejahung und dem Versuch, mit allem in der Welt als All zu beginnen (de omnibus dubitandum), wobei jedes Ding als ein Ding unter vielen gesehen wird, die alle zusammen erkennbar sind. Dieses anfängliche Nichts, d. h. der Zweifel an der Erkenntnis der Welt, läßt eine Bejahung (die Rosenzweig ein Ichts nannte) des logos, der Welt-Ordnung entstehen.

Alles in der Welt ist einer Ordnung unterworfen, die durch die Vernunft erkannt werden kann, aber die Vernunft kann nicht die Einheit von allem zeigen. Wir können über unseren ursprünglichen Zweifel hinausgehen, um ein Ja des Allgemeinen zu bejahen, das Rosenzweig mit dem Weltgeist identifizierte. Weltgeist ist nicht die Welt, er ist eine plastische Welt. Das Wort *plastisch* bedeutet hier sichtbar oder berührbar.

Es ist etwas, das (a) durch die Sinne in der Sinnenwelt erkannt wird; (b) dem Sehen, Schmecken, Hören, Riechen und Berühren unterworfen und (c) sinnlich gegenwärtig ist. Diese Welt ist eine Fülle individueller, stets erneuerter Gegenstände, über die wir durch unsere äußeren Sinne unterrichtet werden. In mittelalterlichen Ausdrücken, die sinnliche Welt wird bejaht und ist erkennbar, soweit jeder Gegenstand in ihr allgemein und deshalb geistig, d. h. unkörperlich ist; aber ebenso wie Gott nicht sein Wesen ist, ist die Welt nicht ihr logos.

Soweit die Welt lebt, d. h. lebendig ist, ist sie logos, d. h. vernünftig. Vernunft ermangelt der Fülle, d. h. der Totalität der sinnlichen Gegenstände. Insofern ist die Welt nicht rational. Gleichwohl, wenn irgend etwas in der Welt lebendig ist, ist es der mit den Sinnen empfundene Gegenstand. Rosenzweigs Gedanke führt zu dem Paradox, daß das Leben (die Fülle) leblos (ohne logos) ist. Das Paradox wird erst überwunden, wenn wir aufhören, uns auf die Welt als ein Ganzes zu konzentrieren und unsere Aufmerksamkeit dem Besonderen in der Welt zuwenden. Insofern das Individuelle universal ist, ist es passiv und unbewegt. Sein Leben beruht in seiner Besonderheit, aber Leben ist Aktivität und Bewegung. Sofern das Besondere lebendig ist, ist es aktiv. Seine Bewegung richtet sich auf ein Ziel, nämlich in seine Art einzudringen, d. h. als Besonderes allgemein zu werden. In mittelalterlichen Ausdrücken, das Besondere ist seine Gattung, die alles ist, was man vom Individuellen wissen kann; aber kein Partikuläres ist mit seiner Gattung identisch. Eher versucht jedes Besondere, seine Gattung, d. h. eine besondere Allgemeinheit zu werden.

Das hier eingeführte logische Symbol, um diese Erkenntnis der Welt auszudrücken, ist B=A. Das verbindende = drückt das Eindringen aus, eine intransitive Beziehung. B versucht, in A einzudringen, aber A strebt nicht danach, in B einzudringen. A ist der Weltgeist oder logos, und B das individuelle, besondere Beispiel innerhalb der Fülle. B=A drückt das Leben des isolierten, sinnlichen Individuums aus, dessen Leben das Projekt ist, in seine Rationalität oder Universalität einzudringen, nämlich den Weltgeist oder logos. In mittelalterlichen Ausdrücken, die Besonderheit des Individuums ist seine Materie, und seine Allgemeinheit ist seine Form. B=A drückt weiterhin aus, daß der Weltinhalt zur Weltform wird, daß das Besondere allgemein wird und letztlich, daß das, was aktiv ist, versucht, passiv zu werden. Außerdem ist A das göttliche Wesen. Deshalb sagt B=A aus, daß die Welt als eine Fülle sinnlicher Individuen lebendig ist, mit dem Ziel, in das Wesen Gottes einzudringen.

In der Religion und Philosophie Griechenlands sind der Kosmos und die Welt plastisch, d. h., sie sind gesetzte einzelne Wesenheiten, die alle Individuen einzig als Teile ohne jede eigene Individualität enthalten. In der idealistischen Sicht der plastischen Welt, wie sie oben von Rosenzweig formuliert wurde, bemüht sich die Fülle unterschiedener Individuen, vereinheitlicht zu werden, aber für die Griechen ist die Einheit schon selbst gesetzt. Während die Welt des Idealismus allerfüllend ist, ist die Welt der Griechen ganz erfüllt. Ihre plastische Welt ist gestaltet, aber nicht geschaffen. Die Welt ist endlich, während Gott unendlich ist. Die gesetzte Vollständigkeit der Welt vorausgesetzt, nämlich daß die sinnlichen Objekte der Weltfülle tatsächlich in einem Ganzen vereinheitlicht sind, besteht keine Möglichkeit, die endliche Welt mit dem unendlichen Gott in Beziehung zu setzen. Aber genau diese Beziehung ist die Einheit der Welt. Platon und Aristoteles konnten diesen Widerspruch nicht lösen. In ihrer Weltanschauung entstehen Individuen nur als Teile einer Gemeinschaft; aber dadurch verlieren sie ihre Individualität. Die Gemeinschaft selbst ist nur ein Besonderes unter anderen Besonderen. Die Gemeinschaft ist keine wirkliche Einheit. Dieses Scheitern führte die Sophistik dazu, gegen den Begriff der Gemeinschaft zu rebellieren, indem sie den Einzelmenschen behaupteten, der unabhängig von jedem Kollektiv sei. Am Ende scheiterte die Sophistik ebenso, weil sie nicht verständlich machen kann, in welcher Beziehung Individuen zueinander stehen. Ihr Scheitern provozierte eine zweite Zurückweisung, die zur Entwicklung der großen Polis, Rom, führt, wo die Gemeinschaft wiederum ihre individuellen Teile besiegt.

Im Unterschied zur griechischen Weltanschauung, welche die Fülle über den Geist und die Gemeinschaft über das Individuum stellt, bejaht die indische Religion den Geist im Gegensatz zur Fülle und das Individuelle im Gegensatz zur Gemeinschaft. Damit setzt die indische Religion das Nein der Welt, während sie ihr Ja verwirft. Die Griechen unternahmen den – wenn auch fehlgeschlagenen – Versuch, das Nein der Allgemeinheit, den Geist, mit dem Ja der Besonderheit, der Fülle, zu vereinen. Die indische Religion setzt statt dessen den allgemeinen Begriff, den Geist, während sie alle Individualität als bloße Illusion verwirft.

Die chinesische Religion bleibt ebenfalls hinter der Anstrengung der griechischen Religion zurück, Form und Materie zu vereinen, aber sie bewegt sich in eine andere Richtung als der Buddhismus. In China werden die Geister körperlich; und körperliche Individuen werden zu den Geistern der Vorfahren. Während Indien seine Augen gegenüber der Welt verschließt, taucht China gänzlich in die Welt ein und verliert die Erkenntnis, daß die Welt in ihrer Isolierung, nämlich die plastische Welt, wesentlich unvollständig ist.

Wir begannen damit, die Welt zu bezweifeln. Dann verneinten wir die Verneinung, was uns die Bejahung der plastischen Welt gab. Zunächst verneinten wir, daß es nichts gebe, und sagten, daß es etwas gebe. Das Etwas, das wir erhielten, war die sinnliche Welt, aber die, zu der wir gelangt sind, ist nicht wirklich. Die Wirklichkeit dieser Welt ist nicht das, was wir über diese Welt wissen, weil das, was wir wissen, immer etwas Totes ist. Deshalb leiten wir das Nein unseres anfänglichen Ja ab. Es gibt eine Welt (Ja), aber die Welt ist tot (Nein).

Der Mensch

Kant behauptete, daß das Ich jenseits dessen liege, was in der Welt der Erfahrung gegeben ist, so daß die Existenz eines Ich nicht selbstverständlich sei. Rosenzweig argumentierte, daß diese Behauptung das anfängliche Nichts eines Menschen gebe, mit dem die moderne Psychologie beginnt. In der Theologie führte dieses Nichts zu dem Ja der unsterblichen, unbedingten, wesentlichen Existenz Gottes, die jenseits der Erkenntnis liegt. In der Kosmologie führte dieses Nichts zu dem Ja der allgemeinen und notwendigen Existenz der Welt in der Erkenntnis (logos). Im Fall des Menschen ist das Wesen die Endlichkeit[16], die, im Vergleich zu den anderen Elementen Gottes und der Welt, das unterscheidende Merkmal des Menschen ist. Vergänglichkeit konstituiert das Wesen des Menschen, weil sie universal für alle Menschen gilt, aber nicht die Individualität des Menschen ausmacht.

16 Endlichkeit ist das, was Rosenzweig Vergänglichkeit nannte.

Das Verständnis des Menschen, das jetzt erreicht ist, ist der Begriff des tragischen Menschen. Der tragische Mensch ist einfach der Einzelmensch als Gegenstand unter Gegenständen. Das logische Symbol, das verwendet wird, um dieses Verständnis auszudrücken, ist B = B. Das B auf der linken Seite der Gleichung drückt das permanente Wesen des Menschen, seine Vergänglichkeit aus. Es ist ein Ja, das als ein Pendant zum A auf der linken Seite in der Gleichung A = A, der göttlichen Freiheit, fungiert. Das grammatische Subjekt B ist der freie menschliche Wille, der Ausdruck des universalen und dauernden Charakters des Menschen. Dieses B des Menschen unterscheidet sich vom A Gottes darin, daß die menschliche Freiheit endlich, d. h. vergänglich ist, während die göttliche Freiheit unendliche Macht ist. Da sie unendlich ist, handelt die göttliche Freiheit, weil sie Macht ist (A = A); während die menschliche Freiheit nur will (B = B). Das B der Prädikatstelle in der Gleichung ist ein Nein. Es drückt eine Richtung aus, aber keinen Inhalt, und als solches ist es ein trotziger Wille. Deshalb drückt B = B die Behauptung aus, daß der endliche Wille des Menschen zu einem trotzigen Willen wird. Dieser Trotz verwandelt den Charakter des Menschen in Selbstbewußtsein; und im Selbstbewußtsein wird der Mensch zu der Eigenheit der Person, nämlich einem Selbst. Der erste Mensch (Adam), der im Garten Eden wohnte, hatte nur Charakter und erlangte keine Persönlichkeit, bis er trotzig wurde. B allein ist lediglich Charakter. Wenn es versucht, in den Weltgeist einzudringen, wie in der Gleichung B = A, ist es der Weltinhalt im Verhältnis zur Weltform, deren Symbol ebenfalls das Wesen Gottes ist. [17] Außerdem, wenn B sich bemüht, im Trotz es selbst zu werden, wie in der Gleichung B = B, ist es der Mensch mit Persönlichkeit und nicht lediglich ein Objekt in der Welt. A = A drückt Gottes schlechthinnige Unendlichkeit aus; B = B drückt die schlechthinnige Endlichkeit des Menschen aus; und bislang gibt es keine andere Verbindung zwischen ihnen außer der Möglichkeit der Verbindung durch die Welt (B = A).

Im Trotz überschreitet der Mensch das, was er in seiner Isolierung ist; genau wie in der Freiheit Gott sein Wesen überschreitet. Jenseits von

---

17 Siehe Anhang C am Ende des Kapitels.

Charakter und Individualität des Menschen liegt seine Persönlichkeit als er selbst. In der Sprache des griechischen Denkens, wo der Inhalt der Ethik der Charakter ist, wird der Mensch über die Ethik hinaus entworfen, wie Gott jenseits der Physik liegt[18] und die Welt jenseits der Logik. Genau wie in ihrem Denken über die Welt und Gott, wo die Griechen über Physik und Logik auf Metaphysik und Metalogik hinausweisen konnten, konnten sie auch hier eine Metaethik ins Auge fassen. Unglücklicherweise ist ihre Metaethik nicht erfolgreicher als ihre anderen Wissenschaften der Elemente, weil die Elemente nur Elemente bleiben, die von der Gestalt isoliert sind, die sie zu ihrer Vollendung benötigen. Auch in diesem Falle vermeiden die asiatischen Religionen die Paradoxien der griechischen Religion nur dadurch, daß sie den Gedankenprozeß umkehren, und nicht dadurch, daß sie über die Ebene, die die Griechen erreicht hatten, hinausgingen. Die Asiaten setzen den Charakter, aber verwerfen den Trotz. Dadurch verneinen sie das Selbst. Im indischen Buddhismus verliert der Charakter alle Unterschiedenheit. Wie Gott und Welt zu ihrer ursprünglichen Verneinung zurückkehren, so kehrt das Individuum bei seinem Tod zu seinem anfänglichen Nichts zurück. Im Buddhismus resultiert diese Rückkehr aus einer zu starken Betonung des Charakters. In der chinesischen Religion resultiert dieselbe Wirkung aus einer zu geringen Betonung des Charakters: Das Ideal des Konfuzius ist das Ideal des Durchschnittsmenschen, nämlich eines Menschen ohne Auszeichnung, d. h. ohne Charakter.

Wir begannen mit dem Zweifel am Menschen. Dann verneinten wir die Verneinung, was uns die Bejahung des tragischen Menschen gab. Jetzt verneinen wir diese zweite Bejahung. Zuerst verneinten wir, daß es ein Nichts gebe, und sagten, es gebe etwas. Das Etwas, das wir erhielten, war der tragische Mensch, d. h. ein isoliertes Ding unter Dingen, aber der Mensch, den wir vorgestellt haben, ist nicht wirklich. In seiner radikalen Freiheit hat er keine Beziehung zur Welt; als solcher ist er ohne Gehalt, und deshalb ist er überhaupt nichts. Deshalb leiten wir das Nein unseres anfänglichen Ja ab. Es gibt den Menschen (Ja), aber der Mensch ist nichts (Nein).

---

18 Rosenzweigs Ausdruck für Kosmologie.

zerrt unvermeidlich das, was es darzustellen versucht. Die Wirklichkeit zu erkennen heißt, ein Bild von ihr zu geben; aber alles, was wir wissenschaftlich abbilden, ist tot. Dieser Sachverhalt ist ein weiterer Grund, warum der Ausgangspunkt der wahren Philosophie der Tod ist.

Der nächste Schritt bei der Formulierung eines angemessenen Bildes der Wirklichkeit erfordert, daß wir diese anfänglich bejahte Welt verneinen. Die wirkliche Welt muß anders sein als dieser Gott, diese Welt, dieser Mensch. In diesem Zusammenhang sollte man zwei vor-sokratische Philosophen, Heraklit und Parmenides, nennen.

In der Erkenntnis, daß das, was wir durch die Wissenschaften erkennen, nicht die Wirklichkeit sein konnte, versuchten Heraklit und Parmenides, über diese Ebene der sinnlichen Erkenntnis hinauszugehen, um die Realität zu charakterisieren. Sie gingen dabei in entgegengesetzte Richtungen. Parmenides sagte, daß Wirklichkeit das ist, was dauernd ist, während Heraklit behauptete, daß eben die Veränderung selbst die Wirklichkeit ist.

Um ihre Ansichten besser zu verstehen, betrachte man die folgende Metapher. Einen Fluß zu kennen heißt, seine Bahn zu kennen. Ein Fluß ist weder ein Bündel von Wassertropfen noch seine Ufer. Die Wassertropfen sind in steter Veränderung. Einen Fluß sehen heißt nicht, die Wassertropfen sehen. Wenn man einen Fluß nur als die Gesamtsumme seiner Wassertropfen ansieht, denkt man eben nur an eine Sammlung von Wassertropfen und nicht an einen Fluß. Der Fluß ist vielmehr diese Tropfen in einer Bahn, und die Bahn ist die Wirklichkeit des Flusses. Die Tropfen sind nur die Elemente des Flusses. Wenn man mit dem Fluß seine Elemente meint, dann ist der Fluß in steter Veränderung. Der Fluß ist aber etwas anderes, das relativ unveränderlich ist. Was sich an dem Fluß nicht verändert, ist seine Bahn, aber die Bahn ist nichts. Das Etwas, das für die Kenntnis des Flusses entscheidend ist, ist nicht etwas; es ist nichts *(Lo Davar)*.

Heraklit behauptete, daß der Fluß selbst die Realität sei. Im Unterschied dazu sagte Parmenides, daß das, was ständig im Prozeß des Werdens, der Veränderung, sei, nicht die Realität sein könne. Was sich verändert, ist unmittelbar vergangen; wenn es vergangen ist, ist es fort; und deshalb ist es nicht länger wirklich. Und ebensowenig kann das Wirkliche zukünftig sein, da die Zukunft definitionsgemäß das ist, was noch nicht

ist. Wenn die Welt des Werdens das Wirkliche ist, kann ihre Wirklichkeit
nicht vergangen oder zukünftig sein. Ihre Wirklichkeit muß das sein, was
in der Gegenwart ist; aber nichts, was sich wandelt, ist in der Gegenwart,
da es in einem Augenblick vom Zukünftigsein (was noch nicht ist) zum
Vergangensein (was nicht mehr ist) übergeht. Wenn wir uns die Zeit als
eine Linie vorstellen, ist das Gegenwärtige lediglich der Punkt, der die
Vergangenheit von der Zukunft trennt, und ein Punkt ist nichts. Alles,
was Dauer hat, ist entweder zukünftig oder vergangen. Wenn wir denken, daß diese Welt des Wandels die Wirklichkeit ist, dann ist nichts
wirklich. Deshalb sagte Parmenides, daß die Wirklichkeit das ist, was sich
nicht verändert. Er behauptete, daß es zwei Welten gebe – die Welt des
Werdens oder der Veränderung, die sich stets ändert und immer wird,
und die wirkliche Welt, die eine Welt der Dauer ist. Die wirkliche Welt ist
eine Welt des Seins und nicht eine Welt des Werdens. Was in dieser Welt
wohnt, sind Gedanken. Während Gedanken wirklich sind, sind es andere
Dinge nicht.

Aus Parmenides' Behauptung, das Wirkliche sei das, was permanent
ist und sich nicht verändert, folgt die Annahme, daß diese erscheinende
Welt nicht wirklich ist. Ähnlich folgt aus Heraklits Behauptung, daß das
Wirkliche die Veränderung selbst sei, dieselbe Schlußfolgerung. Trotz
ihrer Differenzen kamen beide Philosophen zum selben Schluß, daß es
etwas jenseits dieser Welt gebe. Wenn diese Welt das ist, was ist, dann ist
diese Welt nicht wirklich. Wirklichkeit ist etwas anderes. In Rosenzweigs
Ausdrücken erreichten sie die Stufe, wo der denkende Mensch aus der
Welt der plastischen Dinge, mythischen Götter und tragischen Menschen heraussteigt und sie überschreitet. Zum ersten Mal ist der Mensch
fähig, diese Welt zu verneinen. Deshalb nennt er die Verneinung – was
nicht diese plastische Welt ist – «Wirklichkeit».

Was diese Wirklichkeit ist, ist nichts. Jetzt sind wir auf der Stufe der
asiatischen Religionen. Historisch wissen wir, daß die Einsichten dieser
griechischen Philosophen unter dem Einfluß indischen Denkens in Buddhismus und Hinduismus entstanden. Aus diesen beiden Religionen leiten wir zuerst die Einsicht ab, daß die Wirklichkeit etwas ist und dieses
Etwas eine Illusion ist.

Nach Rosenzweig besteht die Einsicht der asiatischen Religionen
darin, daß wir, solange wir uns auf das wissenschaftliche Denken verlas-

sen, Dinge ohne Bewegung haben werden, d. h. einfach nur isolierte Dinge. Wenn wir wahrhaft über diese Dinge nachdenken, werden wir erkennen, daß dies unmöglich ihre Wirklichkeit sein kann.

So gelangen wir dazu, die Verneinung der seienden Dinge zu setzen, d. h. die Negation der Elemente. Die Negation der Welt als Element gibt uns das, was Rosenzweig die «verzauberte» Welt nennt, d. h. die Welt des Mysteriums. Uns wird bewußt, daß jenseits der sinnlichen Welt eine nicht-sinnliche Welt erscheint, von der wir nichts wissen. Wir wissen, daß sie ist, aber wir wissen nicht, was sie ist. Ähnlich gibt uns die Negation des Menschen als eines Elements das, was Rosenzweig den «verschlossenen» Menschen nennt, d. h. den Menschen in seiner Einsamkeit, der weiß, daß er nicht einsam ist. Ähnlich gibt uns die Negation Gottes als eines Elements das, was Rosenzweig den «verborgenen» Gott nennt, d. h. einen Gott, der nichts ist, bis er sich selbst offenbart.

Wer Rosenzweigs Gedankengang bis zum Ende des ersten Buchs gefolgt ist, kommt zu dem Schluß, daß die Vorstellung isolierter Elemente erst der Anfang des Wissens ist. Die Elemente der Welt sind noch nicht die Welt. Die Welt ist zusammengesetzt aus Zusammensetzungen in Bewegung. Rosenzweigs Diskussion seiner Elemente – Gott, Mensch und Welt – ist keine Beschreibung des Universums, des Kosmos; sie ist vielmehr eine Diskussion dessen, was dem Universum vorausgeht – einer Vorwelt. Erst wenn die Elemente in Bewegung gesehen werden, d. h. in einer Wechselwirkung mit oder in Beziehung zueinander, kann man sagen, daß wir den Kosmos diskutieren, d. h. die bestehende, empirische Welt.

Sobald wir anfangen, über diese Negation nachzudenken, die den ersten Teil des *Stern* abschließt, sind wir auf der Stufe, die Negation zu negieren, was uns zum nächsten Schritt führt. Das zweite Buch ist der nächste Schritt. Hier wird die Wirklichkeit wieder etwas Positives, aber das bejahte Universum ist eher eine Welt von Bewegungen als von Dingen, eher eine Welt der Beziehungen als der Elemente. Wir gehen jetzt über die Elemente Welt, Mensch und Gott hinaus und wenden uns der Schöpfung, Offenbarung und Erlösung zu. Die Schöpfung ist die Tat Gottes an der Welt; die Offenbarung ist die Tat Gottes am Menschen; die Erlösung ist die Tat des Menschen an der Welt. Auf diese Weise bewegen wir uns von den Termini (Elementen) der Beziehungen zu den Beziehungen selbst.

Zweiter Teil: Die Bahn

Rosenzweig nennt diese Vorwelt immerwährend, womit er sagen will, daß sie außerhalb der Zeit steht. Von der Gestalt heißt es, daß sie ewig ist, was wiederum eine nichtzeitliche Beziehung ist. Von den drei Elementen – der immerwährenden Vorwelt, der allzeiterneuerten Welt und der ewigen Überwelt – ist nur das zweite, die allzeiterneuerte Welt, d. h. unser Universum (mit seiner Vergangenheit, Gegenwart und Zukunft) der Zeit unterworfen. Diese und nur diese Welt ist das Reich der Geschichte.

Man erinnere sich, daß sich der erste Teil mit den Elementen befaßt, der zweite Teil mit der Bahn und der dritte Teil mit der Gestalt. Während sich der *Stern* durch jeden Teil hindurchbewegt, schreitet auch die Methode fort. Die Symbole, die im ersten Teil verwendet wurden, waren logische Symbole. Jetzt, im zweiten Teil, sind die Symbole grammatische Symbole; und später, im dritten Teil, werden sie liturgische oder geometrische Symbole sein. Ähnlich ändert sich, in dem Maß, wie sich der *Stern* entwickelt, der Blick auf die Religion. Im ersten Teil diskutierte Rosenzweig die asiatische und griechische Religion; der zweite Teil handelt vom Islam, und der dritte Teil diskutiert Judentum und Christentum.

Jeder Teil soll als ein Fortschritt auf ein Gesamtbild der Realität hin angesehen werden. In diesem Fortschritt ist das Urteil vorausgesetzt, daß die Logik, die Sprache der Wissenschaft, nur eine begrenzte Gültigkeit besitzt. Jenseits der Logik liegt die Grammatik. Grammatik ist die Sprache der Kunst.[19] In den Augen Rosenzweigs besitzt die Kunst die Fähigkeit, Wahrheit jenseits der Fähigkeit der Wissenschaft zu erfassen.

Ähnlich liegt jenseits der Kunst die Religion. Die ersten Religionen, die eine Einsicht in die Wirklichkeit besaßen, waren die asiatischen und die griechische; der Islam stellt einen weiteren Fortschritt dar; aber das Judentum und das Christentum weisen das beste Verständnis der Wirklichkeit auf. Nachdem wir einen allgemeinen Überblick über Rosen-

---

19 Rosenzweig sah die Dichtung als die höchste Kunst an, und die Regeln, denen die Poesie gehorcht, sind die Regeln der Grammatik. Sein idealer Dichter ist Goethe.

zweigs Werk gegeben haben, werden wir noch einmal darauf zurückkommen, seine Urteile über Religion, besonders das Judentum und das
Christentum, in größerem Detail anzuschauen.

Zusammenfassung

Die drei Bücher des zweiten Teils sind nach grundlegenden Unterscheidungen der Zeit eingeteilt. Die Welt ist das gegenwärtige Universum, der
Bereich der Zeit. Sowohl die Vorwelt wie die Überwelt liegen außerhalb
der Zeit. In der Zeit bildet die Schöpfung den Anfang, der in der Vergangenheit liegt; Offenbarung gibt es jetzt, in der Gegenwart; und es gibt die
Hoffnung auf Erlösung in der Zukunft. Die Schöpfung ist die immerwährend Grundlage der Dinge. Die Offenbarung ist die allzeiterneuerte
Geburt der Seele, und die Erlösung ist die ewige Zukunft des Reichs Gottes. Die drei Akte sind nicht ewig, denn das Ewige ist nicht der Zeit unterworfen, wie Rosenzweig diesen Ausdruck gebrauchte. Eher sind sie endlos. Solange es Zeit gibt, aber auch nur, solange es Zeit gibt, gibt es die
vergangene Schöpfung, die gegenwärtige Offenbarung und die zukünftige Erwartung der Erlösung.[20] Von der gegenwärtigen Offenbarung aus
können wir einen Blick tun auf den Anfang der Wirklichkeit in der
Schöpfung und das Ende der Wirklichkeit im Reich Gottes, das die Erlösung der Gegenwart ausmacht.

Zusätzlich explizierte Rosenzweig alle drei Bahnen in der Sprache der
Heiligen Schrift. Er stellte seine Behandlung der Schöpfung als eine
Interpretation der ersten drei Kapitel der Genesis dar, die Offenbarung
als eine Interpretation des Hohen Lieds und die Erlösung als eine Interpretation der Psalmen 111–118.[21]

---

20 Man beachte, daß von den drei Bahnen nur die Erlösung ewig genannt wird; denn
wenn sie kommt, wird die Zeit enden. Es ist die Erwartung der Erlösung, die nicht ewig
ist, aber, wie die Schöpfung und Offenbarung, endlos.
21 «Das große Hallel» wird auf Festen rezitiert.

Schöpfung und Geschöpf

Die Unzulänglichkeit der verzauberten Welt, d. h. einer Welt, die göttlich ist, aber ohne Beziehung zu Gott, wird durch die Lehre der Schöpfung überwunden. Die Schöpfung ist freilich ohne die Offenbarung leer. Hier ist die Schöpfung ein vergangenes Ereignis. Ohne Offenbarung in jedem gegenwärtigen Moment bleibt Gott dem Menschen und der Welt so fern, wie er es in der verzauberten Welt ist. Nach Rosenzweigs Urteil ist dies die Unzulänglichkeit der islamischen Schöpfungslehre, die, wie Rosenzweig behauptete, darauf beruht, daß der Koran, im Unterschied zu Talmud und Neuem Testament, unabhängig vom Alten Testament ist. Nach seiner Auffassung liegt die Quelle dieses Irrtums darin, daß der Islam die Wunder mißverstanden hat.

In der klassischen jüdischen und christlichen Theologie sind Wunder keine Ereignisse, welche die göttliche Freiheit im Gegensatz zum Naturgesetz ausdrücken. In diesem Sinn gibt es keine Wunder, oder jedes Ereignis ist ein Wunder. Wenn ein Wunder eine Tat gegen das Naturgesetz bedeutet, dann ist kein Ereignis ein Wunder, denn das Naturgesetz drückt einfach den göttlichen Willen aus. Wenn ein Wunder eine Tat des göttlichen Willens ausdrückt, dann sind alle Taten wunderbar. Wunder sind von anderen Ereignissen dadurch unterschieden, daß sie Zeichen sind, die so, wie sie von den Propheten interpretiert werden, den Glauben motivieren. Insofern ist die Schöpfung selbst wunderbar. Dies ist aber nicht der Sinn, in dem der ewige Koran oder die Schöpfung selbst im Islam als wunderbar angesehen werden. Beides sind unerklärliche Gaben des göttlichen Willens. Insofern sind sie Launen, wie die absichtslosen Taten der heidnischen Götter.

Der Islam des *Stern* ist der Islam der atomistischen Philosophen des Kalam. Im Kalam ist jede Tat wunderbar, weil in jedem Augenblick das geistige Atom, Gott, fortwährend eine Welt von neuem will. Deshalb ist die Welt ein unverbundenes Bündel ununterscheidbarer Atome, die nur für einen unteilbaren Augenblick existieren, wobei ein Augenblick identisch ist mit jedem Augenblick davor und danach. Diese Welt hat kein

---

* [rationale Theologie des Islam, (*A. d. Ü.*)].

Wesen; und deshalb fehlt es ihr an einem Zweck. In diesem Islam sind die Taten Gottes gänzlich frei und deshalb willkürlich; wogegen im Judentum Gott aufgrund seiner Eigenschaften der Liebe und / oder Gerechtigkeit durch Weisheit handelt. Deshalb gibt es eine innere Notwendigkeit in Gottes Taten, infolge deren die Welt einen Zweck hat. Weil im Islam die Taten Gottes willkürlich sind, kann seine Welt nicht über den Augenblick hinweg dauern. Die Schöpfung des Islam verneint die Welt. Im Gegensatz dazu ist im Judentum die Schöpfung des Judentums aus dem göttlichen Wesen, das als Liebe oder Gerechtigkeit verstanden wird, weltbejahend, eine Welt erzeugend, die bestehen bleibt. Im Judentum existiert die geschaffene Welt, aber sie ist nicht vollständig. Sie ist der Prozeß des Werdens, des sich auf ein Ziel Zubewegens, das Sein der geschaffenen Welt. In Rosenzweigs Islam des Kalam existiert nichts Geschaffenes über den Moment hinaus; deshalb ist alles Geschaffene stets vollständig und wird niemals erneuert. Hier unterscheidet der Islam nicht zwischen Existenz und Sein. Was existiert, ist und ist nicht mehr, als was es ist. Während der Gott des Islam fortwährend schafft und in jedem Moment eine neue Welt geschaffen wird, gibt es keine wirkliche Verbindung zwischen beiden.

Das Ergebnis ist eine Ansicht von der Wirklichkeit, die Rosenzweig als «monistisches Heidentum» bezeichnet. Es gibt den einen Gott der Welt, aber Gott und Welt sind voneinander isoliert. Der Islam reicht über die plastische Welt und den mythischen Gott der Heiden hinaus zu einer verzauberten Welt mit einem verborgenen Gott; aber seine Schöpfung ist nicht wirklich Schöpfung, weil sein Gott nicht wirklich liebt. Deshalb ist seine Bewegung über das Heidentum hinaus nur Schein und nicht Wirklichkeit.

Offenbarung und Seele

Die Schöpfung für sich, getrennt von jeder anderen Tat, ist lediglich ein vergangenes Ereignis. Im Gegensatz dazu ist die Liebe für sich gänzlich ein gegenwärtiges Ereignis. Durch die Offenbarung werden die beiden in einer Gegenwart vereinigt, die auf einer Vergangenheit aufruht. Der verborgene Gott, der die Verneinung jenseits des mythischen Gottes ist, wird durch die Offenbarung zu einem offenbaren Gott. Seine erste Tat ist die Schöpfung. Die Schöpfung drückt Gottes Wesen als Macht aus; aber es ist nur eine vergangene Offenbarung und deshalb eine vergangene Macht. Die Offenbarung drückt Gottes Wesen als Liebe in der Gegenwart aus. In der Gegenwart ist Gott ein aktiver Liebender, der das Geliebte alle Tage ein bißchen lieber hat. Diese Liebe ist eher eine Tat als eine Eigenschaft, weil sie nicht durch die Zeit hindurch dauert. Liebe ist immer gegenwärtig und muß in jeder neuen Gegenwart erneuert werden bis zum Ende der Zeiten. Außerdem ist die Liebe, weil sie keine Eigenschaft ist, nicht allgemein. In jedem Augenblick liebt Gott einzelne, seien sie Menschen, Völker, Zeiten oder Dinge; und in jedem neuen Augenblick liebt Gott mehr Individuen; aber im Kosmos der Zeit liebt Gott nicht jedes Individuum.

Wie der Islam die Schöpfung bejaht, aber nicht versteht, so setzt er die Offenbarung, begreift sie aber nicht. Für den Islam ist die Offenbarung ein allgemeines und deshalb wesentliches Attribut Gottes, das jedem Individuum gegeben ist. Infolgedessen ist die Offenbarung ein vergangenes (und kein lebendiges, gegenwärtiges) Ereignis, das immer dasselbe ist und sich nicht entwickelt. Während im Islam Gott ein Buch gibt (den Koran), gibt Gott im Judentum seine Gegenwart in der Liebe. Für das Judentum ist die Thora kein Buch;[22] sie ist ein lebendes, wachsendes mündliches Gesetz, wie sich die lebendige Offenbarung des Christentums in den Worten Jesu zeigt.

Wie das Mißverständnis des Islam von Gottes Schöpfungstat die geschaffene Welt verzerrt, so verzerrt sein Mißverständnis von Gottes Tat der Offenbarung in der Liebe den Geliebten, der die Offenbarung empfängt, nämlich die Seele. Durch Demut erkennt der trotzige, tragische Mensch seine Verschlossenheit, und in dieser Erkenntnis wird er offen dafür, die Offenbarung zu empfangen; aber Demut ist keine Tat. Der Mensch spielt in einer Liebe, wo die Offenbarung gänzlich eine Gabe Gottes ist, keine aktive Rolle. Der gläubige Mensch kann nicht mehr tun,

---

22 Vgl. Kap. 10. Nach Buber besteht die Theophanie auf dem Sinai einzig in der Gegenwart Gottes; sie schließt keinen Inhalt ein. Mit anderen Worten, in der Theophanie wurde nicht der Inhalt der Thora gegeben; der Inhalt ist eher Israels Antwort auf Gottes Gegenwart.

als für das Geschenk offen sein und es akzeptieren. Im Gegensatz dazu ist der Gläubige des Islam ein aktiv Handelnder. Da sich die Offenbarung des Islam niemals verändert, ist sie immer aus der Vergangenheit verfügbar. Der Glaube erfordert keine besondere göttliche Tat in der Gegenwart. Wer nicht glaubt, braucht nichts mehr, als was schon gegeben worden ist. Wer es am Glauben fehlen läßt, ist dafür selbst verantwortlich. Die Gläubigen des Islam werden zu aktiven Suchern und nicht zu passiven Empfängern von Gottes Wort. Deshalb kann es im Islam göttliche Gnade geben, aber keine Liebe, da der Mensch den Glauben durch seine eigenen Werke empfängt.

Erlösung und das Reich

Gottes erste Offenbarung in der Vergangenheit, d. h. am Anfang von Mensch und Welt, ist die Schöpfung. Ihre grammatischen Ausdrücke sind in dem Stammsatz[23] enthalten: «Es ist sehr gut.»[24] Die Dinge der Welt werden durch unbestimmte, temporale Substantive ausgedrückt, die passiv sind, denn Gott und nur Gott ist aktiv. Das Adjektiv *gut* drückt die Eigenschaft oder Qualität Gottes aus, die der Welt ihr Wesen gibt, nicht als das, was sie ist, sondern als das, was sie durch Prophetie wird. Der Ausdruck *sehr* weist über die Schöpfung hinaus auf die nachfolgende Offenbarung.

Die zweite Offenbarung ist das Geben der Thora auf dem Sinai, dessen grammatischer Ausdruck das Stammwort Ich ist, mit dem die Offenbarung beginnt.[25] Das Ich ist in Wirklichkeit ein «Ich aber» oder ein «Ich, nicht anders», wobei das *nicht anders* «nicht anders als alles» bedeutet. Deshalb verweist Gottes Anruf des Ich auf eine Seele jenseits Gottes, ausgedrückt durch das Stammwort du. Bei der Schöpfung wird dieses Stammwort gegenüber Adam in dem Stammsatz «Wo bist du?»[26] ausgedrückt, dem Angebot des Geschenks der Liebe in der Gegenwart. Die

23 Siehe Anhang D am Ende dieses Kapitels.
24 Gen. 1, 31.
25 Exod. 20, 2 und Deut. 5, 6.
26 Gen. 3, 8.

eigentliche Antwort ist «Hier bin ich», die die Bereitschaft des Menschen ausdrückt, das Geschenk in Demut anzunehmen. Es bedeutet: «Was ist mir geboten?» (d. h., was ist die Offenbarung), worauf Gott antwortet: «Du sollst lieben den Ewigen, deinen Gott» (d. h. liebe mich).[27] Die wahre menschliche Antwort auf dieses Gebot ist «Ich bin dein», die die Scham setzt, weil die Anerkennung der Liebe das Eingeständnis der Schwachheit ist. Es ist gleichbedeutend mit der Aussage «Ich habe gesündigt» (d. h., ich nehme deine Liebe als Geschenk an, denn ich kann alleine nicht lieben). Das ist eine ganz andere Antwort als die des Islam «Gott ist Gott», die keine Sünde und kein Geschenk zugibt, sondern statt dessen bejaht, daß der Mensch Gottes Willen tun kann. Die Anwort des Islam erkennt nur den verborgenen Gott an.

Im Unterschied dazu wird Gott nur offenbar, wenn der Mensch in Demut sich Gottes Geschenk öffnet und Gott antwortet «Du bist mein». Das Wichtigste an diesem Stammsatz ist, daß das «Du» und nicht das «Ich» Gottes das Subjekt ist. Diese Antwort setzt die Beziehung des Menschen zu Gott als eine Beziehung zur Welt, wo das Gebot der Liebe zu Gott zu dem Gebot wird, den Nächsten des Geliebten zu lieben.[28] Infolgedessen wird das verschlossene Selbst durch die göttliche Liebe geheißen, seinen Nächsten zu lieben; und dadurch wendet es sich aus seiner Einsamkeit der Welt zu.

Für Rosenzweig unterscheidet sich die Auffassung des Judentums von Gott als Liebe zum Nächsten von der Liebe Allahs im Islam. Der Unterschied liegt nicht im Inhalt, sondern in der Form. Der Weg Allahs drückt sich in einer Reihe positiver Gesetze aus, wogegen die Wege Gottes durch negative Gesetze ausgedrückt werden. Positive Gebote schreiben spezifische Handlungen vor, die keinerlei Raum für eine unvorhersehbare Antwort auf Gottes Liebe im Moment des Geliebtwerdens lassen. Im Unterschied dazu setzen negative Gebote möglichen Antworten Grenzen, schreiben aber die Antworten nicht vor. Das positive Gesetz des Islam führt den Muslim zu einer historischen Methode, an das Gesetz heranzugehen, wobei die Vergangenheit die Gegenwart beherrscht, während das

27 Deut. 6,5.
28 Lev. 19, 18.

negative Gesetz des Judentums und des Christentums die Juden und die Christen zu einer deduktiven Methode veranlaßt, wobei die Gegenwart die Vergangenheit beherrscht.

Die Erlösungslehre des Islam sieht so aus wie die des Judentums und des Christentums, ist aber in Wirklichkeit gänzlich davon verschieden. Die Liebe zum Nächsten im Judentum und im Christentum wird durch den individuellen Nächsten gelenkt, welcher der Gegenstand der Liebe ist, nur weil er zufällig gerade da ist. Letztlich ist der Brennpunkt der Liebe zum anderen die gesamte Welt. Jedes erlöste Individuum, das vom Nächsten geliebt wird, wendet sich dazu um, seinen Nächsten zu lieben, der, wenn er geliebt wird, sich wiederum seinem Nächsten zuwendet. In dem Maß, wie immer mehr Gegenstände in der Welt nicht zu Gegenständen, sondern zu geliebten Seelen werden, wird schließlich die ganze Welt in Seele verwandelt werden. Soweit die Gegenstände der plastischen Welt Seele werden, wird die Welt als lebende erlöst.

Der Ausdruck des *Stern* für diese erlöste, lebende Welt ist das *Reich*. Das Reich im Judentum und im Christentum unterscheidet sich merklich vom Reich des Islam. Der bezeichnendste Unterschied besteht darin, daß das Reich Allahs kein Wachstum kennt. Statt dessen setzt der Islam einen Imam, d. h. einen geistlichen Vorsteher, der jedes Zeitalter zum Consensus der lebenden Gesamtheit (Idschma) lenkt. Das mündliche Gesetz des Judentums ist immer neu, weil es eine logische Ableitung aus der Sinaioffenbarung ist; der Idschma des Islam ist die Stimme der Vergangenheit, die sich gegen die Erneuerung in der Gegenwart verwahrt.

Hinter dem Unterschied zwischen mündlichem Gesetz und Idschma steht eine verschiedene Auffassung von der Zeit. Im Islam ist jeder Augenblick derselbe. Es gibt keine Ewigkeit, es gibt nur eine unendliche Abfolge identischer Augenblicke, die von der Vergangenheit beherrscht werden. Im Unterschied dazu ist für das Judentum und das Christentum die Zukunft eine unvorhersagbare Erwartung der Erlösung, wo jeder Augenblick der letzte sein kann, nämlich die Ewigkeit, mit der die ganz erlöste Welt des Gottesreichs beginnt.

Erklärung

Man beachte den Parallelismus zwischen den Ausdrücken Schöpfung, Offenbarung und Erlösung; immerwährend (ein Zeitwort), allzeiterneuert (ebenfalls ein Zeitwort) und ewige Zukunft. Immerwährend und allzeiterneuert sind beides Zeitwörter, aber ewige Zukunft nicht. Wohl die Zukunft, nicht aber ewige Zukunft. Rosenzweigs Gebrauch dieser Ausdrücke zeigt, daß seine letzte Zukunft nicht in der Zeit liegt, sondern am Ende der Zeit.

Die Schöpfung korrespondiert den Dingen oder der Welt; die Offenbarung korrespondiert der Seele oder dem menschlichen Wesen; und das Reich verweist auf Gott. Wir haben Welt, Mensch und Gott. Nur hier, im zweiten Teil (d. h. in der Gegenwart), ist die Welt die Totalität der Dinge, der Mensch eine Seele und Gott das Reich. Gott wird mit einem Reich identifiziert, das der Zustand der Dinge am Ende der Tage ist. Unter Schöpfung wird verstanden, daß Gott im Prozeß der Selbstverwirklichung ist.

Auf den ersten Blick liegt die Schöpfung in der Vergangenheit, die Erlösung in der Zukunft und die Offenbarung in der Gegenwart. Da die Sprache der Erkenntnis auf der Ebene der Bahn Grammatik oder Kunst liegt, bediente sich Rosenzweig dreier Werke der Literatur, um seine Beschreibungen auf sie zu gründen – der Schöpfungsgeschichte, des Hohen Liedes und der Psalmen. Die beiden letzteren sind Werke der Poesie. Die Psalmen handeln von der Erlösung und der Zukunft; das Hohe Lied handelt von der Offenbarung und der Gegenwart; und die Genesis handelt von der Schöpfung und der Vergangenheit.

Das ist, allgemein gesagt, die Gesamtstruktur des zweiten Buchs. Wir werden jetzt etwas ausführlicher darauf eingehen, worum es im zweiten Buch geht und wie es sich in die Gesamtstruktur und Absicht des *Stern* einfügt.

Die Unangemessenheit der isolierten Elemente

Am Ende des ersten Buches hatten wir die Elemente des Universums, aber sie waren voneinander getrennt. Als wir jedoch über die Elemente im ersten Buch nachdachten, sahen wir, daß diese Trennung sinnlos war. Weder der Mensch noch Gott noch die Welt sind getrennt voneinander verständlich.

Der Mensch: Der Mensch ist ein gesellschaftliches Lebewesen. Dieses menschliche Merkmal ist nicht akzidentell, sondern wesentlich. Der Mensch kann nicht für sich allein leben. Er bleibt auf die menschliche Gesellschaft angewiesen, und die Gesellschaft setzt eine Gemeinschaft voraus. Das ist unser tragischer Mensch, unser einsamer Mensch, der, à la Descartes, in seine eigene Welt eingeschlossen ist. Er kann nicht aus sich heraus, und deshalb ist er nicht wirklich. Nur in Beziehungen ist der Mensch wirklich. [29] Wir sehen den Menschen, wie er vom tragischen Menschen, der verschlossen ist, zu einem Menschen wird, der erschlossen ist, d. h. in der Gesellschaft, in Beziehungen lebt. Der Mensch wird nicht länger als Individuum definiert, sondern als Teil der Gesellschaft oder Gemeinschaft. Deshalb ist Rosenzweigs grundlegendes Wesen nicht das Individuum, sondern die Gemeinschaft; und das Individuum existiert nur als Teil der Gemeinschaft. Diese Verwirklichung beginnt im zweiten Buch.

Die Welt: Am Anfang war die Welt einfach eine Ansammlung von Dingen. Sie war ein Bündel von Bäumen, Felsen usf. An sich, über und jenseits der individuellen Dinge, die in ihr versammelt waren, war die Welt nichts. Aber die Welt selbst funktioniert nicht so. Alles in der Welt ist miteinander verknüpft. Die Gesetze, die definieren, was ein Ding ist, definieren es unter dem Aspekt seiner Interaktion mit allem anderen. Man kann nicht wissen, was ein physisches Ding für sich im Universum ist. Ein physisches Ding kann nur durch Gesetze erkannt werden, die nicht das Ding selbst beschreiben, sondern diesen Gegenstand, wie er mit allem anderen in Beziehung steht und darin verwickelt ist. Auf diese Weise beginnen wir zu verstehen, daß mehr zur Welt gehört als nur das,

---

29 Wieder war dies Bubers Ausgangspunkt. Vgl. Kap. 10.

was in der Welt ist. Die Dinge in der Welt sind nicht alles Dinge der Welt. Es gibt etwas jenseits der Welt, das die Welt sinnvoll macht.

Auf dieser Realisationsebene sind wir bei der verzauberten Welt angelangt. Wir erkennen, daß es eine Beziehung zwischen den Dingen in der Welt und den Kräften geben muß, die jenseits dieser physischen Dinge liegen. Diese unbekannten, nicht-physischen oder spirituellen Dinge machen die Welt zu einer verzauberten oder magischen Welt. Sie ist magisch in dem Sinn, wie eine primitive Religion magisch genannt wird. Eine magische Religion erkennt, daß es Kräfte im Universum gibt, die anders sind als die sichtbaren, hörbaren, fühlbaren sensorischen Dinge im Universum. Diese Einsicht führt zum Begriff der Welt als eines geschaffenen Wesens.

Wenn die Welt etwas Geschaffenes ist, dann ist sie von etwas anderem als der Welt geschaffen worden. Das Universum steht in einer Schöpfer-Geschöpf-Beziehung. Alle diese physischen Objekte sind Geschöpfe; und wenn es Geschöpfe gibt, dann muß es auch einen Schöpfer geben.

Gott: Die anfänglichen Götter sind keine Wesenheiten jenseits der Welt, sondern Teil des Universums. Die Unterschiede zwischen Zeus und Sokrates etwa sind nur quantitativ und nicht qualitativ. Sokrates lebt in Athen und Zeus auf dem Olymp. Der Olymp, ein Teil der Welt, ist ein physisches Wesen, genau wie Athen ein physisches Ding ist. Die anderen Unterschiede sind quantitativer Art. Sokrates zum Beispiel ist sehr klug, und wenn er noch klüger wäre, wäre er göttlich klug. Odysseus ist sehr schlau; wenn er noch schlauer wäre, wäre er göttlich schlau. Einige Menschen sind fähig, alle Arten von Verkleidungen oder Verwandlungen anzunehmen. Wenn jemand extrem talentiert ist, z. B. sich in einen Stier verwandeln und aus einem Stier in etwas anderes verwandeln könnte, dann wäre er göttlich talentiert. Götter sind menschliche Kreaturen, die Talente haben, die dieselben sind wie die menschlichen Talente, nur eben stärker. Göttliche Weisheit, göttliche Schläue oder göttliche Stärke (wie Atlas) zu besitzen heißt, eine menschliche Tugend in einem Ausmaß zu besitzen, das jenseits eines menschlichen Wesens liegt. Mit anderen Worten, Götter sind Übermenschen. Infolgedessen gelten alle Probleme des für sich seienden Menschen auch für die Götter. Ebenso wie es etwas jenseits von Menschen und Dingen geben muß, muß es etwas jenseits dieser Götter geben. Es muß Götter geben, die nicht einfach nur mehr als Menschen sind. Es müssen Götter existieren, die von den Menschen qualitativ verschieden sind.

Islam

Für Rosenzweig haben die asiatischen Religionen die Unzulänglichkeit des Menschen, der Welt und Gottes in ihrer Isolierung begriffen. Gleichwohl hatten sie diese Einsicht nur auf der Ebene, daß sie erkannten, daß die Dinge, die wirklich zu sein scheinen, überhaupt nicht wirklich sind. Für sie ist das Letzte nichts. Nun liegt aber der Wert, über nichts zu reden, darin, daß es auf etwas jenseits seiner verweist, wenn auch das Ende dieser Reflexionsebene nur ein Nichts ist. Auf dieser Stufe gehen wir vom mythischen Gott zum verborgenen Gott, d. h. zu der Erkenntnis über, daß es etwas gibt, was mehr ist als diese Welt, das gänzlich anders ist. Es ist eine Abwesenheit, ein Mangel, nichts. Gleichwohl, dieses Nichts, dieses Nicht-etwas, ist Gott. Gott ist nichts Materielles oder Sinnliches. Gleichwohl schafft diese Gottheit die Welt und setzt die menschlichen Wesen in eine Beziehung. Durch seine Schöpfertat bringt Gott Dinge durch die Liebe in eine Beziehung. Auf diese Weise führt uns der *Stern* vom verborgenen Gott zum liebenden Gott. Die Religion, die sich über die asiatischen Religionen auf diese Ebene der Einsicht erhebt, ist der Islam.

Rosenzweigs Islam[30] setzt den Menschen als Teil der Gesellschaft, in

---

30 Rosenzweigs Islam sollte nicht für den wirklichen Islam gehalten werden. Wir sprechen nicht über historische Religionen. Es gibt einen Unterschied zwischen Rosenzweigs Religionen Asiens und Griechenlands und den wirklichen Religionen Asiens und Griechenlands. Ebenso diskutieren wir hier Rosenzweigs Verständnis des Islam. Wir fällen hier aber kein zusammenfassendes Urteil über den wirklichen Islam. In den Fällen, wo Rosenzweig etwas über eine Religion (z. B. den Islam) sagt, was wir für historisch nicht zutreffend halten, könnten wir sagen, daß Rosenzweig diese Religion nicht verstanden hat; aber dieses Urteil ist nicht so offensichtlich, wie es scheint. Das Problem wird deutlich, wenn wir uns seiner Diskussion des Judentums und des Christentums zuwenden. Was er über diese Religionen gesagt hat, stimmt auch nicht immer mit der historischen Wahrheit überein. Einige seiner Behauptungen sind so seltsam, daß wir sagen können, daß sein Judentum und sein Christentum genausowenig Judentum und Christentum sind, wie seine Religionen Asiens und Griechenlands und

der er allein nichts ist. Diese große Religion des Mittelalters versteht den Menschen als Teil einer göttlichen Gesellschaft, der Gesellschaft der *Muslime*.

Das Wort *Muslim* kommt von *Salam*, demselben Wort wie das hebräische Wort *Schalem*. *Schalem* bedeutet ganz, vollständig oder vollkommen. In Rosenzweigs Islam stammen Ganzheit, Vollständigkeit und Vollkommenheit daher, daß man Teil der göttlichen Gemeinschaft ist, d. h. dieser menschlichen Gemeinschaft, die in Beziehung zur Gottheit steht. Aber *Salam* bedeutet auch unterwürfig. Im Islam hat das Wort *Salam*, anders als das hebräische Wort *Schalom*, eine primäre Bedeutung von Unterwürfigkeit. Ein Muslim ist einer, der sich Gott unterwirft.

Genau gesagt ist ein Muslim nicht Mitglied einer bestimmten Religion. Judentum ist der Name einer Religion unter vielen. Das Wort *Islam* nennt keine Religion. Ähnlich bedeutet das Wort *Muslim* einfach eine religiöse Person. Auf diese Weise bedeutet das Wort Islam einfach Religion, d. h. *wahre* Religion, die den *wahren* Gott verehrt. Hier, in Rosenzweigs Islam, begegnen wir zuerst der Anbetung Gottes, wie er wirklich ist, d. h. durch eine Gesellschaft von Menschen, die mit Gott in Beziehung stehen. Der Islam ist die Gemeinschaft, die mit Gott in einer Beziehung steht. Die Gemeinschaft ist die primäre Wesenheit, und das Individuum erhält seine Erfüllung durch seine Teilhabe an dieser Gemeinschaft.

Diese Gemeinschaft des Islam steht auch in einer Beziehung zur Welt. Die Welt und die Gemeinschaft menschlicher Wesen bilden die geschaffenen Wesen, und alle stehen letztlich in einer Beziehung zu einem Gott, der ihr Schöpfer ist.

---

der Islam das sind, was sie zu sein scheinen. Im Fall des Judentums und Christentums sollte er aber wissen, worüber er spricht.

Dieses Problem zeigt, daß seine Ansichten über Religionen nicht einfach einem Mangel an Informationen zuzuschreiben sind. In Wirklichkeit ist das, was er tut, eine Transformation dieser Religionen. Welches auch immer seine Gründe für diese Transformation sein mögen, es war nicht der, daß er ihre Geschichte nicht kannte.

Der Mangel an Freiheit

In dieser muslimischen Struktur hat der Mensch keine Freiheit, weil er nur Teil einer Gemeinschaft ist. Insofern hat der Mensch weder Rechte noch Freiheit, genau wie die Teile unseres Körpers. Die Teile bestehen, um dem Körper und nur dem Körper zu dienen; sie haben keinen anderen Sinn oder Zweck. Sie haben nicht das Recht auf Unabhängigkeit. Ein Teil, der unabhängig wird, ist ein schlechter Teil. Wenn die Lunge anfängt, ihre eigenen Zwecke und nicht die des Körpers zu verfolgen, dann muß man etwas dagegen unternehmen. Die Lunge ist nicht berechtigt, sich um sich selbst zu kümmern. Sie hat nur das Recht, dem Körper zu dienen. Wenn sie ihm nicht dient, muß sie korrigiert werden. Wenn man sie nicht korrigieren kann, muß man sie loswerden. Sie hat kein inhärentes Recht auf irgend etwas, einschließlich der Existenz.

Ähnlich haben Menschen, die als Teile von Gemeinschaften dienen, keine Rechte, keine Freiheit und keine Unabhängigkeit. Ihre Identität wird einzig unter dem Aspekt der Gemeinschaft definiert, deren Teil sie sind. Genau wie Individuen keine Freiheit haben, weil sie einzig innerhalb der Gesellschaft definiert sind, ist die Gesellschaft ein Teil des Planeten Erde, die Erde Teil des Sonnensystems und das Sonnensystem Teil seiner Konstellation. Alles ist Teil von etwas anderem. Am Ende gibt es eine Wesenheit, das Universum selbst, d. h. das Universum, das von Gott regiert wird, in dem alles in diesem Universum nur eine Wahl hat – sich zu unterwerfen oder sich nicht zu unterwerfen, zu gehorchen oder nicht zu gehorchen. Aber in keinem Fall gibt es Freiheit. Dies ist das Dilemma, zu dem uns Rosenzweigs Dialektik am Ende des zweiten Buchs geführt hat.

Der Wunsch nach Freiheit ist das Motiv, welches das Denken aus dem zweiten Teil in die Fortsetzung von Rosenzweigs Dialektik im dritten Teil zwingt. Der Mensch hat als erschlossener Mensch eine Beziehung gefunden, aber er hat seine Selbst-Identität verloren. Die Welt hat Ordnung und Existenz als geschaffenes Universum gefunden, aber es fehlt ihr an Lebendigkeit. Gott ist ein liebender Gott, aber es gibt keinen, den Gott lieben könnte, weil alle Geschöpfe tun müssen, was sie tun. Deshalb ist Gott unerfüllt. Er existiert lediglich. Die Welt besteht ebenfalls, aber sie ist nicht frei. Der Mensch existiert, aber er hat keine Selbstbestimmung. Wenn wir am Ende des zweiten Teils anlangen, haben wir einen Menschen ohne Freiheit, eine Welt ohne Leben und einen unerlösten Gott.

Dritter Teil: Die Gestalt

Zusammenfassung

Im dritten Teil haben wir es mit dem Feuer im Stern, d. h. dem ewigen Leben des Judentums, den Strahlen des Sterns, d. h. dem ewigen Weg des Christentums, und dem, was jenseits beider liegt, dem Stern in seiner Totalität, der ewigen Wahrheit, zu tun. Das Ziel von Rosenzweigs *Stern* ist die ewige Wahrheit. Der *Stern* ist das Gesamtbild der Realität. Er ist die Einheit von Gott, Mensch und Welt, d. h. von Elementen, die als einzelne Entitäten Einheiten bilden [31], die durch ihre Bahn in eine einzige Wirklichkeit vereint werden, die sowohl Elemente wie Bahnen transzendiert.

Judentum und Christentum

Rosenzweigs Islam begreift die Wirklichkeit so weit, wie sie von einer Gemeinschaft begriffen werden kann, die nicht erlöst ist. Sie ist nicht heidnisch wie die Religionen Griechenlands und Asiens, deren Glauben grundlegend verfehlt ist. Diese heidnischen Völker erreichen einen Begriff von einer plastischen Welt, vom tragischen Menschen und dem mythischen Gott; aber sie haben nicht die begrifflichen Werkzeuge, um diese isolierten Elemente in eine Gestalt zu fügen. Die asiatische Religion kann die Isolierung nicht überschreiten, und so zieht sie sich in das anfängliche Nichts zurück, aus dem die Elemente entworfen worden waren. Die Griechen ziehen sich nicht zurück, aber sie haben nicht die Mittel, um ihre neuen Verneinungen einer verzauberten, aber isolierten Welt, eines verschlossenen Menschen und eines verborgenen Gottes aufzuheben.

---

31 Menschen im Mensch und Gegenstände in der Welt.

Inhaltlich gelingt es dem Islam, die Elemente mit der Schöpfung, Offenbarung und Erlösung in Beziehung zu setzen. Aber er mißversteht alle drei, und aus diesem Grund sind seine Auffassungen unzulänglich. Die Schöpfung der geschaffenen Welt des Islam hat eine unangemessene Form, die die Welt nur verbal von der verzauberten Welt unterscheidet; die Offenbarung des liebenden Gottes wird im Islam fehlinterpretiert, so daß er sich nur verbal von dem verborgenen Gott unterscheidet; und die Erlösung des erschlossenen Menschen des Islam wird mißverstanden, so daß er sich nur verbal von dem verschlossenen Menschen unterscheidet. Der Inhalt des Islam ist richtig, aber seine Form ist falsch. Er kann seine Logik und seine Grammatik nicht auf die Ebene des Gebets hin überschreiten, das den Schlüssel enthält, das Reich Gottes zu erbeten. Erst hier liebt der erlöste Gott den Menschen als sein Ebenbild, der die geschaffene Welt in Seele verwandelt.[32]

Das Symbol, durch das Rosenzweig diese letzte Wirklichkeit ausdrückte, ist der sechseckige Stern, in dem Gott, Mensch und Welt in einer Erlösung vereint sind, die durch das Gebet herbeigeführt wird. In diesem Bild werden Judentum und Christentum als Spiegelbilder voneinander gesehen. Ihre charakteristischen Eigenschaften sind isomorph, stehen aber in einer Umkehrbeziehung zueinander. Das Judentum liegt im Kern des Sterns. Das Judentum ist ein Feuer, das sich aus sich selber nährt, ewig nach innen gewandt, ohne den Bedarf nach einer unerlösten Welt der Zeit und des Raums; das Christentum steht an der Peripherie des Sterns, strahlt aus dem Feuer heraus, ewig ins Außen gewandt, und zieht die unerlöste Welt der Zeit und des Raums in sich hinein. Die Juden sind ein ewiges Volk, aber die Christen sind kein Volk; Christen sind Individuen[33] auf einem ewigen Weg. Juden sind durch eine Gemeinschaft des Bluts miteinander verbunden, die Christen durch eine gemeinsame Mis-

---

32 Auf diese Weise formulierte Rosenzweig die Prophezeiung neu, die dem König in Judah Halevis *Chuzari* gegeben wurde, der den rechten Glauben hatte, dem es aber vor seiner Bekehrung am rechten Handeln fehlte. Für Rosenzweig ist die einzig rechte Handlung das Gebet. Halevi glaubte, daß nur der Jude weiß, wie man um Erlösung betet. In seinen Worten wird der Messias ein Jude sein, und nur Juden können prophezeien. Rosenzweig dehnte diesen Anspruch auch auf die Christen aus.

33 Deshalb sind sie «Strahlen» und nicht ein Strahl.

sion. Juden stehen außerhalb der Zeit; die Christen werden der Zeit Herr, indem sie die Gegenwart in eine Epoche verwandeln, die einen Übergang von ihrem ewigen Anfang in Christus zu ihrem ewigen Ende im Reich bezeichnet. Darin sind das jüdische Volk wie der christliche Weg ewig, jedes umfaßt in sich alle Möglichkeiten, die als Widersprüche ausgedrückt sind.

1. Im Judentum ist Gott sowohl König wie Vater, ein allmächtiger Schöpfer einerseits und ein liebender, gnädiger Schöpfer andererseits. Im Christentum ist er Vater und Sohn. Der Vater bewahrt Gottes Ferne, während der Sohn eine heidnische Vermenschlichung Gottes ist. Gott wird Mensch, damit die Heiden ins Reich gelangen können.

2. Im Judentum ist der Mensch sowohl Erzvater wie Messias, einerseits eine von Gott geliebte Seele, andererseits ein Liebender, der seinen Nächsten liebt. Im Christentum folgt der Mensch den auseinandergehenden Wegen des Priesters und des Heiligen. Der Priester ist ein Gefäß der Offenbarung in der Ebenbildlichkeit Gottes, der in sich den Großinquisitor Dostojewskijs birgt; der Heilige ist ein von Gott geleitetes Gefäß der Erlösung, in dem ein Stück Ketzerwillkür steckt.

3. Im Judentum ist die Welt sowohl «diese» wie die «künftige» Welt. Sie hat die Existenz eines Geschöpfs, das sich einerseits nach der Schöpfung, andererseits nach einem Leben zurücksehnt, das dem Reich entgegenwächst. Im Christentum ist die Welt einerseits ein Staat, andererseits eine Kirche.

4. Das Judentum hat das liturgische Jahr eines heiligen Volkes; das Christentum hat das liturgische Jahr einer geheiligten Seele, d. h. einer Welt, deren Erlösung von Individuen bewirkt worden ist, die oberflächlich in einer Gemeinschaft leben. Sowohl der jüdische Sabbat wie der christliche Sonntag sind Gelegenheiten, in Gemeinschaft zu hören. Der Sabbat am Ende der Woche gedenkt der Erlösung der schon erlösten (d. h. vereinten) Gemeinschaft. Der Sonntag am Anfang der Woche gedenkt der Schöpfung, da Christen Individuen sind, die noch nicht in der Gemeinschaft leben und deshalb noch nicht erlöst sind. Juden haben Feste, die der Offenbarung gedenken, deren Ausdruck das gemeinsame Mahl eines wahrhaft einen Volkes ist. Christen haben Feste, deren Ausdruck das gemeinsame Mahl von Individuen ist, die noch nicht als ein Volk vereint sind. Pessach (Passa) und Weihnachten erinnern an den Anfang

des Anfangs der Offenbarung. Schawuot (Wochenfest) und Ostern bezeichnen ihren Anfang: Sukkot (Laubhüttenfest) und Pfingsten erinnern an ihre Vollendung, während sie auf das Reich verweisen.

Dieser Isomorphismus bricht an den «gewaltigen Tagen» (den zehn Tagen der Reue) zusammen, die die Erlösung des jüdischen Volkes durch ein gemeinschaftliches Gebet ausdrücken. Das Christentum hat dazu kein Gegenstück, weil es noch nicht erlöst ist. Durch die Taufe hat das Christentum die Macht, einzelne zu erlösen, aber diese einzelnen bleiben einzelne; erst am Ende des Weges werden sie eine wirkliche Gemeinschaft bilden. Da die Christen noch keine Gemeinschaft sind, muß das Gefühl der Einheit, das durch das Gebet als wir und ihr ausgedrückt wird, durch die Verwendung der Kunst vorbereitet und erzeugt werden. Am Sonntag dient die Kirchenarchitektur diesem Zweck; und an den religiösen Festen ist dies die Rolle der Musik. Das Christentum nähert sich in seinen weltlichen Festen der noch-zu-erlösenden Welt der Erlösung, der die Poesie den Weg bereitet, während der Tanz eine Parallele zum gemeinsamen Gebet im Judentum darstellt.

Erklärung

Jeder Teil des *Stern* hat eine Religion, welche die Einsicht der Dialektik jener Stufe zum Ausdruck bringt. Im ersten Buch haben wir uns von den Griechen zur asiatischen Religion bewegt, sind im zweiten Buch zum Islam fortgeschritten, und jetzt, im dritten Buch, begeben wir uns zu Judentum und Christentum. Beachten Sie, daß die Schlußfolgerung über jede bestimmte Religion hinausgeht. Judentum und Christentum sind Religionen, die soweit reichen, wie sich die religiöse Einsicht entwickelt hat. Diese Behauptung soll das Judentum nicht herabsetzen, denn die Schlußfolgerung ist das messianische Zeitalter, die Erfüllung der Geschichte. Dieses Ende ist ein traditioneller jüdischer Glaube. Selbst wenn wir das Judentum für die beste Religion halten, endet das Judentum mit der Ankunft des Messias. Das messianische Zeitalter beendet diese Welt; alles, was von dieser Welt wahr ist, endet mit dem messianischen Zeitalter.

Das messianische Zeitalter

Das jüdische Gesetz (Halacha) sagt über das messianische Zeitalter folgendes: Der Tempel wird wieder aufgebaut; die davidische Monarchie wird wieder hergestellt; die Toten werden auferweckt; und man soll darüber nicht reden. Zumindest die letzte Forderung ist 2000 Jahre lang mißachtet worden. Die Juden haben sich trotz des klaren Verbots der Rabbinen in beträchtlichen Spekulationen über das messianische Zeitalter ergangen. Sie glaubten, wenn es kommt, kommt es. Man soll über diese Welt nachdenken und sich keine Sorgen machen über jene Welt, über das hinaus, was einem gesagt wird.

Es gibt alle Arten von Ansichten in der nicht-halachischen Literatur darüber, wie das Ende beschaffen sein wird. Eine Ansicht, wahrscheinlich die herrschende, kann durch folgende Analogie erklärt werden.

Verschiedene Welten haben ein verschiedenes Naturgesetz. Das Gravitationsgesetz gilt in dieser Welt, aber nicht in anderen. Andere Welten können andere Gesetze haben. Man denke sich ein arithmetisches System mit einer einzelnen Basis als eine Welt. $1 + 1$ ist in einem System mit der Basis $10 = 2$, aber mit einer Zweierbasis $= 10$. Beide Gleichungen sind wahr, aber sie sind wahr in verschiedenen Welten. Beide sind absolut wahr, aber sie sind absolut wahr in Relation auf ihre jeweiligen Welten. Ähnlich sind die Gesetze der Moral und der Natur absolut wahr für diese sinnliche Welt. So ist das Gravitationsgesetz eine absolute Wahrheit für diese Welt. Ähnlich ist «Du sollst nicht töten» ein absolutes moralisches Gesetz für diese Welt, aber verschiedene Welten können verschiedene Gesetze haben. Verschiedene Welten haben verschiedene Natur- und Moralgesetze. Dieser letzte Punkt wird in der modernen Philosophie, besonders in der Friedrich Nietzsches (1844–1900), sehr wichtig.

Ein neuer Mensch, der ein neues Zeitalter herbeiführt, bringt eine neue Moral mit sich. Die neue Moral ist nicht in der alten Welt moralisch, aber der neue Mensch ist auch nicht Teil der alten Welt; er ist Teil der neuen Welt. Ähnlich sah sich die Frankistenbewegung am Beginn des messianischen Zeitalters und praktizierte infolgedessen eine andere Moral. Aus der Perspektve dieser Welt ist ihre Moral unmoralisch; aber das ist nur der Gesichtspunkt dieser Welt. Statt des Gravitationsgesetzes dieser Welt könnte in dem neuen die Regel sein, daß sich etwas in die Luft erhebt, wenn man es fallen läßt. Ähnlich könnte es in einer anderen Welt schlecht sein, seinen Nächsten zu lieben, und gut, Menschen zu töten. Die Regeln dieser Welt müssen in einer anderen nicht gelten. Da die Gesetze der Natur und der Moral nur von dieser Welt gelten, ist das Judentum, definiert als das System der Thora, wahr für diese Welt; aber es muß nicht für eine andere Welt gelten.

Diejenigen, die über die messianische Welt spekulieren, sind sich in der Frage, wie verschieden jene Welt von der unseren sein wird, sehr uneins. Einige machen sie nur ein bißchen anders, andere schlagen große Unterschiede vor. Es gibt gewisse offensichtliche Veränderungen. Zum Beispiel werden die Menschen darin nicht sterben. Das ist kein geringer Unterschied. Nehmen Sie einmal an, daß Sie nicht sterben. Werden Sie weiterhin altern? Was für eine Art Welt ist das, wo es keine Möglichkeit gibt zu sterben, aber der Altersprozeß endlos weitergeht? Das ist ein Alptraum und keineswegs eine erfreuliche Aussicht. Dann lassen Sie uns annehmen, daß der Altersprozeß ebenfalls aufhört. Jetzt haben wir gewaltige Veränderungen eingeführt, die die messianische Welt von der unseren radikal unterscheiden.

Man nehme ein zweites Beispiel. Es gilt als ausgemacht, daß der Tempel wieder aufgebaut werden wird. Wird es im messianischen Zeitalter Tieropfer geben? Wenn es keinen Tod gibt, wie kann man dann Tieropfer bringen? Man sieht, daß die geringste Veränderung in einem System Konsequenzen hat, die riesige Änderungen notwendig machen.

Ob es im messianischen Zeitalter nun ein Judentum geben wird oder nicht, es wird nicht dasselbe Judentum sein. Es ist ausgeschlossen, daß ein messianisches Judentum dasselbe ist wie das Judentum in dieser Welt.

Die Einheit am Ende

Wie kann Gott frei sein? Rosenzweigs Antwort lautete, Gott ist nur frei, wenn alles zu Gott geworden ist. Am Ende werden diese drei Dinge – Gott, Mensch und Welt – zum selben Ding geworden sein. Die Welt wird erfüllt, wenn sie zu einer lebendigen Welt wird. Der Mensch strebt danach, Gott zu werden, und Gott wird nur erlöst, wenn die Welt lebendig und der Mensch Gott wird. Dann sind Gott, Mensch und Welt eine einzige Wesenheit. Diese Einheit ist das Ziel des Universums, das Ziel, zu dem sich die Dialektik des Universums hinbewegt.

Eine unausgesprochene Annahme in dieser Beschreibung des Endes der Tage ist, daß es, wenn eine Vielfalt von Werten gegeben ist, letztlich einen höchsten Wert gibt. Im Gegensatz zu dieser Annahme könnte Rosenzweig in letzter Analyse behaupten, daß es eine vielfältige Auswahl von Werten gibt, die alle gleich wertvoll sind.

Liturgie

Wie bereits gesagt, geht man auf jeder Stufe der Dialektik zu einer höheren Sprache weiter. Die Sprache der Philosophie und Wissenschaft war nur auf der Ebene der Elemente nützlich. Sobald wir uns auf die Ebene der Dinge, die in Beziehung stehen, begeben haben, verwendeten wir die Sprache der Poesie. Jetzt, auf der nächsten Ebene, unserer letzten Stufe, ist nicht einmal mehr die Poesie angemessen.

Das Ende der Welt kann nicht in poetischer Form behandelt werden, weil das Ende noch nicht eingetreten ist. Wenn die Elemente die Vergangenheit sind und die Bahn die Gegenwart ist (die Welt, in der wir uns jetzt befinden), ist die Gestalt die Zukunft. Die Zukunft geht über das hinaus, was selbst der Dichter weiß. Dichter sind immer noch an die Welt gebunden, die sie wahrnehmen. Der Wissenschaftler muß sich mit der toten Vergangenheit befassen. Dichter können sich mit der lebendigen Gegenwart befassen, aber von der Zukunft wissen sie nichts.

Die Künder der Zukunft sind die Propheten. Ihre Sprache ist die Sprache der Liturgie. Infolgedessen ist die Sprache, die Rosenzweig verwendete, um über die Zukunft zu reden, die liturgische Sprache. Die Logik des dritten Teils besteht in der Analyse der Liturgie. [34]

Man betrachte noch einmal den Umriß des dritten Teils. [35] Aus den

---

34 Siehe Anhang E.
35 Siehe Anhang F.

Titeln der Paragraphen ist der Parallelismus zwischen Judentum und Christentum zu entnehmen.[36] Im Buch über das Judentum sprach Rosenzweig über die Strahlen – den ewigen Weg; und im letzten Buch diskutierte er den Stern – die ewige Wahrheit. Man beachte den Parallelismus von «Verheißung der Ewigkeit», «Die ewige Verwirklichung» und «die Ewigkeit der Wahrheit». «Ewiges Volk – das jüdische Schicksal» steht in Parallele zu «Der Weg durch die Zeit – Christentum», was zur «Wahrheit – Kosmologie» führt. Wiederum läuft dieser Parallelismus durch den ganzen dritten Teil hindurch. Die Sprache, die der *Stern* in allen diesen Fällen verwendet, orientiert sich an den Festen. Seine Analyse des Judentums konzentriert sich auf die Hohen Heiligen Tage und die Drei Pilgerfeste.

Den jüdischen Festen entspricht im Christentum das christliche liturgische Jahr. Wenn sich der *Stern* mit der Verheißung der Zukunft befaßt, konzentriert er sich auf das Mahl im Judentum. Für Rosenzweig war das Mahl der höchste religiöse Ausdruck des Judentums. Im Fall des Christentums ist das Gegenstück zum Mahl die Kirchenarchitektur. Wie das Mahl zum höchsten Ausdruck des jüdischen Lebens wird, wird die architektonische Struktur der Kirche zum höchsten Ausdruck des Christentums.

Rosenzweig sagt uns nicht, warum er dem Mahl im Judentum eine derart zentrale Rolle zuweist, aber ich kann eine Begründung zur Erklärung konstruieren. Der Höhepunkt des rabbinischen Gottesdienstes ist die *Amida*, die nach dem Willen traditioneller Rabbiner als Ersatz für die Opfer im Tempeldienst diente. Der rabbinische Gebetsdienst enthält alles, was im Opferdienst des Tempels vorkam, außer dem Mahl, weil es nach der Zerstörung des Tempels keine Opfer mehr geben konnte. In einem gewissen Sinn konnte gesagt werden, daß sich die Juden im Exil von Luft anstelle von Tauben, jungen Stieren u. dgl. nährten. Deshalb wird der traditionelle Gottesdienst, die Zentralität der *Amida* einmal vorausgesetzt, zu einer Art Mahl, sei es auch nur zu einem Ersatzmahl. Die

---

36 Genauso, wie es eine Korrespondenz zwischen allen Büchern des Gesamtwerks gibt, so hat auch jeder Paragraph innerhalb jedes Buchs einen korrespondierenden Paragraphen in jedem Abschnitt jedes Buchs.

einzige Ausnahme ist das Passa-Seder, wenn das Ritual zu einem wirklichen Mahl hin- und wieder davon wegführt. Infolgedessen kann man sagen, daß das Mahl der rituelle Mittelpunkt jedes jüdischen Gottesdienstes ist. Ich nehme an, daß Rosenzweig zu seiner Schlußfolgerung durch eine ähnliche Analyse gelangt ist.

Wie im Judentum das Mahl zum Brennpunkt wird, so ist im Christentum die Umgebung der Brennpunkt. Das Wichtigste, was man in einem christlichen Gottesdienst bemerkt, ist der Kirchenbau; er ist der höchste Ausdruck des Gottesdienstes. Das mag der Grund sein, weswegen Rosenzweig zu dieser Schlußfolgerung über das Christentum gelangt ist.

In seinen Ansichten über die Brennpunkte des Judentums und des Christentums ist das meiste enthalten, was Rosenzweig über diese beiden Religionen zu sagen hatte. Lassen Sie mich einige dieser Implikationen verdeutlichen.

Judentum und Christentum

In Rosenzweigs primärer Bildlichkeit kommen aus dem Feuer (= Judentum) Strahlen (= Christentum) in die Dunkelheit (Heidentum, unerlöste Welt). Man beachte, daß diese Metapher der Geometrie entnommen ist. Die Aufgabe des Universums besteht darin, Gott zu werden. Das Licht ist Gott. Neben Gott (= Licht) gibt es nichts als Dunkelheit. Die Bewegung des Universums besteht aus Licht, das sich ausbreitet und sich in die Dunkelheit erstreckt, bis die Dunkelheit voll Licht wird.

Nach diesem Bild sind die Juden ein ewiger Kern, der der universalen Bewegung der Weltgeschichte nicht unterworfen ist. Sie sind nicht in der Geschichte, d. h., der jüdische Lebenszyklus hat nichts mit Geschichte zu tun. Die Juden tun ständig, immer und immer wieder, ohne jede Veränderung dasselbe. Das jüdische Leben bewegt sich vom Rosch Ha-Schana und Jom Kippur zu Sukkot, Pessach, Schawuot und wieder zurück zu Rosch Ha-Schana. Das jüdische Jahr ist ein Kreis, aber es enthält keine Ereignisse, niemals geschieht etwas Neues. Ähnlich bewegt sich die Woche auf den Sabbat zu, und jeder Sabbat ist derselbe. In diesem Sinn sind die Juden außerhalb der Zeit. Sie stehen in einem Kreis, aber sie sind nicht der Zeit unterworfen. Seit dem Sinai ist dem Juden als Juden nichts Neues begegnet.

Man muß sich daran erinnern, daß Rosenzweig über das Volk sprach und nicht über Individuen. Die Juden werden nur als Teil des jüdischen Volkes diskutiert. Juden sind Juden von Geburt. Selbst wenn sie Juden werden, geschieht nichts Neues. Das einzige, was Juden als Juden tun können, besteht in der Entscheidung, das Gesetz (Halacha) entweder zu beachten oder nicht; aber sie müssen es beachten, denn als Juden haben sie keinen freien Willen.

Die einzigen Völker, die in der Geschichte handeln, sind die Christen. Das Judesein wird nicht von den Juden bestimmt, sondern von der Gemeinschaft. [37] Ein Christ muß sich dafür entscheiden, Christ zu sein; niemand kann als Christ geboren werden; und das Tun eines Christen besteht darin, andere Menschen zu Christen zu machen. Wenn man fragt, was ein Jude tut, dann lautet die Antwort, er beachtet Pessach, Schawuot und die anderen heiligen Tage. Und was tut ein Christ? Er macht andere Leute zu Christen. Die Aufgabe der Christen besteht darin, Christen zu machen.

Wenn man fragt, woher das Leben des Christen kommt, lautet die Antwort: vom Judentum. Das Judentum ist das Feuer, das dem Christen Licht gibt, wenn er sich in der Geschichte ausbreitet und Heiden zu Christen macht. Auf der Ebene der Gestalt gibt es drei Entitäten im Universum – Juden, Christen und Heiden. Es ist die Aufgabe des Juden, dem Christen das Licht zu geben, um den Heiden in einen Christen zu verwandeln. Alles im Kern des Christentums ist jüdisch; das Christentum wird gänzlich beherrscht von dem, was jüdisch ist. Beinahe jedes Individuum, das im Christentum bewundert wird, ist Jude. Die meisten Figuren, die die Kunst an den Wänden und auf den Fenstern von Kirchen darstellt, sind Juden. Es gibt im Christentum kein anderes Leben als das Licht, das von den Juden kommt.

Das Mahl wird deshalb zum höchsten Ausdruck im Judentum, weil es etwas sehr Intimes ist. Es ist etwas, was nicht mit Fremden geteilt werden

37 Man ist Jude durch seine Mutter; ob man will oder nicht, man ist trotzdem Jude.

kann, es ist eine Familienangelegenheit. Verkehr und Essen sind die beiden intimsten Akte.[38]

Um miteinander zu essen, muß man schon in Gemeinschaft miteinander sein. Im Gegensatz dazu ist das Kirchengebäude etwas, das immer nach Fremden greift. Es sagt zu den Heiden draußen: «Dies ist ein netter Ort, komm herein». Deshalb ist die Wichtigkeit des Mahls im Judentum Teil dessen, was Rosenzweig meinte, als er sagte, daß das Judentum völlig in sich selbst eingeschlossen sei.

Der Jude und die Geschichte

Wir können jetzt erklären, in welchem Sinn Rosenzweigs *Stern* gegen christliche Versuche polemisiert, Juden zu bekehren. Man erinnere sich, daß Rosenzweigs Freunde ihn zum Christentum zu bekehren suchten in der Überzeugung, daß ein Christ zu werden Teil der höchsten Entwicklung der Geschichte sei. Auf der Grundlage von Hegels Dialektik konnten sie argumentieren, daß das Christentum die letzte Stufe in der Geschichte und das Judentum eine frühere Phase sei. Seine Freunde waren überzeugt, daß man sich mit der Geschichte auf der am weitesten fortgeschrittenen Stufe identifizieren müsse. Rosenzweigs Antwort auf dieses Argument lautet, daß das Judentum nicht in der Geschichte sei; das Judentum ist schon da, wo das Christentum sich erst noch hinzugelangen müht. Juden haben den Christen gegenüber den Vorteil, daß sie schon am Ziel sind; die Christen haben gegenüber den Juden den Vorteil, daß sie in der Welt leben. Individuelle Juden sind natürlich der Welt unterworfen; aber das Judentum ist es nicht. Ein Jude als Jude ist Teilhaber am Judentum; deshalb ist der Jude als Jude nicht der Welt unterworfen. Dies also ist der wichtigste polemische Punkt von Rosenzweigs Werk – aus einem richtigen Verständnis der Welt folgt die Überzeugung, daß ein Jude nicht Christ werden sollte.

Aus Rosenzweigs Analyse der Beziehung zwischen Judentum und Ge-

---

38 Essen kann sogar noch intimer sein als der Verkehr. Es ist nur ein soziales Tabu, das Sex als intimer erscheinen läßt. Mit jemandem zu essen kann viel persönlicher sein.

schichte folgt die Tatsache, daß er kein Zionist war, weil das zentrale Thema des Zionismus darin besteht, daß die Juden wieder in die Geschichte eintreten sollen (s. Kap. 6). Obgleich er diese Frage nicht offen im *Stern* diskutierte, ist Rosenzweigs Einwand gegen den Zionismus klar. Er würde so argumentieren: Warum sollte ein Jude in die Unvollkommenheiten der Geschichte eintreten, wenn er schon jenseits der Geschichte ist? Innerhalb des intimen Kreises des Judentums haben die drei Elemente ihre Einheit schon erreicht.

Wie kommt es, daß Gott und die Welt eins werden? Rosenzweig sagt, daß es durch die Geschichte geschehe und daß diese sich entwickelnde Einheit genau das Ziel der Geschichte darstelle. Genauer gesagt, nach Rosenzweig gab es zu einem bestimmten Zeitpunkt in der Geschichte einen Juden namens Paulus, und er hatte sein Licht. Juden teilten die ganze Zeit über ihr Licht miteinander. Das Feuer hielt vor, aber es gab sozusagen keine Entzündung. Paulus startete die Entzündung. Er verwandelte sich in einen Nicht-Juden, der das Licht hatte. Er hörte auf, Jude zu sein. Er trat aus dem inneren Kern des jüdischen Volkes heraus und wurde zum ersten Strahl. Dieser Prozeß, Feuerstrahlen aus dem inneren Kreis ausbrechen zu lassen, begann mit Paulus. Paulus wandte sich einem anderen Nicht-Juden zu und setzte ihn mit dem göttlichen Licht in Flammen. Mit anderen Worten, der erste Nicht-Jude mit Licht entflammte einen anderen Nicht-Juden.

Welchem Nicht-Juden wandte sich Paulus zu? Wer gerade da war. Der erste Christ wandte sich jedem Nicht-Juden zu, der gerade in der Nähe war. Ähnlich wendet sich jeder neue Christ ebenfalls allen zu, die gerade in der Nähe sind, und verwandelt den zufälligen Nachbarn in einen Mitchristen. Auf diese Weise wurde eine Kettenreaktion von Christen, die Heiden in Christen verwandelten, in Gang gesetzt, die sich fortsetzen wird, bis alle Heiden zu Christen geworden sein werden.

Am Ende der Tage wird es keine Heiden mehr geben. Diese Mission ist freilich ausschließlich die Angelegenheit von Christen und nicht von Juden. Deshalb tun Christen, die in alle Welt gehen und die Völker bekehren, das richtige. Zur gleichen Zeit sollten sie wissen, daß sie nicht versuchen sollten, Juden zu bekehren. Wenn alle Juden bekehrt wären, würde dies das Ende des Christentums herbeiführen; denn wenn das gesamte Feuer in Lichtstrahlen verwandelt wäre, gäbe es kein Feuer mehr; und dann gäbe es auch kein Licht mehr. Christliche Missionare, die ihre Botschaft Juden bringen, bringen die Welt in Gefahr. Wenn sie erfolgreich wären, würden Heidentum und Dunkelheit über das Licht Gottes siegen.

Einige Rosenzweigforscher diskutieren die Frage, ob das Judentum dem Christentum überlegen sei, das Christentum dem Judentum oder beide gleich. Die Frage, die gestellt werden sollte, lautet: Zu was wird am Ende jeder werden – zu Jude, zu Christ oder etwas anderem? Rosenzweig hat es uns nicht gesagt. Das Judentum könnte ohne das Christentum niemals die gänzliche Erlösung erreichen, aber auch die Christenheit könnte nicht erlöst werden ohne das Judentum. Ich vermute, die Antwort lautet: «Etwas anderes». Das Judentum (erstes Buch) und das Christentum (zweites Buch) sind nicht die letzte, sondern die vorletzte Stufe. Sie sind die letzte Stufe vor der Erfüllung (drittes Buch), die alles, was wir wissen können, überschreitet.

Gefahren für das Reich

Während das Judentum im Kern der Erlösung ist und das Christentum auf dem Weg, erfaßt keines von beiden die gesamte Wirklichkeit. Da wir bisher nicht das Ende der Tage erreicht haben, können wir nicht die ganze Wahrheit zum Ausdruck bringen. Wir können nur darauf hinweisen, was dorthin führt und was sie hindert. Rosenzweigs abschließende Bemerkungen über Judentum und Christentum wenden sich den Gefahren beider zu, die die Erreichung des Reichs verhindern können. Dieser Schluß zeigt, daß es für Rosenzweig in seinem Bild eines fortschreitend besser werdenden Universums nichts Zwangsläufiges gab.

Im Fall des Judentums gibt es Gefahren, die individuelle Juden bedrohen. Sie können die Welt verneinen, verachten oder kränken.[39] Da das jüdische Volk schon erlöst ist, stellen diese Gefahren für das Judentum als solches keine Bedrohung dar.

---

[39] Gerade die Tatsache, daß Rosenzweig dies als eine Gefahr bezeichnet, zeigt, daß, ungeachtet, was es für das jüdische Volk als Volk bedeutet, außerhalb der Geschichte zu sein, es nicht bedeutet, daß Juden außerhalb der Geschichte sind.

Die wirkliche Gefahr droht dem Christentum, dessen erlöste Individuen Individuen bleiben, so daß sie in ihrem Sturz das Reich verhindern können. Der Gott des Christentums kann sich in eine Vergottung des Geistes statt eine Vergeistigung Gottes verwandeln; dann wird um des Geistes willen Gott vergessen. Der Mensch des Christentums kann sich in eine Vergottung des Menschen verwandeln, wo Gott um des Menschen willen vergessen wird. Schließlich kann sich die Welt des Christentums in eine idolisierte Welt verwandeln, wo Gott um der Welt willen vergessen wird. Rosenzweig hatte bei der ersten Gefahr die Kirche des Ostens, bei der zweiten die protestantische Kirche des Nordens und bei der dritten die römisch-katholische Kirche des Südens vor Augen.

Schließlich bemerkte Rosenzweig, daß der christliche Antisemitismus eine stets gegenwärtige Gefahr ist, die der christlichen Mission, das Reich Gottes zu erbeten, droht. Die Gefahr entsteht, wenn der unerlöste Christ den erlösten Juden sieht, der als erlöster den Christen beschämt, dessen Scham einen Selbsthaß erzeugt, den er gegen den Juden wendet. Die Gefahr besteht darin, daß sich der Christ, der sich gegen den Juden verschließt, von der Quelle des Lichts ausschließt, nämlich dem jüdischen Volk. Dann kann er nur sehen, was erleuchtet ist, nämlich die säkulare Welt, auf die das Christentum scheint; aber ohne eine Quelle des Lichts wird die Erleuchtung schwach. Mit anderen Worten, die Gefahr des christlichen Antisemitismus besteht darin, daß er die Welt in eine vorheidnische Finsternis zurückbringen kann. Eine christliche Missionierung der Juden und christlicher Antisemitismus haben dieselben Konsequenzen.

Man würde in Rosenzweigs Worte zu viel hineinlesen, wollte man unterstellen, daß seine abschließende Warnung vor dem Antisemitismus eine Vorahnung der Finsternis war, die kurz darauf sein geliebtes Deutschland einhüllen sollte. Seine Worte verweisen auf einen Rahmen, in dem der Holocaust in sein Schema passen könnte. Der Holocaust konnte für die Juden kein epochemachendes Ereignis sein, wie einige zeitgenössische jüdische Denker gedacht haben (s. Kap. 13). Ein solches Ereignis bezeichnet eine Wende im Gang der Geschichte, und als erlöstes Volk können sie sich nirgendwohin wenden. Aber der Holocaust könnte ein epochemachendes Ereignis für die Christen sein.

Rosenzweigs Bild des Universums ist keine einfältige Lehre von einem unvermeidlichen Fortschritt. Sein erlöster Christ ist nicht ganz erlöst. Er ist kein Jude. Was ihn von den Juden trennt, ist, daß er immer noch den Heiden in sich enthält. Mit Rosenzweigs Worten, in jedem Christen gibt es einen ungelösten Widerstreit zwischen einem «Siegfried» und jenem Juden, welcher «der Mann des Kreuzes» ist.

Seitdem ringt allenthalben ein Siegfried mit dieser fremden, schon von Ansehen verdächtigen Gestalt des gekreuzigten Mannes, einer, der blond und blauäugig, schwarz und feingliedrig, braun und dunkeläugig ist wie man selber, mit diesem Fremden, der sich aller immer wieder versuchten Angleichung an das eigene Wunschbild widersetzt. (S. 365).

Der reifere Martin Buber sprach von einer Gottesfinsternis (s. Kap 10), während der jugendlichere Rosenzweig des *Stern* (im Jahre 1919) sicher zu sein schien, daß der Mann des Kreuzes Siegfried besiegen würde. Der kommende Holocaust hätte Rosenzweigs Optimismus erschüttert, aber an sich ändert er nicht sein Bild der Wirklichkeit. [40] Das Gebet beeinflußt die Erlösung; aber während sie behindert werden kann, kann sie nicht beschleunigt werden. Buber urteilte, die Bewegung vom Ich-Du zum Ich-Es zum Ich-Du sei eine Spirale, in der jede folgende Verwirklichung der Welt als Geist zu einer folgenden Verderbnis der Welt als Objekt führe (s. Kap. 10). Jeder extreme Ausschlag führt zu einem größeren Extrem in der entgegengesetzten Richtung. Bubers Gottesfinsternis ent-

40 Daß Rosenzweig keinen simplen Glauben hatte, daß das Reich Gottes vor der Tür stehe, wird in dem folgenden Zitat aus einer Notiz deutlich, die er sich zu einem Gedicht von Juda Halevi mit dem Titel «Der wahre und der falsche Messias» machte:
    Hermann Cohen sagte einmal zu mir – er war damals schon über siebzig: «Ich hoffe immer noch, die Ankunft des messianischen Zeitalters zu erleben.» Was Cohen, der an den falschen Messias des 19. Jahrhunderts glaubte, damit meinte, war die Bekehrung der Christen zum «reinen Monotheismus» seines Judentums, eine Bekehrung, deren Anfänge er bei der liberalen protestantischen Theologie seiner Tage zu sehen glaubte. Ich war über die Stärke seines Glaubens, daß es «noch in unseren Tagen» geschehen würde, erschrocken und wagte nicht, ihm zu sagen, daß ich nicht glaubte, daß diese Anzeichen wahre Zeichen seien. Ich sagte nur, ich glaubte nicht, es noch zu erleben. Daraufhin fragte er. «Aber wann denken Sie, wird es sein?» Ich hatte nicht den Mut, überhaupt kein Datum zu nennen und so sagte ich «Vielleicht in hunderten von Jahren.» Aber er hatte verstanden «Vielleicht in hundert Jahren» und rief: «Oh bitte, sagen Sie in fünfzig!» *Juda Ha-Levi*, S. 239; Glatzer, S. 351.

spricht Rosenzweigs Gefahr von Siegfrieds Sieg; aber zumindest nach Bubers Ansicht kann der Sieg nicht total sein. Dasselbe mag für Rosenzweig gelten. Er sagte uns, daß es eine richtige Zeit für die Erlösung gebe, was bedeutet, daß es eine Zeit Gottes dafür gibt. Fanatiker (die versuchen, das Kommen des Reichs zu beschleunigen) und Sünder (die versuchen, das Kommen des Reichs zu verhindern), mögen sein Kommen verzögern, aber sie können es nicht verhindern. In der unmittelbaren Zukunft gibt es zumindest die Erwartung, daß der Mann am Kreuz wiederkehren kann und die Finsternis erst einmal vorübergeht. Der Holocaust bedeutet kein Ende der Geschichte; in seiner pessimistischsten Interpretation ist er nur ein Ereignis in der Geschichte; und im besten Fall ist er der Beginn einer epochemachenden Wende in Richtung auf eine christliche Erlösung.

Anhang A

Diagramm von Rosenzweigs *Stern*

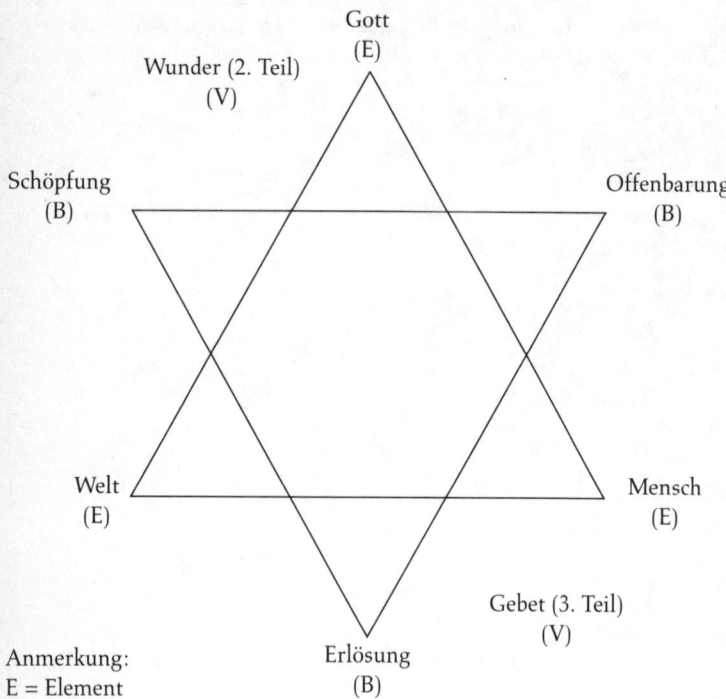

Anmerkung:
E = Element
B = Bahn
V = Vermittlung*
* Wunder vermittelt zwischen Schöpfung und Offenbarung
Gebet vermittelt zwischen Offenbarung und Erlösung
? Vermittelt zwischen Erlösung und Schöpfung

Anhang B

Diagramm der Dialektik Rosenzweigs

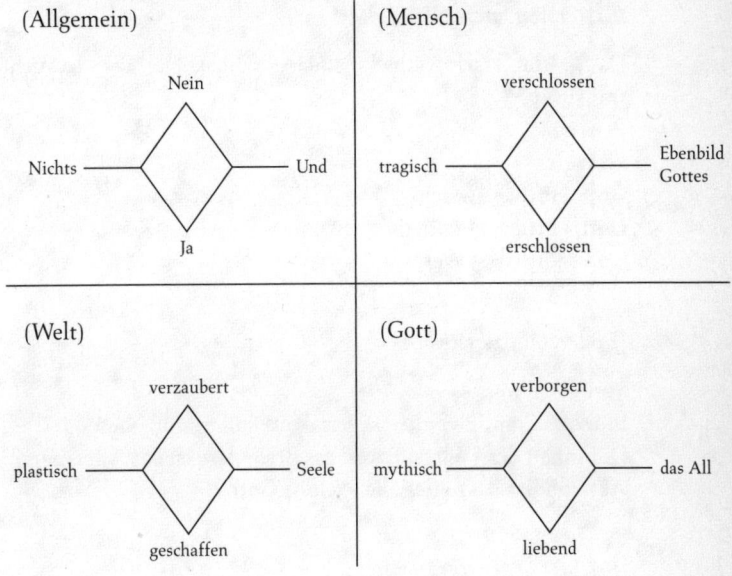

(Allgemein)

Nein

Nichts ——— Und

Ja

(Mensch)

verschlossen

tragisch ——— Ebenbild Gottes

erschlossen

(Welt)

verzaubert

plastisch ——— Seele

geschaffen

(Gott)

verborgen

mythisch ——— das All

liebend

Anhang C

Liste der logischen Zeichen Rosenzweigs

(Erster Teil, erstes Buch)

$y = x$ Das grammatische Subjekt ist das Prädikat. Das «ist» ist nicht transitiv!

$y = x$ nein ist ja

$y =$ Freiheit

A Gott, göttliche Macht

$A =$ Gott, göttliche Freiheit

$= A$ Gott, göttliches Wesen

(Erster Teil, zweites Buch)

$= A$ Weltgeist, logos

B Individualität, Eigenheit, Charakter, Fülle, sinnliche Welt

$B = A$ Der Inhalt der Welt ist Form, das Besondere ist das Allgemeine, Aktivität ist Passivität, die Welt ist Gott

(Erster Teil, drittes Buch)

$B =$ freier Wille, Vergänglichkeit (das bleibende Wesen des Menschen)

$B = B$ Prädikate des Selbst, Selbst ist Selbst, das Ding an sich, der eigene Wille, Persönlichkeit, Vielfalt der Sinnlichkeit, das Gegebene

(Zweiter Teil, erstes Buch)

A = A   das Ich an sich, Gott als Objekt des Willens, der absolute Geist
B = B   Ding an sich, der eigene Wille
A (= B)   Welt als Emanation Gottes
A (= A)   Gott als Quelle der Emanation der Welt
A = B   idealistische Bewegung vom Ich zum Ding an sich, Entstehen
B = A   idealistische Bewegung vom Ding an sich zum Ich an sich, Unterwerfung

Anhang D

Liste der grammatischen Symbole Rosenzweigs (zweiter Teil)

Stammwort	Stammsatz
	(Erstes Buch)
So	er ist gut
gut	Adjektiv-Attribut
ein, der	Artikel, Substantiv
	(Zweites Buch)
Ich, Ich aber	Nominativ: behauptet Subjektivität
Ich, nicht anders	Akkusativ: behauptet Objektivität
Ich, nicht anders als alles	Dativ: vereint Subjektivität und Objektivität
	(Drittes Buch)
Du	Wo bist du
	Hier bin ich
	Liebe mich, Ich der Herr
	Ich bin dein, ich habe gesündigt
	Du bist mein
wir, ihr	ihr lobt, ihr dankt
	laßt uns danken, danke Gott

Anhang E

Liste der liturgischen Ausdrücke Rosenzweigs

Ausdruck	Symbol	Liturgie: Jüdisch	Liturgie: Christliche Kunstform
zuhören	Schöpfung	Sabbat	Sonntag-Architektur
Mahl	Offenbarung	Pilgerfeste	religiöse Feste-Musik
Gebet (knien, grüßen)	Erlösung	die gewaltigen Tage	weltliche Feste-Poesie, Tanz

Anhang F   Detaillierte Liste der Themen im Stern

Erster Teil: Die Elemente oder die immerwährende Vorwelt

	Einleitung	Erstes Buch	Zweites Buch	Drittes Buch
1	Über die Möglichkeit, das All zu erkennen	Gott und sein Sein oder Metaphysik	Die Welt und ihr Sinn oder Metalogik	Der Mensch und sein Selbst oder Metaethik
2	Vom Tode	Negative Theologie	Negative Kosmologie	Negative Psychologie
3	Die Philosophie des All	Göttliche Natur	Weltliche Ordnung	Menschliche Eigenheit
4	Der Mensch	Göttliche Freiheit	Weltliche Fülle	Menschlicher Wille
5	Die Welt	Lebendigkeit des Gottes	Wirklichkeit der Welt	Unabhängigkeit des Menschen
6	Gott	Der mythische Olymp	Der plastische Kosmos	Das heroische Ethos
7	Mathematik und Zeichen	Asien: Der unmythische Gott	Asien: Die unplastische Welt	Asien: Der untragische Mensch
8				Der tragische Heros
9			Ästhetische Grundbegriffe: Innere Form	Ästhetische Grundbegriffe: Gehalt
10		Götterdämmerung	Der Schlaf der Welt	Der einsame Mensch
	Übergang: Rückblick: Das Chaos der Elemente Ausblick: Der Welttag des Herrn			

Zweiter Teil: Die Bahn oder die allzeiterneuerte Welt

	Einleitung	Erstes Buch	Zweites Buch	Drittes Buch
1	Über die Möglichkeit, das Wunder zu erleben	Schöpfung oder der immer-während Grund der Dinge	Offenbarung oder die allzeiterneuerte Seele	Erlösung oder die ewige Zukunft des Reichs
2	Vom Glauben	Der Schöpfer	Der Offenbarer	Die Liebestat
3	Die Theologie des Wunders	Der Islam: Die Religion der Vernunft	Der Islam: Die Religion der Menschheit	Der Islam: Die Religion der Pflicht
4	Die drei Aufklärungen	Die Kreatur	Die Seele	Das Reich
5	Die historische Weltanschauung	Der Islam: Die Religion der Notwendigkeit	Der Islam: Die Religion der Tat	Der Islam: Die Religion des Fortschritts
6	Neuer Rationalismus	Grammatik des Logos	Grammatik des Eros	Grammatik des Pathos
7	Philosophie und Theologie	Logik der Schöpfung	Logik der Offenbarung	Logik der Erlösung
8	Theologie und Philosophie	Idealistische Logik	Logik der Schöpfung vs. Idee	Idealistische Metaphysik
9	Grammatik und Wort	Theorie der Kunst	Theorie der Kunst	Theorie der Kunst
10		Wort Gottes (Genesis)	Das Wort Gottes (Das Hohe Lied)	Das Wort Gottes (Die Psalmen)
	Schwelle: Rückblick: Die Ordnung der Bahn Ausblick: Der Gottestag der Ewigkeit			

Dritter Teil: Die Gestalt oder die ewige Überwelt

	Einleitung	Erstes Buch	Zweites Buch	Drittes Buch
		Das Feuer oder das ewige Leben	Die Strahlen oder der ewige Weg	Der Stern oder die ewige Wahrheit
1	Über die Möglichkeit, das Reich zu erbeten	Die Verheißung der Ewigkeit	Die Ewigkeit der Verwirklichung	Die Ewigkeit der Wahrheit
2	Von der Versuchung	Das ewige Volk: Jüdisches Schicksal	Der Weg durch die Zeit: Die christliche Geschichte	Gott (Theologik)
3	Die Erzwingung des Reichs	Das Eine Volk: Jüdisches Wesen	Die zwei Straßen: Das Wesen des Christentums	Die Wahrheit (Kosmologik)
4	Die rechte Zeit			
5	Das Leben Goethes			
6	Die Nachfolge Christi	Das heilige Volk: Das jüdische Jahr	Die Heiligung der Seele: Das geistliche Jahr	Der Geist (Psychologik)
7	Goethe und die Zukunft	Soziologie der Gemeinschaft: Das Mahl	Der Himmel im Gemüte: Christliche Ästhetik	Die Gestalt der Bewährung: Eschatologie
8	Das rechte Gebet	Soziologie des Ganzen: Der Gruß		Das Gesetz der Bewährung: Theologie
9	Liturgik und Gebärde	Die Völker der Welt: Messianische Politik		
10		Die Ewigkeit der Verheißung	Die Verwirklichung der Ewigkeit	Tor
	Tor: Rückblick: Das Gesicht der Gestalt Ausblick: Der Alltag des Lebens			

12
Mordechai Kaplan

Sein Leben

Mordechai Kaplan wurde 1881 in Svençionys in Litauen geboren. Im Alter von acht Jahren kam er in die Vereinigten Staaten. Er studierte an der Columbia University in New York und ging 1902 an das Jüdisch-Theologische Seminar, wo er später, 1909, zum Leiter des Lehrerinstituts und 1931 Dekan wurde. 1947 wurde er emeritiert.

Im Jahre 1916 richtete er das *Jewish Center* in New York City ein, wo er bis 1922 als Rabbiner diente. Er gründete dann die *Society for the Advancement of Judaism*, die zum Kern des Rekonstruktionismus wurde. Diese Bewegung definierte er in der von ihm herausgegebenen Zeitschrift *Reconstructionist*, die «der Förderung des Judentums als einer religiösen Zivilisation, dem Aufbau von Eretz Yisrael [dem Land Israel] als dem geistigen Zentrum des jüdischen Volkes und der Förderung von Freiheit, Gerechtigkeit und Frieden» gewidmet war. Er starb 1983 im Alter von 102 Jahren.

Mordechai Kaplan gilt als bedeutender jüdischer Denker, der einen wichtigen Beitrag zur Entwicklung des amerikanischen Judentums nach dem Zweiten Weltkrieg geleistet habe, anhaltendes Interesse aber nur als ein Phänomen der modernen jüdischen Geistesgeschichte verdiene. Doch das große Interesse, das heutige jüdische Studenten an den Schriften von Kaplan und dem jüngst ins Leben gerufenen *Reconstructionist Rabbinical College* zeigen, beweist, daß diese Ansicht Kaplans Bedeutung unterschätzt. Sein Werk ist heute eine ebenso lebendige Quelle für das Denken amerikanischer Juden wie in den 30er und 40er Jahren.

Obwohl Kaplan viele Bücher geschrieben hat, erlangte doch keines den Einfluß und die Bedeutsamkeit wie sein *Judaism as a Civilisation*[1], das 1934 erschien. In diesem Buch formulierte Kaplan seine damals einzigartige Auffassung von der jüdischen Identität und dem Volk Israel und dachte deren Folgerungen in einer Breite zu Ende, die keine seiner späteren Monographien je wieder erreichte. In späteren Untersuchungen erhellte er die vielfältigen Implikationen seiner grundlegenden Konzeption und modifizierte in einigen Fällen seine Behauptungen. Aber der Kern seiner Auffassung vom Judentum änderte sich nie. Wenn man sich also auf *Judaism as a Civilisation* konzentriert, gewinnt man durch dieses einzigartige Buch hindurch einen Zugang zu Kaplans gesamter Philosophie des Judentums.

Das Problem

Kaplan versuchte, einzelne Faktoren zu isolieren, die für die Desintegration bzw. die Erhaltung des jüdischen Volkes verantwortlich sind. Die desintegrierenden Faktoren sollten entweder ganz beseitigt oder in einem Modell einer zukünftigen jüdischen Zivilisation abgeschwächt werden. Umgekehrt sollten erhaltende Faktoren in jeder annehmbaren Rekonstruktion der Judenheit bewahrt oder verstärkt werden. Nach Kaplans Deutung fallen die Faktoren der Desintegration im zeitgenössischen Judentum in drei allgemeine Gruppen moderner Überzeugungen in der westlichen Welt. An erster Stelle steht das, was Kaplan die moderne politische Ordnung nannte, eine Form des demokratischen Nationalismus. Auf theoretischer Ebene stellt diese politische Lehre den Glauben der Juden in Frage, ein auserwähltes Volk zu sein. Denn sie beruht auf dem Grundgedanken, daß Nationen sich, im Gegensatz zu allen anderen Kriterien, einschließlich religiöser oder kultureller Gruppierungen, auf geographische Kontinuität gründen sollten. Praktisch kämpft diese Lehre gegen das jüdische Verbot von Mischehen, die Verpflichtung

---

1 Mordechai M. Kaplan, *Judaism as a Civilization*, New York, 1934. Im folgenden mit «Kaplan» bezeichnet.

auf den Primat des Gesetzes der Thora und den fortdauernden Gehorsam gegen eine autonome Zivilgesetzgebung der Juden. Obendrein scheint der demokratische Nationalismus im Konflikt mit jüdischen Bestrebungen zu stehen, einen eigenen jüdischen Staat zu schaffen und zu bewahren, sowie der angeblichen Notwendigkeit gesonderter Erziehungseinrichtungen.

Die zweite Kategorie ist das, was Kaplan die moderne ökonomische Ordnung nannte, die mit einer Form des Kapitalismus identifiziert werden kann. Nach Kaplan bedroht diese ökonomische Ordnung den jüdischen Glauben an das traditionelle System des jenseitigen Heils. Klassenmobilität hat zur Folge, daß der einzelne mehr Zeit und Energie auf einen Beruf verwenden muß, als es im allgemeinen in einer statischen Klassengesellschaft wie etwa im Feudalismus der Fall war. Je mehr Zeit und Energie auf wirtschaftliche Belange verwendet wird, desto weniger bleibt für andere Tätigkeiten übrig, einschließlich der meisten Tätigkeiten, auf die das Judentum traditionellerweise besonderen Wert gelegt hat. Zudem enthält der Kapitalismus implizit Urteile über die Art von Leistungen, die für die menschliche Existenz wertvoll sind, die alle von den Werten unabhängig sind, die sich aus einem der Beachtung der *Mitzwot* verpflichteten Leben ergeben. Während also das traditionelle jüdische Wertesystem an das jenseitige Heil gebunden ist, impliziert der Kapitalismus ein Wertesystem, das das Judentum in dem Sinn bedroht, daß die Erlangung dieser neuen Werte gänzlich unabhängig von der Teilhabe am Leben des jüdischen Volkes ist. Kaplan wies weiter darauf hin, daß der Kapitalismus in Wirklichkeit die Klassenidentität zu einem grundlegenderen Gruppierungsmerkmal mache als die religiöse oder kulturelle Identität. Schließlich bemerkte er, daß es in einer kapitalistischen Welt mit hohen ökonomischen Kosten verbunden ist, eine jüdische Identität zu behaupten, und daß diese Kosten mit jener Identität im Streit liegen.

An dritter Stelle steht das, was Kaplan die moderne Ideologie nannte: der wissenschaftliche Humanismus. Kaplan unterteilte die Kategorie der modernen intellektuellen Überzeugungen in Ansichten über das, was wahr, was gut und was schön ist. Er wies darauf hin, daß das moderne wissenschaftliche Denken zur Bibelkritik geführt habe, die ihrerseits Zweifel an einer Anerkennung der Thora im traditionellen Sinn geweckt habe. Für ihn liegen Wissenschaft und Religion eher mit den Humanwissenschaften, namentlich der Geschichtswissenschaft, im Konflikt als mit den Naturwissenschaften. Nach Kaplan liegt die spezifische Herausforderung der modernen Geschichtsdeutungen an das Judentum in der Tatsache, daß die sogenannte wissenschaftliche Geschichtsschreibung die Kategorien des Wunders und der Offenbarung als legitimer kausaler Faktoren in den menschlichen Ereignissen ausschließe. Ihre Methode beruhe auf einer Epistemologie, die strukturell schon in ihren Prämissen die Legitimität der Existenz jeder Gottheit ausschließe, die in die menschliche Geschichte eingreife. Diese Ablehnung bedrohe die weitere Anerkennung der Autorität der Thora.

Kaplan diskutierte den genannten Konflikt zwischen seiner Auffassung von der modernen Ethik und dem Judentum unter dem Aspekt eines Gegensatzes zwischen dem, was er «humanistische» und «theozentrische» Interpretationen des Guten nannte. Er verwies außerdem darauf, daß das jüdische Volk das Gebiet des Schönen ignoriert und dadurch zur Desintegration des Judentums beigetragen habe.

Kaplan unterschied seine Faktoren der Bewahrung in «inhärente» und «umweltgebundene». Er zählte neun inhärente Faktoren im jüdischen Leben auf, die, zusammen mit dem Antisemitismus und dem amerikanischen römischen Katholizismus als äußeren Faktoren, dazu beitrügen, das Judentum zu bewahren. Die neun inneren Faktoren der Bewahrung sind (1) die Tendenz, sich in größeren Städten und in spezifischen Nachbarschaften in diesen Städten zusammenzufinden; (2) eine Tendenz gegen Mischehen; (3) jüdische Gemeindezentren; (4) Bruderschaften wie etwa die Landsmannschaften; (5) religiöse Aktivitäten; (6) jüdische Erziehung; (7) kulturelle Aktivitäten; (8) philanthropische Aktivitäten; und (9) der Zionismus. Kaplan war überzeugt, daß das Judentum, mit Hinblick auf die Vergangenheit, niemals aufhöre, eine Nation zu sein. Als solche weise es eine einheitliche Ideologie und ein System der Praxis auf, das eine höchst lebensfähige Form kollektiven und individuellen Lebens bilde. Kaplan behauptete, daß das Gemeindesystem des Judentums trotz aller Faktoren der Desintegration auch weiterhin zum jüdischen Leben beitrage. Außerdem sei das rabbinische Judentum unter dem Aspekt der Erhaltung wie auch der angewandten Moral als Nation äußerst ungewöhnlich gewesen. Freilich müßten, wie Kaplan argumentierte, bestimmte Veränderungen am System der Thora vorgenommen

werden, wenn es lebensfähig bleiben soll. Das Hauptproblem für die fort-
gesetzte wirkliche Anwendung der Thora auf das Leben von mehr als nur
einer Handvoll Juden bestehe darin, daß die Ideologie, die jenem System
zugrunde liege, rekonstruiert werden müsse. Kaplan sah den Streitpunkt
primär unter dem Aspekt der Probleme, die die Lehre vom jenseitigen
Heil bereitete.

Die Lösung

Kaplan diskutierte die seiner Ansicht nach wichtigsten Interpretationen
des Judentums in den 30er Jahren im Detail. Allgemein gesagt, verwarf
er sie alle aus dem Grund, daß sie auf verschiedene Weise jeweils nur
einen Aspekt dessen betonten, was Judentum ist, aber entweder nicht alle
wesentlichen Merkmale in ihr Programm integrierten oder es an einem
begrifflichen Horizont fehlen ließen, um diese verschiedenen Aspekte
befriedigend zu erklären. Einerseits gibt es eine Reihe von religiösen Bewegungen unter den Juden, denen es nicht gelingt, die kulturellen Dimensionen des Judentums adäquat zu verkörpern. Andererseits gibt es
eine Reihe kultureller Bewegungen unter den Juden, denen es nicht gelingt, die religiösen Dimensionen des Judentums adäquat zu verkörpern.
Im Unterschied dazu behauptete Kaplan, daß seine Auffassung vom
Judentum als einer Zivilisation einen organischen und nicht länger ziel-
losen Ansatz biete, um die gegenwärtige Krise im Judentum zu lösen, da
sie die Totalität der jüdischen Erfahrung auf der Grundlage einer «affir-
mativen und realistischen Philosophie des jüdischen Lebens» integriere
(S. 80). Mit «affirmativ» meinte er, daß es sich um eine Philosophie
handle, die eine aktive jüdische Identität fördere. Mit «realistisch»
meinte er, daß sie eine Philosophie sei, die einschließlich eines praktisch
durchführbaren Programms von einer großen Anzahl von Juden akzeptiert werden könne. Er nahm an, daß «die jüdische Zivilisation in ver-
schiedenem Grade in der Diaspora funktionieren kann, vorausgesetzt, sie
hat ihre Heimat in Palästina und behält ihren hebräischen wie ihren religiösen Charakter» (S. 86). Judentum als Zivilisation wird deshalb als eine
Philosophie angesehen, die eine Auffassung vom Judentum rechtfertigt

und fördert, die sowohl seine kulturellen wie seine religiösen Aspekte berücksichtigt, während sie gleichzeitig eine Diaspora wie eine Heimat als notwendig behauptet, um das Judentum in der modernen Welt zu erhalten.

Zivilisation

Kaplan versteht unter Zivilisation

die Akkumulation von Wissen, Können, Werkzeugen, Künsten, Literaturen, Gesetzen, Religionen und Philosophien, die zwischen dem Menschen und der äußeren Natur stehen, und die als Schutzwehr gegen die feindseligen Kräfte dienen, die ihn sonst zerstören würden. (S. 179).

Jede von einem einzelnen oder einer Gruppe ausgeübte Tätigkeit oder deren Produkt, die das Fortbestehen einer bestimmten Gruppe fördert, ist ein Element der Zivilisation jener Gruppe. Obendrein ist jede Gruppe, die eine Zivilisation hat, eine Nation. Freilich ist eine Nation, in Kaplans Sprechweise, nicht lediglich eine zufällige Ansammlung von Artefakten. Um als Zivilisation zu gelten, muß dieses Gebilde in irgendeinem Sinn eine vollständige, selbständige Einheit ausmachen.

Eine der wichtigsten Annahmen Kaplans lautete, daß eine bestimmte Ansammlung von Menschen eine charakteristische Zivilisation ist, wenn sie über eine Anzahl bestimmter Eigenschaften verfügt. Im 14. Kapitel zählte Kaplan diese Eigenschaften auf; es handelt sich um Geschichte, Literatur, Sprache, gesellschaftliche Organisation, Volkssanktionen, Verhaltensmaßstäbe, ästhetische Werte und gesellschaftliche und geistige Ideale (S. 178). Im 15. Kapitel präsentierte er eine leicht abgewandelte Liste. Die dort aufgezählten Elemente sind Land, Sprache, Literatur, Sitten, Gesetze, Bräuche, Volkssanktionen, Volkskünste und Gesellschaftsstruktur. Kaplan behauptete, daß jede auf diese Weise charakterisierte Ansammlung von Menschen eine Zivilisation und ihre Existenz insofern ein Selbstzweck sei. Die Existenz einer Zivilisation sei sogar dann von Wert, wenn sie keinem anderen Zweck diene als ihrer eigenen Existenz, genauso wie es wahr sei, daß die Existenz eines Menschen ein Wert an und für sich ist. [2]

Volkssanktionen sind Mittel, die ein Volk verwendet, um seinen individuellen Mitgliedern seine Werte und Ideale aufzuerlegen. Kaplan definierte Werte als «Ideen, die Bräuche, Sitten, Gesetze und Maßstäbe» rechtfertigen, und erklärte, ihr Hauptwert liege darin, «die Wichtigkeit sozialer Gewohnheiten und Einstellungen, auf die sie sich beziehen, und die Gründe dieser Wichtigkeit» beurteilen zu können (S. 197). Solche Werte sind Volkswerte und nicht individuelle Werte, wenn sie sich auf ein Kollektiv beziehen. Ähnlich ist eine Volksideologie definiert als «Ideen, die nicht nur vom ganzen Volk getragen werden, sondern sich auf die Interessen und das Wohlergehen des ganzen Volkes beziehen» (S. 198). – Man beachte, daß sowohl Werte wie Ideologie eher unter psychologischem als objektivem Aspekt aufgefaßt werden. Ein Wert wird keineswegs als etwas, was richtig oder wahr ist, definiert, und keiner dieser Werte hat irgendeine Anwendung auf eine Ideologie, wie Kaplan dieses Wort verwendete. Werte sind das, was das Volk für wichtig hält, und eine Ideologie ist das, was Werte fördert, die im Interesse des Kollektivs sind und dessen Wohlergehen fördern.

Kaplan definierte Religion wie Wahrheit und Moral so, daß sie den Interessen der Zivilisation untergeordnet sind. Obgleich er darauf verwies, daß Religion nicht von Zivilisation zu trennen sei, räumte er ein, daß heutzutage Glaubensbekenntnisse, Rituale und Zeremonien in allen historischen Religionen ihren Wert verloren haben, weil sie sich «von den grundlegenden Interessen des Lebens des einzelnen» gelöst haben (S. 200). Seine Definition des Wertes einmal vorausgesetzt, ist das, was für den einzelnen von Wert sein sollte, mehr eine Frage dessen, was im Interesse des Kollektivs liegt, als die Interessen des einzelnen selber. Auf jeden Fall beachte man, daß Kaplan den Wert der Religion als Teil der

---

2 Siehe zum Beispiel Kaplan, S. 246, wo er sagt: «Sobald eine Gruppe die Stufe des kollektiven Bewußtseins erreicht hat, wenn sie den *Willen zur Zivilisation* besitzt, hat sie sich ein Recht auf ihre Existenz erworben, das man so wenig in Frage stellen kann, wie man das Recht eines Menschen zu leben in Frage stellen kann, sobald er erst einmal auf die Welt gekommen ist.»

Zivilisation lediglich unter dem Aspekt ihrer Bedeutung für menschliche (kollektive oder individuelle) Interessen betonte. In diesem Zusammenhang ist bemerkenswert, daß wir hören, daß das Wort «heilig» lediglich *wichtig* bedeutet und nicht dazu dient, etwas auszudrücken, was in irgendeinem Sinn zu Gott gehört (S. 200). Mit anderen Worten: Wenn etwas in einer Zivilisation wertvoll ist, ist es heilig, wobei Wert so verstanden wird, daß er sich auf etwas bezieht, was die anerkannten sozialen Praktiken einer Zivilisation rechtfertigt. Deshalb kann etwas heilig sein, was nichts mit Gott zu tun hat.

Kaplan nannte die Philosophien des Judentums, die er diskutierte, «geistige Bewegungen». Sein Ausdruck *geistig* bezieht sich einfach auf jede Art begrifflicher Tätigkeit. Eine geistige Bewegung des Judentums ist ein Synonym für eine Philosophie des Judentums. Wir brauchen uns hier nicht mit Kaplans Kritik an anderen modernen Versionen des Judentums zu befassen. Aber im Laufe seiner Kritik legte Kaplan fünf Kriterien fest, nach denen eine geistige Bewegung beurteilt werden sollte. (1) Eine geistige Bewegung sollte nach dem Ausmaß des Erfolgs beurteilt werden, mit dem sie ein Programm formuliert, das «in das innere Leben der Menschen Ordnung bringen» kann, das «geistig zwingend» und «gesellschaftlich praktikabel» ist und (2) nach dem «Grad, bis zu dem seine Anhänger ihren erklärten Ideen und Idealen nachleben» (S. 92). (3) Der «theoretische Hintergrund» einer erfolgreichen geistigen Bewegung des Judentums sollte die «vitalsten Fragen» einschließen, denen sich das zeitgenössische Judentum gegenübersieht (S. 174). Kaplan zählte zu diesen Fragen den Zionismus, die Vielfalt in Perspektive und Lebensstil, Antisemitismus, Uneinigkeit der verschiedenen Organisationen in den örtlichen jüdischen Gemeinden und die jüdische Erziehung von Kindern und Erwachsenen. (4) Eine geistige Bewegung sollte nach ihrer Fähigkeit beurteilt werden, «sich Veränderungen der Umgebung der jüdischen Zivilisation anzupassen» (S. 184). Außerdem sollte diese Anpassung (a) aus der «wesentlichen Natur des Judentums hervorgehen», (b) zu einer «Bereicherung des Inhalts des Judentums» führen und (c) «inhärent interessant sein». Kaplan meinte damit, daß diese Philosophie so sein müsse, daß jeder einzelne «sich so sehr mit jeder Facette des jüdischen Lebens identifiziert, daß sich alle seine Aspekte in ihm widerspiegeln» (S. 184). (5) Eine angemessene geistige Bewegung muß «die richtige Art von Sozialstruktur» formulieren, «welche Form und Inhalt der jüdischen Zivilisation beleben... und diese Struktur in das Leben der verschiedenen Nationen integrieren würde, mit denen sich die Juden im Laufe der Zeit identifiziert haben» (S. 208).

Hinsichtlich des ersten Kriteriums ist die einzige moderne Version des Judentums, die dem Maßstab genügt, eine allumfassende, konsistente Orientierung an der Fülle der gegenwärtigen menschlichen Tätigkeiten zu geben, das traditionelle rabbinische Judentum. Das ist die Stärke der Orthodoxie. Aber gleichzeitig ist ihre Philosophie die für die meisten Juden am wenigsten glaubhafte moderne Version des Judentums. In diesem Sinn können wir Kaplans Rekonstruktion des Judentums als einen Versuch charakterisieren, die Tugend des traditionellen Systems der Thora dadurch zu retten, daß er eine neue, glaubwürdigere Ideologie an ihre Stelle setzt, um dieses System am Leben zu erhalten. Das ist auch der Grund, weshalb Kaplan behauptete, daß die Orthodoxie dem zweiten Kriterium nicht genüge; eine Philosophie, die die meisten Leute nicht glauben können, ist nicht praktikabel.

Kaplan glaubte, daß sein Verständnis des Judentums als einer Zivilisation allen diesen Kriterien genüge. Seine Argumente für diese Behauptung wurden in drei Themenkreise eingeteilt, die Kaplan «Die Israelidee», «Die Gottesidee» und «Die Thoraidee» nannte. Für jedes dieser Themen schlug Kaplan ein theoretisches Modell vor, um jeden dieser Begriffe als Bestandteil eines rekonstruierten Judentums zu verstehen. Er formulierte eine Skizze der Konsequenzen, die dieses Modell in einer lebendigen jüdischen Zivilisation haben würde.

Israel

Was Kaplan die «Israelidee» nannte, besteht aus einer Beschreibung des jüdischen Volkes und einer *raison d'être*, das zu bleiben, was es ist. In biblischer Sprache ist ein Volk eine Nation, wenn es sich auf eine Gottheit bezieht, die es beschützt und bewahrt. In diesem Sinn ist das jüdische Volk eine Nation, weil es in einer Vertragsbeziehung zu einer bestimmten Gottheit steht, die als der einzig wirkliche Gott im Universum erkannt wird. Nach Kaplan ist genau diese Auffassung Israels vom wissenschaftlichen Humanismus bedroht. Die These vom nationalen Status Israels ist für viele moderne Juden deshalb unakzeptabel, weil diese *raison d'être* begrifflich die Existenz einer Gottheit voraussetzt und das entscheidende Merkmal der modernen wissenschaftlichen Erklärung darin besteht, daß eine Berufung auf übermenschliche Personen prinzipiell unzulässig ist.

Kaplan glaubte, daß seine Auffassung vom Judentum als einer Zivilisation diesen Nachteilen entgeht. Nach seinem Verständnis ist jede Volksgruppe eine Nation, sobald sie einen hinreichenden Grad an kollektivem Bewußtsein erreicht hat, um einen «Willen zur Zivilisation» zu haben (S. 179). Wenn ein Volk zu einer Nation geworden ist, dann ist sein Recht auf eine Eigenexistenz unauslöschlich und unverletzlich.

Die Quelle von Kaplans Auffassung vom Judentum als einer Nation ist Achad Ha-am (1856–1927) (s. Kap. 6). Er definierte eine Nation eher unter kulturellen als unter politischen Aspekten. Jedes so bestimmte Kollektiv hat ein unveräußerliches Recht auf eine Eigenexistenz. Auf dieser Grundlage können wir das Recht des jüdischen Volkes voraussetzen, unabhängig von jeder Berufung auf eine Gottheit oder höhere Macht irgendeiner Art weiterhin zu existieren.

Kaplan skizzierte auch, was eine Nation idealerweise sein sollte. Er legt in Kapitel 17 dar, daß sie ein Werkzeug sein sollte, mittels dessen die Bürger die persönliche Freiheit des ganzen Volkes gegen jede Form der Tyrannei schützen können. Auch müssen die Interessen jeder bestimmten Nation im Idealfall zum Nutzen der gesamten Menschheit eingeschränkt werden. Obgleich er es nicht explizit sagte, ist doch klar, daß Kaplan damit auf diejenigen modernen Juden antwortete, die sich gegen jede Form des Nationalismus wandten. Solche Leute glaubten, daß Nationen Werkzeuge der Tyrannei sein können (und oft auch sind), die unweigerlich ihre eigenen Interessen gegen die aller anderen durchsetzen wollen. Kaplans Antwort lautete, daß ein solcher Zustand der Dinge nicht von jeder Nation gelten muß, einschließlich der des jüdischen Volkes. Er argumentierte mit Blick auf die jüdische Geschichte, daß kultureller Nationalismus politischem Nationalismus genau deshalb überlegen sei, weil er die Nachteile des Nationalstaates überwinden könne. Während eine Nation moralisch absolut ist, ist es ein Staat nicht. Durch die Unterstützung multinationaler Staaten können wir der Drohung des Chauvinismus und der Gefahr, den Staat in den Rang einer Religion zu erheben, entgehen (Kap. 18). Kaplan unterstützte die Schaffung eines jüdischen Staates in Palästina von ganzem Herzen, widersprach aber der Vorstellung, daß sich alle Juden in diesem Staat niederlassen sollten. Er war der Auffassung, daß die jüdische Nation weiterhin ein universales Volk sein müsse.

Im Kapitel 21 begründet Kaplan die Auffassung, daß die jüdische Gemeinde besonders in der Diaspora so strukturiert sein müsse, daß die Gemeinde als Ganzes und ihre individuellen Mitglieder organisch miteinander verbunden sind. Das Modell für eine organische Verbindung in diesem Beispiel ist die Beziehung eines Körpers zu seinen Gliedern. Während jeder Teil des Körpers an sich eine Substanz und in diesem Sinn von der Substanz des Körpers unterschieden ist, sind gleichwohl diese beiden Arten von Substanzen so miteinander verknüpft, daß der Körper nur gesund sein, das heißt überleben kann, wenn seine Teile gesund sind. Umgekehrt kann jeder Teil nur gesund bleiben, wenn der Körper als Ganzes gesund ist. Auf diese Weise ist der Körper wesentlich mit seinen Teilen und die Teile wesentlich mit dem Körper verbunden. Wenn wir nicht voraussetzen können, daß die Bürger einer Nation loyal sind, weil sie glauben, daß Loyalität eine letzte Verpflichtung ist, dann kann eine Nation solche primäre Treue nur verlangen, wenn sie den besten Interessen jedes ihrer Mitglieder dient. Die Nation wird den individuellen Bedürfnissen ihrer Elemente nur dann konsistent dienen, wenn die strukturelle Beziehung zwischen beiden organisch ist. Wenn die beiden organisch miteinander verbunden sind, kann es prinzipiell keinerlei Interessenkonflikt zwischen dem gesunden Kollektiv und seinen gesunden Bestandteilen geben. Infolgedessen befürwortete Kaplan eine Lehre der Diesseitigkeit statt eine jenseitige Erlösung. Mit Bezug auf die Gemeinschaft wird die diesseitige Rettung als gesellschaftliche und ökonomische Wohlfahrt ihrer Mitglieder verstanden.

So, wie sie von Kaplan interpretiert wird, ist die Nation im eigenen Interesse jedem ihrer Mitglieder auf folgende drei Arten verpflichtet: (1) Sie muß ihm dabei helfen, «einen Platz an der Sonne» zu finden, d. h., jeder einzelne sollte irgendeine Form ständiger Tätigkeit haben, bei der er einen gewissen Grad an Erfolg haben kann, der in und für die Gemeinschaft nützlich ist. (2) Sie sollte ihm helfen, die notwendigen «gesell-schaftlichen und ökonomischen Anpassungen» an seine Umwelt vorzu-nehmen. (3) Sie sollte ihm die «kulturellen Werte und Gewohnheiten, die sein Leben bedeutsam machen», vermitteln (S. 284).

Gegenwärtig ist in den meisten jüdischen Diasporagemeinden die grundlegende Institution, durch welche sich die meisten Juden aktiv mit dem jüdischen Volk identifizieren, die Synagoge. Die obigen Ziele vor-ausgesetzt, führte Kaplan im Kapitel 21 eine Anzahl von Gründen an, warum es nicht wünschenswert ist, daß die Synagoge diese Stellung hat. Er glaubte, daß es der Synagoge nicht gelinge, ihren Mitgliedern gegen-über auf eine der oben aufgezählten Arten die Verantwortung zu über-nehmen und daß sie deshalb keinen wirklichen Anspruch auf ihre Treue habe.

Es könnte argumentiert werden, die Synagoge sollte ihre Funktionen so erweitern, daß sie die obigen Aufgaben einschließt, so daß diese Ein-wände nicht mehr zutreffen. Viele junge Rabbiner, die in den 30er Jahren *Judaism as a Civilization* lasen, haben genau das getan, als sie nach dem Zweiten Weltkrieg die Leitung neuer Synagogen in den amerikanischen Vorstädten übernahmen. Aber Kaplan behauptete, daß das Problem grundlegendere Fragen aufwerfe als nur die Tatsache, daß die Synagoge nicht so benutzt wurde, wie es möglich wäre. Seine Behauptung war vielmehr, daß genau die Struktur der Synagoge als Institution sie in dem geforderten Sinn wirkungslos mache.

Kaplan zählte drei Einwände gegen die Synagoge auf. Sie funktioniere als «exklusives Clubhaus für eine homogene Gruppe». Ihr Vorsteher – der Rabbi – werde «von denen monopolisiert, die sein Gehalt zahlen kön-nen». Schließlich, selbst wenn diese Probleme gelöst werden, ist die Syn-agoge eine viel zu kleine Einheit, als daß sie eine kommunale Autorität darstellen könnte, um die einzelnen dazu zu bewegen, Mitglieder der jüdischen Nation zu werden. Mit Kaplans Worten:

Man ist Mitglied einer Nation nicht durch Wahl, sondern dank des Drucks der kultu-rellen Gruppe, in die man hineingeboren ist... Wenn also die jüdische Nation in der Diaspora funktionieren soll, dann muß ihre wichtigste Manifestation genau dieses Ele-ment der Unfreiwilligkeit sein, das für ein nationales Leben charakteristisch ist. Die Gemeinde kann es nicht liefern, weil sie zu klein, zu intim und flüchtig ist, als daß sie autoritativ sein könnte. (S. 291–293.)

Kaplans Alternative zur Synagoge ist die *kehilla*. Er bildete sich seine Auffassung nach dem Plan für eine Kehilla in New York City um das Jahr 1910 (S. 294–296) und nach einer Anzahl von vorgeschlagenen Modellen für die Restrukturierung und Vereinheitlichung des vielgestaltigen jüdischen Gottesdienstes und philanthropischer Vereine in amerikanischen Städten, namentlich Israel A. Abrahams Plan für ein *Jewish Community Council* in Pittsburgh aus dem Jahre 1933 (S. 541–544). Kaplans Kehilla-Modell hat folgende Eigenschaften: Sie ist eher eine bürgerliche als eine religiöse Organisation. Sie umfaßt alle Arten von Juden. Sie ist nach Distrikten innerhalb des Gebiets der Metropole organisiert und schließt alle Arten von jüdischen Organisationen ein, die den besonderen in ihr zusammengeschlossenen Interessen dienen. Schließlich: Die Autorität wird einer legislativen Körperschaft übertragen, die alle Interessen der vielfältigen Körperschaften innerhalb des Distrikts artikulieren kann. Nach Abrahams Plan sollte jede von Sonderinteressen bestimmte Aktivität innerhalb der Gemeinde in der Generalversammlung mindestens einen und höchstens vier Repräsentanten haben, je nach der Größe des Budgets der Vertretung. Die Generalversammlung wählt ein Viertel ihrer Mitglieder, um einen Verwaltungsrat zu bilden. Der Verwaltungsrat bildet dann einen Exekutivrat, der die wirkliche Arbeit der Gemeinschaft ausführt. Der Exekutivrat sollte die vielfältigen religiösen, erzieherischen, Wohlfahrts- und Berufsvertretungen finanzieren und koordinieren, die die Mitgliedschaft des Ganzen bilden.

Kaplan argumentierte, daß eine Kehilla der Gemeindestruktur der Synagoge vorzuziehen sei, da sie alle Arten von Juden umfasse, was der Kehilla die Vielfalt gebe, die den Synagogen fehle. Aus diesem Grund sollte die Kehilla eher säkular als religiös sein. Da die meisten Juden nicht religiös seien, könnte eine Institution, die ihrer Definition nach religiös ist, nicht alle Juden einbeziehen. Da außerdem die Regeln der Entscheidungsfindung in einer Kehilla demokratisch seien, kann sie nicht ausschließlich den Sonderinteressen der wenigen Juden dienen, die reich genug sind, für ihre Dienste zu zahlen.

Kaplan wußte, daß der Plan einer Kehilla in New York gescheitert war. Er war sich im klaren, daß gleichgültig, wie erwünscht ein Vorschlag in der Theorie sein mag, er letztlich nur von Bedeutung ist, wenn er in die Praxis umgesetzt und auf Dauer gestellt werden kann. Kaplan schrieb das

Scheitern der New Yorker Kehilla der Tatsache zu, daß sie versucht habe, das gesamte Gebiet der Metropole zu vereinheitlichen. Eine funktionierende Kehilla setzt eine einheitliche Gemeinde voraus. Juden leben indessen in ihrer Gemeinde in Distrikten der Stadt, nicht in der gesamten Stadt. Deshalb könne eine Kehilla für ganz New York zwar nicht funktionieren, eine Kehilla, die nach Distrikten organisiert sei, jedoch sehr wohl erfolgreich sein (S. 295).

Gott und die Thora

Wir werden uns nun kurz Kaplans Gottesidee zuwenden. Was er zu einer bestimmten Zeit seines Lebens und in einem beliebigen Buch zu diesem Thema über Gott zu sagen hatte, ist für Kaplans Gesamtentwurf von geringer Bedeutung, weil er nirgendwo eine charakteristische Gottesvorstellung entwickelt hat. Kaplans Schriften, die auf *Judaism as a Civilization* folgten, zeigen eine beträchtliche Flexibilität in dieser Frage. Während Kaplan glaubte, daß es für eine jüdische Zivilisation von Nutzen ist, wenn Juden an etwas glauben, das sie befähigt, die Existenz Gottes zu bejahen, scheint er kein besonderes Interesse an irgendeiner bestimmten Auffassung gehabt zu haben. Diese Eigentümlichkeit von Kaplans Denken ist eine Folge seines Verständnisses des Pragmatismus, nämlich daß Begriffe viel häufiger danach beurteilt werden, wie nützlich sie sind, als danach, ob sie wahr sind oder nicht.

Kaplans Gottesidee ist für sein Programm einer jüdischen Zivilisation über die Tatsache hinaus, daß keine lebendige Zivilisation eine Volksreligion ausschließen sollte, nicht von erstrangiger Bedeutung. Das entscheidende Element, auf dem seine grundlegende Auffassung der Israelidee beruht, ist seine Idee der Thora. Kaplan wandte den Namen Thora auf alle Mittel an, durch die sein Programm der jüdischen Zivilisation verwirklicht werden sollte. So verstanden, ist Kaplans Thora nicht dasselbe wie das, was das biblische oder rabbinische Judentum Thora nannte. Es ist legitim, beides mit demselben Wort zu bezeichnen. Beide sollen detaillierte Darstellungen der Verfahrensregeln oder Institutionen des jüdischen Volkes sein, durch die sich alle Individuen innerhalb der Gemeinschaft auf die Gemeinde und die Welt beziehen. Ebenso führen beide detailliert aus, wie sich die Gemeinde auf ihre Bestandteile und die Welt bezieht. Weiterhin sind die Institutionen oder Regeln in Kaplans Thora von der rabbinischen Thora beeinflußt und beruhen oft darauf. Aber offensichtlich fallen die beiden Verwendungen dieses Ausdrucks nicht vollständig zusammen.

Bräuche

Kaplan unterteilte den Inhalt seiner Thora in zwei Kategorien. Die erste – die Bräuche – scheint eine Annäherung an die traditionelle rabbinische Liste der *Mitzwot* und der *Minhagim* zu sein (Kap. 29). Die zweite – Ethik – ist eine allgemeine Darstellung der Bedingungen ökonomischer und sozialer Gerechtigkeit in einer jüdischen Zivilisation (Kap. 30). Die traditionellen Lebensformen werden weiter unterteilt in zwei Arten – die religiösen und die kulturellen. Man könnte denken, daß Kaplan diese Ausdrücke verwendet hat, um zwischen Praktiken zu unterscheiden, die vom jüdischen Gesetz *(Halacha)* vorgeschrieben sind, und denjenigen, die zwar spezifisch das jüdische Verhalten charakterisieren, aber nicht den Status eines Gesetzes haben *(Minhagim)*; aber diese Unterscheidung stimmt nicht mit Kaplans Gebrauch überein. Der jüdische Kalender ist zum Beispiel ebenso eine Sache des jüdischen Gesetzes wie Fragen des *Kaschrut*. Trotzdem führte Kaplan die ersteren als kulturelle Bräuche und die letzteren als religiöse Bräuche an. Das Adjektiv religiös muß in diesem Zusammenhang mit Bezug auf Kaplans Beschreibung der Volksreligion verstanden werden.

Für Kaplan ist die jüdische Religion «das Bündel konkreter Elemente innerhalb der Zivilisation, das im Bewußtsein des Juden als unentbehrlich für seine Selbsterfüllung oder sein Heil gilt» (S. 323). Auf der Grundlage dieser Definition besteht eine Religion, im Gegensatz zu einer religiösen Philosophie, aus konkreten Praktiken und nicht aus einem System von Überzeugungen. Der Ausdruck *unentbehrlich* drückt das Kriterium aus, nach dem Gemeindepraktiken oder Bräuche als kulturell oder religiös unterschieden werden sollen. Für Kaplan steht fest, daß religiöse Bräuche wichtiger sind als kulturelle Bräuche (S. 433). Er führte die Einhaltung des Sabbat, die Feste und *Kaschrut* als Beispiele für kulturelle

Bräuche an. Kaplan hielt daran fest, daß es keinen einzelnen Aspekt der jüdischen Praxis und keine einzelne Lehre des jüdischen Glaubens gibt, die, gleichgültig, wie wünschenswert sie sein mag, so wesentlich ist, daß das Judentum verschwände, wenn man sie aufgäbe. Vielmehr ist das Judentum als eine organische Einheit definiert, die aus einem Bündel von ideologischen und praktischen Eigenschaften besteht, deren Elemente so sind, daß jedes von ihnen durch ein beliebiges anderes Element ersetzt werden kann, wenn auch nicht alle zur gleichen Zeit. Mit anderen Worten, während kein einzelnes Beispiel eines religiösen Brauchs unentbehrlich ist, ist es das Bündel selbst sehr wohl. Obwohl also das Judentum ohne jedes einzelne dieser religiösen Elemente zu einer beliebigen Zeit überleben könnte, würde es sterben, wenn keines von ihnen überlebte.

Das jüdische Milieu

Kaplan delegierte die Verantwortung für die Überlieferung oder Weiterentwicklung der inhaltlichen Lehren und Praktiken des Judentums unter den einzelnen Juden an zwei Institutionen – die Familie und die Synagoge. In Kaplans Terminologie machen diese beiden Organisationen das jüdische Milieu aus (Kap. 28).

Wir haben oben bemerkt, daß Kaplan gewisse Vorbehalte gegenüber der Wirksamkeit der Synagoge als grundlegender Einheit der jüdischen Identität jenseits der Familie hatte. Er erkannte aber an, daß die Synagoge eine hervorragende Stellung einnimmt. Infolgedessen konnte eine Veränderung jüdischer Gemeindestrukturen leichter durch eine Rekonstruktion dieser Einheit bewirkt werden als dadurch, daß man gesonderte, neue Institutionen schuf. Deshalb argumentierte Kaplan, daß zeitgenössische unabhängige Kongregationen sich zu einer multifunktionalen jüdischen Nachbarschaft, die er *Bet Am* nannte, erweitern sollten. Jede jüdische Nachbarschaft sollte schließlich eine einzelne Kongregation haben, die zumindest alle bestehenden Funktionen übernehmen könnte, die multiple Synagogen in einer bestimmten Nachbarschaft wahrnehmen. Diese neuen grundlegenden Einheiten würden zu Bestandteilen der von Kaplan vorgeschlagenen zwischennachbarschaftlichen Kehilla. Die Funktionen der *Bet Am* würden vielfältige Wohlfahrts-, Gesellschafts-, Kultur- und Erziehungsaktivitäten wie auch den Gottesdienst einschließen.

Kaplans Konzeption der *Bet Am* hatte einen beträchtlichen Einfluß auf die Art und Weise, wie sich die Gemeinden nach dem Zweiten Weltkrieg entwickelten, als sich das jüdische Leben wieder in den Vorstädten der Metropolen ansiedelte (s. Kap. 3). Obwohl viele Gemeinderabbiner und Laienvorsteher hofften, daß ihre Synagogen umfassende jüdische Nachbarschafts- oder Gemeindeverbindungen sein würden, trat das in Wirklichkeit nicht ein. Im Verlauf eines Jahrzehnts wurde die Art von Organisationsfragmentierung, die innerhalb der Stadtgrenzen existiert hatte, an die Vorstädte weitergegeben. Während die Synagoge zu einer ebenso jüdischen wie weltlichen Institution wurde und die Interaktion zwischen den unterschiedlich engagierten Juden anwuchs, unterhalten die Nachbarschaften unglücklicherweise weiterhin getrennte reformierte, orthodoxe, konservative und manchmal sogar rekonstruktionistische Synagogen wie auch unabhängige jüdische Wohlfahrts-, Gesellschafts- und Erziehungsorganisationen.

Schluß

Judaism as a Civilizisation stellt im jüdischen Denken eine einzigartige Komposition dar. Ich meine damit folgendes. Das Judentum ist immer Ausdruck einer Beziehung zwischen einer spezifischen Gottheit und einem spezifischen Volk gewesen. Diese zweiseitige Beziehung ist traditionellerweise in dem dreiteiligen Dogma von Gott, Thora und Israel ausgedrückt worden. Die Ausdrücke *Gott* und *Israel* repräsentieren die beiden Einheiten, die in Beziehung stehen, und der Ausdruck *Thora* drückt deren Natur und Inhalt aus. Kein jüdischer Denker hat das Judentum ohne diese drei Elemente gedacht. Aber seit der Zeit der Bibel hat kein jüdischer Denker jemals eine detaillierte Darstellung aller Teile dieser Beziehung gegeben. Vielmehr haben sich verschiedene jüdische Denker zu verschiedenen Zeiten auf den einen oder den anderen dieser Faktoren konzentriert. In der klassischen rabbinischen Periode (200 v. u. Z. – 500 u. Z.) lag der Ton auf der Natur der Thora. In der mittelalterlichen jüdischen Philosophie lag der Ton auf der Natur Gottes. Seit der Emanzipation hat der Ton auf der Natur des jüdischen Volkes gelegen, Israel. Bei der Entwicklung einer Philosophie des jüdischen Volkes haben das 19. Jahrhundert, liberal-religiöse jüdische Denker und ihre amerikanisch-liberalen Nachfolger im 20. Jahrhundert ihre Aufmerksamkeit primär auf die mittelalterlichen und modernen aus Deutschland stammenden Auffassungen von Gott gerichtet. Die meisten jüdischen Denker, die die Grundlage für den Zionismus gelegt haben, versuchten, eine Philosophie des jüdischen Volkes weitgehend unabhängig von Gott wie von der Thora zu entwickeln. Kaplan unterscheidet sich von diesen jüdischen Denkern dadurch, daß er anerkennt, daß jede erfolgreiche Darstellung eines einzelnen fundamentalen Elements des jüdischen Glaubens – sei es Gott, die Thora oder Israel – nicht unabhängig von, sondern nur in Beziehung zu den beiden anderen grundlegenden Elementen verstanden werden darf.

Einzigartig ist Kaplans Werk noch auf eine andere Weise. Die Philosophie des Judentums als eines Wagnisses kann unter folgender Perspektive verstanden werden. Die Hl. Schrift erzählt von der Geburt und anfänglichen Entwicklung des jüdischen Volkes in seiner Beziehung zu Gott. Als Ganzes genommen ist die Hl. Schrift nicht nur eine Darstellung der jüdischen Ursprünge. Für Israel dient sie auch als eine Verfassung, die implizit wie explizit die grundlegenden Verpflichtungen der Juden enthält. Wenn die Juden niemals die Welt des alten Nahen Ostens verlassen hätten und wenn diese sich niemals verändert hätte, hätte es vermutlich keines weiteren Werkes bedurft, um das zum Ausdruck zu bringen, was das Judentum ausmacht. Jeder grundlegende Wandel im Leben des jüdischen Volkes hat Veränderungen der Praxis und geistigen Perspektive mit sich geführt, die zumindest einen möglichen Zweifel an der Lebensfähigkeit des Programms persönlichen und gemeinschaftlichen Lebens und Denkens erregt haben, das in der Schrift behauptet wurde. Thema alles späteren jüdischen Denkens ist der Versuch, diese Zweifel zu beheben.

Ich will denselben Punkt noch auf eine andere Weise darstellen. Die Abfassung einer Philosophie des Judentums impliziert die folgenden Voraussetzungen: In einem gewissen Sinn ist das Judentum wahr; es scheint Quellen der Wahrheit zu geben, die unabhängig vom Judentum sind; und es scheint Konfliktgebiete zwischen dem Judentum und den unabhängigen Quellen zu geben. Im späten Mittelalter etwa war die anscheinend unabhängige Wahrheitsquelle die Philosophie des Aristoteles, wie er von seinen griechischen und muslimischen Kommentatoren verstanden wurde; und das Gebiet des offensichtlichen Konflikts mit dem Judentum lag in dem, was sie Metaphysik nannten und was wir theoretische Physik nennen, wobei sie ihre Aufmerksamkeit besonders auf die Natur (aber nicht die Existenz) Gottes und die Ursprünge des physischen Universums richteten, wenn es denn welche haben sollte. Heute freilich wird die moderne Metaphysik, sei es die englische oder kontinentaleuropäische, ganz zu schweigen von der aristotelischen, nur von sehr wenigen Leuten im allgemeinen und von praktisch keinem Juden im besonderen für eine Quelle der Wahrheit gehalten. Insofern es ein Bedürfnis nach einer Philosophie des Judentums gibt, besteht es in einer ganz anderen Hinsicht als der des mittelalterlichen Judentums. Kaplan gehört zu den wenigen bedeutenderen jüdischen Denkern in der modernen Welt, die den Brennpunkt der Aufmerksamkeit der jüdischen Philosophie in dieser Hinsicht geändert haben.[3]

Es gibt gute Gründe dafür, daß die zeitgenössische jüdische Philosophie den Schwerpunkt ihrer Verteidigung von den Streitfragen in der Wissenschaft auf Herausforderungen in der politischen Theorie verlagert hat. Im 19. Jahrhundert glaubten die meisten deutschen Intellektuellen immer noch, daß das, was sie für die neue empirische Wissenschaft[4] hielten, den Schlüssel zu allem enthielt, was der Erkenntnis wert war, und geeignet war, alle menschlichen Probleme auf eine rationale, objektive Weise zu lösen. Was «Wissenschaft» genannt wurde, stellte eine Massenreligion für die Intelligentsia dar. Sie hatten sich auf eine Methodologie festgelegt, die ihnen als Quelle des menschlichen Heils erschien, d. h. als eine Möglichkeit für die Menschheit, alle ihre Hoffnungen in dieser Welt zu erfüllen. Ja, sie glaubten nicht nur, daß die sogenannte wissenschaftliche Methode Probleme lösen konnte, sondern daß sie tatsächlich schon viele gelöst habe. Sie glaubten, Euklid (4. Jh. v. u. Z.) habe die Mathematik in dem Sinn vollendet, daß man alles wisse, was es über

---

3 Das einzige klare andere Beispiel ist Spinoza, s. Kap. 7.
4 Was in Wirklichkeit der alte materialistische Atomismus der Mutakallimun war.

mathematische Wahrheiten, die ja ewig waren, zu wissen gebe. Später habe Isaac Newton (1647–1727) eine ewig wahre Auffassung von der Natur des physischen Universums beigesteuert. In neuerer Zeit glaubten Sigmund Freud (1856–1939) und Karl Marx (1818–1883), um nur die wichtigsten zu nennen, daß sie diese angebliche Gewißheit in den Naturwissenschaften auf die sogenannten Humanwissenschaften wie Psychologie, Soziologie, Ökonomie und politische Theorie ausdehnen könnten. Dieser Glaube wurzelte in dem weiten Gebiet der allgemeinen Übereinstimmung in Mathematik und den Naturwissenschaften. Deshalb war es im letzten Jahrhundert vernünftig, daß sich die jüdische Philosophie auf Fragen des offensichtlichen Konflikts zwischen Judentum und Wissenschaft konzentrierte, aber im 20. Jahrhundert ist die Grundlage für das Vertrauen in die Wissenschaft erschüttert.

Heute wird die euklidische Mathematik als eine spezielle Art der Geometrie angesehen. Kein Mathematiker kann behaupten, daß seine geistige Arbeit irgend etwas anderes als lediglich formale oder linguistische Wahrheit hervorbringt. Ähnlich wird die Newtonsche Physik von den meisten Physikern nicht mehr als ein wahres Bild des Universums angesehen. Sie ist im besten Fall ein hypothetisches Modell, das geeignet ist, einige Probleme zu lösen. Es gibt andere Modelle, selbst widersprüchliche, die auf andere Probleme besser anwendbar sind wie etwa das vierdimensionale Raum / Zeit-Modell für die Astronomie in der Relativitätstheorie von Albert Einstein (1879–1955) und die Unschärferelation von Werner Heisenberg (1901–1976) in der Kopenhagener Interpretation für die Quantenphysik. Theorien des Universums sind prinzipiell nichts anderes als Theorien, die wahr nur in dem höchst eingeschränkten Sinn genannt werden können, daß sie uns in den Stand setzen, mit wechselndem Grad an Wahrscheinlichkeit Voraussagen zu machen. Selbst dieser stark eingeschränkte Grad von Wahrheitsanspruch übersteigt bei weitem jede Behauptung von Wissen, die ein Geistes- oder Sozialwissenschaftler aufstellen kann.

Bei den meisten amerikanischen Philosophen herrscht die Ansicht vor, daß ihre Talente bei der Klärung von Begriffen und dem Aufweis der Logik der Sprache der Wahrheitsansprüche nützlich sind, den andere legitimer- oder illegitimerweise erheben, daß aber die Philosophie selbst keinerlei Methode biete, mittels deren irgendwelche Wahrheitansprüche hinsichtlich der empirischen Welt erhoben werden können. Was im 19. Jahrhundert als unabhängige Quelle oder Tradition der Wahrheit angesehen wurde, die, zumindest im Prinzip, Zweifel an den Wahrheitsansprüchen jeder Version des modernen oder klassischen Judentums erwecken konnte, kann von keinem unterrichteten Menschen mehr ernsthaft als eine Bedrohung angesehen werden.

Gleichwohl vertreten amerikanische Juden des 20. Jahrhunderts vernünftige Überzeugungen, die unabhängig von jüdischen Quellen sind und, zumindest im Prinzip, eine mögliche Bedrohung für eine rationale Behauptung jüdischer Überzeugungen darstellen. Die meisten amerikanischen Juden glauben an den Nationalismus und sind in irgendeinem Sinn des Wortes von der Demokratie als der Idealform einer nationalen Regierung überzeugt. Ähnlich sind sich die meisten Juden nicht bewußt, daß dieser Glaube unabhängig vom Judentum ist und sogar im Widerspruch dazu stehen kann. Wie der scheinbare Konflikt zwischen aristotelischer Philosophie und Judentum nach einer jüdischen Theologie verlangte, die sich selbst in Gestalt einer Metaphysik und Physik ausdrückte, so verlangt der scheinbare Konflikt zwischen demokratischem Nationalismus und Judentum heute nach einer jüdischen Theologie, die sich selbst in Form einer moralischen oder politischen Philosophie ausdrückt. Gleichwohl haben nur wenige jüdische Denker, mit der möglichen Ausnahme von einigen zionistischen Theoretikern wie Ber Borochov (1881–1917), ein klares Bewußtsein davon, daß eine politische und moralische Theorie eine moderne Notwendigkeit für die jüdische Theologie darstellt. Die wichtigste Ausnahme von dieser negativen Generalisierung bildet Mordechai Kaplan, der in *Judaism as a Civilization* eine jüdische Theologie in Gestalt einer politischen Theorie des demokratischen Nationalismus anbot. Kaplan ist vielleicht der einzige ernsthafte amerikanisch-jüdische Denker, der sich mit dem Judentum im Lichte der wichtigsten intellektuellen Überzeugungen der westlichen jüdischen Intelligentsia im ersten Drittel des 20. Jahrhunderts befaßt hat. Diese Tatsache mag der Grund sein, warum Kaplans Einfluß so sehr viel größer war als der jedes anderen amerikanischen jüdischen Denkers; gleichgültig, was wir von seiner Antwort halten mögen, so hat er doch die richtigen Fragen gestellt.

Wie oben festgestellt worden ist: Jede Philosophie des Judentums setzt, über die Verpflichtung auf ein gewisses Verständnis des Judentums hinaus, die Bejahung einiger Überzeugungen voraus, die dem Judentum äußerlich oder von ihm unabhängig sind. In Kaplans Fall schloß der Bereich der jüdischen Überzeugungen eine liberale Auffassung vom rabbinischen Judentum wie auch eine Form des modernen Zionismus ein, welche die Notwendigkeit und Wünschbarkeit eines jüdischen Staates wie einer jüdischen Nation, die sich über die Grenzen jener einzelnen politischen Einheit hinaus erstreckte, einschloß. Obendrein scheint der Autor von *Judaism as a Civilization* auf einen Utilitarismus in der Ethik, auf das, was William James (1842–1910) «radikalen Empirismus» genannt hat (was heute aber gewöhnlich «amerikanischer Pragmatismus» genannt wird), in der Erkenntnistheorie und auf die moralische Wünschbarkeit irgendeiner Form des demokratischen Nationalismus in der politischen Theorie festgelegt gewesen zu sein. Maimonides' *Führer der Unschlüssigen* kann legitimerweise als das charakterisiert werden, was ein intelligenter Aristoteliker sagen könnte, wenn er ein rabbinischer Jude mit entschiedenen Sympathien für die Kabbala gewesen wäre. Genauso war Kaplans *Judaism as a Civilization* das, was ein intelligenter, utilitaristischer, pragmatistischer, sozialdemokratischer Nationalist sagen würde, wenn er ein liberaler, neo-rabbinischer, utopischer Zionist wäre. Auch in diesem Sinn ist Kaplans Werk einzigartig. Kaplan ist ein typisch amerikanischer jüdischer Theologe, denn kein System von Überzeugungen ist in der ersten Hälfte des 20. Jahrhunderts typischer für Amerika als die Verbindung von Pragmatismus mit Utilitarismus und demokratischem Nationalismus.

13
Emil Fackenheim und die zeitgenössische jüdische Philosophie

Religiöse Philosophie ist zwangsläufig polemisch. Gäbe es für das Judentum keine Herausforderung von außen – gäbe es kein ernstzunehmendes Denksystem außerhalb des Judentums –, dann gäbe es in der jüdischen Philosophie nichts, worüber man reden müßte. Es ist die Herausforderung von außen, die die zu verhandelnden Gegenstände bestimmt. Wenn Sie zum Beispiel ein Neo-Hegelianer des frühen 20. Jahrhunderts sind, der ein Jude sein will, Sie aber nur ein Jude sein können, wenn Sie mit der Realität aus einer neohegelschen Perspektive handelseinig werden, dann werden Sie eine Philosophie des Judentums entwickeln, die den Philosophien Bubers und Rosenzweigs ähnelt. Oder wenn Sie ein Neo-Aristoteliker des 12. Jahrhunderts sind, der sich die Bindung an das rabbinische Judentum aus der Perspektive der religiösen / wissenschaftlichen Weltsicht von jemandem wie Ibn Sina verständlich machen will, dann werden Sie eine Philosophie des Judentums entwickeln, die so ähnlich ist wie die Philosophien von Abraham Ibn Daud und Maimonides.

Nach meiner Auffassung gibt es zwei große Perioden des jüdischen Denkens. Die eine ist die mittelalterliche Periode, die unter platonisch / aristotelischem Einfluß stand, die vom 10. bis zum 14. Jahrhundert dauerte. In dieser Zeit waren die beherrschenden Gestalten Saadia, Abraham Ibn Daud, Maimonides, Gersonides und Crescas. Der bekannteste von ihnen ist Maimonides; aber die strengsten waren Gersonides und Crescas. Die andere Periode ist die, von der dieser Text handelt. Ihre größten Errungenschaften als Philosophie lagen in dem ersten Drittel des

20. Jahrhunderts, als die äußerliche Quelle für die Polemik die deutsch-christliche, kantisch-hegelsche Philosophie war. Die drei Hauptstimmen dieser Periode waren Hermann Cohen, Martin Buber und Franz Rosenzweig.

Einige jüdische Philosophen, die heute Philosophie betreiben, sehen das beste Vorbild für ihre Arbeit in der mittelalterlichen Periode. Sie gründen ihr modernes auf das klassische jüdische Denken. Andere gründen ihr modernes jüdisches Denken auf Rosenzweig und Buber. Die Mitglieder dieser beiden Gruppen treffen die folgende Entscheidung. Wenn sie ihre Arbeit auf das mittelalterliche Modell stützen, dann deshalb, weil sie die mittelalterliche aristotelische Wissenschaft für besser als die moderne Philosophie halten. Umgekehrt, wer seine Arbeit auf ein hegelsches Modell stützt, akzeptiert den Wert der Hegelianer. Wenn Sie glauben, daß weder die aristotelische noch die hegelsche Philosophie geeignet sind, dann haben die Lehren der klassischen und modernen jüdischen Philosophen nur eine beschränkte Relevanz für Ihr eigenes zeitgenössisches Denken. Aber diese negativen Urteile mindern nicht die Wichtigkeit eines Studiums dieser Philosophen. Ihr Wert kann auf folgende Weise erklärt werden.

Wenn Sie gut Schach spielen wollen, dann ist der Weg, ein guter Schachspieler zu werden, der, jedes größere Schachspiel zu studieren, das Meisterspieler jemals gespielt haben. Das bedeutet nicht, daß man dieselben Züge macht wie sie. Keine zwei Schachspiele sind gleich. Außerdem könnte Ihr Gegner ebenfalls wissen, was Ihr Meister getan hat. Die Züge des Meisters lösten Schachprobleme seiner Zeit und motivierten andere, Gegenzüge zu entwickeln. Was in seiner Zeit eine Entscheidung war, die zum Sieg führte, würde sehr wahrscheinlich heute gegen einen guten Turnierspieler zu einer Niederlage führen. Infolgedessen werden sich Ihre Züge von denen Ihres Meisters unterscheiden. Aber Sie werden nicht imstande sein, sich wie ein Meister zu bewegen, bis Sie die Fähigkeit entwickelt haben, wie ein Meister zu denken, was Sie nur dadurch erreichen, daß Sie die Meister meistern. Alle oben erwähnten jüdischen Philosophen sind Meister des jüdischen Denkens. Wenn Sie diese Autoren studieren, dann nicht, um ihre Schlußfolgerungen zu verteidigen, sondern um selbst zu einem Meister heranzuwachsen, um neue Gedankenzüge bei der Lösung neuer Probleme zu entwickeln.

An diesem Punkt sollte klar sein, daß niemand ernstzunehmende Arbeit auf dem Gebiet der jüdischen Philosophie leisten kann, der nicht über angemessene Kenntnisse der jüdischen Quellen und eine professionelle Ausbildung als Philosoph verfügt. Die Leistung auf diesem Gebiet hängt von dem Umfang des jeweiligen Wissensstandes im Bereich des Judentums und dem Grad der Begabung als Philosoph ab. Viele engagierte Philosophen verfügen über gute Kenntnisse im Judentum, aber nur wenige von ihnen haben ausgeprägte philosophische Fähigkeiten. Unter denen, die diese Begabung besitzen, haben nur wenige das Talent, das Emil Fackenheim (geb. 1916) in seinem Buch *The Religious Dimension of Hegel's Thought* bewiesen hat.[1] Dieses Buch wird im allgemeinen als eine der wichtigsten Darstellungen eines der bedeutendsten Philosophen der westlichen Zivilisation angesehen. Fackenheim ist der jüngste wichtige Exponent einer Form jüdischer Philosophie, die als «biblischer Glaube» bekannt ist, deren Ursprünge in der deutsch-jüdischen Theologie von Martin Buber und Franz Rosenzweig liegen.[2] Als solches ist das gesamte Werk von Fackenheim wichtig, weil es zum Grundstock der jüdischen Religionsphilosophie gehört, die von Hermann Cohen (s. Kap. 9) angeregt worden ist, dessen historische Bedeutung nur hinter der Tradition der mittelalterlichen jüdischen Philosophie zurücksteht.

Fackenheims wichtigste Bücher über die jüdische Philosophie sind *Quest for Past and Future*[3], *God's Presence in History*[4], *Encounters between Judaism and Modern Philosophy*[5], *The Jewish Return into History: Reflections in the Age of Auschwitz and A new Jerusalem*[6], und *To*

---

1 Emil L. Fackenheim, *The Religious Dimension in Hegel's Thought*, Boston 1970.
2 Siehe Kapitel 5, 10 und 11. Fackenheim nennt den biblischen Glauben «Neo-Orthodoxie» nach dem üblichen Titel des christlichen religiösen Denkens von Karl Barth und Reinhold Niebuhr. Die Parallelen von Buber-Rosenzweig und Barth-Niebuhr sind offensichtlich. Sie alle sind tief von der Sprache und Logik der Hegelschen Philosophie beeinflußt, selbst noch in der Art, wie sie Hegel verwerfen; und sie sind tief von der deutschen Bibelkritik beeinflußt, selbst noch in der Art, wie sie diese Kritik verwerfen, wenn sie für eine Form des Bibelglaubens Partei ergreifen.
3 Bloomingston 1968. Im folgenden *Quest* genannt.
4 New York 1970. Im folgenden *Presence* genannt.
5 New York 1973. Im folgenden Encounters genannt.
6 New York 1978. Im folgenden *Return* genannt.

mend the World[7]. In dem Buch *Quest* legte Fackenheim seine Gründe dar, weshalb er den klassischen jüdischen Liberalismus verwarf, was weitgehend mit Fragen der Autorität zu tun hatte; wir stehen freilich vor der Frage, woher die Autorität kommen kann, wenn nicht aus der Vernunft oder vom Sinai, wie er von den Orthodoxen verstanden wird. In *Presence* und *Encounters* erfahren wir, daß die neuen Autoritäten neue epochemachende Ereignisse sind, die ihren Ausdruck in einem neuen Midrasch finden; daß die neuen religiösen Epochen den Holocaust einschließen; und daß der neue Midrasch die Geschichten von Elie Wiesel enthält (s. Kap. 4). Fackenheim macht nicht deutlich, was ein epochemachendes Ereignis ist, warum der Holocaust dazu zählt, was sonst noch dazu gehört und wie sein Verständnis des Midrasch aussieht, wenn er das moderne jüdische Denken in den Erzählungen von Elie Wiesel wiedererkennt. Wenn Fackenheim seine Verwerfung der Autorität der Vernunft von *Quest* bis zu *Encounters* artikuliert, sagt er uns, daß so, wie die Philosophie in der Vergangenheit die Logik benutzt habe, um alle Religionen, einschließlich des Judentums, zu beurteilen, das Judentum nach dem Holocaust den Midrasch benutzen kann, um alle Philosophie zu beurteilen. Aber wir erfahren nicht, was dieser Midrasch ist. Fackenheim versucht, diese Frage in *Return* zu beantworten. Dort erklärt er, daß der Holocaust epochemachend ist, weil er ein einzigartiges Ereignis ist, das neue moralische Forderungen an die gesamte Menschheit stellt und die Art und Weise ändert, in der Menschen die Vergangenheit und Zukunft wahrnehmen müssen. Auf der Grundlage seiner Diskussion des Holocaust erweitert Fackenheim seine Behauptung über die Bedeutung der Geschichte, um die Schaffung des modernen Staates Israel als epochemachendes Ereignis einzuschließen.

In *To mend the World* werden die Schlußfolgerungen aller früheren Essays Fackenheims zum ersten Mal in einem einheitlichen, systematischen Ganzen zusammengebracht. Im wesentlichen sagt Fackenheim folgendes: (1) Baruch Spinoza (s. Kap. 7) und Franz Rosenzweig (s. Kap. 11), die Fackenheim als die beiden bedeutendsten jüdischen Philosophen ansieht, stellen die beiden möglichen, diametral entgegengesetz-

---

7 New York 1982.

ten Antworten auf die Moderne dar, die den Juden vor dem Holocaust möglich waren. Auf der Grundlage von Spinozas System hatte der Jude die Wahl, sich vom Judentum abzuwenden, indem er zu einem «freien-Mensch-im-allgemeinen» wurde. Auf der Grundlage der Rosenzweigschen Theologie hatte der Jude die Wahl, sich dem Judentum zuzuwenden, indem er zu einem «freien-Juden-im-besonderen» wurde, zu dem Preis, das jüdische Volk zu einem Gebilde außerhalb der Geschichte zu machen. (2) Nach dem Holocaust bleibt keine der Alternativen gangbar. Spinozas Assimilation, die sich vom jüdischen Partikularismus abwendet, und Rosenzweigs Abtrennung des jüdischen Lebens von den Realitäten der politischen Macht resultierten beide (in der jüngsten Vergangenheit) in der Auslöschung des jüdischen Volkes, ein Resultat, zu dem sie (in der Zukunft) wieder führen könnten. Nach dem Holocaust muß der Jude als Jude wieder in das Reich der gelebten Geschichte zurückkehren. Das Problem ist nur, wie eine solche Rückkehr möglich ist.

Fackenheims Philosophie beruht auf seiner Bindung an einen auf die Bibel gegründeten Glauben, der bejaht, daß es ein vollkommenes Wesen gibt, den Gott Israels, der in der Geschichte auf besondere Art und Weise handelt. Gottes besondere Manifestationen in der Geschichte werden «epochemachende Ereignisse» genannt. Diese Epochen schließen den Exodus aus Ägypten, die Theophanie auf dem Sinai und die Zerstörung der ersten beiden Tempel Israels ein. Zu diesen Voraussetzungen fügt Fakkenheim die Behauptung hinzu, daß Epochen in der jüdischen Geschichte dazu dienen, das authentische vom unauthentischen Judentum zu unterscheiden, und daß der Midrasch der authentischste Ausdruck der jüdischen Theologie ist. Vor diesem Hintergrund lautet die zentrale These des *Return*, daß der Holocaust und die Gründung des modernen Staates Israel epochemachende jüdische Ereignisse sind. Diese beiden Ereignisse und die Emanzipation sind die einzigen epochemachenden Ereignisse seit der Zerstörung des zweiten Tempels. Diese drei Ereignisse sind eng miteinander verbunden und haben ein neues Zeitalter des Midrasch herbeigeführt. Um ein epochemachendes jüdisches Ereignis zu sein, muß das historische Phänomen einmalig sein, es muß die Art und Weise verändern, wie die nachfolgende Geschichte verstanden wird, und es muß spezielle und neue Forderungen an das jüdische Volk sowie die gesamte

Menschheit stellen. Fackenheim begründete ausführlich die Einzigartigkeit des Holocaust wie des Staates Israel. Für ihn ist deutlich, daß diese beiden Ereignisse eine neue Art der Wahrnehmung der Gegenwart und der Zukunft von Juden wie von Christen im besonderen und der Menschheit im allgemeinen verlangen. Jedes dieser Ereignisse stellt eine neue göttlich-moralische Forderung auf. Die Forderung aus dem Holocaust wird das «614. Gebot» genannt, und die Forderung, die sich aus der Entstehung des Staates Israel ergibt, wird *Am Yisrael Chai* getauft.

Der Midrasch

In *Encounters* argumentierte Fackenheim, daß so, wie die Philosophie das Werkzeug der Logik in der Vergangenheit benutzt habe, um alle Religionen, einschließlich des Judentums, zu beurteilen, jetzt das Judentum das Werkzeug des Midrasch benutzen könne, um alle Philosophie zu beurteilen. Fackenheim hält dieses für eine der entscheidenden Konsequenzen aus dem Holocaust. Die Philosophie hat ihre Würde verloren, weil sie auf ihre Weise zum Entstehen von Nazideutschland beigetragen hat und weil sie in Nazideutschland weiterhin funktionieren konnte. Deshalb hat das Judentum sich das Recht erworben, die Philosophie zu beurteilen.

Auf der einen Ebene kann Fackenheims Anspruch gegenüber der Philosophie auf folgende Weise verstanden werden. Es ist die Aufgabe der Philosophie, präzise Formulierungen für generelle Behauptungen zu finden. Wenn eine präzise Formulierung nicht möglich ist, dann neigen die Philosophen dazu, über die allgemeinen Behauptungen negative Urteile zu fällen. Historisch gesehen sind die Philosophen an den Wahrheitsansprüchen verschiedener Religionen, einschließlich des Judentums, sehr interessiert gewesen. Viele christliche Philosophen Europas sind aber zu negativen Urteilen über das Judentum gekommen. Wenn nun ein Argument logisch gültig ist, ziehen die Prämissen gewisse Schlußfolgerungen nach sich, was bedeutet, daß die Schlußfolgerungen gültiger Argumente nur verneint werden können, wenn die Prämissen verneint werden. Fackenheim könnte also folgendes behaupten: Wenn die Behauptungen des Judentums mit den Ansprüchen der Logik nicht zusammenstimmen, dann kann man ebensogut die Logik bejahen und das Judentum verneinen wie das Judentum bejahen und die Logik verneinen.

Es ist nicht klar, wie Fackenheim den Midrasch benutzen will, um die Philosophie zu beurteilen. *Prima facie* sind Midrasch und Logik in keinem Sinn vergleichbar. Der Midrasch ist kein formales Werkzeug, um Wahrheitsansprüche auszudrücken. Er ist eine spezifische Menge von Behauptungen, die von Rabbinern durch den Gebrauch von Parabeln und/oder Geschichten aufgestellt werden. Vieleicht kann man philosophische Behauptungen mit Behauptungen des Midrasch vergleichen, obwohl das kaum angemessen erscheint. Umgekehrt könnte man philosophische Ansprüche in logischer Form mit philosophischen oder anderen Wahrheitsansprüchen in alternativer Form wie Poesie, Skulptur usf. vergleichen. Aber wie sollen wir Logik und Midrasch miteinander vergleichen?

In *Return* schlug Fackenheim die folgende Antwort vor: Die diskursive Sprache ist beim Ausdruck von Wahrheitsansprüchen eingeschränkt. Sie kann nur formulieren, was Menschen präzise begreifen können, was notwendig beschränkt ist; was Menschen hingegen erfahren können, ist umfassender. Vieles, was wir erfahren, geht über die Fähigkeit der diskursiven Sprache hinaus. Nun sind aber die Fähigkeiten der Logik einzig auf die diskursive Sprache eingeschränkt und haben keinerlei Autorität über das, was Menschen jenseits dieser Beschränkung in anderen Formen der Sprache ausdrücken. Eine solche Sprache ist das Geschichtenerzählen, und der Midrasch ist ein spezifisches Beispiel des Geschichtenerzählens.

Der Midrasch besteht nicht nur aus von Juden erzählten Geschichten. Er ist die Form einer ganz bestimmten Menge von Geschichten, die Juden erzählen. Epochemachende Ereignisse sind spezielle Begegnungen in der menschlichen, endlichen Geschichte mit einem unendlichen Gott. In solchen Augenblicken ist das Unendliche unvermeidlich Teil der zu beschreibenden Geschichte; aber weil Gott unendlich ist, kann er nicht adäquat ausgedrückt werden. Der Midrasch ist ein Geschichtenerzählen, das darum kämpft, das Unausdrückbare auszudrücken, weil es ausgedrückt werden muß. Noch einmal, es ist unausdrückbar, weil es einen unendlichen Gott einbegreift, und es muß ausgedrückt werden, weil der Gegenstand gewichtig ist, d. h., weil er die Wahrnehmung der späteren Geschichte ändert und spezielle moralische Forderungen stellt. Der technische Ausdruck, den der Midrasch verwendet, um anzuzeigen, daß die Rabbiner wissen, daß das, was sie, so gut sie können, auszudrücken versuchen, nicht genau oder angemessen ausgedrückt werden kann, ist *K'b'yachol.*

Auf der Grundlage der obigen Analyse erklärt Fackenheim seine Aussage über die kritische Funktion des Midrasch. In einem Sinn erhebt der Midrasch keine Wahrheitsansprüche. Im Midrasch werden keine klaren Aussagen formuliert, die einfach als wahr oder als falsch bezeichnet werden können. Gleichwohl ist der Midrasch ebenso um den Ausdruck der Wahrheit bemüht wie die Logik, weil seine Methode einen weiteren Bereich von Wahrheitsansprüchen umfaßt als die Logik.

Authentische Juden

Für Fackenheim ist der Midrasch die Reaktion authentischer Juden auf epochemachende jüdische Ereignisse. Er ist keine Antwort, weil das Unausdrückbare keine Antwort finden kann; aber es kann auch nicht ignoriert werden. Eine Reaktion ist gefordert. Wir hören, daß diejenigen, die reagieren, authentische Juden sind, und die, denen es nicht gelingt zu reagieren, nicht authentisch sind.

Für Fackenheim machen diese beiden Kategorien von Juden die alten Unterscheidungen zwischen weltlichen und religiösen, liberalen und traditionellen Juden obsolet. Es ist nicht länger von erstrangiger Wichtigkeit, ob ein Jude ausdrücklich an den Gott Israels glaubt oder unausdrücklich eines der 613 früheren Gebote bejaht. Diese Fragen spielten in der Vergangenheit eine Rolle, weil sie angemessene Reaktionen auf die Epochen des Exodus, des Sinai und der Zerstörung der Tempel waren. Jetzt sollen Juden danach beurteilt werden, wie sie auf den Holocaust und den Staat Israel reagieren. Das Problem ist, daß keiner sicher sein kann, was ein epochemachendes Ereignis ist, wenn es gerade geschieht; gleichwohl hat man keine andere Wahl, als darauf entweder durch Bejahung oder durch Verneinung zu reagieren. Heute können wir nicht sicher sein, ob diese beiden zeitgenössischen Ereignisse epochemachend sind. Wenn sie es sind, dann sind diejenigen Juden, die darauf reagieren, authentisch, und die, die das nicht tun, nicht authentisch.

Für Fackenheim sind der Holocaust und die Entstehung des modernen Staates Israel die beiden Ereignisse, die am ehesten einen Anspruch darauf erheben können, als epochemachend zu gelten. Es sind nicht einfach nur sehr wichtige Ereignisse. Fackenheim erhob einen weit stärkeren Anspruch. Für ihn sind sie dem Exodus, der Theophanie am Sinai und der Zerstörung der beiden Tempel vergleichbar. Infolgedessen behauptet Fackenheim, daß die Art, wie Juden auf diese beiden Ereignisse reagieren, uns die Möglichkeit gibt, zwischen echten und unechten Juden zu unterscheiden.

Der Holocaust als epochemachendes Ereignis

Für Fackenheim ist der Holocaust ein epochemachendes Ereignis, weil er einzigartig ist, neue moralische Forderungen stellt und die Wahrnehmung der späteren Geschichte verändert. Er verweist darauf, daß jedes andere mögliche Ziel der Nazis, einschließlich des Ziels, den Krieg zu gewinnen, hinter ihrer Entschlossenheit, die Juden zu ermorden, zurücktrat. Der Beweis dafür ist, daß in Situationen, wo die Interessen der Konzentrationslager mit anderen deutschen Interessen zusammenstießen, diejenigen der KZ den Vorrang hatten. Obendrein wurden die Juden aus keinem anderen Grund ermordet als wegen der Tatsache, daß sie Juden waren. Sie wurden nicht wegen ihres Glaubens oder ihrer Taten ermordet, da das nichts mit ihrem Jüdischsein zu tun hatte. Sie wurden nicht ermordet, weil sie zu einer unterlegenen Rasse gehörten. Die nazistische Ansicht vom Juden war die Grundlage für ihre Definition von Rassen und nicht umgekehrt. Deshalb existierte der Nazistaat letztlich um eines einzigen Zwecks willen, um Juden aus keinem anderen Grunde zu töten als um der Tatsache willen, daß sie Juden waren. Der Holocaust war das Böse um des Bösen willen. Ein derartiges Böses hat in der Geschichte nirgends seinesgleichen. Hiroshima zum Beispiel ist nicht vergleichbar, weil die Japaner ermordet wurden, um den Krieg zu beenden und amerikanische Leben zu retten. Der Mord an den Japanern war, wenn überhaupt, ein sekundäres Ziel im Vergleich mit dem primären, im übrigen rationalen Ziel, den Krieg zu gewinnen. Nur die Ausrottung der Zigeuner durch die Nazis stellt ein mögliches Pendant zu der Ausrottung der Juden dar.

Die neue moralische Forderung des Holocaust ist Fackenheims 614. Gebot. Es lautet, daß es «einem authentischen Juden von heute verboten ist, Hitler einen weiteren posthumen Sieg zu verschaffen»[8]. Fackenheim räumt ein, daß diese Formulierung unangemessen ist, und er artikulierte deshalb eine Reihe von Konsequenzen, die wir aus dem Gebot ziehen sollen. Wir dürfen nicht die Opfer des Holocaust vergessen. Wir müssen die Heiligkeit des Lebens gegenüber dem Tod bejahen mit der weiteren Folge, daß wir kollektiven und individuellen Selbstmord verwerfen müssen; wir müssen Hoffnung für die Welt haben, was zur Folge hat, daß wir nicht erlauben dürfen, daß es jemals wieder für irgend jemanden zu einem zweiten Holocaust kommt. Wir dürfen nicht an Gott verzweifeln. Schließlich müssen die Juden überleben, indem sie jüdische Kinder großziehen. Für ihn sind weltliche Juden, die kämpfen, um als Juden zu überleben, authentische Juden.

In einem Essay mit dem Titel «Sachsenhausen 1938: Groundwork for Auschwitz» liefert Fackenheim aus seiner eigenen Erfahrung ein dramatisches Beispiel dafür, wie er sein neues Gebot verstanden wissen will. Zu Beginn ihrer Internierung wurden er und andere Insassen dazu verleitet, scheinbar unbedeutende Kompromisse zu schließen, die letztlich aber signifikant zu dem Massenmord an den Juden durch die Nazis beitrugen. In den ersten Tagen im Lager pflegte ein SS-Offizier einen Juden zu fragen, welchen Beruf er habe; und wenn der Jude keine annehmbare Antwort gab, wurde er geschlagen. Ein rabbinischer Student kam auf die Idee zu sagen «Ich bin Lehrer an einer öffentlichen Schule». Durch diese Notlüge vermied er, geschlagen zu werden. Es sieht so aus, als ob es moralisch gerechtfertigt wie auch pragmatisch vernünftig ist, eine derart geringe Sünde (eine Notlüge zu erzählen) zu begehen, um eine sinnlose negative Konsequenz (geschlagen werden) zu vermeiden. Aber Fackenheim sagte uns, daß durch eine solche Handlung

8 *Judaism*, 16,3 (Sommer 1967), S. 269–273.

wir (die Juden) ihnen (den Nazis) in die Falle gingen. ... wir schützten uns, aber gleichzeitig haben wir etwas von unserer Würde verloren, bis schließlich eine gleitende Skala erreicht ist, wo es immer schwieriger wird, dem System zu entkommen.[9]

In diesem Fall ergibt Fackenheims Anwendung des 614. Gebots die Verpflichtung, dem Bösen zu widerstehen und keinerlei Kompromisse mit ihm einzugehen. Sein Beispiel für eine Beachtung dieses Gebots ist der Aufstand im Warschauer Getto. In diesem Fall führt Fackenheim starke Argumente für die moralische Pflicht an, dem Übel, selbst dem unbedeutendsten, zu widerstehen.

Fackenheim argumentierte, daß jeder Versuch, dem Holocaust seine Einzigartigkeit zu nehmen, indem man ihn auf ein Beispiel für irgendein universales, verständliches menschliches Phänomen reduziert, eine Form von Eskapismus ist, die eine nicht-authentische Existenz konstituiert. Der Holocaust trotzt jeder Form einer rationalen Erklärung. Er kann im Handeln überwunden werden, aber nicht im Denken. In Fackenheims Sprache unterbricht der Holocaust allen Zusammenhang mit der Vergangenheit. Dieser Bruch kann durch kein Verstehen überwunden werden. Nur durch das Beispiel des Widerstandes der Wenigen während des Holocaust kann die Kontinuität mit der Vergangenheit ein *Tikkun* (eine Heilung) erfahren.

Alles christliche Denken ist inauthentisch, wenn es nicht bei dem Trauma beginnt, das diese Fragen erregen: Wäre Jesus in ein Konzentrationslager geschickt worden? Kam die gute Osterbotschaft zu spät, so daß sie vom Karfreitag überwältigt wird? Hätte Jesus zu einem *Muselmann* gemacht werden können – einem bloßen Schatten eines menschlichen Wesens, einem lebenden Toten, einem Mann ohne Wahlfreiheit? Und, wenn es wieder geschähe, würdest du Widerstand leisten?

Endlich ist auch alles jüdische Denken und Leben, das nicht in der Erfahrung des Holocaust verwurzelt ist, inauthentisch. In *To Mend the World* bot Fackenheim dem jüdischen Volk zwei Formen an, dieses Urteil auszudrücken. Wiederum war die erste sein 614. Gebot. Die zweite war seine neue Definition eines Juden. «Ein Jude heute ist einer, der, abgese-

9 *Return*, S. 63.

hen von einem historischen Zufall – daß Hitler den Krieg verloren hat –
entweder ermordet oder niemals geboren worden wäre.»[10]

Die Entstehung des modernen jüdischen Staates als ein epochemachendes Ereignis

Die Bedeutung des Holocaust in der Geschichte ist in Fackenheims Denken mit der vorhergehenden Emanzipation und der darauffolgenden
Schaffung des Staates Israel verknüpft. Daß die politische Emanzipation
die jüdische Geschichte verändert hat, ist aus der Perspektive der Mitte
des 20. Jahrhunderts fraglos richtig, und insofern ist sie ein zutreffendes
Beispiel für das, was Fackenheim ein epochemachendes Ereignis nennt.
Aber es ist noch nicht klar, wie die Emanzipation die jüdische Geschichte
verändert hat. Es gab eine Zeit, da viele Juden gedacht haben, die Emanzipation habe ein Zeitalter des Humanismus und der Aufklärung eingeläu-
tet, das die Heraufkunft des messianischen Zeitalters kennzeichne
(s. Kap. 2). Seit dem Holocaust ist diese Überzeugung weniger glaubhaft
(s. Kap. 4). Andere Juden[11] hielten daran fest, daß sie die Ankunft des
messianischen Zeitalters aus dem genau entgegengesetzten Grunde bezeichnete. Mit ihr begann das Zeitalter des total Bösen, das dem Kommen
des Messias vorangehen sollte. Gewiß konnte der Holocaust ebenso als
epochemachend verstanden werden, aber das ist nicht der Sinn, in dem
Fackenheim es meinte. Für ihn bezeichnet der Holocaust den Tiefpunkt
im Kampf um die jüdische Selbstbefreiung, der mit der Emanzipation
begann und nicht abgeschlossen sein wird, bis der unabhängige jüdische
Staat vor allen äußeren Bedrohungen sicher ist.

Fackenheim hielt das Verlangen nach einer jüdischen Selbstbefreiung
für den Hauptinhalt des 614. Gebots. Dieses Verlangen begann, als die
Emanzipation den Juden als Individuen Freiheit gewährte, und wird erst
dann ein Ende haben, wenn das jüdische Volk für sich selbst eine kollek-

---

10 *To Mend the World*, S. 295.
11 Z. B. Rabbi Nachman aus Bratslav. Vgl. Arthur Green, *The Tormented Master*,
Alabama 1979.

tive Freiheit in einem emanzipierten, d. h. sicheren jüdischen Staat gewonnen haben wird, der, weil er befreit ist, religiös ist. Für Fackenheim ist der klarste Ausdruck eines authentischen jüdischen Lebens der, daß Juden bedingungslos die Wohlfahrt des modernen Staates Israel unterstützen und fördern. Für Juden ist dieser Akt der Unterstützung der höchste jüdische Ausdruck eines weltrettenden Widerstandes.

Schluß

Während dieses Buch geschrieben wurde, begannen jüdische Philosophen, sich mit Fackenheims Thesen auseinanderzusetzen. Beinahe jede ursprüngliche Behauptung von Fackenheim ist umstritten. So gibt es offensichtliche Einwände gegen Fackenheims vorgeschlagene Definition von Juden nach dem Holocaust. Sie schließt Menschen ein, die ausgeschlossen, und schließt Menschen aus, die eingeschlossen sein sollten.

Man nehme einmal an, den Alliierten wäre es nicht gelungen, Hitler zu besiegen. Vielleicht hätte sich Hitler einige Zeit nach seinem Sieg über die Alliierten gegen Japan gewendet. In dem dann folgenden Krieg wären Hunderttausende von Japanern getötet worden. Nach Fackenheims ausdrücklicher Definition wären diese Japaner dann Juden.

Umgekehrt gibt es eine große Anzahl von Kindern, die amerikanische Juden adoptiert und zu überzeugten Juden erzogen haben, deren natürliche Eltern nicht Juden sind. Wenn Hitler Amerika besiegt hätte, wären diese Kinder nicht als Juden aufgezogen und auch nicht getötet worden. Nach Fackenheims Definition sind infolgedessen adoptierte und zu überzeugten Juden erzogene Kinder keine Juden.

Beides sind naheliegende Einwände des gesunden Menschenverstandes. Es gibt ebenso theologische Einwände. Zum Beispiel wird Adolf Hitler, einem Nicht-Juden und Antisemiten, zugestanden, darüber zu befinden, wer Jude ist und wer nicht.

Obwohl viele zeitgenössische jüdische Philosophen Fackenheims grundlegende Thesen über Authentizität, Vernunft, Philosophie und die zukünftige Richtung des Judentums für falsch halten, findet keiner sie lächerlich. Ganz im Gegenteil, Fackenheims Schriften sind das Werk eines engagierten Juden, der ein erstklassiger Philosoph ist. Leser eines der in diesem Text diskutierten Bücher müssen selbst die verschiedenen Behauptungen der modernen jüdischen Philosophie auf der Basis ihres eigenen gesunden Menschenverstandes, ihrer philosophischen Bildung und ihres Interesses am Judentum beurteilen. Sie sollten der Versuchung widerstehen, jemanden zu verurteilen, und nicht meinen, daß jemand, der nicht mit ihnen übereinstimmt, deshalb nicht authentisch ist. Sie sollten sich weder vom Prestige noch von dem ästhetischem Sprachgebrauch irgendeines dieser Autoren einschüchtern lassen. Aber zu welchen Schlußfolgerungen sie auch immer hinsichtlich der Wahrheit der Behauptungen eines der in diesem Buch diskutierten jüdischen Philosophen kommen mögen, sie sollten sich bewußt sein, daß sie erstrangige Bücher jüdischen Denkens von einigen der begabtesten Philosophen in der Geschichte lesen.

Literatur

Empfohlene Literatur zu Kapitel 1

Allgemein

Barry W. Holtz, *Back to the Sources: Reading the Classic Jewish Texts*. New York, 1984. Kap. 6 und 7, S. 305–401.
Robert M. Seltzer, *Jewish People, Jewish Thought: The Jewish Experience in History*. New York 1980, Kap. 9 und 10.

[Für deutschsprachige Leser:

Baumann, Arnulf H. (Hrsg.), *Was jeder vom Judentum wissen muß*. Gütersloh 1983.
Maier, Johann, *Das Judentum. Von der biblischen Zeit bis zur Moderne*. München 1973.
– *Geschichte der jüdischen Religion*. Freiburg 1992².
Trepp, Leo, *Die Juden. Volk, Geschichte, Religion*. Reinbek 1987.]

Besonders

Milton Aron, *Ideas and Ideals of the Hassidim*. New York 1969.
Don Ben-Amos, *In Praise of the Ba'al Shem Tov*. Bloomington 1970.
David Biale, *Gershom Scholem: Kabbalah and Counter History*. Cambridge, Mass., 1979.
Martin Buber, *Die Legende des Baalschem*. Heidelberg 1963.
– *Die Erzählungen der Chassidim*. Heidelberg 1963.
Samuel Dresner, *Levi Yizhak of Berditchev*. New York 1974.
– *The Zaddik*. New York 1974.
Arthur Green, *Tormented Master: A Life of Rabbi Nahman of Bratslav*. University of Alabama 1979.
Louis Jacobs, *Hasidic Thought*. New York 1977.
Gershom G. Scholem, *Die jüdische Mystik in ihren Hauptströmungen*, Zürich 1960.
– *Zum Verständnis der messianischen Idee im Judentum*, in: Judaica I, Frankfurt am Main 1963.

– *Zur Kabbala und ihrer Symbolik*, Zürich 1960.
– *Sabbatai Zwi*. Frankfurt 1992.
R. J. Zwi Werblowsky, *Joseph Karo: Lawyer and Mystic*. Philadelphia 1977.
Elie Wiesel, *Souls on Fire. Portraits and Legends of Hasidic Leaders*. Translated into English by Marion Wiesel. New York 1973.

Empfohlene Literatur zu Kapitel 2

Allgemein

Robert M. Seltzer, *Jewish People, Jewish Thought: The Jewish Experience in History*. New York 1980. Kap. 11, S. 513–546.

Besonders

Arthur Hertzberg, *The French Enlightenment and the Jews*. New York 1968.
Jacob Rader Marcus, *The Rise and Destiny of the German Jew*. Westport, Conn., 1974.
Milton Meltzer, *The World of Our Fathers: The Jews of Eastern Europe*. New York 1974.
Paul R. Mendes-Flohr and Jehuda Reinharz, *The Jew in the Modern World: A Documentary History*. New York 1980.
Michael A. Meyer, *Von Moses Mendelssohn zu Leopold Zunz. Jüdische Identität in Deutschland 1749–1824*. München 1994.
Moses A. Shulvass, *Jewish Culture in Eastern Europe: The Classical Period*. New York 1975.
Mark Zborowski and Elizabeth Herzog, *Life is with People: The Culture of the Shtetl*. New York 1952.

Empfohlene Literatur zu Kapitel 3

Allgemein

Robert M. Seltzer, *Jewish People, Jewish Thought: The Jewish Experience in History*. New York 1980. Kap. 14, «Jewish Migration and the Expansion of the American Diaspora», S. 642–647.

Besonders

Stephen Birmingham, *The Grandees*, New York 1971.
– *Our Crowd*, New York 1967.
Joseph L. Blau, *Judaism in America: From Curiosity to Third Faith*. Chicago 1976.

Sarah Blacher Cohen (Hrsg.), *From Hester Street to Hollywood: The Jewish-American Stage and Screen*. Bloomington 1983.

Lester D. Friedman, *Hollywood's Image of the Jews*. New York 1982.

Allon Gal, *Brandeis of Boston*. Cambridge, Mass. 1980.

Nathan Glatzer, *American Judaism*. Chicago 1972.

Irving Howe, *World of Our Fathers: The Journey of eastern European Jews to America and the Life They Found and Made*. New York 1976.

Oscar I. Janowsky (Hrsg.), *The American Jew: A Reappraisal*. Philadelphia 1964.

Jacob R. Marcus, *The Colonial American Jews, 1492–1776*. Detroit 1970.

– *Studies in American Jewish History*. Cincinnati 1969.

Jacob Neusner (Hrsg.), *Understanding American Judaism: Toward the Description of a Modern Religion*. New York 1975.

Marshall Sklare, *America's Jews*. New York 1971.

Empfohlene Literatur zu Kapitel 4

Allgemein

Robert M. Seltzer, *Jewish People, Jewish Thought: The Jewish Experience in History*. New York 1980. Kap. 14. S. 626–642, 647–683.

Europäisches Judentum

Salo W. Baron, *The Russian Jews Under Tsar and Soviets*. New York 1975.

William J. Fishman, *Jewish Radicals: From Czarist Shtetl to London Ghetto*. New York 1974.

Michael Marrus, *The Politics of Assimilation: A Study of the French Jewish Community at the Time of the Dreyfus Affair*. London 1971.

George L. Mosse, *Germans and Jews*. New York 1970.

Ismar Schorsch, *Jewish Reactions to German Anti-Semitism, 1870–1914*. New York 1972.

Der Holocaust

Lucy S. Dawidowicz, *The War Against the Jews, 1933–1945*. New York 1975.

Terrence Des Pres, *The Survivor: An Anatomy of Life in the Death Camps*. Oxford 1976.

Alexander Donat, *The Holocaust Kingdom: A Memoir*. New York 1965.

Yaffa Eliach, *Hasidic Tales of the Holocaust*. New York 1982.

Eva Fleischner (Hrsg.), *Auschwitz: Beginning of a New Era?* New York 1977.

Albert H. Friedlander (Hrsg.), *Out of the Whirlwind*. New York 1968.

Gerald Green, *Holocaust*. New York 1978.

Raul Hilberg, *The Destruction of the European Jews*. New York 1961.

Janusz Korczak, *Ghetto Diary*. New York 1978.

Primo Levi, *Survival in Auschwitz: The Nazi Assault on Humanity*. New York 1961.

Nora Levin, *The Holocaust: The Destruction of European Jewry, 1933–1945*. New York 1968.

– *While Messiah Tarried: Jewish Social Movements, 1871–1917*. New York 1977.

Ber Mark, *Uprising in the Warsaw Ghetto*. New York 1975.

Milton Meltzer, *Never to Forget: The Jews of the Holocaust*. New York 1976.

Jacob Robinson and Philip Friedman, *Guide to Jewish History Under Nazi Impact*. New York 1968.

I. J. Rosenbaum, *The Holocaust and Halakhah*. New York 1976.

Sylvia Rothchild, *Voices from the Holocaust*. New York 1981.

Yuri Suhl, *They Fought Back: The Story of Jewish Resistance in Nazi Europe*. New York 1975.

Zosa Szajkowski, *An Illustrated Sourcebook of the Holocaust*. New York 1977.

Der Staat Israel

Yehuda Bauer, *Flight and Rescue*. New York 1970.

Menachem Begin, *White Nights: The Story of a Prisoner in Russia*. Jerusalem 1977.

Marver H. Bernstein, *The Politics of Israel*. Princeton 1957.

Michael Curtis and Mordecai Chertoff, *Israel: Social Structure and Change*. New Brunswick, N. J., 1973.

Moshe Davis (Hrsg.), *Patterns of Jewish Identification in World Jewry and the State of Israel*. New York 1977.

Abba Eban, *My People*. New York 1979.

Amos Elon, *The Israelis: Founders and Sons*. New York 1971.

Leonard Fine, *Israel, Politics and People*. New York 1968.

Walter Laqueur, *A History of Zionism*. New York 1976.

Howard M. Sachar, *A History of Israel*. New York 1976.

Chaim Weizmann, *Trial and Error: The Autobiography of Chaim Weizmann*. New York 1940.

Empfohlene Literatur zu Kapitel 5

Allgemein

Robert M. Seltzer, *Jewish People, Jewish Thought: The Jewish Experience in History*. New York 1980, Kap. 13, S. 580–613.

Milton Steinberg, *Basic Judaism*, New York 1947.

Orthodox

Samson Raphael Hirsch, *Judaism Eternal: Selected Essays from the Writings of S. R. Hirsch*. Translated into English by J. Grunfeld. London 1956.
– *Neunzehn Briefe über Judentum*, Berlin 1919.
– *Pentateuch*. New York 1986.

Reform

Eugene B. Borowitz, *Liberal Judaism*. New York 1984.
Kaufmann Kohler, *Jewish Theology Systematically and Historically Considered*. New York 1918.
Jakob J. Petuchowski, *Ever Since Sinai*. New York 1961.
– (Hrsg.), *New Perspectives on Abraham Geiger: An HUC-JIR Symposium*. Cincinnati 1975.
– *Gottesdienst des Herzens*. Freiburg im Breisgau 1981.
Gunther W. Plaut, *The Growth of Reform Judaism: American and European Sources Until 1948*. New York 1965.
– *The Rise of Reform Judaism: A Sourcebook of Its European Origins*. New York 1965.
Noah H. Rosenbloom, *Tradition in an Age of Reform: The Religious Philosophy of Samson Raphael Hirsch*. Philadelphia 1976.
Max Weiner (Hrsg.), *Abraham Geiger and Liberal Judaism: The Challenge of the Nineteenth Century*. Translated into English by Ernst J. Schlochauer. Philadelphia 1962.

Konservative

Moshe Davis, *The Emergence of Conservative Judaism: The Historical School in Nineteenth-Century America*. Philadelphia 1965.
Robert Gordis, *Understanding Conservative Judaism*. New York 1978.
Solomon Schechter, *Aspects of Rabbinic Theology*. New York 1909.
– *A Book of Jewish Thoughts*. New York 1945.
– *Studies in Judaism*. Philadelphia 1908.
Marshall Sklare, *Conservative Judaism: An American Religious Movement*. New York 1972.

Empfohlene Literatur zu Kapitel 6

Allgemein

Robert M. Seltzer, *Jewish People, Jewish Thought: The Jewish Experience in History*. New York 1980. Kap. 15, S. 684–766.

Säkulare Politik

Julius Carlebach, *Karl Marx and the Radical Critique of Judaism*. London 1978.
Mordecai Chertoff (Hrsg.), *The New Left and the Jews*. New York 1971.
Saul L. Goodman (Hrsg.), *The Faith of Secular Jews*. New York 1976.

Säkulare Literatur

Shalom Jacob Abramovich (Mendele Mocher Seforim), *The Travels and Adventures of Benjamin the Third*. Translated into English by Moshe Spiegel. New York 1949.
Robert Alter, *After the Tradition: Essays on Modern Jewish Writing*. New York 1971.
Charles Angoff and Meyer Levin, *The Rise of American Jewish Literature*. New York 1970.
Abraham Chapman (Hrsg.), *Jewish-American Literature: An Anthology*. New York 1974.
Bernard Cohen, *Sociocultural Changes in American Jewish Life as Reflected in Selected Jewish Literature*. East Brunswick, N.J., 1972.
Milton Doroshkin, *Yiddish in America*. East Brunswick, N.J., 1969.
Allen Ginsberg, *The Fall of America: Poems of These States*. San Francisco 1972.
– *Howl and Other Poems*. San Francisco 1956.
– *Kaddish and Other Poems: 1958–1960*. San Francisco 1961.
Joseph Klausner, *A History of modern Hebrew Literature (1785–1930)*. Westport, Conn. 1978.
Josephine Zadovsky Knopp, *The Trial of Judaism in Contemporary Jewish Writing*. Urbana 1975.
Joseph C. Landis (Hrsg.), *The Great Jewish Plays*. New York 1972.
Sol Liptzin, *The Maturing of Yiddish Literature*. New York 1970.
Charles A. Madison. *Yiddish Literature: Its Scope and Major Writers*. New York 1968.
Irving Malin and Irwin Stark (Hrsg.), *Breakthrough: A Treasury of Contemporary American-Jewish Literature*. New York 1964.
Norman Podhoretz (Hrsg.), *The Commentary Reader: Two Decades of Articles and Stories*. New York 1966.
Isaiah Rabinovich, *Major Trends in Modern Hebrew Fiction*. Translated into English by M. Roston. Chicago 1968.
Howard Schwartz and Anthony Rudolf (Hrsg.), *Voices within the Ark: The Modern Jewish Poets*. New York 1980.
Karl Shapiro, *Poems of a Jew*. New York 1958.
Ruth R. Wisse, *The Schlemiel as Modern Hero*. Chicago 1979.

Zionismus

Shlomo Avineri, *The Making of Modern Zionism*. New York 1984.

Nachman Drosdoff, *Ahad Ha'am: Highlights of His Life and Work*. Holon, Israel 1962.

Amos Elon, *Herzl*. New York 1975.

Aaron David Gordon, *Selected Essays*. Edited by N. Teradyon and A. Shohat and translated into English by Frances Burnce. New York 1981.

Ahad Ha'am, *Selected Essays*. Translated into English by Leon Simon. Philadelphia 1912.

Arthur Hertzberg (Hrsg.), *The Zionist Idea: A Historical Analysis and Reader*. Garden City, New York 1959.

Theodor Herzl, *Der Judenstaat*, Osnabrück 1969.

Jacques Kornberg (Hrsg.), *At the Crossroads: Essays on Ahad Ha-Am*. Albany 1983.

Peretz Merhav, *The Israeli Left: History, Problems, Documents*. New York 1980.

Leon Simon, *Ahad Ha-Am, Asher Ginsberg: A Biography*. Philadelphia 1960.

Marie Syrkin, *Nachman Syrkin, Socialist Zionist: A Biographical Memoir and Selected Essays*. New York 1961.

Melvin I. Urofsky, *American Zionism from Herzl to the Holocaust*. Garden City, New York 1975.

Empfohlene Literatur zu Kapitel 7

Allgemein

Robert M. Seltzer, *Jewish People, Jewish Thought: The Jewish Experience in History*. New York 1980. Kap. 12, «Seventeenth-Century Science and Spinoza's Break with Judaism», S. 547–557.

Primärtexte

Baruch Spinoza, *Werke in deutscher Übersetzung* (Philosophische Bibliothek), Hamburg 1977–1991:

Band 1   *Kurze Abhandlung von Gott, dem Menschen und dessen Glück*, Hamburg 1991

Band 2   *Die Ethik*, Hamburg 1989

Band 3   *Theologisch-Politischer Traktat*, Hamburg 1984

Band 4   *Descartes' Prinzipien der Philosophie auf geometrische Weise begründet. – Metaphysische Gedanken*, Hamburg 1987

Band 5   *Abhandlung über die Verbesserung des Verstandes. – Abhandlung vom Staat*, Hamburg 1977.

Band 6   *Briefwechsel*, Hamburg 1986.

Sekundärliteratur

G. Belaief, *Spinozas Philosophy of Law.* The Hague 1971.

J. G. van der Bend (Hrsg.), *Spinoza on Knowing, Being and Freedom.* Proceedings of the Spinoza Symposium at the International School of Philosophy in the Netherlands, Leiden, September, 1973. Assen 1974.

David Bidney, *The Psychology and Ethics of Spinoza: A Study in the History and Logic of Ideas.* New York 1962.

John Caird, *Spinoza.* New York 1981.

E. M. Curley, *Spinoza's Metaphysics: An Essay in Interpretation.* Cambridge, MA. 1969.

Cornelius De Deugd, *The Significance of Spinoza's First Kind of Knowledge.* Assen 1966.

James H. Dunham, *Freedom and Purpose.. An Interpretation of the Psychology of Spinoza.* Princeton 1916.

S. Dunin-Borkowski, *Spinoza.* Münster 1910.

Lewis Samuel Feuer, *Spinoza and the Rise of Liberalism.* Boston 1958.

E. Freeman and M. Mandelbaum (Hrsg.), *Spinoza: Essays in Interpretation.* La Salle, IL. 1973.

Marjorie Grene (Hrsg.), *Spinoza.* New York 1973.

– *Spinoza: A Collection of Critical Essays.* Garden City 1973.

Harold E. Hallet, *Benedict De Spinoza.* London 1957.

– *Creation, Emanation and Salvation: A Spinozistic Study.* The Hague 1962.

Stuart Hampshire, *Spinoza.* Harmondsworth 1951.

S. Hessing, *Speculum Spinozanum: A Kaleidoscopic Homage 1677–1977.* London 1977.

– (Hrsg.), *Spinoza: Dreihundert Jahre Ewigkeit: Spinoza-Festschrift 1632–1932.* The Hague 1962.

H. G. Hubbeling, *Spinoza's Methodology.* Anselm 1967.

Karl Jaspers, *Spinoza,* in: *Die großen Philosophen.* München 1957, Bd. I, S. 752 ff.

Harold H. Joachim, *Spinoza's Tractatus de Intellectus Emendatione: A Commentary.* Oxford 1940.

– *A Study of the Ethics of Spinoza.* Oxford 1901.

S. P. Kashap (Hrsg.), *Studies in Spinoza: Critical and Interpretative Essays.* Berkeley 1972.

R. Kennington (Hrsg.), *The Philosophy of Baruch Spinoza.* Washington D.C. 1980.

Barry S. Kogan (Hrsg.), *Spinoza: A Tercentenary Perspective.* Cincinnati 1979.

Dan Levin, *Spinoza: The Young Thinker who Destroyed the Past.* New York 1970.

Barry J. Luby, *Maimonides and Spinoza: Their Sources, Cosmological Metaphysics and Impact on Modern Thought and Literature.* New York 1973.

T. C. Mark, *Spinoza's Theory of Truth.* New York 1972.

A. Naess, *Freedom Emotion and Self-Subsistence: The Structure of the Central Part of Spinoza's Ethics.* Oslo 1975.

Adolph Oko, *The Spinoza Bibliography.* Boston 1964.

G. H. P. Parkinson, *Spinoza's Theory of Knowledge.* Oxford 1954.

Jean Preposiet, *Bibliographie Spinoziste*. Besançon 1974.

L. Robinson, *Kommentar zu Spinozas Ethik*. Leipzig 1928.

Leon Roth, *Spinoza*. Boston 1929.

– *Spinoza, Descartes and Maimonides*. London 1924.

R. Shahan and J. Biro (Hrsg.), *Spinoza: New Perspectives*. Norman 1978.

Leo Strauss, *Persecution and the Art of Writing*. Chicago 1952.

– *Die Religionskritik Spinozas als Grundlage seiner Bibelwissenschaft*. Darmstadt 1981.[2]

Jon Wetlesen, *A Spinoza Bibliography, 1940–1970*. Oslo 1971.

– *Internal Guide to the Ethics of Spinoza, Index to Spinoza's Cross References in the Ethics. Rearranged so as to Refer from Earlier to Later Statements*. Oslo 1974.

– *The Sage and the Way: Spinoza's Ethics of Freedom*. Assen 1979.

– *Spinoza's Philosophy of Man. Proceedings of the Scandinavian Spinoza Symposium, 1977*. Oslo 1978.

Paul Wienpahl, *The Radical Spinoza*. New York 1979.

J. B. Wilbur (Hrsg.), *Spinoza's Metaphysics: Essays in Critical Appreciation*. Assen 1976.

Harry Austryn Wolfson, *The Philosophy of Spinoza. Unfolding the Latent Processes of His Reasoning*. Cambridge, MA., 1934.

[Für deutschsprachige Leser:

Bartuschat, W., *Spinozas Theorie des Menschen*. Hamburg 1992.

Schewe, M. / Engstler, A. (Hrsg.), *Spinoza*. Frankfurt am Main 1990.

Strauss, L., *Die Religionskritik Spinozas als Grundlage seiner Bibelwissenschaft*. Darmstadt 1981.[2]

Walther, M., *Spinoza und der deutsche Idealismus*. Würzburg 1991.]

Empfohlene Literatur zu Kapitel 8

Allgemein

Robert M. Seltzer, *Jewish People, Jewish Thought: The Jewish Experience in History*. New York 1980. Kap. 12, S. 557–618.

Primärliteratur

Samson Raphael Hirsch, *Choreb. Versuch über Jissroels Pflichten in der Zerstreuung*, (1837), 1921[6]

– *Neunzehn Briefe über Judentum*. Berlin 1919.

Nahman Krochmal, *Gesammelte Schriften*, (hrsg. von L. Zunz) 1924.

– *Moreh Nevukhim Ha-Zeman*. Edited by S. Rawidowicz. Ramat-Gan 1971.

– *Jerusalem, or On Religious Power and Judaism*. Translated into English by Alexander Altmann. Hanover 1983.

– Moses Mendelssohn: *Gesammelte Schriften* (Nachdruck der Jubiläumsausgabe Berlin 1929 in 20 Bänden). Stuttart 1971–1994.

Sekundärtexte

Alexander Altmann (Hrsg.), *Studies in Nineteenth Century Jewish Intellectual History*. Cambridge, MA., 1964.

Samuel Hugo Bergman, *Faith and Reason: An Introduction to Modern Jewish Thought*. Edited by Alfred Jospe. New York 1963.

Noah H. Rosenbloom, *Luzzatto's Ethico-Psychological Interpretation of Judaism: A Study in the Religious Philosophy of Samuel David Luzzatto*. New York 1965.

Nathan Rotenstreich, *Jewish Philosophy in Modern Times: From Mendelssohn to Rosenzweig*. New York 1968.

– *Jews and German Philosophy: The Polemics of Emancipation*. New York 1984.

David Rudavsky, *Modern Jewish Religious Movements: A History of Emancipation and Adjustment*. New York 1967.

[Für deutschsprachige Leser:

Altmann, A., *Die trostvolle Aufklärung. Studien zur Metaphysik und politischen Theorie Moses Mendelssohns*. Stuttgart 1982.

Hinske, Norbert (Hrsg.), *Ich handle mit Vernunft. Moses Mendelssohn und die jüdische Aufklärung*. Hamburg 1981.]

Empfohlene Literatur zu Kapitel 9

Allgemein

Eugene R. Borowitz, *Choices in Modern Jewish Thought: A Partisan Guide*. New York 1983. Kap. 2.

Robert M. Seltzer, *Jewish People, Jewish Thought: The Jewish Experience in History*. New York 1980. Kap. 16, «Herman Cohen's Neo-Kantian Philosophy of Judaism», S. 728–736.

Primärtexte

Archimedes, «Quadrature of the Parabola», in: *The Works of Archimedes*, T. L. Heath (Hrsg.), New York 1953.

George Berkeley, *On Infinites* and *The Analyst*, in: *The Works of George Berkeley*, A. A. Luce & T. E. Jessop (Hrsg.). London 1951.

Bernhard Bolzano, *Paradoxes of the Infinite*. Translated into English by D. Steele. London 1950.

Georg Cantor, *Contributions to the Founding of the Theory of Transfinite Numbers*. Translated into English by P. Jourdain. La Salle, Il., 1952.

Hermann Cohen, *Werke in 9 Bänden* (hrsg. v. Helmut Holzhey). Hildesheim/New York 1977.
– *Jüdische Schriften*. Hrsg. von Franz Rosenzweig. Berlin 1924.
– *Religion der Vernunft aus den Quellen des Judentums*. Frankfurt am Main 1929.
– *Das Prinzip der Infinitesimal-Methode*. Frankfurt am Main 1968.
Stacey Lynn Edgar, «Infinitesimals: A Defense», 1982. Ph.D. dissertation (unveröffentlicht). Syracuse University.
Gottfried Wilhelm von Leibniz, *Die Mathematischen Studien G. W. Leibniz' zur Kombination*. C. I. Gerhardt (Hrsg.). Wiesbaden 1976.
Isaac Newton, *On the Method of Fluxions and Infinite Series*, D. T. Whiteside (Hrsg.). New York 1961.
– «Quadrature of Curves», in: *The Mathematical Works of Newton*, D. T. Whiteside (Hrsg.). New York 1964.
Abraham Robinson, *Nonstandard Analysis*. Amsterdam 1966.
Karl Weierstraß, *Werke*, Berlin 1894–1915.

Sekundärliteratur

Alexander Altmann, «Hermann Cohens Begriff der Korrelation», in: *Zwei Welten: Siegfried Moses zum fünfundsiebzigsten Geburtstag*, H. Tramer (Hrsg.). Tel Aviv 1962, S. 366–399.
Paul J. Cohen, *Set Theory and the Continuum Hypothesis*. New York 1966.
John Horton Conway, *On Numbers and Games*. London 1976.
Joseph W. Dauben, *Georg Cantor: His Mathematics and the Philosophy of the Infinite*. Cambridge, MA., 1979.
M. Davis, *Applied Nonstandard Analysis*. New York 1977.
Philip J. Davis & Reuben Hersh, *The Mathematical Experience*. Boston 1982.
P. Fischer-Appelt, *Metaphysik im Horizont der Theologie W. Hermanns*. München 1965.
Kurt Gödel, «What is Cantor's Continuum Problem», in: *Philosophy of Mathematics*, P. Benacerraf and H. H. Putnam (Hrsg.). Englewood Cliffs, N.J. 1964.
H. L. Goldschmidt, *Hermann Cohen und Martin Buber*. Genf 1946.
W. Goldstein, *Hermann Cohen und die Zukunft Israels*. Jerusalem 1963.
James M. Henle & Eugene M. Kleinberg, *Infinitesimal Calculus*. Cambridge, MA., 1979.
J. Klatzkin, *Hermann Cohen*. Berlin 1921.
William Kluback, *Hermann Cohen: The Challenge of a Religion of Reason*. Chico 1984.
J. Melber, *Hermann Cohen's Philosophy of Judaism*. New York 1968.
Franz Rosenzweig, «Das Neue Denken», in: *Zweistromland: Kleinere Schriften*. Dordrecht 1984.
Bertrand Russell, *Introduction to Mathematical Philosophy*. London 1919.
– *Principles of Mathematics*. New York 1903.
Steven Schwarzschild, «The Concept of the Infinitesimals» (ein Kapitel aus seiner bislang unveröffentlichten Untersuchung über die Philosophie Hermann Cohens).

– «The Tenability of Hermann Cohen's Construction of the Self.» *Journal of the History of Philosophy*, 13 (1975).

K. D. Stroyan and W. A. U. Luxembourg, *Introduction to the Theory of the Infinitesimal*. New York 1976.

Uriel Tal, *Christians and Jews in Germany: Religion, Politics, and Ideology in the Second Reich, 1870–1914*. Ithaca, New York 1975.

G. B. Thomas Jr. and R. L. Finney, *Calculus and Analytic Geometry*, Reading, MA., 1981.

Eggert Winter, *Ethik und Rechtswissenschaft. Eine Historisch-Systematische Untersuchung zur Ethik-Konzeption des Marburger Neo-Kantianismus im Werke Hermann Cohens*. Berlin 1980.

[Für deutschsprachige Leser:

Bergman, H. S., *Die dialogische Philosophie von Kierkegaard bis Buber*. Heidelberg 1977.

Dethloff, K., *Hermann Cohen und die Frage nach dem Jüdischen*, Kairos 27 (1985), S. 241 ff.

Dreyer, Mechthild, *Die Idee Gottes im Werk Hermann Cohens*. Königstein/Ts. 1985.

Edel, Geert, *Von der Vernunftkritik zur Erkenntnislogik. Die Entwicklung der theoretischen Philosophie Hermann Cohens*. München 1988.

Flach, Werner/Holzhey, Helmut (Hrsg.), *Erkenntnistheorie und Logik im Neukantianismus*. Hildesheim 1979.

Grünewald, Pinchas P., *Hermann Cohen*. Hannover 1968.

Günther, Henning, *Philosophie und Fortschritt. Hermann Cohens Rechtfertigung der bürgerlichen Gesellschaft*. München 1972.

Holzhey, Helmut, *Cohen und Natorp*. Basel/Stuttgart 1960 (2 Bde.).

Klein, Joseph, *Die Grundlegung der Ethik in der Philosophie Hermann Cohens und Paul Natorps – eine Kritik des Neukantianismus*. Göttingen 1976.

Müller, Claudius, *Die Rechtsphilosophie des Marburger. Neukantianismus*. Tübingen 1994.

Odebrecht, Rudolf, *Hermann Cohens Philosophie der Mathematik*. Erlangen 1906.

Ollig, H. L., *Religion und Freiheitsglaube. Zur Problematik von Hermann Cohens später Religionsphilosophie*. Königstein/Ts. 1978.

– (Hrsg.), *Materialien zur Neukantianismusdiskussion*. Darmstadt 1987.

Wolzogen, Chr. v., *Pünktliche Bilanz? Cohen, Natorp und der Neukantianismus in neuer Sicht*, in: Philos. Rundschau 35 (1988), S. 15–32.]

Empfohlene Literatur zu Kapitel 10

Allgemein

Eugene R. Borowitz, *Choices in Modern Jewish Thought: A Partisan Guide*. New York 1983. Kap. 7.

Robert M. Seltzer, *Jewish People, Jewish Thought: The Jewish Experience in History*. New York 1980. Kap. 16, «The Emergence of Jewish Existentialism: Franz Rosenzweig and Martin Buber», S. 736–742.

Primärtexte

Martin Buber, Gesammelte Werke in drei Bänden:

1. Band: Schriften zur Philosophie, München / Heidelberg 1962
2. Band: Schriften zur Bibel, München / Heidelberg 1964
3. Band: Schriften zum Chassidismus, München / Heidelberg 1963.

Außerhalb der dreibändigen Werkausgabe erschienen:

Hinweise. Gesammelte Essays. Zürich 1953.
Der Jude und sein Judentum. Gesammelte Aufsätze und Reden. Köln 1963.
Nachlese. Heidelberg 1965. [posthum]
Die Schrift. Verdeutscht von Martin Buber gemeinsam mit Franz Rosenzweig (4 Bde.). Köln 1953 ff.
Martin Buber. Briefwechsel aus sieben Jahrzehnten, hrsg. v. Grete Schrader. (3 Bde.). Heidelberg 1972 ff.

Weitere Schriften von Buber:

Kampf um Israel. Reden und Schriften 1921–1932. Berlin 1933.
Zwischen Gesellschaft und Staat. Heidelberg 1952.
An der Wende. Reden über das Judentum. Köln 1952.
Begegnung. Autobiographische Fragmente. Stuttgart 1960.
Israel und Palestina. Zur Geschichte einer Idee. München 1968.

Sekundärliteratur

Shmuel Hugo Bergmann, *Ha-Filosofiyah Ha-Dialogit Mikirgagor 'Ad Buber*. Jerusalem 1974.
Adir Cohen, *The Educational Philosophy of Martin Buber*. East Brunswick, N.J. 1983.
Malcolm Diamond, *Martin Buber: Jewish Existentialist*. New York 1960.
Paul Edwards, *Buber and Buberism: A Critical Evaluation*. Lawrence 1970.
Maurice Friedman, *Martin Buber: The Life of Dialogue*. Chicago 1976.
Aubrey Hodes, *Martin Buber: An Intimate Portrait*. New York 1971.

Rivka Horowitz, *Buber's Way to ‹I and Thou›*. Heidelberg 1978.
– *Way to I and Thou: An Historical Analysis and First Publication of Martin Buber's Lectures on Religion as Presence*. New York 1984.
Donald J. Moore, *Martin Buber: Prophet of Religious Secularism*. Philadelphia 1974.
Greta Schaeder, *The Hebrew Humanism of Martin Buber*. Detroit 1973.
Paul A. Schilpp and Maurice Freidman (Hrsg.), *The Philosophy of Martin Buber*. La Salle, Il., 1967.
Charles May Simon, *Martin Buber: Wisdom in Our Time*. New York 1969.
Pamela Vermes, *Buber on God and the Perfect Man*. Brown Judaic Studies 13. Chico, Ca., 1980.

[Für deutschsprachige Leser:

Gordon, H. (Hrsg.), *Martin Buber – Bilanz seines Denkens*. Freiburg/Br. 1983.
Gudopp, W. D., *Martin Bubers dialogischer Anarchismus*. Bern 1975.
Licharz, W./Schmidt, H. (Hrsg.), *Martin Buber*. Frankfurt am Main 1991.
Mendes-Flohr, P. R., *Von der Mystik zum Dialog*. Königstein/Ts. 1978.
Wehr, Gerhard, *Martin Buber. Leben, Werk*. Zürich 1991.]

Empfohlene Literatur zu Kapitel 11

Allgemein

Eugene R. Borowitz, *Choice in Modern Jewish Thought: A Partisan Guide*. New York 1983. Kap. 6.
Robert M. Seltzer, *Jewish People, Jewish Thought: The Jewish Experience in History*. New York 1980. Kap. 16, «The Emergence of Jewish Existentialism», S. 736–742.

Primärtexte

Franz Rosenzweig, *Der Mensch und Sein Werk*. Gesammelte Schriften, Den Haag 1979 ff.
– *Kleinere Schriften*. Berlin 1937.
– *Der Stern der Erlösung*. Frankfurt a. M. 1988.
– *Das Büchlein vom gesunden und kranken Menschenverstand*, hrsg. und eingel. von N. N. Glatzer. Düsseldorf 1964.
– *Naharayim*. Jerusalem 1977.
– *On Jewish Learning*. Edited by Nahum N. Glatzer. New York 1955.
– *Kokhav Ha-Geulah*. Translated into Hebrew by Yehoshua Amir. Jerusalem 1970.
Eugene Rosenstock-Huessy und Franz Rosenzweig, *Judaism Despite Christianity*. (Briefe) New York 1969.

Sekundärliteratur

Bernhard Casper, *Das Dialogische Denken: Eine Untersuchung der religionsphiloso-phischen Bedeutung Franz Rosenzweigs, Ferdinand Ebners und Martin Bubers.* Freiburg 1967.
Else Freund, *Die Existenzphilosophie Franz Rosenzweigs.* Leipzig 1933.
Nahum Glatzer, *Franz Rosenzweig: His Life and Thought.* Philadelphia 1953.
Hermann-Josef Heckelei, *Erfahrung und Denken: Franz Rosenzweigs theologisch-philosophischer Entwurf eines ‹Neuen Denkens›.* Bad Honnef 1980.
Reinhold Mayer, *Franz Rosenzweig. Eine Philosophie der dialogischen Erfahrung.* München 1973.
Else Rahel-Freud, *Franz Rosenzweig's Philosophy of Existence: An Analysis of The Star of Redemption.* The Hague 1979.
Richard Schaeffler, Bernhard Kasper, Shemaryahu Talmon and Yehoshua Amir, *Offenbarung im Denken Franz Rosenzweigs.* Essen 1979.
Jacob Tewes, *Zum Existenzbegriff Franz Rosenzweigs.* Meisenheim a. Glan 1970.

[Für deutschsprachige Leser:

Baeck, L., *Von Moses Mendelssohn zu Franz Rosenzweig.* Stuttgart 1958.
Casper, B., *Franz Rosenzweigs Kritik an Bubers «Ich und Du»,* Philos. Jahrbuch 86, 1978, S. 225–238.
Görtz, H. J., *Tod und Erfahrung.* Düsseldorf 1984.
Heering, H. J., *Die Begegnung zwischen Buber und Rosenzweig,* Rev. Int. Phil. 32, 1978, S. 473–491.
Mosès, St., *System und Offenbarung.* München 1985.
Rotenstreich, Nathan, *Die Verschiedenheit der Religionen. Judentum und Christen-tum in den Systemen Kants, Cohens und Rosenzweigs,* in: Thadden, R. v., *Die Krise des Liberalismus.* Göttingen 1978, S. 171–192.
Schaeffler, R., *Die Vernunft und das Wort. Zum Religionsverständnis bei Hermann Cohen und Franz Rosenstreich.* ZThK 78, 1981, S. 57–89.
Schmied-Kowarzik, W., *Franz Rosenzweig. Existentielles Denken und gelebte Be-währung.* Freiburg/München 1991.
– (Hrsg.), *Der Philosoph Franz Rosenzweig.* Freiburg/Br. 1988 (2 Bde.).
Zak, Adam, *Vom reinen Denken zur Sprachvernunft. Über die Grundmotive der Offenbarungsphilosophie Franz Rosenzweigs.* Stuttgart 1987.]

Empfohlene Literatur zu Kapitel 12

Allgemein

Eugene R. Borowitz, *Choices in Modern Jewish Thought: A Partisan Guide*. New York 1983. Kap. 5.

Robert M. Seltzer, *Jewish People, Jewish Thought: The Jewish Experience in History*. New York 1980. Kap. 16, «Two Styles of Jewish Religious Thought in America», S. 748–752.

Besonders

Ira Eisenstein and Eugene Kohn, *Mordecai M. Kaplan: An Evaluation*. New York 1952.

Mordecai M. Kaplan, A *New Approach to Jewish Life*. New York 1924.

– *The Future of the American Jew*. New York 1967.

– *The Greater Judaism in the Making*. New York 1960.

– and Arthur Cohen, *If Not Now, When?* New York 1967.

– *Judaism as a Civilization*. New York 1934.

– *Judaism Without Supernaturalism: The Only Alternative to Orthodoxy and Secularism*. New York 1958.

– *The Meaning of God in Modern Jewish Religion*. New York 1937.

– *The Purpose and Meaning of Jewish Existence*. Philadelphia 1964.

– *Questions Jews Ask*. New York 1956.

– *The Religion of Ethical Nationhood: Judaism's Contribution to World Peace*. New York 1970.

Norbert M. Samuelson, «Can Democracy and Capitalism Be Jewish Values? Mordecai Kaplan's Political Philosophy», *Modern Judaism* (Mai, 1983), S. 189–215.

Mel Scult, «The Sociologist as Theologian: The Fundamental Assumptions of Mordecai Kaplan's Thought», *Judaism* 99 (Sommer, 1976), S. 345–352.

Mel Scult, «Mordecai Kaplan: Challenges and Conflicts of the Twenties», *American Jewish Historical Quarterly* LXVI, 3 (März 1977), S. 401–417.

Mel Scult, «Kaplan's Reinterpretation of Torah», *Conservative Judaism* 33, 1 (1979), S. 63–68.

Empfohlene Literatur zu Kapitel 13

Allgemein

Eugene B. Borowitz, *Choices in Modern Jewish Thought: A Partisan Guide*. New York 1983. Kap. 3, 8–12.

Raphael Mahler, A *History of Modern Jewry*. London 1971.

Robert M. Seltzer, *Jewish People, Jewish Thought: The Jewish Experience in History*. New York 1980. Kap. 16, «Diverse Tendencies and Representative Figures: An Overview», S. 720–728, und «Concluding Remarks», S. 757–766.

Jüdische Philosophie: Primärtexte

Jacques Derrida, *Sporen. Nietzsches Stile*. Venedig 1976.
– *Die Schrift und die Differenz*. Frankfurt am Main 1976.
– *Randgänge der Philosophie*. Frankfurt am Main 1976.
– *Grammatologie*. Frankfurt am Main 1974.
– *Positionen*. Graz 1986.
– *Die Stimme und das Phänomen*. Frankfurt am Main 1979.
Emil L. Fackenheim, *Encounters Between Judaism and Modern Philosophy*. New York 1973.
– *God's Presence in History: Jewish Affirmations, Philosophical Reflections*. New York 1970.
– *The Jewish Return into History: Reflections in the Age of Auschwitz and a New Jerusalem*. New York 1978.
– *Metaphysics and Historicity*. Milwaukee 1961.
– *Paths to Jewish Relief*. New York 1962.
– *Quest for Past and Future: Essays in Jewish Theology*. Bloomington 1968.
– *To Mend the World: Foundations of Future Jewish Thought*. New York 1982.
Hillel Halkin, *Letters to an American Friend*. Philadelphia 1977.
Emmanuel Levinas, *Autrement qu'être ou au-dela de l'essence*. The Hague 1974. Translated into English by A. Lingis as *Otherwise than Being or Beyond Essence*. The Hague 1981.
– *En decouvrant l'existence avec Husserl et Heidegger*. Paris 1967.
– *Theorie de l'intuition dans la phénomenologie de Husserl*. Paris 1963. Translated into English by Andre Orianne as *The Theory of Intuition in Husserl's Phenomenology*. Evanston 1973.
– *Totalité et infini. Essai sur l'exterioriste*. The Hague 1968. Translated into English by A. Lingis as *Totality and Infinity*. The Hague 1979.
Norbert M. Samuelson (Hrsg.), *Studies in Jewish Philosophy: Collected Essays of the Academy for Jewish Philosophy, 1980–1985*. Lanham 1987.
Harold M. Schulweis, *Evil and the Morality of God*. Cincinnati 1984.

Jüdische Philosophie: Sekundärliteratur

Bernard Forthomme, *Une philosophie de la transcendance. La metaphysique d'Emmanuel Levinas*. Paris 1979.
W. Krwietz et al. (Hrsg.), *Argumentation und Hermeneutik in der Jurisprudenz. Rechtstheorie*. Beiheft 1. Berlin 1979.
Thomas McCarthy, *Kritik der Verständigungsverhältnisse. Zur Theorie von J. Habermas*, Frankfurt am Main 1980.
Winfried Menninghaus, *W. Benjamins Theorie der Sprachmagie*. Frankfurt am Main 1980.
Stephen Strasser, *Jenseits von Sein und Zeit. Eine Einführung in Emmanuel Levinas' Philosophie*. The Hague 1978.

Jüdische Theologie: Primärtexte

Eliezer Berkovits, *Major Themes in Modern Philosophies of Judaism*. New York 1974.

Eugene B. Borowitz, *How Can A Jew Speak of Faith Today?* Philadelphia 1969.

– *Liberal Judaism*. New York 1984.

– *The Mask Jews Wear: The Self-Deception of American Jewry*. New York 1973.

– *A New Jewish Theology in the Making*. Philadelphia 1968.

Arthur A. Cohen, *Natural and Supernatural Jew*. New York 1962.

Samuel H. Dresner, *Between the Generations*. Bridgeport 1971.

– *The Sabbath*. New York 1970.

Robert Gordis, *Judaism for the Modern Age*. New York 1955.

– *The Root and the Branch: Judaism and the Free Society*. Chicago 1962.

Louis Jacobs, *A Jewish Theology*. New York 1973.

– *Faith*. New York 1968.

– *Jewish Thought Today*. New York 1970.

– *Principles of the Jewish Faith*. New York 1964.

Lawrence Kushner, *The River of Light: Spirituality, Judaism, and the Evolution of Consciousness*. Chappaqua, New York 1981.

Norman Lamm, *Faith & Doubt: Studies in Traditional Jewish Thought*. New York 1968.

Zalman I. Posner, *Think Jewish: A Contemporary View of Judaism, a Jewish View of Today's World*. Nashville 1978.

Zalman M. Schachter, *Fragments of a Future Scroll: Hassidism for the Aquarian Age*. Edited by Philip Mandelkorn & Stephen Gerstman. Germantown, PA 1975.

– and Edward Hoffman, *Sparks of Light: Spiritual Counselling in the Hasidic Tradition*. New York 1983.

Zalman M. Schachter-Shalomi with Donald Gropman, *The First Step: A Guide for the New Jewish Spirit*. New York 1983.

Joseph B. Soloveitchick, *Halakhic Man*. Philadelphia 1984.

– *On Repentance*. Translated into English by Pinchas Peli. New York 1984.

– *Shiurei Harav: A Conspectus of the Public Lectures of Rabbi Joseph B. Soloveitchik*. New York 1974.

Moshe Halevi Spero, *Judaism and Psychology: Halakhic Perspectives*. New York 1980.

Arthur I. Waskow, *God-Wrestling*. New York 1978.

Arnold Jacob Wolf (Hrsg.), *Rediscovering Judaism*. Chicago 1965.

Jüdische Theologie: Sekundärliteratur

Abraham R. Besdin, *Reflections of the Rav: Lessons in Jewish Thought adapted by Lectures of Rabbi Joseph B. Soloveitchik*. New York 1979.

Alter B. Z. Metzger, *Rabbi Kook's Philosophy of Repentance*. New York 1968.

Holocaust-Theologie: Primärtexte

Eliezer Berkovits, *Faith After the Holocaust*. New York 1973.
– *God, Man and History*. New York 1959.
– *Not in Heaven: The Nature and Function of Halakha*. New York 1983.
– *With God in Hell: Judaism in the Ghettos and Deathcamps*. New York 1979.
Steven T. Katz, *Post-Holocaust Dialogues: Critical Studies in Modern Jewish Thought*. New York 1983.
Richard L. Rubenstein, *After Auschwitz*. Indianapolis 1986.
– *The Age of Triage*. Boston 1984.
– *Morality & Eros*. New York 1970.
– *The Religious Imagination*. Indianapolis 1968.
Rosemary Ruether, *Faith and Fracticide*. New York 1974.
Elie Wiesel, *Dawn*. New York 1961.
– *Night*. New York 1960.
– *The Town Beyond the Wall*. Translated into English by Stephen Becker. New York 1964.

Holocaust-Theologie: Sekundärtexte

Jack Riemer (Hrsg.), *Jewish Reflections on Death*. New York 1975.
Alvin H. Rosenfeld, *A Double Dying: Reflections on Holocaust Literature*. Bloomington 1975.
Alvin H. Rosenfeld and Irving Greenberg (Hrsg.), *Confronting the Holocaust*. Bloomington 1978.

Jüdische Ethik: Primärtexte

Jacob R. Agus, *The Vision and the Way: An Interpretation of Jewish Ethics*. New York 1966.
Gersion Appel, *A Philosophy of Mitzvot: The Religious-Ethical Concepts of Judaism, Their Roots in Biblical Law and the Oral Tradition*. New York 1975.
Simon Bernfeld, *The Foundations of Jewish Ethics*. New York 1968.
J. David Bleich, *Contemporary Halakhic Problems*. New York 1977.
Eugene B. Borowitz, *Choosing a Sex Ethic*. New York 1969.
Henry Cohen, *Justice, Justice: A Jewish View of the Negro Revolt*. New York 1968.
Samuel H. Dresner, *God, Man and Atomic War*. New York 1966.
Marvin Fox (Hrsg.), *Modern Jewish Ethics: Theory and Practice*. Columbus 1975.
Robert Gordis, *Great Moral Dilemmas*. New York 1956.
Louis Jacobs, *Jewish Ethics, Philosophy and Mysticism*. New York 1969.
– *Jewish Law*. New York 1968.
– *Jewish Values*. London 1960.
Menachem Marc Kellner (Hrsg.), *Contemporary Jewish Ethics*. New York 1978.
David Novak, *Law and Theology in Judaism*. New York 1974.
Fred Rosner and J. David Bleich (Hrsg.), *Jewish Bioethics*. New York 1979.

Fred Rosner, *Modern Medicine and Jewish Law*. New York 1972.

Daniel Jeremy Silver (Hrsg.), *Judaism and Ethics*. New York 1970.

Arthur I. Waskow, *The Bush is Burning: Radical Judaism Faces the Pharaohs of the Modern Superstate*. New York 1971.

Der Staat Israel

Yoella Har-Shefi, *Beyond the Gunsights: One Arab Family in the Promised Land*. New York 1980.

Gideon Hausner, *Justice in Jerusalem*. New York 1966.

David Polish, *Israel – Nation and People*. New York 1975.

Judentum und Christentum

David Berger and Michael Wyschogrod, *Jews and ‹Jewish Christianity›*. New York 1979.

Eugene B. Borowitz, *Contemporary Christologies: A Jewish Response*. New York 1980.

Arthur A. Cohen, *The Myth of the Judeo-Christian Tradition*. New York 1971.

A. Roy Eckardt, *Your People, My People: The Meeting of Jews and Christians*. New York 1977.

Paul Van Buren, *The Burden of Freedom: Americans and the God of Israel*. New York 1976.

– *Discerning the Way: A Theology of the Jewish Christian Reality*. New York 1980.

Michael Wyschograd, *Body of Faith: Judaism as Corporeal Election*. New York 1983.

Weitere allgemeine Literatur zur zeitgenössischen jüdischen Philosophie: Primärtexte

Jacob B. Agus, *Jewish Quest: Essays on the Basic Concepts of Jewish Theology*. New York 1983.

– *Modern Philosophies of Judaism*. New York 1941.

Leo Baeck, *Das Wesen des Judentums*. Berlin 1905.

Will Herberg, *Judaism and Modern Man*. New York 1951.

– *Protestant-Catholic-Jew: An Essay in American Religious Sociology*. Garden City, New York 1960.

Abraham Heschel, *A Passion for Truth*. New York 1973.

– *Between God and Man: An Interpretation of Judaism*. Edited by Fritz A. Rothschild. New York 1976.

– *God in Search of Man: A Philosophy of Judaism*. New York 1955.

– *The Insecurity of Freedom: Essays in Applied Religion*. New York 1965.

– *Israel. An Echo of Eternity*. New York 1969.

– *Man is Not Alone: A Philosophy of Religion*. New York 1951.

– *Man's Quest for God. Studies in Prayer and Symbolism*. New York 1954.

– *The Prophets*. Philadelphia 1962.

- *The Sabbath*. New York 1951.
- *Who Is Man?* Stanford 1965.
Max Kadushin, *Worship and Ethics*. Evanston, IL 1964.
Henry Slonimsky, *Essays*. Chicago 1967.
Milton Steinberg, *The Making of the Modern Jew*. New York 1944.
The Condition of Jewish Belief. A Symposium Compiled by the Editors of Commentary Magazine. New York 1969.

Weitere allgemeine Literatur zur zeitgenössischen jüdischen Philosophie: Sekundärtexte

Leonard Baker, *Days of Sorrow and Pain: Leo Baeck and the Berlin Jews*. New York 1978.
Eliezer Berkovits, *Major Themes in Modern Philosophies of Judaism*. New York 1974.
Joseph L. Blau, *Judaism in America*. Chicago 1979.
Peter Gay, *Freud, Jews and Other Germans*. New York 1978.
Nahum Glatzer (Hrsg.), *On Judaism*. New York 1967.
Steven T. Katz, *Jewish Ideas and Concepts*. New York 1977.
- *Jewish Philosophers*. New York 1975.
William E. Kaufman, *Contemporary Jewish Philosophies*. New York 1976.
Bernard Martin (Hrsg.), *Contemporary Reform Jewish Thought*. Chicago 1968.
Nathan Rotenstreich, *Tradition and Reality*. New York 1972.
- *Jewish Philosophy in Modern Times*. New York 1968.
Byron L. Sherwin, *Abraham Joshua Heschel: Makers of Contemporary Theology*. Atlanta 1979.

Namenregister

Abbt, Thomas 168
Abraham Abulafia 25
Abraham Ibn Daud 9, 131, 229, 327
Abraham, Israel A. 317
Adler, Felix 52
Adler, Samuel 50
Agnon, Shmuel Yosef 126
Achad Ha-am 93, 117, 123, 125, 314
Al-Ghazzali 239
Allenby, Edmund Henry Hynman 72
Anselm 168
Archimedes 190, 195, 196, 197, 354
Aristoteles 26, 104, 136, 137, 188, 201,
    239, 250, 254, 257, 262, 323

Baal Shem Tov, Israel 34, 232, 234
Babel, Isaak 111, 113, 114
Baeck, Leo 86, 190
Bahya Ibn Pakuda 21
Balaban, Barney 55
Balfour, Arthur James 70
Barth, Karl 329
Begin, Menachem 74
Bellow, Saul 110, 116
Ben Gurion, David 71, 73, 117, 119
Ben Zvi, Isaac 71, 73
Berkeley, George 196
Berkovits, Eliezer 100
Bialik, Chaim Nahman 54
Bohr, Niels Henrik David 195
Bonnet, Charles 165, 166
Borochov, Ber 117, 123, 325
Borowitz, Eugene 88, 95
Brenner, Chaim 72
Buber, Martin 74, 95, 100, 117, 190,
    204 ff, 237, 238, 239, 294, 328, 329

Buber, Salomon 204

Calabrese, Chayim Vital 27
Cardoso, Abraham Michael 32
Cassirer, Ernst 239
Chamberlain, Joseph 68
Chaplin, Charlie 60
Chayun, Nehemiah Chiya 32
Chelebi, Raphael Joseph 31
Churchill, Winston 70
Clark, Bennett C. 60
Cobb, Lee J. 60
X Cohen, Hermann 162, 183, 184 ff, 204,
    223, 237, 239, 294, 328, 329
Cohn, Harry 55, 56
Columbus, Christoph 17
Condillac, Etienne Bonnot de 181
Crescas, Chasdai 9, 10, 171, 327
Cromwell, Oliver 17

Descartes, René 134, 213, 214, 239, 251,
    255, 275
Dostojewskij, Fjodor Michailowitsch
    111, 112, 113
Douglas, Melvin 60
Dubno, Salomon 167

Ehrenberg, Familie 236
Einhorn, David 50, 51
Einstein, Albert 87, 324
Elieser Ben Jehuda aus Worms 27, siehe
    Kalonymos Familie
Eliot, George 134
Eliot, Thomas Stearns 111, 112, 113
Emanuel 50, 52
Escapa, Joseph 30

Euklid 195, 323

Fackenheim, Emil 100, 327 ff
Ferdinand von Aragon 17
Feuerbach, Ludwig Andreas 239
Fichte, Johann Gottlieb 180
Flaubert, Gustave 41
Formstecher, Salomon 174, 175, 176, 177
Fox, William 55, 58
Frank, Jakob 32, 33, 284
Fränkel, David 165
Fränkel, Zacharias 174
Freehof, Solomon 86, 96
Frege, Gottlob 247
Freud, Sigmund 43, 103, 324
Fromm, Erich 237

Garfield, John 60, 61, 116
Geiger, Abraham 82, 174
George, Lloyd 70
Gersonides (Levi Ben Gershom) 9, 21, 182, 327
Ginsberg, Allen 110
Glatzer, Nahum 238
Goddard, Paulette 60
Goethe, Johann Wolfgang von 220, 238, 266, 304
Goitein, Shlomo 237
Golding, William 110
Goldwyn, Samuel 55
Gompers, Samuel 54
Gordon, Aaron David 71
Grätz, Heinrich 174, 239
Green, Arthur 100, 338
Green, Gerald 116
Greenberg, Yitzchak 100
Griffith, W. D. 58
Guggenheim, Fromet 165

Hahn, Edith 237
Hegel, Georg Wilhelm Friedrich 82, 180, 189, 220, 239, 243, 247, 249, 250, 329
Heidegger, Martin 239
Heine, Heinrich 38, 239
Heisenberg, Werner 324

Hemingway, Ernest 115
Heraklit 263
Herder, Johann Gottfried von 180
Herz, Markus 170
Herzl, Theodor 67, 68, 117
Heschel, Abraham 95
Hirsch, Samson Raphael 178
Hirsch, Samuel 174, 176
Hitler, Adolf 43, 60, 65, 66, 106, 118, 336, 339
Hobson, Laura Z. 116
Holdheim, Samuel 174
Hume, David 188

Ibn Sina (Avicenna) 188
Isabella von Kastilien 17

Jabotinskij, Wladimir 117
Jakobson, Israel 174
James, William 9, 326
Janow, Hirsch 167
Jastrow, Markus 52
Jehuda aus Worms 27, siehe Kalonymos Familie
Jesus 161, 162, 163, 220, 233, 337
Jolson, Al 59
Jost, Isaak Markus 236
Judah, Halevi 7, 131, 182, 239, 281

Kafka, Franz 239
Kalonymos Familie 27
Kant, Immanuel 165, 173, 184, 217, 218, 239, 244, 258
Kaplan, Mordechai 63, 92, 93, 95, 305 ff
Kaufmann, Walter 210
Kaye, Danny 59
Kellner, Menachem 171
Kepler, Johannes 195
Kierkegaard, Søren 239
Klatzkin, Jacob 239
Koch, Richard 238
Kohen, Raphael 167
Kohler, Kaufmann 54, 83
Konfuzius 260
Krochmal, Nahman 179, 180

Laemmle, Carl 55
Landau, Ezekiel 167
Lasky, Jesse 55
Lavater, Johann Kaspar 165, 166
Lawrence, Thomas Edward 72
Leibniz, Gottfried Wilhelm von 138, 165, 168, 195
Leonardo da Vinci 261
Lessing, Gotthold Ephraim 165
Levi, Nathan Benjamin 31
Lilienthal, Max 50
Liston, Sonny 115
Loew, Marcus 55
Luria, Isaak 21, 27
Luther, Martin 233
Luzzatto, Samuel David 181 f

Magnes, Juda 74, 117, 123, 205
Mailer, Norman 115
Maimonides (Moses Ben Maimon) 7, 9, 19, 82, 83, 103, 131, 154, 165, 167, 182, 188, 202, 239, 255, 326, 327
Malamud, Bernard 110, 116
Marx, Karl 43, 324
Marzbacher, Leo 50
Mayer, Louis 55
Mendele Mocher Sforim 54
Mendelssohn, Felix 165
Mendelssohn, Moses 82, 164 ff, 238
Mendes, Henry Pereira 52
Miller, Arthur 54, 110
Molière, Jean Baptiste Poquelin 41
Morais, Sabato 52
Moses 87, 160 ff, 173, 206, 233
Moses Ben Jakob Cordovera 27
Moses Ben Shemtob de Leon 26
Moses Ibn Ezra 132
Muhammed IV. 31
Muni, Paul 60, 116

Napoleon 36, 220
Newton, Isaac 188, 195, 196, 198, 324
Nicolai, Friedrich 165
Niebuhr, Reinhold 329
Nietzsche, Friedrich Wilhelm 111, 239
Nobel, Jeremiah A. 204, 237

Nordau, Max 68, 117
Nye, Gerald P. 60

Odets, Clifford 54
O'Neill, Eugene 54

Parmenides 239, 264, 265
Paulus 177, 291
Pinsker, Leo 117
Pinter, Harold 110
Plato 188, 239
Preminger, Otto 60

Querido, Jakob 32

Raphaelson, Samuel 59
Raschi (Salomon bar Isaac) 182
Robinson, Edward G. 60
Rosenstock, Eugen 236
Rosenzweig, Franz 9, 95, 100, 186, 189, 204, 229, 236 ff, 328, 329, 330
Roth, Philip 110, 116
Rothschild, Edmund de 70
Rubinstein, Richard 94
Russell, Bertrand 188

Saadia 10, 131, 182, 327
Samuel Ben Kalonymos, *siehe* Kalonymos Familie
Sartre, Jean-Paul 212, 223
Sarug, Israel 27
Schachter, Zalman 100
Schechter, Solomon 89 ff
Schelling, Friedrich Wilhelm Joseph von 175, 180, 239
Scholem, Gershom 26, 205
Schopenhauer, Arthur 111, 112, 239
Schulberg, B. P. 55
Schwarzschild, Steven 190
Selznick, David O. 55
Shapiro, Karl 110, 115
Sholom Aleichem 54
Silver, Abba Hillel 86
Simeon Ben Jochai 26
Simon, Ernst 238
Sokrates 220, 276

Sola Pool, David und Tamar de 50
Sonnenfels, Josef von 170
Spinoza, Baruch 82, 83, 103, 134 ff, 164,
    171, 182, 186, 188, 239, 331
Steinheim, Salomon Ludwig 177
Stern, Abraham 74
Stuyvesandt, Peter 46
Syrkin, Nahman 74, 117, 123

Thalberg, Irving 55
Thomas von Aquin 188
Tolstoi, Leo 111, 114, 235
Treitschke, Heinrich von 185
Trotzki, Leo 43
Trumbo, Dalton 60

Uris, Leon 115
Ussisschkin, Menachem 68

Vico, Giovanni Battista 180

Voltaire, François 41

Warner Brothers 55, 59
Waskow, Arthur 100
Weierstraß, Karl 190 ff
Weizmann, Chaim 68, 69, 117
Wesker, Arnold 110
Wetlesen, Jon 160
Wiesel, Elie 100, 330
Wingate, Orde 72
Winkler, Paula 204
Wise, Stephen S. 86
Wolff, Christian 165

Zanuck, Darryl 55
Zukor, Adolph 55
Zunz, Leopold 82, 174, 179, 236
Zwi, Sabbatai 30 ff, 43

Sachregister

Adam 27, 259, 271
Affekte 142 ff
Aktivität und Passivität 140 ff
Aliyah 70, 71
All, das 244 ff
allgemein amerikanisch 57
Altes Testament 160, 233
Am Yisrael Chai 332
Amida 287
Anarchismus 235
Anschauung 143 ff
Antirationalismus 158
Antisemitismus 38, 57, 58, 59, 60, 293, 308, 312
Aporie 265
Apostel 162, 233
Araber 71, 75, 121
Aristokratie 156, 157
Aristotelismus 83
Aschkenasi 18
Assimilation 45, 59, 92, 331
Ästhetik 184, 198, 201, 219, 304
Asymptoten 199
Atombombe 105
Atome 195, 268
Attizismus 182
Attribute 135 ff
Aufklärung 42 f, 56, 93, 97, 164, 174, 338
Ausdehnung 136, 139
Authentizität 334 ff

Bahn 232, 239, 241, 261, 263, 266, 280, 303
Begegnung 210, 218, 226 ff, 233
Begierde 148, 157

Begriffe 201 ff
Bekehrung 31, 109, 115, 166, 291, 294
Bet Am 320 f
Betey Din 95
Bewußtsein 176 f
Beziehung 210 ff, 243, 252, 265
Bibel 81, 122, 126, 132, 177, 181, 205, 234, 321
Bibelkritik 51, 85, 164, 307, 329
Bräuche 84, 310 f, 319 f
Brüderlichkeit 59, 179, 186, 203
Bürgerrechte 46

Charakter 151, 245, 259 f, 298
Chassidismus 25 f, 26 f, 34, 204 f
Christus 111, 113, 153 ff, 160 ff, 169, 177, 282, 304
Christen 13, 41, 59, 111, 131, 163, 170, 273, 281 f, 289 ff, 332
– syrische 45
cogito 251, 255

darwinistisch 113
Demokratie 36, 60, 120, 156, 158, 234, 325
Demut 151, 160, 270
Denken 138, 139, 187-202
Determinismus und Indeterminismus 141
Devekut (Ekstase) 22
Dialektik 234, 244 ff, 248, 279, 286, 290
Diaspora 127, 310 (*siehe* Galut (Exil))
Ding 216 ff, 252, 264 ff, 274 ff
Dogma 90, 173 ff, 231 ff
Du 206 ff, 271 ff
Du, ewiges 229

Dunkelheit 288 ff

Ehe und Mischehe 59, 306
Eigenheit 259, 298, 302
Einbildung 180
Einheit 285 f, 290 ff
Einrichtungen, menschliche 43, 80, 99,
    109, 219, 228, 232
Einsicht 147
Einwanderer 57, 63
Elemente 240 ff, 251 ff, 275 ff, 286
Emanation 24, 299
Emanzipation 35 ff, 80, 92, 107, 132 f,
    170, 174, 321, 331, 338
Ende der Tage, siehe messianische Zeit
Endlichkeit 258
Engel 57
Epistemologie 198, 223, 308
epochemachende Ereignisse 330 ff
Epsilon-Delta-Methode 197
Erbsünde 177
Erfahrung 207 ff, 218
Erlösung 232, 240 ff, 266 f, 271 ff, 280 ff,
    295
Ethik 93, 135, 153 ff, 178, 181 f, 200 f,
    217 ff, 260, 308, 319, 326
ethische Kulturjuden 109 ff
Ewigkeit 24, 151, 273, 287, 303
Exhaustionsmethode siehe Epsilon-
    Delta-Methode
Existentialisten 94
Existenz 104, 269, 279
Exkommunikation 169
En-Soph (der Unendliche) 24

Faktoren, bewahrende und
    desintegrierende 306 ff
Familie 320
Fanatiker 295
Fatalismus 220, 232
Feste 179, 282, 301, 319
Feudalismus 41, 307
Feuer 240, 280 ff, 288 ff
Film 54 ff, 116, 125
fluentia und Fluxionen 198
Formen 201, 256, 259

Fortschritt 294
Frankistenbewegung 284
französische Enzyklopädisten 40
freie Juden, . . . im besonderen und . . .
    im allgemeinen 331
Freies Jüdisches Lehrhaus 237
Freiheit 59, 134, 140 ff, 150 f, 157 ff,
    177 f, 253, 258 ff, 268, 279
– absolute und Augenblicksstrategie
    142
– des Denkens 171, 173
Freude 144 ff, 160
Frieden 158
Fülle 256-258
Furcht 151, 257 ff, 248 f

Galut (Exil) 71, 127, 316
Gaonat 95
Gattung 256
Gebet 29, 230 f, 280 ff, 287
Gebetbuch 181
Gebot, das 614. 332, 335 ff
Gebote, die Zehn 86
Gefühle 146 ff
Gegenstand 199 ff, 212, 214 f, 224
Geist 82, 175 ff, 186 f, 257 f, 293 f
Geist, Heiliger (Ruah Ha-Kodesch)
    186
geistige Bewegung 312
geistige Liebe Gottes 83
Geistigkeit 181
Gemeinschaft 79, 83 ff, 91, 98 ff, 111,
    257, 274 ff, 290
Gerechtigkeit, soziale 149, 179
Geschichte 35, 82, 91 f, 154, 162, 173,
    176 ff, 211, 219 ff, 272, 283, 288 ff,
    308, 331 ff
Geschichtenerzählen 333
Gesellschaft 152, 157 ff, 228, 278
Gesetz 84 ff, 97, 114, 132, 148, 153 ff,
    171 ff, 179, 268, 272, 284
– göttliches 148, 155 ff
– Moses' und Jesu 153, 160 f
– mündliches und schriftliches 85, 97,
    273
– natürliches 148, 153 ff, 171, 268, 284

Gesetz der Rückkehr 119
Gestalt 240 f, 260 f, 266 f, 280, 286, 288
Gestapo 66
gewaltige Tage *siehe* Hohe Heilige Tage
Gewerkschaften 54
gewichtig 334
Gewißheit 155
Glaube 231 f
– biblischer 178 ff, 329
Gleichheit 48, 198
Glück 157, 173, 178
Glückseligkeit 147
Gnostik 22
Gott 17 ff, 29, 35 ff, 81 ff, 87, 94 ff, 111 ff,
    116, 134 ff, 148 f, 150, 153, 160 f,
    164 ff, 176 ff, 186, 201 f, 207, 218 ff,
    229 ff, 240, 244 ff, 252 ff, 286 ff, 312,
    314, 318 ff, 332 f
– Bild 244 f, 280 f
– Einheit 167 f, 171, 178
– erlöster 244 f
– Existenz 167 ff
– Finsternis 294
– Idee 313, 318 f
– liebender 245 f, 277 f
– mythischer 244 f, 252 ff, 264, 269,
    277 f
– Nachfolge *(imitatio dei)* 32, 187, 202
– offenbarer 269 f
– verborgener 244 f, 265, 269 f, 277 f
Gottesdienst 88 ff, 153, 180
Gottesfreunde 254
Götzendienst, *siehe* Religion:
    Heidentum
Grenzwert 197, 200
Größe 195
Großzügigkeit 148 ff, 160
Grundwort 206 ff, 223
gut, es ist sehr 271
Güter 159

Ha'olam Haba (die zukünftige Welt) 42,
    56, 282, 315
Ha'olam Hazeh (diese Welt) 56, 294,
    315
Haganah 72, 74

Halacha 30, 33, 73, 91, 95 f, 120, 284,
    288, 319
Hallel, der Große 267
Haltung 146, 206
Haskala (jüdische Aufklärung) 174 ff
Haß 144 ff
Havurot 99 f, 237
hebräische Sprache 125, 167, 319
Hebraismus 182
Hechalot 23
heilig 312
Heiliger und Heiligkeit 113, 282
Hellenismus 182
Hier bin ich 272
Hiroshima, *siehe* Atombombe
Hoffnung 151, 160
Hohe Heilige Tage 203, 236, 283, 286 f
– Rosch Haschana 288
– Jom Kippur 203, 236, 283, 288
– gewaltige Tage 283, 301
Holocaust 65 f, 100, 108, 293 f, 330 ff
Humanismus 42, 92 f, 102, 338
– wissenschaftlicher 307 f, 314
hyle 201

Ich 176, 206 f, 216 f, 271 f
Ich-Du / Ich-Es 211 f, 228 f
Ich-Es 206, 213, 217
Ich-Ewiges Du 230-233
Ichts 253
Ichud Association 75, 205
Ideal der ästhetischen Anschauung 175
Ideale 186, 199, 203
Idealismus 257
Ideen 170, 180, 199 ff
Ideologie 307, 311
Idschma 273
Imam 273
immerwährend und allzeiterneuert 266,
    274
Individualität 245, 257 ff
Individuum (Einzelner) 98, 101, 155 f,
    161 f, 177 f, 256 f, 270 ff, 289, 292
Inquisition 44, 102, 118
Inspiration, göttliche 85 f
Integralrechnung 191 ff

Israel 21, 24, 35, 42, 67 ff, 79 f, 95 ff, 109,
    113, 117 ff, 180 f, 203, 229 f, 270
– Gemeinschaft 24, 97
– Israel-Idee 313 ff
– Kinder 37
– Mission 179
– Nation 179 f
– Staat 42, 67 ff, 79 f, 97, 109, 115,
    119 ff, 330 ff
– Volk 21, 98, 113, 116, 203, 306
Israeliten 230

Ja, *siehe* Nein und Ja
jiddisch 54, 167
Johnson-Lodge-Einwanderungsgesetze
    64
Judäa 35
Juden 35 f, 110, 113, 120, 164, 290 ff,
    331, 338 f
– amerikanische 44 ff
– deutsche 46-49, 61
– liberale 101 f, 106 f, 116, 121, 234, 334
– nicht-religiöse 53 ff, 72 f, 81 f, 86 ff,
    109 ff
– osteuropäische 50 ff, 61
– religiöse 58, 81 ff, 120
– spanische 18, 44 ff, 96,120
– traditionelle 101, 234, 334
Judentum 18 ff, 28 f, 34, 37 ff, 50 f, 61 f,
    73, 81 ff, 110, 116, 121, 126 f, 132,
    153, 163, 165 ff, 182 f, 187, 202 f, 205,
    223, 232 ff, 240 f, 245, 267, 273, 280 ff,
    308, 313 f, 321, 325 f, 327, 330
– biblisches 98, 126 f
– konservatives 51 f, 62 f, 86, 89 f, 107, 321
– liberales 79, 82 ff, 99, 102, 174, 326
– neo-orthodoxes 99, 330
– neo-rabbinisches 326
– orthodoxes 61, 73, 87 ff, 95 ff, 105 f,
    121, 313 f, 321
– rabbinisches 18 ff, 28 f, 34, 38 f, 42, 49,
    62 f, 81, 90, 98 f, 110, 120 f, 175, 234 f,
    308, 318 f, 326 f
– Reform des 40 ff, 51 f, 61 f, 82 ff, 116 f,
    174, 178, 183, 321
– rekonstruktionistisches 62 f, 91 ff, 98

– Wesen des 90 f, 97
Jüdische Freischule 166

Kabbala 18 ff, 26 ff, 83, 181, 205, 326
Kalam und Mutakallimun 104, 268, 323
Kalender 319
Kapitalismus 36, 45 f, 307
Kaschrut 63, 85, 319
katholisch 98 f
Kehilla 317
Kelim und *Kelipot* 27
Kibbutz 71, 125, 235
Kischinew-Pogrom 67
Knechtschaft 144 f, 150, 156 f
Kommunismus 65
Kontingenz, *siehe* Notwendigkeit und
    Kontingenz
kontinuierliche Bewegung 195 f
Kontinuität 198
Konzentrationslager 66 f, 102, 335 f
Koran 270
Korrelation 186, 202
Kosaken 114
Kosmologie 258, 260, 287
Kultur 122 f
Kunst 109 f, 117, 123 ff, 182, 232, 243,
    266, 274, 284 ff, 319
– Architektur 126, 283, 287
– Dichtung 110, 123 f, 266, 274, 284 ff
– Malerei und Bildhauerei 126
– Musik 123 f, 283
– Roman 110, 125 f
– Tanz 283

Landsmannschaften 53
Leben 140 f, 240 f
– nach dem Tode *siehe* Unsterblichkeit
Lebensweise 156
leidender Knecht 111 f
Leidenschaften 151, 160
Lenkung, göttliche 153 f
Liberalismus 169, 174, 330
Licht 27 f, 280 f, 288
Liebe 144 ff, 179, 210, 218, 245 f, 269,
    277
linguistische Anthropologie 215

Liturgie 241, 266, 286 f
Logik 104, 170, 185, 260, 266, 286,
    332 f
logische Positivisten 104
logos 19, 256 f

Ma' ase Bereschit und *Ma' ase*
    Merkaba 22 f
Magen David siehe Stern
magisch 276
Mahl 287 ff
Maimonides-Kontroverse 131 ff
Marburger Neukantianismus 189
Martyrium 112
Materie 229, 256
Mathematik 20, 132, 136 ff, 170, 191 ff,
    210, 247, 284, 324
– Arithmetik 210, 284
– Differentiale *siehe* Integralrechnung
– Geometrie 139, 241 ff, 266, 288, 324
– Infinitesimalkalkül 191-198
– Integralrechnung 191 ff
Mensch 210, 233, 243 ff, 258 ff, 270, 274,
    279 ff, 285, 293
Merkaba 25
Merkantilismus *siehe* Kapitalismus
messianische Zeit 28 ff, 42, 163, 187,
    203, 233, 284 ff, 292 f
Messianismus 34, 37, 43, 48, 179,
    186
Messias 28 ff, 42, 73, 97 f, 282 f
Metaethik 252
Metalogik 260
Metaphysik 252, 260
Midrasch 123, 330 ff
Milieu, jüdisches 320 f
Minhagim 319
Mischna 123
Mission 177, 281 f, 293
Mitgefühl 202 f
Mitleid 182
Mitmensch 202
Mittelalter 322
Mitzvot 94, 307, 319
Modus 135 ff, 144 ff
Monade 168

Monarchie 157 ff, 284
Monotheismus 43, 84 ff, 186 f, 202, 254,
    269
– ethischer 43, 84 ff, 186 f, 202
Moral 114, 154, 182, 284
Muselmann 337
Muslime 17 f, 22, 38 ff, 45, 49, 131 f,
    277 f, 237
Mysterium 241
Mystik 17 ff
Mythologie 251 f

Namen 319
Nation 37 f, 152 f, 155, 162 f, 180, 229,
    309 f, 314, 326
Nation, auserwählte, *siehe* Volk,
    auserwähltes
Nationalismus 72, 93, 180, 314
– demokratischer 307, 325 f
Natur 114, 143, 176, 210
Natura Kartai 97
Nazis 61 ff, 65 ff, 102, 107 f, 118, 205,
    334, 336 f
Negation 250
Nein und Ja 245 f
Neu-Platonismus 19
Neues Testament 160, 268
– Evangelien 161 f
Nicht-Nichts 244
nicht-objektiv 217
nicht-religiös (säkular) und religiös 36,
    38 ff, 80, 292, 317, 334, 338
Nichts 180, 245 ff, 264, 278 f
nie wieder 67
Nirwana 255
Normalität 46
Normen 141, 146 ff, 160
Notwendigkeit und Kontingenz 128 ff,
    151, 155, 171, 177, 182
Noumena 199
Nürnberger Gesetze 66

objektiv 212
objektiver Idealismus 180
Odysseus 276
Offenbarung 39, 50, 85 ff, 152, 162 f,

167, 172f, 177, 182f, 231ff, 241ff,
266ff, 281f, 308
– auf dem Sinai 84, 92, 96, 173f
Ontologie 214, 223
Opfer 287
Ostern 283, 336

Pantheismus 22, 139, 176, 187
Passivität siehe Aktivität und Passivität
Patriarchen 229, 234, 282
Person 201, 218, 230f, 259, 262
– dämonische 220
Persönlichkeit 169, 244, 259f
Pfad 232, 244, 280
– der Bejahung und der Verneinung 244
Pfingsten, siehe Pilgerfest (Schawuot)
Pflicht 160
Phänomene 211
Phänomenologie 207ff
Pharisäer 58, 234
Philosophie und Philosophen 20f, 28,
104, 155, 162, 165, 187, 223, 248,
255ff, 310f, 323f, 327f, 333
– griechische 255ff
– jüdische 21, 28, 223, 255, 321ff, 327f
– des Judentums 312
– des jüdischen Lebens 309f
– jüdisch-mittelalterliche 255, 321ff,
328
– Religions- 19ff
– Sprach- 104
Pilgerfest 287
Pittsburger Erklärung 51
plastisch 256ff
Pogrome 30
Polis 258
Politik 134, 155f, 221f
Pragmatismus 93f
Priester 294
Progressivismus 41, 57
Prophetie und Propheten 20, 31, 83ff,
112f, 154, 162f, 205, 231f, 269ff, 286
Protestant 99f
Pythagoräer 23

Qualitäten und Quantitäten 199

Rabbiner 28ff, 35f, 41, 49ff, 58, 62f, 72,
81, 91, 96ff, 131f, 172, 176f, 181,
234, 321, 333f
radikaler Empirismus 326
Rationalismus, kontinentaler 82, 137
Realität 178f, 200, 238, 262ff, 280, 291
– Bild der 238, 262, 266, 280
Rechte 152, 159, 171, 278
Reich Gottes (Malchut) 245, 267, 271f,
280f, 293f
Reichskristallnacht 66
rein 184
Religion 36, 42, 83ff, 105f, 122ff, 134,
142, 153ff, 166ff, 186, 201, 229ff,
243, 266, 278, 283, 308ff, 318f
– falsche 182
– geoffenbarte 162, 177
– liberale 82ff, 104ff, 175f, 243
– natürliche 165ff
– rationale 171f
– spirituelle 175
– universale 171
– Volks- 318
– wahre 153ff, 162, 177, 181f, 278
– Christentum 32, 37, 82, 87ff, 106,
152, 162, 165, 169ff, 182, 189, 205,
236, 242, 245, 266ff, 277ff, 287ff, 336
– Christentum: Kirche 63f, 82, 174f,
186f, 233, 280ff, 288ff
– Ostkirche 293
– protestantische: Nordkirche 293
– römischer Katholizismus 17, 36, 41,
44, 121, 177, 308
– römischer Katholizismus: Südkirche
293
– Heidentum 172ff, 182, 189, 231ff,
269, 280f, 288ff
– Islam 19, 32, 87ff, 175, 239ff, 266ff,
277ff
– Islam: Sufismus 20
– Asiens 241f, 253ff, 263ff, 277ff
– Griechenlands 253ff, 280ff
– des Aberglaubens 159
– des Geistes 175
– der Vernunft 158, 202
– und Philosophie 153ff, 169, 175ff

372   Sachregister

– und Staat 36, 40, 141, 160, 170 f
– und Wissenschaft 82, 308
– religiös *siehe* nicht-religiös und
  religiös
Republikanismus 36
Reue 151 f
Ritual 83 ff, 182, 230 ff
Romantik 82, 181, 189

Sabbat 218, 288, 319
Sassanidenreich 29, 123
Scham 272
Schechina 24 f
Schi' ur Koma 23
Schönheit 181, 308
Schöpfung 26, 168, 177, 187, 231, 240 ff,
  265 ff
Schöpfung aus dem Nichts 177 ff, 201
schtetl 126
Schuls 50
Schwelle 241
Seele 167-171, 244 ff, 266 ff, 280 f
Seelenstärke 148
Sein 140 f, 269
Sein Gottes 252
Selbst 244, 251, 258 f, 272
Selbstbestimmung 142 f, 156, 161
Selbstmord 249
Seligkeit 172
sephardisch 18, 50
Sephirot 23 ff
Shalom 277
Schulchan Aruch 95
Siedlungsgebiet 17, 37, 50, 61, 237
Siegfried 294
Sinnlichkeit 181
Sodot 19
Sonntag 282
Sophistik 253, 257
Sorge 144 ff
soziale Wohlfahrtsorganisationen 52, 63
Sozialismus 51, 71 ff, 110, 124 f
Sprache 208 ff, 274, 285, 332 ff
Sprechen 241
Staat 36 ff, 149, 156, 171, 175, 217, 314
Stern 240 ff, 280 f, 287

Strahlen 240, 281, 287, 291
Strategie 150 ff
Streben 147 ff, 152
Substanz 135 ff
Sühne 151 ff, 160
Sühnetag *siehe* Hohe Heilige Tage: Jom
  Kippur
Sünde und Sünder 271, 294
Sündenböcke 111 ff
Symbole: grammatische 240 f, 266, 274,
  280
– logische 240 f, 254 ff, 266
Synagogen 51 f, 62 f, 81, 317 ff

Taufe 283
Tempel 283 ff, 331 ff
Terminus, *siehe* Wort
Theokratie 160, 175
Theologie 92, 99 ff, 134, 152, 200 f, 220,
  254, 258
Thora 30 ff, 57, 81, 84 ff, 91, 95 f, 160 f,
  164, 172, 177 ff, 233 f, 269 ff, 284, 306,
  312 f, 322
– vom Sinai, *siehe* Offenbarung auf
  dem Sinai
– die Thoraidee 313, 317 f
Tikkun (Heilen) 26, 336
Tod 112, 168, 240 ff, 262
tragisch 251
Treffen, *siehe* Begegnung
Trotz 244, 258 f
Tugenden 32

Übel 32
Überlieferung, Kette der 91
Ugandavorschlag 68
Und 245 f
Unendlichkeit 139, 259
Universalien 103, 256 f, 269
Universalität 256 f
Universum 139
unkorrigierbar 207
Unreinheit 111
Unsterblichkeit 167
Ursache 134 ff
Ursprung 199

Urteil, negatives 244
– unendliches 244

Vergänglichkeit 258
Vergebung 153
Vernunft 82, 104, 112, 146 f, 151 ff,
    167 ff, 177, 181 f, 198, 255
– mathematische 112, 153 f
Vertreibung aus Spanien 29
Volk 83, 90 ff, 110 f, 116, 160 f, 172,
    180 f, 186, 281, 288 ff, 306
– erwähltes 116, 181, 186, 306
– jüdisches 83, 90 ff, 110 f, 160 f, 172,
    180 f, 292
Volkssanktionen 310 f
Vorsehung, göttliche 153, 170 f

Wahl 140
Wahrheit 84 ff, 92 f, 102 f, 132, 155 f,
    161 f, 169 f, 175, 179, 182, 280, 287,
    292
Warschauer Getto, Aufstand im 67, 337
Weg, siehe Pfad
Weihnachten 282
Weimarer Republik 117
Welt 207, 233, 240 ff, 252 ff, 266 ff, 285,
    290
– die beste aller möglichen 169
– die erlöste 281
– die geschaffene 245 f, 269
– plastische 245 f, 251, 256 f, 270 f, 280
– verzauberte 245 f
– Überwelt 240, 266
– Vorwelt 240, 261, 266 f
Weltseele und Weltgeist 175, 255, 259

Werden 249, 284
Werte 32, 134, 141, 146 ff, 311 f
Wesen 104, 218, 259 f, 269
Wesenheiten 276
Wiener Kreis 104
Wille 112, 148 f, 259 f
– göttlicher 104, 269 f
– zur Zivilisation 314
Willenskraft 148
Willkür 282
Wir und Ihr 282
Wirtschaft 217
Wissenschaft 93 f, 102 f, 131 f, 139, 171,
    175, 182, 201 ff, 218 ff, 259 ff, 266, 285,
    308, 323 f
– des Judentums 174
– Physik 139, 175, 182, 260 f, 324
– Psychologie 139, 221 f, 258
– Quantenphysik 324
Wunder 167, 171, 240, 268, 308

Yenkees 57

Zeit, Zukunft, Vergangenheit und
    Gegenwart 151, 249, 264 ff, 285
Zigeuner 66, 336
Zimzum 27
Zionismus 40 f, 63, 67 ff, 80, 117 ff, 204 f,
    234, 238, 290, 308, 312, 321, 325 f
– gewöhnlicher 117 ff
– utopischer 117, 122 ff, 326
Zivilisation 114 f
– jüdische 92, 310 ff
Zohar 26

rowohlts enzyklopädie

Eine Auswahl

Aristoteles
Metaphysik (544)
Politik (545)

Kurt Bayertz
GenEthik
Probleme der Technisierung menschlicher Fortpflanzung (450)

Kurt Bayertz (Hg.)
Praktische Philosophie
Grundorientierungen angewandter Ethik (522)

John Berger
Glanz und Elend des Malers Pablo Picasso
(kulturen und ideen 459)

Helmut Brackert/Jörn Stückrath (Hg.)
Literaturwissenschaft
Ein Grundkurs (523)

Eberhard Braun / Felix Heine / Uwe Opolka
Politische Philosophie
Ein Lesebuch. Texte, Analysen, Kommentare (406)

Manfred Brauneck
Theater im 20. Jahrhundert
Programmschriften, Stilperioden, Reformmodelle (433)
Klassiker der Schauspielregie
Positionen und Kommentare zum Theater im 20. Jahrhundert (477)

Manfred Brauneck / Gérard Schneilin (Hg.)
Theaterlexikon
Begriffe, Epochen, Bühnen und Ensembles (465)

André Breton
Die Manifeste des Surrealismus (434)

Gene Brucker
Florenz in der Renaissance
Stadt, Gesellschaft, Kultur
(kulturen und ideen 480)

rowohlts enzyklopädie

Herbert Bruhn / Rolf Oerter / Helmut Rösing (Hg.)
Musikpsychologie
Ein Handbuch (526)

Erica Burgauer
**Zwischen Erinnerung und Verdrängung –
Juden in Deutschland nach 1945** (532)

Jonathan Culler
Dekonstruktion
Derrida und die poststrukturalistische Literaturtheorie (474)

Martin Damus
Malerei der DDR
Funktionen der bildenden Kunst im Realen Sozialismus (524)
Kunst in der BRD
1945–1990 (543)

Jean Delumeau
Angst im Abendland
Die Geschichte kollektiver Ängste im Europa
des 14. bis 18. Jahrhunderts
(kulturen und ideen 503)

Hans Ebeling
Martin Heidegger
Philosophie und Ideologie (520)
Das Subjekt in der Moderne
Rekonstruktion der Philosophie
im Zeitalter der Zerstörung (484)

Hans Eggers
Deutsche Sprachgeschichte
Band 1: Das Althochdeutsche und das Mittelhochdeutsche (425)
Band 2: Das Frühneuhochdeutsche und das Neuhochdeutsche (426)

Martin Esslin
Das Theater des Absurden
Von Beckett bis Pinter (414)
Die Zeichen des Dramas
Theater, Film, Fernsehen (502)

Ferdinand Fellmann
Symbolischer Pragmatismus
Hermeneutik nach Dilthey (508)
Lebensphilosophie
Elemente einer Theorie der Selbsterfahrung (533)

rowohlts enzyklopädie

Iring Fetscher / Herfried Münkler (Hg.)
Politikwissenschaft
Begriffe – Analysen – Theorien. Ein Grundkurs (418)

James George Frazer
Der Goldene Zweig
Das Geheimnis von Glauben und Sitten der Völker
(kulturen und ideen 483)

Hugo Friedrich
Die Struktur der modernen Lyrik
Von der Mitte des 19. bis zur Mitte
des 20. Jahrhunderts (420)

Peter Garnsey / Richard Saller
Das römische Kaiserreich
Wirtschaft, Gesellschaft, Kultur (501)

Gebauer / Kamper / Lenzen / Mattenklott / Wulf / Wünsche
Historische Anthropologie
Zum Problem der Humanwissenschaften heute
oder Versuche einer Neubegründung (486)

Gunter Gebauer / Christoph Wulf
Mimesis
Kultur – Kunst – Gesellschaft (497)

Arnold Gehlen
**Anthropologische und sozialpsychologische
Untersuchungen** (424)

Manfred Geier
Das Sprachspiel der Philosophen
Von Parmenides bis Wittgenstein (500)

Sander L. Gilman
Rasse, Sexualität und Seuche
Stereotype aus der Innenwelt der westlichen Kultur
(kulturen und ideen 527)

Hans-Jürgen Goertz
Umgang mit Geschichte
Eine Einführung in die Geschichtstheorie (555)

Peter Gorsen
Sexualästhetik
Grenzformen der Sinnlichkeit im 20. Jahrhundert (447)

rowohlts enzyklopädie

Jean Marie Goulemot
Gefährliche Bücher
Erotische Literatur, Pornographie,
Leser und Zensor im 18. Jahrhundert
(kulturen und ideen 528)

Rolf Grimminger / Jurij Murašow / Jörn Stückrath (Hg.)
Literarische Moderne
Europäische Literatur im 19. und 20. Jahrhundert (553)

Siegfried Grubitzsch / Günter Rexilius (Hg.)
Psychologische Grundbegriffe
Mensch und Gesellschaft in der Psychologie
Ein Handbuch (438)

Heiner Hastedt / Ekkehard Martens
Ethik
Ein Grundkurs (538)

Gerhard Hauck
Geschichte der soziologischen Theorie
Eine ideologiekritische Einführung (401)

Peter Ulrich Hein
Die Brücke ins Geisterreich
Künstlerische Avantgarde zwischen Kulturkritik und Faschismus
(kulturen und ideen 521)

Jost Hermand
Geschichte der Germanistik (534)

Walter Hess
Dokumente zum Verständnis der modernen Malerei (410)

Hartmut Heuermann
Medienkultur und Mythen
Regressive Tendenzen im Fortschritt der Moderne (549)

Anton Hügli / Poul Lübcke (Hg.)
Philosophie im 20. Jahrhundert
Band 1: Phänomenologie, Hermeneutik, Existenzphilosophie
und Kritische Theorie (455)
Band 2: Wissenschaftstheorie und Analytische Philosophie (456)

rowohlts enzyklopädie

Richard Huelsenbeck (Hg.)
Dada
Eine literarische Dokumentation (402)

Johan Huizinga
Homo Ludens
Vom Ursprung der Kultur im Spiel (435)

Andreas Huyssen / Klaus R. Scherpe (Hg.)
Postmoderne
Zeichen eines kulturellen Wandels (427)

Toshihiko Izutsu
Philosophie des Zen-Buddhismus (428)

Dietmar Kamper
Zur Geschichte der Einbildungskraft (509)

Maurice Keen
Das Rittertum
(kulturen und ideen 515)

Harald Kerber/Arnold Schmieder (Hg.)
Handbuch Soziologie
Zur Theorie und Praxis sozialer Beziehungen (407)
Soziologie
Arbeitsfelder, Theorien, Ausbildung. Ein Grundkurs (445)
Spezielle Soziologien
Problemfelder, Forschungsbereiche, Anwendungsorientierungen (542)

Geoffrey Stephen Kirk
Griechische Mythen
Ihre Bedeutung und Funktion (444)

Thomas Kleinspehn
Der flüchtige Blick
Sehen und Identität in der Kultur der Neuzeit
(kulturen und ideen 485)

Volker Klotz
Bürgerliches Lachtheater
Komödie – Posse – Schwank – Operette (451)

Helmut König
Zivilisation und Leidenschaften
Die Masse im bürgerlichen Zeitalter (513)

rowohlts enzyklopädie

Traugott König (Hg.)
Sartre
Ein Kongreß (475)

H. H. Lamb
Klima und Kulturgeschichte
Der Einfluß des Wetters auf den Gang der Geschichte
(kulturen und ideen 478)

Roland Lambrecht
Melancholie
Vom Leid an der Welt und den Schmerzen der Reflexion (541)

Dieter Lenzen
Mythologie der Kindheit
Die Verewigung des Kindlichen in der Erwachsenenkultur.
Versteckte Bilder und vergessene Geschichten (421)
Vaterschaft
Vom Patriarchat zur Alimentation (551)

Dieter Lenzen (Hg.)
Pädagogische Grundbegriffe
Band 1: Aggression bis Interdisziplinarität (487)
Band 2: Jugend bis Zeugnis (488)
Erziehungswissenschaft
Ein Grundkurs (531)

Rudolf zur Lippe
Sinnenbewußtsein
Grundlegung einer anthropologischen Ästhetik (423)

Micaela von Marcard
Rokoko oder Das Experiment am lebenden Herzen
Galante Ideale und Lebenskrisen
(kulturen und ideen 470)

Ekkehard Martens / Herbert Schnädelbach (Hg.)
Philosophie
Ein Grundkurs. 2 Bde. (457)

Eugene J. Meehan
Praxis des wissenschaftlichen Denkens
Ein Arbeitsbuch für Studierende (519)

rowohlts enzyklopädie

Maurice Nadeau
Geschichte des Surrealismus (437)

Lutz Niethammer
Posthistoire
Ist die Geschichte zu Ende? (504)

Elaine Pagels
Adam, Eva und die Schlange
Die Geschichte der Sünde (kulturen und ideen 548)

Peter Moritz Pickshaus
Kunstzerstörer
Fallstudien: Tatmotive und Psychogramme
(kulturen und ideen 463)

Erwin Piscator
Zeittheater
«Das Politische Theater» und
weitere Schriften von 1915 bis 1966 (429)

Platon
Sämtliche Werke
Band 1 (561), Band 2 (562), Band 3 (563), Band 4 (564)

Manfred Pohlen / Margarethe Bautz-Holzherr
Psychoanalyse – das Ende einer Deutungsmacht (554)

Hilary Putnam
Von einem realistischen Standpunkt
Schriften zu Sprache und Wirklichkeit (539)

Robert von Ranke-Graves
Griechische Mythologie
Quellen und Deutung (404)
Die Weiße Göttin
Sprache des Mythos (416)

Robert von Ranke-Graves / Raphael Patai
Hebräische Mythologie
Über die Schöpfungsgeschichte und andere Mythen aus dem
Alten Testament (441)

rowohlts enzyklopädie

Stefan Rohrbacher/Michael Schmidt
Judenbilder
Kulturgeschichte antijüdischer Mythen
und antisemitischer Vorurteile
(kulturen und ideen 498)

Klaus R. Scherpe (Hg.)
Die Unwirklichkeit der Städte
Großstadtdarstellungen zwischen Moderne und Postmoderne (471)

Susanne Schlicher
TanzTheater
Traditionen und Freiheiten
Pina Bausch, Gerhard Bohner, Reinhild Hoffmann, Hans Kresnik,
Susanne Linke
(kulturen und ideen 411)

Nicole D. Schmidt
Philosophie und Psychologie
Trennungsgeschichte, Dogmen und Perspektiven (556)

Hansgeorg Schmidt-Bergmann
Futurismus
Geschichte, Ästhetik, Dokumente (535)

Klaus Schuhmann
Lyrik des 20. Jahrhunderts
Materialien zu einer Poetik (550)

Gert Selle
Gebrauch der Sinne
Eine kunstpädagogische Praxis
(kulturen und ideen 467)

Gert Selle (Hg.)
Experiment ästhetische Bildung
Aktuelle Beispiele für Handeln und Verstehen
(kulturen und ideen 506)

Ulrich Steinvorth
Klassische und moderne Ethik
Grundlinien einer materialen Moraltheorie (505)
Warum überhaupt etwas ist
Kleine demiurgische Metaphysik (547)

rowohlts enzyklopädie

Bernhard H. F. Taureck
Französische Philosophie im 20. Jahrhundert
Analysen, Texte, Kommentare (481)
Ethikkrise – Krisenethik
Analysen, Texte, Modelle (525)

Gary Taylor
Shakespeare – Wie er euch gefällt
Eine Kulturgeschichte von der Restauration bis zur Gegenwart (530)

Klaus-Jürgen Tillmann
Sozialisationstheorien
Eine Einführung in den Zusammenhang von
Gesellschaft, Institution und Subjektwerdung (476)

Leo Trepp
Die Juden
Volk, Geschichte, Religion (452)

Karl Vorländer
Geschichte der Philosophie
mit Quellentexten (495)
Band 1: Altertum (492)
Band 2: Mittelalter und Renaissance (493)
Band 3: Neuzeit bis Kant (494)

Monika Wagner (Hg.)
Moderne Kunst
Das Funkkolleg zum Verständnis der Gegenwartskunst
Band 1 (516)
Band 2 (517)

Sigrid Weigel
Topographien der Geschlechter
Kulturgeschichtliche Studien zur Literatur (514)

Benjamin Lee Whorf
Sprache – Denken – Wirklichkeit
Beiträge zur Metalinguistik und Sprachphilosophie (403)

Siegfried Zielinski
Audiovisionen
Kino und Fernsehen als Zwischenspiele in der Geschichte
(kulturen und ideen 489)